파이썬 시계열 예측 분석

TIME SERIES FORECASTING IN PYTHON

© 2024 J-Pub Co., Ltd. Authorized translation of the English edition.
© 2022 Manning Publications.

This translation is published by an sold by permission of Manning Publications.
The owner of all rights to publish and sell the same.

파이썬 시계열 예측 분석

1판 1쇄 발행 2024년 7월 25일
1판 2쇄 발행 2024년 12월 3일

지은이 마르쿠 페이셰이루
옮긴이 동동구
펴낸이 장성두
펴낸곳 주식회사 제이펍

출판신고 2009년 11월 10일 제406-2009-000087호
주소 경기도 파주시 회동길 159 3층 / **전화** 070-8201-9010 / **팩스** 02-6280-0405
홈페이지 www.jpub.kr / **투고** submit@jpub.kr / **독자문의** help@jpub.kr / **교재문의** textbook@jpub.kr

소통기획부 김정준, 이상복, 안수정, 박재인, 송영화, 김은미, 배인혜, 권유라, 나준섭
소통지원부 민지환, 이승환, 김정미, 서세원 / **디자인부** 이민숙, 최병찬

진행 송영화 / **교정·교열** 이정화 / **내지 디자인** 이민숙 / **내지 편집** nu:n
용지 에스에이치페이퍼 / **인쇄** 한승문화사 / **제본** 일진제책사

ISBN 979-11-93926-31-4 (93000)
책값은 뒤표지에 있습니다.

제이펍은 여러분의 아이디어와 원고를 기다리고 있습니다. 책으로 펴내고자 하는 아이디어나 원고가 있는 분께서는
책의 간단한 개요와 차례, 구성과 지은이/옮긴이 약력 등을 메일(submit@jpub.kr)로 보내주세요.

Time Series Forecasting *in* Python
파이썬 시계열 예측 분석

마르쿠 페이셰이루 지음 / 동동구 옮김

Jpub
제이펍

차 례

PART I 시간은 그 누구도 기다려주지 않는다

CHAPTER 1 시계열 예측의 이해 3

CHAPTER 2 단순하게 미래 예측하기 16

CHAPTER **9**

모델에 외생 변수 추가하기 205

CHAPTER **10**

다중 시계열 예측하기 223

CHAPTER **11**

캡스톤 프로젝트: 호주의 항당뇨제 처방 건수 예측하기 245

CHAPTER **15**   LSTM으로 과거 기억하기   323

CHAPTER **16**   CNN으로 시계열 필터링하기   344

CHAPTER **17**   예측으로 더 많은 예측하기   362

시간은 자연환경과 비즈니스 환경 등 모든 환경에 영향을 미치므로, 시간에 따른 데이터의 변화와 패턴을 분석하는 기법은 금융, 경제, 기상학, 심리학 등 많은 분야에서 활용할 수 있습니다. 또한 시간에 따른 변화와 패턴을 포함하고 있는 시계열 데이터를 기반으로 예측 모델을 구축하면 미래를 예측하고 의사결정을 지원할 수 있습니다. 따라서 시계열 예측 기법은 대부분의 환경에서 미래를 예측하고 의사결정을 지원하는 데 있어 필수적인 상황입니다.

IT 시스템의 로그뿐만 아니라, 특정 지역의 날씨 변화, 특정 연령층의 시간 흐름에 따른 구매 선호도 변화, 운동에서 시간 흐름에 따른 신체 지수 변화, 전 세계 곡물 가격의 시간 흐름에 따른 변화 등 대부분의 영역에서 시간은 중요한 요소로 결과에 영향을 미치고, 이를 의사결정 시 반영해야 합니다.

이 책은 이러한 시계열 데이터를 이용하여 여러 가지 예측 기법을 다양한 예제와 함께 쉽게 설명하여, 데이터 과학자나 IT 개발자뿐만 아니라 학생, 시티즌 개발자 등도 파이썬으로 시계열 분석을 쉽게 수행할 수 있도록 도와줍니다.

이 책을 통해 파이썬 기반 시계열 예측을 빠르게 익히고 비즈니스 환경에서 활용할 수 있기를 기대합니다.

동동구

베타리더 후기

 강찬석(LG전자)

고전적인 시계열 처리부터 Prophet까지 다양한 시계열 예측 패키지에 대한 활용 예시를 담은 책입니다. 예제별로 시계열 처리에 대한 흐름에 따라 테스트를 진행하고, 모델을 만드는 과정을 거치기에 어떻게 보면 반복을 통해 암기가 되는 듯한 느낌을 받습니다. 또한 케라스를 활용하여 LSTM, CNN, ARLSTM 같은 모델을 직접 만들어봄으로써 시계열 처리에 대한 경험을 많이 쌓을 수 있어서 좋았습니다.

 김용현(Microsoft MVP)

이 책은 시계열 데이터로부터 실질적인 예측을 도출하는 단계적인 방법을 반복적으로 알려줍니다. 통계 모델과 딥러닝 방식으로 구글 주식 종가와 미국 경제 데이터와 같은 실제 데이터셋을 분석합니다. 초보자부터 숙련된 데이터 과학자까지 시계열 분석 코드를 만들 수 있습니다. 책의 후반부에는 예측 과정을 자동화하는 최신 내용도 포함되어 있습니다. 시계열 분석과 관련된 실용적인 지식을 쌓기에 최적의 선택입니다.

심주현(삼성전자)

이 책에서는 시계열 데이터의 예측 문제를 아주 기본적인 것에서부터 시작하여 조금씩 개선된 방법을 추가하며 모델을 발전시켜 나갑니다. 실젯값과 예측값의 차이가 뒤로 갈수록 점점 줄어드는 것을 보면 신기합니다. 중반 이후로는 딥러닝과 Prophet을 사용하여 시계열 예측 문제를 다루고 있는데, 여기서부터는 실전에서 적용할 만큼 시계열 예측에 많은 도움이 됩니다.

지남현(LG전자)

이 책은 시계열 분석을 처음 공부하는 사람에게 좋은 안내서이자, 당장 시계열 모델링을 현업에 적용하려는 실무자에게 도움이 될 것이 분명합니다. 기존의 시계열 분석 도서는 과거의 통계적 모델에 치우쳐서 이론 위주로 설명하거나, 딥러닝 도서의 일부 챕터로 다루어서 설명의 부족함이 많았는데, 이 책은 시계열 데이터의 정의부터 시작하여 각 시계열 모델의 특징을 설명하며, statsmodels, 텐서플로, Prophet 패키지를 이용한 실제적인 문제 해결 방법을 알려주고, 연습문제의 해답도 제공해서 배운 내용을 확실히 이해할 수 있게 해줍니다. 시계열 모델을 개선하는 과정이 자연스럽게 스토리로 연결되고, 챕터가 끝날 때마다 주요 내용을 요약하는 것이 좋습니다. 전체적으로 설명이 깔끔하고 잘 정리되어 있고, 실습도 군더더기 없으며, 편집 또한 깔끔하여 가독성이 좋습니다. 오랜만에 좋은 시계열 관련 도서가 나왔네요!

한상곤(부산대학교)

제가 지금까지 읽어봤던 모든 시계열 관련 데이터 분석 책 중에서 시계열 모델 사용에 대한 기준을 가장 확실하게 짚어주고 있습니다. 기계 학습 기법을 함께 소개하고 있기 때문에 활용도가 높은 책입니다. 각 장에서 소개하는 모델에 대한 분류 기준 등을 참고해서 개념이나 어려운 내용을 보충하시면 좋을 듯합니다. 시계열 데이터를 준비하는 분들에게 적극 권합니다.

머리말 _____

필자가 은행에서 근무하면서 빠르게 깨달은 점은 시간이 중요하다는 것이다. 금리, 고객의 지출, 자산의 가격 등 모두가 시간에 따라 변하기 때문이다. 그러나 필자를 포함한 대부분의 사람들은 시계열time series에 익숙치 않다. 그래서 시계열 예측을 배우기로 결정했다.

그런데 필자가 자료를 찾아보니 모든 자료가 R로 되어 있어 예상보다 더 많은 어려움을 겪었다. 필자는 파이썬Python에 익숙한데, 파이썬은 업계에서 가장 인기 있는 데이터 과학 언어 중 하나다. R로는 통계 계산밖에 할 수 없지만, 파이썬은 웹사이트를 만들고, 기계 학습을 수행하고, 모델을 배포하며, 서버를 구축하는 등 다양한 작업을 수행할 수 있다. 그래서 시계열 예측을 배우기 위해 많은 R 코드를 파이썬으로 변환했다. 필자는 그때부터 이런 상황을 인지하였고, 덕택에 이렇게 그에 대한 책을 쓸 기회를 얻었다.

필자는 이 책을 파이썬 기반 시계열 예측에 대한 종합적인 참고 자료로 만들고자 한다. 이 책은 통계적 모델과 기계 학습 모델을 모두 다루며, 업계에서 널리 사용되고 종종 베이스라인baseline 모델의 역할도 하는 자동화된 예측 라이브러리도 다룰 것이다. 이 책은 다양한 실제 사례를 기반으로 실용적인 접근 방식을 강조한다. 현실 세계에서 데이터는 지저분하고, 더러우며, 때로는 누락되어 있기도 하다. 독자들에게 이런 어려운 부분들을 실험해보고 배우면서 자신의 프로젝트에 배운 것을 쉽게 적용해볼 수 있는 안전한 공간을 제공하고 싶었다.

이 책은 시계열 예측에 중점을 둔다. 물론 시계열 데이터로 분류classification 또는 이상 탐지anomaly detection 작업도 수행할 수 있지만, 이 책의 범위가 너무 넓어지지 않도록 적절히 한정하여 예측에만 중점을 두었다.

각 장에서는 연습 문제를 제공한다. 연습 문제에 대한 해답은 깃허브GitHub로 제공한다. 시간을 들여 완료해보기를 적극 추천한다. 중요하고 실용적인 기술을 얻을 수 있을 것이다. 연습 문제를 통해 여러분의 지식을 테스트하고 각 장에서 복습해야 할 부분을 확인하며, 새로운 프로젝트에서 모델링 기술을 적용해볼 기회도 얻을 수 있을 것이다.

각 장을 읽고 연습 문제들을 완료하고 나면, 여러분은 자신감을 가지고 어떤 예측 프로젝트라도 해결할 수 있는 필요한 모든 도구를 얻게 될 것이다. 또한 모든 예측 프로젝트에서 훌륭한 결과도 얻게 될 것이다. 이 책을 읽고 난 후에는 시계열 전문가가 되기 위한 호기심과 동기를 얻어, 시계열 전문가로 거듭나길 바란다.

마르쿠 페이셰이루

감사의 말 _____

먼저, 아내 리나Lina에게 감사드린다. 필자가 어려움을 겪을 때면 귀를 기울여주었고, 책의 많은 부분에서 피드백을 주었으며, 문법을 수정해주었다. 처음부터 끝까지 리나의 지원으로 결국 이 책을 완성할 수 있었다.

다음으로, 편집자 보비 제닝스Bobbie Jennings에게 감사드린다. 이 책은 필자의 첫 번째 책인데 모든 과정을 무척 편하게 진행할 수 있도록 해주었다. 두 번째 책을 쓰고 싶을 정도다! 글 쓰는 방법과 독자를 염두에 두는 방법에 대해 많은 것을 알려주었고, 책에서 문제가 될 만한 부분을 지적하는 데 주저하지 않고 책을 개선하는 데 큰 도움을 주었다.

모든 리뷰어들, Amaresh Rajasekharan, Ariel Andres, Biswanath Chowdhury, Claudiu Schiller, Dan Sheikh, David Paccoud, David R King, Dinesh Ghanta, Dirk Gomez, Gary Bake, Gustavo Patino, Helder C. R. Oliveira, Howard Bandy, Igor Vieira, Kathrin Björkelund, Lokesh Kumar, Mary Anne Thygesen, Mikael Dautrey, Naftali Cohen, Oliver Korten, Paul Silisteanu, Raymond Cheung, Richard Meinsen, Richard Vaughan, Rohit Goswami, Sadhana Ganapathiraju, Shabie Iqbal, Shankar Swamy, Shreesha Jagadeesh, Simone Sguazza, Sriram Macharla, Thomas Joseph Heiman, Vincent Vandenborne, Walter Alexander Mata López에게 감사드린다. 여러분 모두가 이 책을 더 좋게 만드는 데 공헌했다.

마지막으로, 브라이언 소여Brian Sawyer에게 특별한 감사를 전한다. 당신은 나에게서 무언가를 보았던 것 같다. 필자에게 이 놀라운 책을 쓸 기회를 주었고, 모든 과정에서 신뢰를 주었다. 책을 쓰는 것은 필자의 꿈이었는데, 이 모든 과정을 시작할 수 있게 해주었기에 꿈을 이룰 수 있었다. 정말 감사드린다.

이 책은 데이터 과학자들이 시계열 예측을 완전히 익히고 시계열 분석을 수행할 때 사용하는 데이터 과학 언어를 R에서 파이썬으로 전환하는 데 도움이 될 것이다. 필자는 이 책에서 우선 시계열 데이터를 정의하고, 이러한 유형의 데이터로 작업할 때 유의해야 하는 특성을 확인할 것이다(예를 들어 시계열 데이터는 섞을shuffle 수 없다). 그다음으로 베이스라인 모델을 개발해보고, 예측이 어려운 상황을 알아볼 것이다.

이어지는 장에서는 예측 기법들을 상세히 확인해보고, 통계적 모델부터 딥러닝 모델까지 점점 더 복잡도가 높은 모델을 알아볼 것이다. 마지막으로는 자동화된 예측 라이브러리를 다룬다. 이를 활용하면 예측 절차가 크게 빨라질 수 있다. 또한 여러분은 현장에서 어떤 작업을 수행하고 있는지 약간이나마 알 수 있을 것이다.

대상 독자

필자는 전통적인 회귀regression와 분류classification 작업을 수행하는 방법은 알고 있지만 시계열에서는 막막함을 느끼는 데이터 과학자들을 위해 이 책을 썼다. 여러분이 지금까지 데이터에서 날짜 열을 삭제해왔다면, 이 책은 바로 여러분을 위한 것이다.

이 책은 또한 R에 능숙한 전문가가 파이썬으로 전환하려는 경우에도 적합하다. R은 시계열 예측에 훌륭한 언어이며 많은 메서드들이 R로 구현되어 있다. 그러나 파이썬은 데이터 과학에서 가장 인기 있는 언어이고, R로는 활용하기 어려운 딥러닝 모델도 잘 다룰 수 있다는 장점이 있다.

이 책의 구성: 로드맵

이 책은 4부, 21장으로 구성되어 있다.

1부는 시계열 예측에 대해 소개한다. 시계열 데이터의 개념을 상세히 알아보고, 기본 모델을 개발하며, 예측이 적절하지 않은 경우를 살펴본다.

- 1장에서는 시계열 데이터를 정의하고 예측 프로젝트의 생애 주기를 살펴본다.
- 2장에서는 모델을 평가하기 위해서는 다른 모델과 비교해봐야 하므로, 비교해볼 수 있는 기본적인 모델을 개발해본다. 더 복잡한 기법을 다뤄보기 전에 간단한 예측 모델을 만들어본다.
- 3장에서는 고급 모델로는 예측하기 힘든 특수한 경우인 확률보행random walk 모델에 대해 알아본다. 이 경우 간단한 기본적인 모델을 사용해야 한다.

2부는 통계적 모델 기반 예측을 알아본다.

- 4장에서는 이동평균moving average 모델, MA(q)를 개발해본다. 이는 더 복잡한 예측 기법을 개발하기 위한 기반 중 하나다.
- 5장에서는 자기회귀auto regression 모델, AR(p)를 개발해본다. 이것도 더 복잡한 예측 기법을 개발하기 위한 기반 중 하나다.
- 6장에서는 AR(p) 모델과 MA(q) 모델을 결합하여 ARMA(p,q) 모델을 만들고 새로운 예측 기법을 설계해본다.
- 7장에서는 이전 장을 기반으로 ARIMA(p,d,q) 모델을 만들고 비정상적non-stationary 시계열에 대한 예측을 수행해본다.
- 8장에서는 한 가지 단계를 더 추가하여 SARIMA(p,d,q) $(P,D,Q)_m$ 모델을 만들고, 계절성이 있는 시계열에 대한 예측을 수행해본다.
- 9장에서는 마지막으로 한 가지 단계를 더 추가하여 외부 환경을 반영하는 SARIMAX 모델을 다룰 것이다.
- 10장에서는 벡터자기회귀 모델, VAR(p)를 살펴본다. 이 모델을 사용하면 여러 시계열을 동시에 예측할 수 있다.
- 11장에서는 4장부터 배운 내용을 적용해보는 캡스톤 프로젝트로 2부를 마무리한다.

3부에서는 딥러닝 기반 예측을 다룬다. 데이터 집합이 매우 크고 비선형적nonlinear 관계를 포함하며, 차원이 높은high dimensionality 경우에는 딥러닝 기법이 가장 적합하다.

- 12장에서는 딥러닝 기법을 소개하고 이를 기반으로 구축할 수 있는 예측 모델의 유형에 대해 알아본다.
- 13장에서는 딥러닝 모델 기반 예측을 성공하는 데 필수적인 데이터 윈도잉data windowing 단계를 살펴본다.
- 14장에서는 우리의 첫 딥러닝 모델을 간단히 개발해본다.
- 15장에서는 LSTM 아키텍처를 예측에 활용해본다. 이 아키텍처는 시계열과 같은 순차적 데이터를 처리하기 위해 특별히 고안된 것이다.
- 16장에서는 CNN 아키텍처를 살펴본다. CNN은 합성곱convolution 연산을 사용하므로 시계열 데이터의 노이즈를 효과적으로 필터링할 수 있다. 우리는 CNN을 LSTM 아키텍처와 결합해볼 것이다.
- 17장에서는 최고의 결과를 생성하는 것으로 입증된 자기회귀 딥러닝 모델을 개발해본다. 해당 모델에서는 예측의 출력값을 다음 예측 수행의 입력값으로 활용한다.
- 18장에서는 3부를 종합하는 캡스톤 프로젝트를 진행한다.

4부에서는 Prophet 등의 자동화된 예측 라이브러리들을 사용하는 방법을 살펴본다. Prophet은 업계에서 가장 널리 사용하고 있는 라이브러리 중 하나다.

- 19장에서는 자동화된 예측 라이브러리들의 생태계를 탐색해보고, Prophet을 사용하는 프로젝트를 따라가본다. 또한 SARIMAX 모델도 사용해보면서 두 가지 방법의 성능을 비교해본다.
- 20장은 캡스톤 프로젝트로, Prophet과 SARIMAX 모델을 각각 사용해보고 주어진 상황에서 어떤 모델이 가장 잘 작동하는지 확인해본다.
- 21장에서는 책을 마무리하면서 여러분에게 이 책 이후 무엇을 할지, 그리고 시계열 데이터로 무엇을 더 할 수 있는지 영감을 주고자 한다.

소스 코드에 대하여

이 책에 포함한 소스 코드 예시로는 번호를 매긴 리스팅으로 된 것과 일반 텍스트에 포함한 것이 있다. 두 경우 모두 소스 코드를 일반 텍스트와 구별하기 위해 고정 너비 글꼴(fixed-width font like this)로 서식을 지정했다.

많은 경우 원본 소스 코드의 서식을 재구성하여, 책의 여백에 맞게 줄 바꿈과 들여쓰기를 조정했다. 일부 소스 코드는 여전히 책의 너비에 맞지 않아 코드 리스팅에 줄 연속 마커(↪)를 표시하고 줄 내림을 했다. 또한 텍스트에서 코드를 설명하는 경우에는 원본 소스 코드에 있던 주석을 제거했다. 일부 번호를 매긴 리스팅에는 별도 주석을 추가하여 중요한 개념을 강조했다.

Manning에서 운영 중인 온라인 독서 플랫폼인 liveBook에서 https://livebook.manning.com/book/time-series-forecasting-in-python-book/에 접속하면 실행 가능한 코드 조각을 얻을 수 있다. 이 책의 전체 소스 코드는 깃허브에 있는 레포지터리인 https://github.com/marcopeix/TimeSeriesForecastingInPython에서 확인할 수 있다.[1] 또한 모든 연습 문제의 해답도 포함하고 있고, 책에 있는 도식들과 관련된 코드도 확인할 수 있다. 시각화는 간과되기 일쑤이지만, 필자는 중요하다고 생각한다.

모든 코드는 윈도우의 아나콘다 환경에서 주피터 노트북을 사용하여 실행했다. 필자는 파이썬 3.7을 사용했지만 그 이후 출시된 버전에서도 작동할 것이다.[2]

저자의 온라인 활동

데이터 과학에 관한 저자의 더 많은 글을 보려면 미디엄에서 저자를 팔로우하자(https://medium.com/@marcopeixeiro). 저자가 블로그를 활용하는 방식은 이 책에서 취한 방식과 비슷하여, 이론을 먼저 공부하고 실습 프로젝트를 진행하고 있다. 링크드인에서도 저자에게 연락할 수 있다(https://www.linkedin.com/in/marco-peixeiro/).

---

1   [옮긴이] 한국어판의 옮긴이가 관리하는 소스 코드는 다음 주소에서 확인할 수 있다.
     https://github.com/jpub-dongdong9/TimeSeriesForecastingInPython
2   [옮긴이] 책 후반에서 사용하는 Prophet의 경우, 원서에서는 1.0 이전 버전인 fbprophet 패키지를 사용했었다. 그런데 2021년의 1.0 버전부터는 이름을 prophet으로 변경하여 prophet 패키지를 사용해야 한다. 번역한 내용 및 샘플 코드에서 이에 맞춰 fbprophet 패키지가 아닌 prophet 패키지를 사용하도록 변경한 점에 유의하자.

책 표지에 실린 그림은 <Homme de Kamtschatka(캄차카 남자)>라는 제목이 붙어 있다. 이 삽화는 1797년 프랑스에서 출간된 《Costumes de Différents Pays(여러 나라의 복식)》 화집에서 가져온 것으로, 자크 그라세 드 생소뵈르Jacques Grasset de Saint-Sauveur(1757~1810)가 여러 나라의 드레스 의상을 손으로 정교하게 그리고 채색했다. 생소뵈르의 풍부한 작품들은 불과 200년 전만 해도 세계 각 도시와 지역의 문화가 얼마나 다양했는지를 생생하게 보여준다. 지리적으로 떨어져 있으면서, 사람들은 다른 언어와 방언을 사용했다. 거리나 시골에서 어디에 살고 있으며, 무엇을 사고 파는지, 어떤 계층에 속하는지를 단지 옷차림만으로도 쉽게 확인할 수 있었다.

그 이후로 우리가 옷을 입는 방식은 변했고, 풍부했던 지역별 다양성은 희미해졌다. 지금은 마을, 지역, 나라는 고사하고, 서로 다른 대륙에 사는 사람들을 구분하는 것도 어렵다. 아마도 우리는 문화적 다양성 대신에 더 다양해진 개인적 삶, 또는 빠른 속도로 변해가는 기술적인 생활을 선택했던 것 같다.

비슷비슷한 책들이 가득한 요즘, 매닝Manning 출판사는 두 세기 전 여러 지역의 다채로운 생활상을 보여주는 자크 그라세 드 생소뵈르의 그림 중 하나를 표지에 실어 IT 업계의 독창성과 진취성을 기리고자 한다.

시간은 그 누구도
기다려주지 않는다

시간의 영향을 받지 않는 현상은 거의 없다는 사실만으로도 시계열을 이해하는 것이 중요하다는 점을 충분히 납득할 수 있을 것이다. 1부에서는 시계열을 정의하고 시계열을 다루는 작업의 특수성을 살펴본다. 또한 단순한 기법들을 사용하여 첫 번째 예측 모델들을 개발해볼 것이다. 이 모델들은 베이스라인 모델이 될 것이며, 책 전체에서 이 기법들을 재사용할 것이다. 마지막으로, 예측이 불가능한 상황을 알아보고, 향후 그러한 상황에 빠지지 않도록 할 것이다.

PART 1

Time waits for

no one

CHAPTER 1

시계열 예측의 이해

이 장의 주요 내용

- 시계열 소개
- 시계열의 세 가지 주요 구성요소 이해하기
- 성공적인 예측 프로젝트에 필요한 단계
- 시계열 예측이 다른 회귀 작업들과 다른 점

시계열은 기상학부터 금융, 계량경제학, 마케팅에 이르기까지 다양한 분야에 존재한다. 데이터를 기록하고 분석하며 시계열을 연구함으로써 산업 내 여러 프로세스를 분석하거나 매출이나 참여도와 같은 비즈니스 지표를 추적해볼 수 있다. 또한 대량의 데이터를 활용할 수 있는 경우, 데이터 과학자가 시계열 예측 기술을 자신의 전문 지식에 적용해볼 수도 있다.

R은 통계적 컴퓨팅을 위해 특별히 만들어진 프로그래밍 언어로서 시계열에 관한 강좌, 서적, 기사 등에서 R을 활용하여 해결책을 찾는 내용들을 접해보았을 것이다. 3장부터 배우겠지만, 많은 예측 기법에서 통계적 모델을 활용하고 있다. 따라서 많은 경우 R을 사용하여 시계열 분석과 예측을 원활하게 수행하기 위한 패키지를 개발했다. 그러나 파이썬이 기계 학습 분야에서 가장 널리 사용되는 언어이기 때문에 대부분의 데이터 과학자들은 파이썬을 능숙하게 다룰 수 있어야 했다. 최근 몇 년 동안 개발자 커뮤니티와 여러 대기업들은 파이썬을 사용하여 통계적 컴퓨팅과 기계 학습 작업,

웹사이트 개발 등의 작업을 수행할 수 있는 강력한 라이브러리를 개발해왔다. 파이썬은 완벽한 프로그래밍 언어라고 할 수는 없지만, 하나의 프로그래밍 언어로 모델을 개발하고 통계적 테스트를 수행하며 API를 통해 모델을 서비스하거나 웹 인터페이스를 개발할 수 있는 등의 다재다능한 점은 사용자에게 큰 장점이라고 할 수 있다. 이 책에서는 파이썬만 사용해서 시계열 예측을 위한 통계적 학습 기법과 기계 학습 기법을 모두 구현할 것이다.

이 책은 전적으로 시계열 예측에 초점을 맞추고 있다. 우선 더 복잡한 모델의 기준점이 될 수 있는 간단한 예측 방법을 배울 것이다. 그다음으로 이동평균 모델과 자기회귀 모델이라는 두 가지 통계적 학습 기법을 사용하여 예측을 수행해본다. 이러한 기법들은 비정상성non-stationarity, 계절성 효과, 외생 변수의 영향을 다룰 수 있는 더 복잡한 모델들의 기초가 될 것이다. 그 후 통계적 학습 기법에서 딥러닝 기법으로 전환하여, 통계적 학습보다 딥러닝이 더 좋은 성능을 보이는 경우인, 고차원이자 대규모의 시계열에 대해 예측하는 시나리오를 살펴본다.

이번 장에서는 시계열 예측의 기본 개념에 대해 살펴본다. 먼저 시계열을 인식할 수 있도록 시계열의 정의부터 시작하겠다. 그런 다음 시계열 예측의 목적에 대해 논의한다. 마지막으로 시계열 예측이 다른 회귀regression 문제와 다른 이유, 즉 시계열 예측이 별도의 책으로 다뤄져야 하는 이유에 대해 알아볼 것이다.

1.1 시계열 소개

시계열 예측을 이해하고 수행하는 데 있어 첫 번째 단계는 시계열이 무엇인지 이해하는 것이다. 우선 간단히 말하자면, **시계열**은 단순히 시간에 따라 정렬된 데이터 요소들의 집합이다. 데이터의 시간 단계가 동일한 경우가 많은데, 이는 각 데이터 요소를 동일한 간격으로 구분한다는 것을 뜻한다. 간단히 말해, 데이터는 매시간 또는 매분마다 기록할 수도 있고, 혹은 월별 또는 연도별로 평균을 낼 수도 있다. 시계열의 대표적인 예로는 특정 주식의 종가, 가정의 전기 소비량, 실외 온도 등이 있다.

시계열

시계열은 시간에 따라 정렬된 데이터 요소의 집합이다.

데이터는 동일한 시간 단계timestep로 분포하는데, 이는 매시간, 매분, 매월, 매분기 등의 주기로 기록되었음을 뜻한다. 시계열의 일반적인 예로는 주식의 종가, 가정의 전기 소비량, 실외 온도 등이 있다.

그림 1.1에는 1960년부터 1980년까지 존슨앤드존슨Johnson & Johnson 주식의 분기별 주당순이익을 미국 달러로 표기한 데이터 집합을 나타냈다. 이 데이터 집합은 흥미로운 속성이 많아 더 복잡한 예측 문제에 적합한 고급 기법을 배우는 데 도움이 될 것이므로 이 책에서 자주 활용할 것이다.

보다시피, 그림 1.1은 시계열을 명확하게 보여준다. 데이터는 가로축에 표시된 대로 시간에 따라 색인화되어 있다. 또한 데이터는 매년 매분기마다 기록되었기 때문에 시간 단계가 동일하다. 시간이 지남에 따라 값이 증가하고 있어 데이터에 어떤 추세가 있는지도 알 수 있다. 또한 매년 수익이 증가하거나 감소하는 것도 볼 수 있는데, 이 패턴이 매년 반복되고 있다.

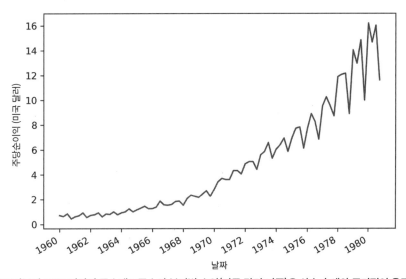

그림 1.1 **1960년부터 1980년까지 존슨앤드존슨의 분기별 수익(미국 달러 기준)은 상승 추세와 주기적인 움직임을 보인다.**

1.1.1 시계열의 구성요소

시계열의 세 가지 구성요소인 추세trend, 계절성seasonality, 잔차residual를 살펴보면서 시계열에 대해 더 깊이 이해해보자. 실제로 모든 시계열은 이 세 가지 요소로 분해할 수 있다.

시계열의 구성요소를 시각화하는 것을 **분해**decomposition라고 부르는데, 분해는 시계열을 서로 다른 여러 구성요소로 분리하는 통계적 작업이다. 각 구성요소를 시각화해보면 데이터 집합을 직접 들여다보는 것만으로는 파악하기 어려운 데이터의 추세와 계절적 패턴을 파악하는 데 도움이 된다.

그림 1.2에 표시된 존슨앤드존슨의 분기별 주당순이익을 자세히 살펴보자. Observed(관측된 값) 데이터가 어떻게 Trend(추세), Seasonal(계절성), Residuals(잔차)로 분할되었는지 직관적으로 알 수 있

다. 도식의 각 부분을 더 자세히 살펴보겠다.

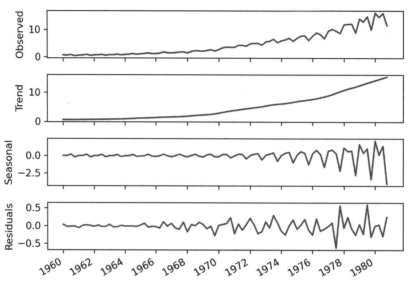

그림 1.2 **1960년부터 1980년까지 존슨앤드존슨 분기별 주당순이익의 분해**

먼저, Observed로 표시한 상단 도식은 기록한 그대로 시계열을 보여준다(그림 1.3). y-축은 존슨앤드존슨의 분기별 주당순이익의 가치를 미국 달러로 나타내고, x-축은 시간을 나타낸다. 기본적으로 그림 1.1을 재구성한 것으로, 그림 1.2의 Trend, Seasonal, Residuals 도식을 결합한 결과를 보여준다.

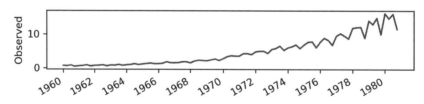

그림 1.3 **Observed 도식 살펴보기**

다음으로 그림 1.4에 표시한 추세 구성요소를 보자. 이번에도 , y-축은 값을 나타내고 x-축은 시간을 나타낸다. 추세는 시계열의 느리지만 장기적인 변화로 정의할 수 있다. 처음에는 평평하다가 가파르게 상승하는 것을 볼 수 있는데, 이는 데이터에 증가 혹은 양의 추세가 있음을 뜻한다. 추세 구성요소는 **수준**level이라고 부르기도 한다. 추세 구성요소는 시계열의 전반적인 방향성을 보여주기 위해 대부분의 데이터를 관통하는 선을 그려본 것으로 생각할 수도 있다.

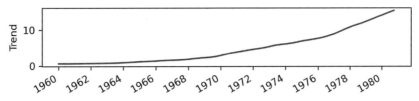

그림 1.4 **추세 구성요소 살펴보기.** 평평하지 않으므로 수열(series)에 추세가 있다고 할 수 있다. 또한 시간이 지남에 따라 값의 증가를 보이고 있다.

다음으로 그림 1.5에서 계절적 구성요소를 볼 수 있다. 계절적 구성요소는 계절적 변동을 일컫는 것으로, 일정 기간 동안 발생하는 반복적 행태다. 1년, 즉 4번의 분기 동안 주당순이익이 낮게 시작한 뒤 증가하다가 연말에 감소하고 있다.

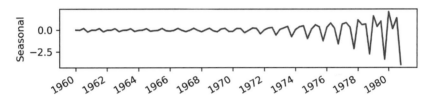

그림 1.5 **계절적 구성요소 살펴보기.** 시계열에 주기적인 변동이 있음을 알 수 있는데, 매년 수익이 오르내리고 있다.

y-축이 음의 값을 나타내고 있다. 주당순이익이 마이너스라는 뜻일까? 엄밀히 말하자면 데이터 집합이 양수값이기 때문에 그렇지 않다. 그보다는 계절적 구성요소를 통해 추세에서 벗어나는 변화가 얼마나 되는지를 알 수 있다. 양의 편차를 보일 때는 Observed 도식에서 최고점에 도달한다. 음의 편차를 보일 때는 Observed 도식에서 최저점에 도달한다.

마지막으로 그림 1.2의 마지막 도식은 추세나 계절적 구성요소로 설명할 수 없는 잔차를 보여준다. 잔차는 Trend 도식과 Seasonal 도식을 합산하여 각 시점의 값을 Observed 도식과 비교하는 것이라고 볼 수 있다. 특정 지점에서는 Observed 값과 정확히 같은 값을 얻을 수 있고, 이 경우 잔차는 0이다. 그 외의 지점에서는 값이 Observed의 값과 다르므로, Observed와 동일한 값을 얻기 위해서는 Trend와 Seasonal의 합산에 어떤 값을 추가해야 하는지 잔차 도식에 표시된다. 잔차는 일반적으로 **백색소음**white noise이라고도 부르는 무작위 오차에 해당하는데, 3장에서 설명하겠다. 그림 1.6에서 볼 수 있듯이 완전히 무작위이기 때문에 모델을 만들 수 없고 예측할 수도 없는 정보다.

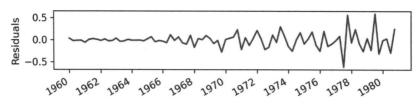

그림 1.6 **잔차 살펴보기. 잔차는 추세와 계절적 구성요소로는 설명할 수 없다.**

> **시계열 분해**
>
> 시계열 분해time series decomposition는 시계열을 추세, 계절성, 잔차라는 구성요소로 분리하는 절차다.
>
> 추세는 시계열에서 느리게 움직이는 변화를 나타낸다. 시간이 지남에 따라 시계열이 점진적으로 증가하거나 감소하도록 한다.
>
> 계절적 구성요소는 시계열의 계절적 패턴을 나타낸다. 주기는 일정 기간 동안 반복적으로 발생한다.
>
> 잔차는 추세 및 계절적 구성요소로 설명할 수 없는 행태를 나타낸다. 잔차는 백색소음이라고도 부르는 무작위 오차와 관련 있다.

우리는 예측을 할 때 각 구성요소가 작업에 어떤 영향을 미치는지 직관적으로 알 수 있다. 시계열이 특정 추세를 드러낸다면, 우리는 그 추세가 앞으로도 계속될 것으로 예상할 수 있다. 마찬가지로, 강력한 계절적 효과가 관찰되면 이러한 행태가 계속될 가능성이 높으므로 예측에 이를 반영해야 한다. 이 책의 뒷부분에서는 이러한 구성요소를 설명하고 모델에 포함시켜 더 복잡한 시계열을 예측하는 방법을 살펴볼 것이다.

1.2 시계열 예측에 대한 조감도

예측forecasting이란 이력 데이터와 함께 앞으로 영향을 미칠 것으로 보이는 향후 일어날 일들에 대한 지식을 활용하여 미래를 예상하는 것이다. 사실 이 정의는 소망으로 가득하다. 우리는 데이터 과학자로서 자신의 과학적 지식을 사용하여 즉시 예측 작업을 시작하고 싶어 하고, 또한 거의 완벽에 가까운 예측 정확도를 보이는 놀라운 모델을 선보이고 싶어 한다. 하지만 실제 예측을 수행하기 전에 반드시 거쳐야 하는 중요한 단계들이 있다.

그림 1.7은 완전한 예측 프로젝트가 실제 비즈니스 환경에서는 어떻게 진행되는지를 단순화하여 나타낸 순서도다. 이 단계들은 보편적인 것은 아니며, 조직에 따라 그리고 그 조직의 성숙도에 따라 이 단계들을 따를 수도, 따르지 않을 수도 있다. 하지만 이러한 단계들은 데이터 팀과 비즈니스 팀

간의 원활한 결속을 확보하는 데 필수적이고, 원활한 결속이 있어야만 팀 간의 마찰과 불만을 방지하고 사업적 가치를 만들어낼 수 있다.

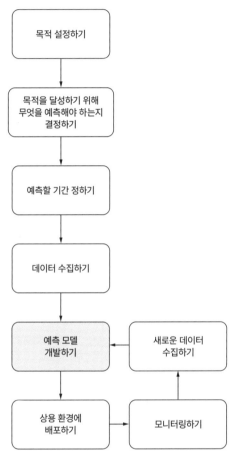

그림 1.7 예측 프로젝트의 로드맵. 첫 번째 단계는 당연하게도 예측의 필요성을 정당화하기 위해 목적을 설정하는 것이다. 다음은 그 목적을 달성하기 위해 무엇을 예측해야 하는지 결정하는 단계다. 그런 뒤, 예측 기간을 설정한다. 그러고 나서 데이터를 수집하고 예측 모델을 개발한다. 그 후 모델을 상용에 배포하고, 성능을 모니터링하며, 새로운 데이터를 수집한 뒤, 예측 모델을 재훈련하여, 예측의 결과가 계속 유효한지 확인한다.

한 가지 시나리오를 통해 예측 프로젝트 로드맵의 각 단계를 자세히 살펴보자. 한 달 후 일주일간의 캠핑을 계획하고 있는데, 밤에 편안하게 잠들기 위해 어떤 침낭을 가져가야 할지 알고 싶다고 가정해보자.

1.2.1 목적 설정하기

모든 프로젝트에서 로드맵의 첫 번째 단계는 목적을 설정하는 것이다. 목적은 밤에 편안하게 잠들기 위해 어떤 침낭을 가져가야 하는지 알고 싶다는 시나리오에서도 명시적으로 드러난다. 밤에 추울 예정이라면 따뜻한 침낭이 최선의 선택이 될 것이다. 밤에 따뜻할 것으로 예상된다면 가벼운 침낭이 더 나은 선택일 것이다.

1.2.2 목적을 달성하기 위해 무엇을 예측해야 하는지 결정하기

다음으로 어떤 침낭을 가져갈지 선정하려면 무엇을 예측해야 하는지 결정해야 한다. 이 경우, 밤의 기온을 예측하면 될 것으로 보인다. 예시이므로 단순하게 처리하기로 하자. 최저 기온은 밤에 발생하고, 이러한 최저 기온을 예측하는 것만으로 충분하다고 가정해본다.

1.2.3 예측할 기간 설정하기

다음은 예측할 기간horizon의 결정이다. 이번 시나리오의 경우, 캠핑 여행이 지금부터 한 달 후이고 일주일 동안 지속될 예정이다. 하지만 결국 캠핑 여행 동안의 최저 기온을 예측하는 것이 중요하므로 예측 기간은 일주일이다.

1.2.4 데이터 수집하기

이제 데이터 수집을 시작할 수 있다. 예를 들어 일일 최저 기온의 과거 이력 데이터를 수집할 수 있다. 또한 습도, 풍속 등 온도에 영향을 줄 수 있는 요인들의 데이터도 수집할 수 있다.

그런데 얼마나 많은 데이터를 수집해야 충분한지 의문이 생길 수 있다. 이상적으로는 1년 이상의 데이터를 수집하는 편이 좋다. 그래야 연간 계절 패턴이나 추세가 있는지 확인할 수 있기 때문이다. 특히 기온의 경우에는 계절에 따라 최저 기온이 다르므로, 당연히 1년 동안 계절에 따라 변화할 것이라고 예상할 수 있다.

그렇다고 해서 충분한 데이터의 양은 얼마인가라는 질문에 대한 답이 언제나 1년일 수는 없다. 예측의 빈도에 따라 크게 달라질 수도 있다. 이번 시나리오의 경우에는 일별 예측을 수행할 것이므로 1년의 데이터로도 충분할 것이다.

만약 시간별 예측을 하고자 한다면, 몇 달 분량이라 하더라도 분 단위로 수집한 데이터는 대단히 클 것이므로 훈련 데이터로서 충분할 것이다. 월별 또는 연간 예측을 하려면 훈련 데이터를 충분히 확보하기 위해 훨씬 더 먼 과거의 데이터까지도 확보해야 한다.

결국, 모델을 훈련시키는 데 필요한 데이터의 양에 대해 정해진 정답은 없다. 필요한 데이터의 양을 정하는 것 자체가 모델을 구축하고 그 성능을 측정하며 성능을 향상시키기 위해 데이터가 더 필요한지 검증하는 실험 과정 중 일부다.

1.2.5 예측 모델 개발하기

과거 이력 데이터가 준비되었다면, 이제 예측 모델을 개발할 준비가 된 것이다. 프로젝트 로드맵 중 이 부분이 이 책에서 주로 다룰 부분이다. 이 단계에서 데이터를 연구하고 추세나 계절적 패턴이 있는지를 확정해야 한다.

계절성을 관측한 경우, SARIMA 모델이 계절적 효과를 사용하여 예측을 생성할 수 있으므로 적합한 모델이다. 풍속 및 습도에 대한 정보가 있는 경우, SARIMAX 모델이 이러한 외생 변수의 정보를 활용할 수 있어 고려해볼 만하다. 이러한 모델들에 대해서는 8장과 9장에서 자세히 살펴본다.

지난 20년간의 일일 최저 기온 이력과 같은 대량의 데이터를 수집할 수 있다면 신경망neural network이 이런 방대한 양의 훈련 데이터를 활용하기에 적합할 수 있다. 통계적 학습 방법과 달리 딥러닝은 더 많은 훈련 데이터를 활용하지만, 더 나은 모델을 생성하는 편이다.

어떤 모델을 개발하든 훈련 데이터의 일부를 테스트 데이터로 활용하여 모델의 성능을 평가한다. 테스트 데이터는 언제나 훈련 데이터 중 가장 최근의 데이터이며, 예측 기간만큼의 데이터를 확보해야 한다.

이번 시나리오에서 예측 기간은 1주일이므로 훈련 데이터 집합에서 마지막 7개의 데이터 요소를 추출하여 테스트 집합에 배치할 수 있다. 그런 다음 각 모델을 훈련하고 나면 1주일에 대한 예측을 생성해보고 그 결과를 테스트 집합과 비교해볼 수 있다. 모델의 성능은 평균제곱오차mean squared error, MSE와 같은 오차 지표를 계산하여 평가할 수 있다. 이는 예측이 실젯값과 얼마나 차이가 나는지 평가하는 방법이다. MSE가 가장 낮은 모델이 가장 성능이 좋은 모델이고, 다음 단계에서 사용할 모델이다.

1.2.6 상용 환경에 배포하기

최고 성능의 챔피언 모델을 확보했다면 상용 환경production에 배포해야 한다. 즉 모델이 실제 데이터를 입력받아 향후 7일 동안의 일일 최저 기온에 대해 예측을 출력하도록 해야 한다. 모델을 상용 환경에 배포하는 방법에는 여러 가지가 있는데, 이는 책 한 권의 주제로 다룰 만큼 많은 분량이다. 모델을 API로 제공하거나 웹 애플리케이션에 통합할 수도 있고, 모델을 실행하는 자신만의 엑셀Excel 함수로 정의할 수도 있다. 결과적으로 데이터를 입력하면 데이터를 수동으로 조작하지 않더라도 예측을 출력할 수 있을 때 모델이 배포된 것으로 볼 수 있다. 이 시점부터 모델을 모니터링할 수 있다.

1.2.7 모니터링하기

캠핑 여행이 한 달 후이므로 모델이 얼마나 잘 수행되는지 확인할 시간이 남아 있다. 매일매일 모델의 예측 결과와 예측된 날의 실제 최저 기온을 비교해볼 수 있다. 이를 통해 모델에 의한 예측의 품질을 확인할 수 있다.

또한 예상치 못한 이벤트가 발생할 수도 있다. 예를 들어 폭염이 발생하여 모델에 의한 예측의 품질이 저하될 수 있다. 예측과 현재 일어난 이벤트들을 면밀히 모니터링해보면 예기치 않은 이벤트가 일시적인 것인지, 아니면 향후 2개월 동안 지속될 것인지 판단할 수 있다. 일시적인 것이 아니라면 캠핑 여행에 결정적 영향을 미칠 수 있다.

1.2.8 새로운 데이터 수집하기

모델을 모니터링할 때, 새로운 데이터를 수집하고 모델이 예측한 값과 수집한 최저 기온과 비교해야 한다. 새롭게 수집한 데이터는 모델을 재훈련할 때 활용할 수 있다. 이런 방식으로 다음 일주일 동안의 최저 기온을 예측하기 위해 필요한 최신 데이터를 확보할 수 있다.

이 과정을 그림 1.8과 같이 캠핑 여행 당일인 다음 달까지 반복한다. 이 시점까지 예측을 많이 수행하고 새로 관측한 데이터와 비교하여 예측의 품질을 평가하며, 새로운 일일 최저 기온을 기록하고 모델을 재훈련한다. 이렇게 하면 모델이 계속 좋은 성능을 보이면서도 캠핑 여행 시점에 가까운 데이터를 활용하여 예측하게 할 수 있다.

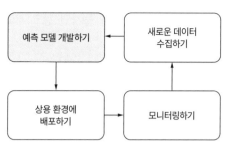

그림 1.8 상용 환경에서 반복하는 절차의 시각화. 모델을 상용 환경에 배포하고 나면, 모델을 모니터링하고 새로운 데이터를 수집하며, 해당 데이터를 사용하여 예측 모델을 조정한 후 다시 배포하는 주기에 들어선다.

마지막으로, 모델의 예측을 기반으로 어떤 침낭을 가져갈지 결정할 수 있다.

1.3 시계열 예측이 다른 회귀 작업들과 다른 점

여러분은 일련의 특징들을 활용하여 어떤 연속성을 띠는 목표를 예측해야 하는 회귀 작업을 경험해본 적이 있을 수도 있다. 언뜻 보기에 시계열 예측은 전형적인 회귀 문제와 유사해보인다. 과거 이력 데이터 중 일부를 가지고, 과것값을 입력하면 미랫값을 출력하는 함수를 표현하는 수학적 식을 만들고자 하기 때문이다. 그러나 시계열 예측과 시간과 무관한 시나리오를 해결하는 회귀 작업들 사이에는 몇 가지 주요한 차이점이 있다. 첫 번째 예측 기법을 살펴보기 전에 이 점을 살펴보자.

1.3.1 시계열에는 순서가 있다

가장 먼저 명심해야 할 개념은 시계열에는 순서가 있으며, 모델링할 때 이 순서를 변경할 수 없다는 점이다. 시계열 예측에서는 미랫값을 과것값의 함수로 표현하므로, 이 관계를 위반하지 않도록 데이터의 순서를 유지해야 한다.

또한 모델은 과거부터 현재까지의 정보만 활용할 수 있고 미래에 무엇이 관찰될지 알 수 없기 때문에 데이터를 순서대로 유지하는 것이 합리적이다. 캠핑을 떠올려보자. 화요일의 기온을 예측하려는 경우, 모델의 관점에서 볼 때 수요일의 정보는 미래이므로 사용할 수 없다. 월요일과 그 이전의 데이터만 사용할 수 있다. 따라서 모델링 절차 전체에서 데이터의 순서를 동일하게 유지해야 한다.

기계 학습 분야에서 다른 회귀 작업들의 경우, 순서가 존재하지 않는 경우가 많다. 예를 들어 광고 지출을 기반으로 수익을 예측해야 하는 경우, 특정 금액이 언제 광고에 지출되었는지는 중요하지 않다. 대신 광고 지출액과 매출의 상관관계만 파악하면 된다. 실제로 모델을 더 견고하게 만들기 위해 데이터를 무작위로 섞을 수도 있다. 간단한 예를 들자면 광고 지출 금액으로 수익을 추정하는 함수를 도출하는 것을 들 수 있다.

반면에 시계열은 시간에 따라 데이터 요소의 순서가 지정되고, 그 순서를 유지해야 한다. 그렇지 않으면 예측 시점에 없는 미래 정보로 모델을 훈련하게 된다. 공식적인 용어로는 **예측 편향**look-ahead bias이라고 한다. 이렇게 생성한 모델은 신뢰할 수 없고, 미래를 예측할 때 성능이 저하될 가능성이 높다.

1.3.2 시계열에 특징이 없는 경우가 있다

시계열은 그 자체 이외에 다른 특징들을 활용하지 않고 시계열만 활용해서 예측할 수 있다.

데이터 과학자는 목표를 예측하는 데 필요해 보이는 특징을 다수 포함한 데이터 집합으로 작업하는 데 익숙하다. 예를 들어 광고 지출을 기반으로 수익을 예측하는 작업을 수행하고 있고, 수익이 목표 변수라고 가정해보자. 구글 광고, 페이스북 광고, 텔레비전 광고에 지출한 각각의 금액을 특징으로 활용할 것이다. 이 세 가지 특징을 활용하여 회귀 모델을 구축하고 수익을 예측할 것이다.

그런데 시계열의 경우 발생 혹은 기록한 시점과 그 시점에 관측된 값만 있는 간단한 데이터 집합이 주어지는 경우가 일반적이다. 다른 특징 없이 시계열상의 과거값만 사용하여 미랫값을 예측하는 방법을 알아야 한다. 이런 경우 미랫값을 과거값들의 함수로 표현하는 기법인 이동평균 모델(4장)이나 자기회귀 모델(5장)을 유용하게 사용할 수 있다. 이러한 모델들은 시계열의 계절적 패턴과 추세를 고려할 수 있는 더 복잡한 모델의 기반이 된다. 6장부터는 이러한 기본적인 모델들을 기반으로 점차적으로 더 복잡한 시계열 예측을 할 수 있는 모델을 구축해본다.

1.4 다음 단계

필자는 이 책에서 다양한 예측 기법들에 대해 자세히 설명할 것이다. 이동평균 모델과 자기회귀 모델 같은 매우 기본적인 기법에서 시작하여 점차적으로 추세와 계절적 패턴 같은 더 많은 요인을 포함하는 시계열 예측을 하기 위해 ARIMA, SARIMA, SARIMAX 모델을 사용한다. 또한 순차 데이터에 적합한 딥러닝 기법을 사용하여 차원이 높은 시계열도 다룬다. 즉 합성곱 신경망convolutional neural network, CNN과 장단기 메모리long short-term memory, LSTM를 사용하여 신경망을 구축해본다. 마지막으로 시계열 예측 작업을 자동화하는 방법을 배워볼 것이다. 앞서 언급했듯이 이 책의 모든 구현은 파이썬으로 진행했다.

여러분은 이제 시계열이 무엇인지, 그리고 시계열 예측과 전통적 회귀가 어떻게 다른지 알게 되었을 것이므로, 드디어 예측 작업을 시작할 때가 되었다. 예측을 하기 위한 첫 번째 걸음으로서 단순한 방법을 사용하여 베이스라인 모델을 구축해보자.

요약

- 시계열은 시간에 따라 정렬된 데이터 요소들의 집합이다.
- 시계열의 예로 주식의 종가나 외부 기온 등이 있다.
- 시계열은 세 가지 구성요소인 추세, 계절적 요소, 잔차로 분해할 수 있다.
- 예측의 목적을 수립하고 배포한 모델을 모니터링해야 한다. 이를 통해 프로젝트의 성공과 지속성을 담보할 수 있다.
- 시계열 예측을 목적으로 모델링할 때는 시계열의 순서를 변경해서는 안 된다. 데이터를 뒤섞는 것shuffle도 안 된다.

2 CHAPTER

단순하게 미래 예측하기

1장에서는 시계열이 무엇이고 시계열 예측이 기존 회귀 작업과 어떻게 다른지 살펴보았다. 또한 목적 정의부터 모델 구축, 배포, 신규 데이터 수집에 따른 모델 업데이트에 이르기까지, 성공적인 예측 프로젝트를 구축하는 데 필요한 단계들을 알아보았다. 이제 여러분은 시계열 예측을 시작할 준비가 되었다.

먼저 미래를 예측하는 단순한 방법을 배워볼 것인데, 이 방법은 이후의 모델들에게 베이스라인이 될 것이다. 베이스라인 모델은 발견법heuristic이나 간단한 통계를 사용하여 예측 결과를 도출하는 단순한 모델이다. 베이스라인 모델을 개발하는 방법은 언제나 과학적이지 않을 수 있고, 데이터를 시각화하고 예측에 사용할 수 있을 법한 패턴을 추정하는 과정에서 얻을 수 있는 직관을 활용하는 경우가 많다. 모든 모델링 프로젝트에서 베이스라인 모델을 확보하는 것이 중요한 이유는 앞으로 구축할 더 복잡한 모델의 성능을 비교할 때 사용할 것이기 때문이다. 어떤 모델이 좋은지, 즉 성능이 나은지 알 수 있는 유일한 방법이 바로 베이스라인 모델과 비교하는 것이다.

이번 장에서는 존슨앤드존슨의 분기별 주당순이익earnings per share, EPS을 예측하는 것을 목적으로한다. 그림 2.1에서 1장에서 본 것과 동일한 데이터 집합을 확인할 수 있다. 즉 1980년 네 번의 분기에 대해 주당순이익을 예측하기 위해 1960년부터 1979년 말까지의 데이터를 활용한다. 예측 기간은 그림 2.1에서 회색 영역으로 표시했다.

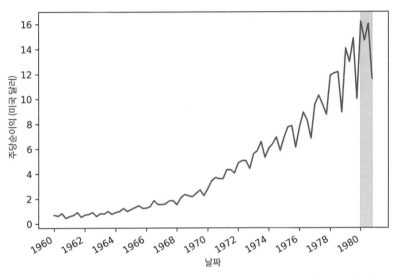

그림 2.1 1960년에서 1980년 사이의 미국 달러 기준 존슨앤드존슨의 분기별 주당순이익. 1960부터 1979년 마지막 분기까지의 데이터를 활용하여 1980년 분기(회색 영역으로 표시됨)의 주당순이익을 예측하는 베이스라인 모델을 구축한다.

그림 2.1을 보면 데이터가 시간이 지남에 따라 증가하는 추세를 보이고 있음을 알 수 있다. 또한 1년, 즉 4분기에 걸쳐 최고점과 최저점을 반복적으로 관찰할 수 있어, 계절적 패턴이 있음도 알 수 있다. 즉 계절성이 있다는 뜻이다.

1장에서 시계열을 분해하면서 이러한 구성요소들로 구분해본 것을 기억하자. 구성요소들을 그림 2.2에서 확인해보자. 이 구성요소들 중 일부는 데이터의 행태에 대한 직관을 얻는 데 도움이 되며, 이는 결국 좋은 베이스라인 모델을 개발하는 데 도움이 되므로 이번 장의 뒷부분에서 자세히 살펴보겠다.

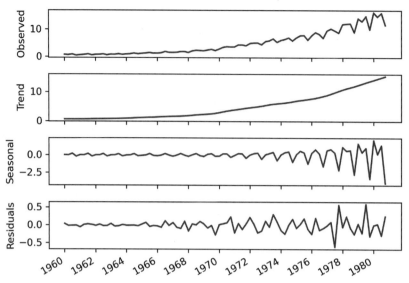

그림 2.2 **1960년부터 1980년까지 존슨앤드존슨의 분기별 수익 분해**

먼저 베이스라인 모델이 무엇인지 정의한 다음, 존슨앤드존슨의 분기별 주당순이익을 예측하기 위한 네 가지 베이스라인 모델을 만들어본다. 드디어 파이썬으로 시계열 예측을 직접 해보자.

2.1 베이스라인 모델 정의하기

베이스라인 모델baseline model은 문제를 해결하기 위한 단순한 방법으로, 보통 발견법 또는 간단한 통계적 기법을 활용한다. 베이스라인 모델은 여러분이 생각할 수 있는 가장 간단한 방법이면 되고, 훈련을 필요로 하지 않고 구현 비용도 매우 낮아야 한다.

> **그러면 우리 프로젝트의 베이스라인은 무엇일까?**
>
> 존슨앤드존슨의 주당순이익을 예측하고 싶다고 가정할 때, 가장 기본적이고 가장 단순한 예측 방법은 무엇일까?

시계열 관련 작업 중 베이스라인 모델 구축에 간단한 통계인 산술 평균을 사용할 수 있다. 특정 기간 동안의 평균을 간단히 계산할 수 있고, 미래의 평균도 이 평균과 같을 것이라고 가정할 수 있다. 이를 적용하여 존슨앤드존슨의 주당순이익을 다음과 같이 예측해볼 수 있다.

> 1960년부터 1979년까지의 평균 주당순이익은 4.31달러였다. 따라서 1980년 4분기 EPS는 분기당 4.31달러가 될 것이다.

또 다른 베이스라인 모델로 마지막으로 기록된 데이터 요소와 동일할 것이라고 단순하게 예측하는 것이다. 이를 활용하면 존슨앤드존슨의 주당순이익 예측과 관련하여 다음과 같이 말할 수 있다.

이번 분기의 주당순이익이 0.71달러이니, 다음 분기의 주당순이익도 0.71달러가 될 것이다.

또는 데이터에서 주기적으로 반복되는 패턴을 찾고, 그 패턴이 미래에도 반복될 것이라고 할 수 있다. 존슨앤드존슨의 경우에는 다음과 같이 말할 수 있다.

1979년 1분기의 주당순이익이 $14.04이니, 1980년 1분기의 주당순이익도 $14.04가 될 것이다.

이 세 가지 베이스라인 모델은 데이터 집합에서 관찰한 간단한 통계나 발견, 패턴에 의존하고 있다는 점을 알 수 있다.

> **베이스라인 모델**
>
> 베이스라인 모델은 예측 문제를 해결하기 위한 훌륭하지 않은 단순한 방법을 지칭한다. 베이스라인 모델은 발견법이나 간단한 통계를 활용하는 보통 가장 간단한 방법으로 모델 피팅, 즉 모델 훈련이 필요하지 않고 구현하기 쉽다.

이러한 베이스라인 모델이 과연 괜찮은지 궁금할 수 있다. 그런 간단한 방법들로 미래를 얼마나 잘 예측할 수 있을까? 1980년 한 해를 예측해보고 1980년에 실제 관측된 데이터와 비교하고 테스트하여 이 질문에 대한 답을 확인할 수 있다. 이를 **표본 외 예측**out-of-sample forecasting이라고 하는데, 모델을 개발할 때 훈련 데이터에 포함하지 않은 기간에 대해 예측해보는 것이다. 이렇게 하면 모델의 성능을 측정하고, 현재 가지고 있는 데이터(이 경우 1981년 이후)를 넘어서는 범위에 대해 예측할 때 모델이 어떻게 동작하는지 확인할 수 있다.

다음 절에서는 여기에서 언급한 다양한 베이스라인 모델을 개발하고 존슨앤드존슨의 분기별 주당순이익을 예측해보겠다.

2.2 과거 평균으로 예측하기

이번 장의 서두에서 언급했듯이 1960년부터 1980년까지 미국 달러 기준 존슨앤드존슨의 분기별 주당순이익으로 작업해보자. 우리의 목적은 1960년부터 1979년 말까지의 데이터를 사용하여 1980

년 4번의 분기를 예측하는 것이다. 우리가 다룰 첫 번째 베이스라인 모델은 과거의 평균값으로, 과 것값들의 산술 평균이다. 훈련 데이터 집합의 평균을 구하면, 그 값이 1980년 4번의 분기에 대한 예측인 것이다. 하지만 이에 앞서 모든 베이스라인 모델을 구현하기 위해 필요한 몇 가지 사전 작업 을 수행하자.

2.2.1 베이스라인 구현을 위한 설정

첫 번째 단계는 데이터 집합을 로딩하는 것이다. 이를 위해 pandas 라이브러리를 사용하고 read_ csv 메서드를 사용하여 데이터 집합을 DataFrame에 로딩한다. 로컬 컴퓨터에 파일을 다운로드한 뒤 해당 파일의 경로를 read_csv 메서드에 전달하거나, 깃허브에서 CSV 파일을 호스팅하고 있는 URL을 read_csv 메서드에 전달할 수도 있다. 이번에는 파일로 작업해본다.

```
import pandas as pd

df = pd.read_csv('../data/jj.csv')
```

CAUTION 이번 장의 모든 코드를 깃허브에서 확인할 수 있다.
https://github.com/jpub-dongdong9/TimeSeriesForecastingInPython/tree/master/CH02

DataFrame은 pandas에서 가장 많이 사용되는 데이터 구조체다. 2차원이고 레이블 지정 가능한 데 이터 구조체로 각 열에는 문자열, 정수, 실수, 날짜 등 다양한 형의 데이터를 담을 수 있다.

두 번째 단계는 데이터를 모델 훈련에 활용할 훈련 데이터 집합과 모델 테스트에 활용할 테스트 데이터 집합으로 분할하는 것이다. 예측할 기간이 1년이라고 가정하면, 훈련 데이터 집합은 1960 년부터 시작하여 1979년 말까지이고, 1980년에 수집된 데이터는 테스트 데이터 집합에 저장한다. DataFrame을 열 이름과 행 인덱스가 있는 데이터베이스 테이블이나 스프레드시트로 간주하는 편 이 이해하기 쉬울 수 있다.

DataFrame에 데이터 집합을 저장한 뒤, 처음 다섯 개의 항목을 표시하기 위해 다음 명령어를 실행 해보자.

```
df.head()¹
```

---

1   (옮긴이) 주피터 환경이 아닌 일반 파이썬 환경에서는 'print(df.head())'와 같이 print 메서드를 사용하여 출력할 수 있다.

그러면 그림 2.3과 같이 출력된다.

	date	data
0	1960-01-01	0.71
1	1960-04-01	0.63
2	1960-07-02	0.85
3	1960-10-01	0.44
4	1961-01-01	0.61

그림 2.3 존슨앤드존슨 데이터 집합의 분기별 주당순이익의 처음 5개 항목. DataFrame에 date 열과 data 열, 두 개가 입력된 것을 확인할 수 있다. 또한 0부터 시작하는 행 인덱스가 있다.

그림 2.3을 통해 `DataFrame`에 어떤 형의 데이터가 저장되어 있는지 더 잘 이해할 수 있을 것이다. 왼쪽 date 열에는 주당순이익을 계산하는 각 분기의 마지막 날을 저장하고 있다. 오른쪽 data 열에는 미국 달러 단위로 주당순이익 값을 저장하고 있다.

참고로 다음 명령어를 실행하면 데이터 집합의 마지막 5개 항목을 표시하고 그림 2.4와 같이 출력한다.

```
df.tail()
```

	date	data
79	1979-10-01	9.99
80	1980-01-01	16.20
81	1980-04-01	14.67
82	1980-07-02	16.02
83	1980-10-01	11.61

그림 2.4 데이터 집합의 마지막 5개 항목. 이제 다양한 베이스라인 모델을 사용하여 1980년 4번의 분기에 대해 예측해볼 수 있다. 각 베이스라인 모델의 성능을 평가하기 위해 예측한 값을 1980년에 실제 관측된 데이터와 비교해본다.

그림 2.4에서 베이스라인 모델을 사용하여 1980년 4번의 분기를 예측한 결과를 확인할 수 있다. 1980년 4번의 분기에 해당하는 데이터 열에 있는 관측값과 예측값을 비교하여 베이스라인 모델의 성과를 평가해보자. 예측이 관측된 값에 가까울수록 성능이 더 좋은 것이다.

베이스라인 모델을 개발하기 전 사전 작업 중 마지막 단계는 데이터 집합을 훈련 집합과 테스트 집합으로 분할하는 것이다. 앞서 언급했듯이 훈련 집합은 1960년부터 1979년 말까지의 데이터로 구성하고, 테스트 집합은 1980년의 4번의 분기로 구성한다. 훈련 집합은 모델을 개발할 때 사용할 유일한 정보다. 모델을 구축한 뒤, 테스트 집합에 있는 1980년 4번의 분기에 해당하는 4번의 다음 시간 단계에 대해(훈련 집합의 1960년부터 1979년 말까지의 데이터 다음 시간 단계라는 뜻이다) 예측할 것이다. 이렇게 하면 예측값과 관측된 데이터를 비교하여 베이스라인 모델의 성능을 평가해볼 수 있다.

데이터를 분할하기 위해, 훈련 집합에는 df에서 마지막 4개의 항목을 제외한 모든 데이터를 포함하고, 테스트 집합에는 마지막 4개의 항목만 포함한다. 다음과 같은 코드로 구현할 수 있다.

```
train = df[:-4]
test = df[-4:]
```

2.2.2 과거 평균 기반 베이스라인 모델 구현하기

이제 베이스라인 모델을 구현할 준비가 되었다. 먼저 전체 훈련 집합의 산술 평균을 베이스라인 모델로 사용해본다. 평균을 계산하기 위해, DataFrame과 함께 사용하기 아주 좋고 과학적 계산이 매우 빠른 패키지인 numpy 라이브러리를 사용해보겠다.

```
import numpy as np

historical_mean = np.mean(train['data'])     ◀── train 데이터 집합 중 data 열의
                                                 산술 평균을 계산한다.
print(historical_mean)
```

앞의 코드에서 먼저 numpy 라이브러리를 임포트한 다음, 훈련 집합 전체에 대해 EPS의 평균을 계산하여 화면에 출력했다. 계산 결과는 4.31달러일 것이다. 즉 1960년부터 1979년 말까지 존슨앤드존슨의 분기별 EPS는 평균적으로 4.31달러다.

이제 1980년의 각 분기에 대해 단순한 방식으로 예측해보자. 이를 위해 훈련 데이터 집합 내 과거 데이터들의 평균을 예측 결과로서 저장하는 열인 pred_mean을 새로 만들자.

```
test.loc[:, 'pred_mean'] = historical_mean     ◀── 과거의 평균을 예측값으로 설정한다.
```

다음으로, 테스트 집합에 대한 예측 성능을 평가하기 위해 오차 지표를 정의하고 확인해야 한다. 이번 예시에서는 지표로 **평균절대백분율오차**mean absolute percentage error, MAPE를 사용한다. 이는 예측

방법의 예측 정확도를 측정하는 방법 중 하나로, 해석하기 쉽고 데이터의 규모에 영향을 받지 않는다. 예를 들어 두 자릿값으로 작업하든 여섯 자릿값으로 작업하든 MAPE는 항상 백분율로 표현된다. 즉 MAPE는 예측값이 관측값보다 큰지 작은지에 관계없이 예측값이 관측값 또는 실젯값과 평균적으로 얼마나 차이가 나는지를 백분율로 나타낸다. MAPE는 수식 2.1에 정의되어 있다.

$$\text{MAPE} = \frac{1}{n} \sum_{i=1}^{n} \left| \frac{A_i - F_i}{A_i} \right| \times 100$$

수식 2.1

수식 2.1에서 A_i는 i 시점의 실젯값이고 F_i는 i 시점의 예측값이며, n은 예측 횟수다. 이번 예시에서는 1980년 4번의 분기를 예측하므로 $n = 4$다. 실젯값에서 예측값을 뺀 다음 그 결과를 실젯값으로 나누면 오차 백분율이 나온다. 그런 다음 백분율 오차의 절대값을 구한다. 이 작업을 각 n개 시점에 반복하고, 결과를 합산한다. 마지막으로 합계를 예측 횟수인 n으로 나누면 평균절대백분율오차를 구할 수 있다.

이 수식을 파이썬으로 구현해본다. mape라는 함수를 정의하고 두 개의 입력 매개변수를 받는다. 두 개의 입력 매개변수는 각각 y_true라는 관측된 실젯값을 포함하는 벡터형 매개변수와 y_pred라는 예측값을 포함하는 벡터형 매개변수다. numpy를 사용하면 배열형을 직접 다룰 수 있으므로 모든 값을 합산하기 위한 루프를 사용하지 않았다. y_pred 배열을 y_true 배열에서 빼고 y_true로 나누면 백분율 오차를 얻을 수 있다. 그다음 절대값을 얻은 후 평균을 구한다. 마지막으로 결과에 100을 곱하여 소수(0과 1 사이의 실수)가 아닌 백분율로 반환하도록 한다.

```
def mape(y_true, y_pred):
    return np.mean(np.abs((y_true - y_pred) / y_true)) * 100
```

이제 베이스라인 모델의 MAPE를 계산할 수 있다. 실젯값은 test의 data 열에 있고, 해당 열 전체를 mape 함수에 첫 번째 매개변수로서 전달한다. 예측값은 test의 pred_mean 열에 있으므로 mape 함수에 대한 두 번째 매개변수로서 전달한다.

```
mape_hist_mean = mape(test['data'], test['pred_mean'])
print(mape_hist_mean)
```

이 함수를 실행하면 70.00%인 MAPE를 얻을 수 있다. 이는 베이스라인 모델의 예측값이 1980년에 관측된 존슨앤드존슨의 분기별 주당순이익 실젯값에 비해 평균적으로 70% 정도 벗어나는 결과를 보인다는 것을 뜻한다.

예측값들을 시각화하여 70%의 MAPE에 대해 더 잘 이해해보도록 하자.

리스팅 2.1 예측 시각화하기

```
import matplotlib.pyplot as plt

fig, ax = plt.subplots()

ax.plot(train['date'], train['data'], 'g-.', label='Train')
ax.plot(test['date'], test['data'], 'b-', label='Test')
ax.plot(test['date'], test['pred_mean'], 'r--', label='Predicted')
ax.set_xlabel('Date')
ax.set_ylabel('Earnings per share (USD)')
ax.axvspan(80, 83, color='#808080', alpha=0.2)
ax.legend(loc=2)

plt.xticks(np.arange(0, 85, 8), [1960, 1962, 1964, 1966, 1968, 1970, 1972, 1974, 1976, 1978,
1980])

fig.autofmt_xdate()
plt.tight_layout()
```

리스팅 2.1에서는 파이썬으로 시각화할 때 가장 많이 사용하는 라이브러리인 `matplotlib` 라이브러리를 사용하여 훈련 데이터, 예측 기간, 테스트 집합상의 관측값, 1980년 각 분기에 대한 예측값을 표시하는 도식을 생성한다.

먼저 `figure` 및 `ax` 객체를 초기화한다. 하나의 `figure`에 많은 `ax` 객체를 포함할 수 있어 2~3개 이상의 도식을 표시할 수도 있다. 하지만 이번 사례에서는 하나의 도식만 그릴 것이므로 하나의 `ax`만 사용한다.

둘째로, `ax` 객체에 데이터를 그린다. 훈련 데이터는 녹색 쇄선으로 그리고 해당 곡선에 "Train"이라는 레이블을 지정한다. 이 레이블은 이후 도식의 범례를 생성할 때 사용한다. 다음으로 테스트 데이터를 파란색 실선으로 그리고, 레이블로 "Test"라고 지정한다. 마지막으로 예측값을 빨간색 파선으로 그리고, "Predicted"라는 레이블을 지정한다.

셋째, x-축과 y-축에 레이블을 지정하고, 직사각형 영역을 그려 예측 기간을 표시한다. 예측 기간은

1980년 4번의 분기로, 이 기간은 df에서 인덱스 80부터 인덱스 83까지의 데이터인, 1980년 전체에 해당한다. 그림 2.5와 같이 df.tail()을 실행하여 1980년 분기들의 인덱스를 얻을 수 있다.

	date	data
79	1979-10-01	9.99
80	1980-01-01	16.20
81	1980-04-01	14.67
82	1980-07-02	16.02
83	1980-10-01	11.61

그림 2.5 데이터 집합 중 마지막 5개 항목

직사각형 영역에 회색을 지정하고 alpha 매개변수로 불투명도를 지정한다. alpha가 1이면 완전히 불투명하고 alpha가 0이면 완전히 투명하다. 우리는 20%의 불투명도, 즉 0.2로 설정하겠다.

다음으로 x-축의 눈금에 레이블을 지정한다. 기본 상태에서는 데이터 집합의 각 분기에 대한 데이터 모두에 레이블을 표시하므로, 레이블을 읽을 수 없을 정도로 x-축이 복잡해진다. 그러므로 2년 간격으로 연도를 표시하자. 이를 위해 레이블을 표시할 인덱스를 지정하는 배열을 생성한다. np.arange(0, 81, 8)로 0에서 시작하여 80까지 8씩 증가하는 배열을 생성할 수 있다. 2년 동안 8번의 분기가 있으므로 8씩 증가하도록 지정한다. 이렇게 하면 다음과 같은 배열, [0,8,16,...72,80]을 생성할 수 있다. 그런 다음 데이터 집합과 마찬가지로 1960으로 시작하여 1980으로 끝나도록 각 인덱스에 레이블을 지정한다.

마지막으로, fig.autofmt_xdate()를 사용하여 x-축 눈금 레이블의 서식을 자동으로 설정한다. 이 함수는 레이블을 약간 회전시켜 가독성을 높인다. 그리고 plt.tight_layout()을 사용하여 도식 주변의 불필요한 공백을 제거한다.

최종 결과는 그림 2.6이다. 예측 선이 테스트 선에서 매우 멀리 떨어져 있어, 확실히 이 베이스라인 모델로는 정확한 예측을 얻지 못했음을 알 수 있다. 예측이 1980년 각 분기의 실제 EPS에서 평균적으로 70% 정도 차이를 보인다는 것을 알 수 있다. 1980년의 주당순이익은 실제로는 계속 10달러를 상회했으나, 예측은 매분기마다 4.31달러다.

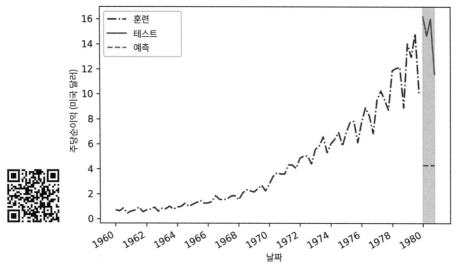

그림 2.6 **과거의 평균값 기반 베이스라인 모델로 예측하기. 예측값이 테스트 집합의 실젯값과 거리가 멀다는 것을 알 수 있다. 이 베이스라인 모델은 70%의 MAPE 수준의 성능을 보인다.**[2]

EPS가 증가하는 양의 추세를 보임을 확인할 수 있다. 이는 그림 2.7에 표시한 데이터 집합에서 분해한 추세 구성요소에서 확인할 수 있다.

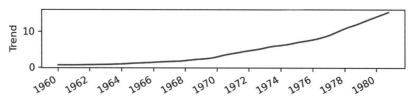

그림 2.7 **시계열의 추세 구성요소. 시간이 지남에 따라 증가하는 양의 추세가 데이터에 있음을 알 수 있다.**

그림 2.7을 보면 알 수 있듯이, 양의 추세가 존재하며 1960년부터 1980년 사이에 점점 가파르게 증가하고 있다. 따라서 1960년에 관측된 EPS로는 1980년의 EPS를 예측하기 힘들 수 있다. 양의 추세가 일정하지 않고 시간이 지남에 따라 점점 더 빠른 속도로 증가했기 때문이다.

> **베이스라인 모델을 개선할 수 있을까?**
>
> 다음 절로 넘어가기 전에 평균을 그대로 사용하면서도 베이스라인 모델을 개선할 방법이 있을지 생각해보자. 더 짧지만 최근인 기간(예를 들어 1970년부터 1979년까지)의 평균을 사용해보면 어떨까?

2　울긴이 예제 코드에서는 축 제목과 범례에 영문을 사용했지만, 가독성을 위해 일부 그림에는 번역하였다.

2.3 작년의 평균으로 예측하기

이전의 베이스라인 모델에서 알게 된 점은 데이터 집합에 존재하는 양의 추세로 인해 이전 값으로 장기적인 미래의 값을 예측하지 못할 수 있다는 점이다. 과거의 값은 1979년 말부터 1980년까지의 기간에 관측된 EPS 값에 비해 너무 작아 예측에 활용할 수 없었다.

그러면 다음 해를 예측하기 위해 훈련 집합 중 직전 연도 데이터의 평균을 활용하면 어떨까? 즉 1979년의 평균 EPS를 계산하여 1980년의 각 분기를 예측해보는 것이다. 시간이 지남에 따라 값은 증가하므로 최근 값일수록 1980년에 관측된 값에 더 가까울 수 있다. 아직은 가설일 뿐이므로 이 베이스라인 모델을 구현하고 테스트하여 그 성능을 확인해본다.

데이터는 이미 테스트 집합과 훈련 집합으로 분할되어 있다(2.2.1절에서 분할 완료). 훈련 집합 중 마지막 4개의 데이터 요소가 1979년에 해당하므로 다음과 같이 마지막 해의 평균을 계산할 수 있다.

```
last_year_mean = np.mean(train.data[-4:])    ◀ 1979년 4번의 분기에 대한 EPS의 평균을 계산하기
                                               위해, 훈련 집합의 마지막 4개 데이터 요소의 평균을
print(last_year_mean)                          계산한다.
```

계산 결과인 평균 EPS는 $12.96이다. 따라서 1980년 4번의 분기 동안 존슨앤드존슨의 주당순이익을 $12.96으로 예측할 수 있다. 작년의 평균을 예측값으로서 보관하기 위해 pred__last_yr_mean 열을 만들어 저장한다.

```
test.loc[:, 'pred__last_yr_mean'] = last_year_mean
```

그다음으로 앞서 정의한 **mape** 함수를 사용하여 새 베이스라인 모델의 성능을 평가할 수 있다. 첫 번째 매개변수는 테스트 집합에 보관하고 있는 관측값 배열을 전달한다. 다음 매개변수는 예측값 배열로, pred__last_yr_mean 열을 전달한다.

```
mape_last_year_mean = mape(test['data'], test['pred__last_yr_mean'])
print(mape_last_year_mean)
```

이를 통해 15.60%의 MAPE를 확인할 수 있다. 그림 2.8과 같이 예측 결과를 시각화할 수 있다.

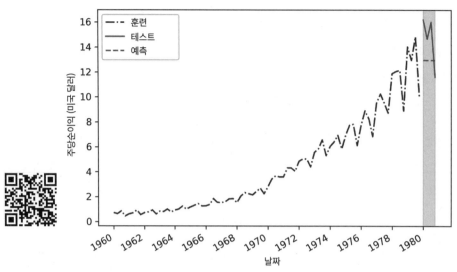

그림 2.8 훈련 집합(1979년)의 작년의 평균을 베이스라인 모델로 사용하여 예측하기. 그림 2.6에서 확인한 이전의 베이스라인 모델 예측과 비교해보면, 이번 예측이 테스트 집합의 실젯값에 더 가깝다.

> **그림 2.8을 재현할 수 있을까?**
>
> 연습 삼아 1979년 중 분기들의 평균을 사용하는 예측을 시각화하여 그림 2.8을 재현해보자. 코드는 리스팅 2.1
> 과 거의 동일한데, 예측값을 다른 열에 저장하고 있다는 점만 다르다.

이번 새로운 베이스라인 모델의 구현은 간단하지만, MAPE가 70%에서 15.6%로 줄어들어 이전 베이스라인 모델보다 성능이 확실히 개선되었다. 즉 이번 베이스라인 모델에서는 예측값이 관측값과 평균 15.6% 정도 차이가 난다는 뜻이다. 지난 해의 평균을 사용한 것은 적절한 방향이었다. MAPE를 가능한 한 0%에 가깝게 만들어, 예측 기간의 실젯값에 더 가까운 예측을 할 수 있도록 해야한다.

이번 베이스라인 모델을 통해 미래의 값이 너무 멀지 않은 과것값와 연관이 있을 가능성이 높다는 점을 알 수 있었다. 이는 바로 **자기상관관계**autocorrelation의 징조로, 5장에서 이 주제에 대해 자세히 살펴본다. 지금은 현재 상황에서 개발할 수 있는 또 다른 베이스라인 모델을 살펴보자.

2.4 마지막으로 측정된 값으로 예측하기

이전 절에서는 두 가지 서로 다른 기간에 대한 평균을 사용하여 베이스라인 모델을 개발해보았다. 지금까지 개발해본 베이스라인 모델 중 가장 성능이 좋은 베이스라인 모델은 훈련 집합 중 마지막으로 측정된 연도의 평균으로, 가장 낮은 MAPE를 나타냈다. 이 베이스라인 모델을 통해 미랫값은 과거값과 연관이 있지만 너무 먼 과거값과는 연관성이 떨어진다는 점을 알게 되었다. 실제로 1960년부터 1979년까지의 평균 EPS를 사용할 때가 1979년 이후의 평균 EPS를 사용할 때보다 더 좋지 않은 예측 결과를 얻었다.

따라서 훈련 집합 중 마지막으로 측정된 값을 베이스라인 모델로 사용한다면 더 나은 예측을 얻을 수 있고, 0%에 더 가까운 MAPE를 얻을 수 있을 것이라는 가설을 세워볼 수 있다. 이 가설을 검증해보자.

첫 번째 단계는 훈련 집합에서 마지막으로 측정된 값을 추출하는 것이다. 이 값은 1979년 마지막 분기에 기록된 EPS에 해당한다.

```
last = train.data.iloc[-1]

print(last)
```

1979년 마지막 분기에 기록된 EPS를 확인하면 $9.99라는 값을 얻을 수 있다. 가설에 따르면 존슨앤드존슨의 1980년 4분기 주당순이익은 9.99달러가 될 것으로 예측할 수 있다.

예측값을 저장하기 위해 pred_last라는 열을 추가한다.

```
test.loc[:, 'pred_last'] = last
```

이제 앞서 정의했던 MAPE 함수를 사용하여 새로운 베이스라인 모델의 성능을 평가해보자. 테스트 집합의 실젯값과 test의 pred_last 열에 있는 예측값을 함수에 전달한다.

```
mape_last = mape(test['data'], test['pred_last'])

print(mape_last)
```

이렇게 하면 30.45%의 MAPE를 얻게 된다. 그림 2.9와 같이 예측을 시각화할 수 있다.

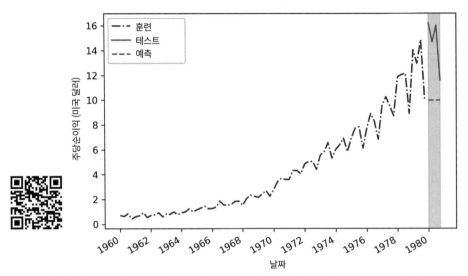

그림 2.9 훈련 집합 중 마지막으로 측정된 값을 활용하는 베이스라인 모델로 예측하기. 30.45%의 MAPE를 보이는 이 베이스라인 모델은 첫 번째 베이스라인 모델보다는 나은 성능을 보이지만 두 번째 베이스라인 모델보다는 성능이 떨어지는 것을 확인할 수 있다.

> **그림 2.9를 재현해볼 수 있을까?**
>
> 그림 2.9를 직접 만들어보자. 데이터 과학자는 자신의 영역에서 일하지 않는 사람들도 이해할 수 있도록 결과를 전달할 수 있어야 한다. 따라서 예측을 보여주는 도식을 만드는 것도 중요한 기술이므로 개발해야 한다.

1979년의 평균 EPS를 사용한 베이스라인 모델은 15.60%의 MAPE를 달성한 반면, 이번에는 30.45%의 MAPE를 달성했기 때문에 새로운 가설을 기반으로 한 베이스라인 모델은 기존 베이스라인 모델보다 낫지 않다. 즉 이번 베이스라인 모델에 의한 새로운 예측은 1980년 관측값과 차이가 더 크다.

이러한 결과는 EPS가 처음 3번의 분기 동안은 높았다가 마지막 분기에 하락하는 주기적인 행동을 보인다는 점을 그 원인으로 볼 수 있다. 마지막으로 측정된 값을 사용하는 경우 계절성을 반영하지 않아 좋지 않은 결과에 도달한 것이므로, 더 나은 베이스라인 모델을 생성하기 위해 또 다른 단순한 예측 기법을 사용해보자.

2.5 단순한 계절적 예측 구현하기

이번 장에서는 처음에 살펴본 두 베이스라인 모델로 추세 구성요소는 고려해보았으나, 데이터 집합의 또 다른 중요한 구성요소인 그림 2.10과 같은 계절적 구성요소는 아직 확인해보지 않았다. 데이터에서 주기적 패턴을 분명히 확인할 수 있으며, 이는 마지막으로 또 하나의 베이스라인 모델을 구성하는 데 사용할 수 있는 정보다. 마지막 베이스라인 모델은 단순한 계절적 예측이다.

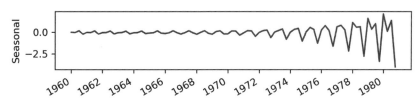

그림 2.10 **시계열의 계절적 구성요소. 여기서 주기적인 변동을 확인할 수 있고, 이는 계절성이 있음을 나타낸다.**

단순한 계절적 예측 방법은 마지막으로 측정된 주기가 미래에도 반복된다는 것이다. 이번 예시에서 주기의 길이는 4번의 분기이므로 1979년 첫 번째 분기의 EPS를 사용하여 1980년 첫 번째 분기의 값을 예측해보자. 그다음으로 1979년 두 번째 분기의 EPS를 사용하여 1980년 두 번째 분기의 값을 예측한다. 이 과정을 3분기와 4분기에 대해서도 반복한다.

파이썬으로 훈련 집합에서 1979년 4번의 분기에 해당하는 마지막 4개 값을 가져온 후, 1980년의 분기들에 순서대로 값을 할당하는 방식으로 베이스라인 모델을 구현하겠다. 다음 코드에서 pred_last_season 열을 추가하고 단순한 계절적 예측 방법에 의한 예측값을 저장한다.

```
test.loc[:, 'pred_last_season'] = train['data'][-4:].values
```
◀ 훈련 집합의 마지막 4개의 값은
1979년 4번의 분기로, 바로 1980년
분기들에 대한 예측값이다.

다음으로는 이전 절과 동일한 방식으로 MAPE를 계산한다.

```
mape_naive_seasonal = mape(test['data'], test['pred_last_season'])

print(mape_naive_seasonal)
```

이렇게 하면 11.56%의 MAPE를 얻을 수 있는데, 이는 이번 장에서 살펴본 모든 베이스라인 모델 중에서 가장 낮은 MAPE이다. 그림 2.11에서 테스트 집합에 있는 관측값과 예측값을 비교해볼 수 있다. 연습 삼아 직접 재현해보길 강력히 권한다.

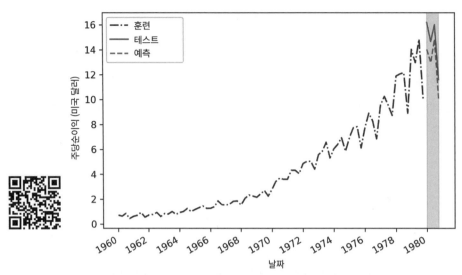

그림 2.11 테스트 집합에 대한 단순한 계절적 예측의 결과. 이번 예측은 테스트 집합의 관측된 데이터와 더 유사하고 가장 낮은 MAPE를 보였다. 분명히 이 데이터 집합의 계절성은 미래에 관측될 값에도 영향을 끼치는 것으로 보이므로 예측할 때 이를 고려해야 한다.

보다시피 단순한 계절적 예측은 이번 장에서 구축한 모든 베이스라인 모델 중 가장 낮은 MAPE를 보였다. 지난 계절의 관측값이 미래에 반복해서 일어난다고 예측하는 가설이 상당히 정확하다는 뜻이며, 계절성이 미래에 상당한 영향을 미친다고 할 수 있다. 그림 2.11에서 매년 반복되는 주기적 패턴을 명확하게 관찰할 수 있으므로 직관적으로 이 말을 이해할 수 있을 것이다. 이번 문제에 대한 더 복잡한 예측 모델을 개발할 때도 계절적 효과를 고려해야 한다. 이를 고려하는 방법은 8장에서 자세히 설명하겠다.

2.6 다음 단계

이번 장에서는 예측 프로젝트를 위한 네 가지 베이스라인 모델을 개발해보았다. 전체 훈련 집합의 산술 평균, 훈련 집합 중 마지막 해의 평균, 훈련 집합 중 마지막으로 측정된 값, 단순한 계절적 예측이 그 네 가지였다. 그리고 각 베이스라인 모델의 예측에서 테스트 집합에 대한 MAPE 지표를 도출하여 평가해보았다. 이번 장에서 개발한 각 베이스라인 모델의 MAPE를 그림 2.12에 요약했다. 그림에서 볼 수 있듯이, 단순한 계절적 예측을 사용하는 베이스라인 모델이 가장 낮은 MAPE를 보이며, 따라서 성능이 가장 우수하다.

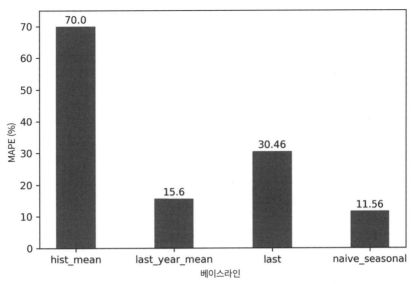

그림 2.12 이번 장에서 개발한 네 가지 베이스라인 모델의 MAPE. MAPE가 낮을수록 모델이 더 우수한 것이므로, 가장 우수한 지표를 보인 단순한 계절적 베이스라인 모델을 더 복잡한 모델들과 비교하기 위한 벤치마크로 선택한다.

베이스라인 모델은 비교의 기준이 된다는 점을 명심하자. 통계적 학습이나 딥러닝 기술을 적용하여 더 복잡한 모델을 개발한 뒤, 테스트 집합에 대해 평가하고 오차 지표를 확인하면서 베이스라인 모델과 비교해볼 수 있다. 복잡한 모델의 MAPE를 단순한 계절적 예측의 MAPE와 비교해보는 것이다. 복잡한 모델의 MAPE가 11.56%보다 낮으면 더 나은 성능을 보인다고 확인할 수 있다.

단순한 방법으로만 시계열 예측이 가능한 특수한 상황이 있을 수도 있다. 예를 들어 프로세스가 무작위로 변화하여 통계적 학습 방법으로 예측할 수 없는 경우다. 이는 확률보행, 즉 무작위 변동이 존재한다는 것을 뜻하며, 다음 장에서 이에 대해 살펴보겠다.

요약

- 시계열 예측은 베이스라인 모델 구축부터 시작하며, 이를 이후 구축할 더 복잡한 모델에 대한 비교 대상으로 삼는다.
- 베이스라인 모델은 예측 문제에 대한 단순한 해결 방법으로, 발견법을 사용하거나 평균과 같은 간단한 통계를 사용한다.
- MAPE는 평균절대백분율오차로, 예측값이 실젯값과 얼마나 차이가 나는지를 직관적으로 측정할 수 있는 지표다.

- 베이스라인 모델을 개발하는 방법에는 여러 가지가 있다. 이번 장에서는 평균, 마지막으로 측정된 값, 지난 계절을 활용하는 방법을 살펴보았다.

확률보행 따라가보기

이전 장에서는 여러 가지 단순한 예측 방법을 비교해보고, 이러한 방법이 더 정교한 모델의 벤치마크 역할을 한다는 점을 배웠다. 그런데 가장 단순한 방법이 가장 좋은 예측 결과를 보이는 경우도 있다. 확률보행 프로세스가 바로 이런 경우다.

이번 장에서는 확률보행 프로세스가 무엇인지와 이를 인식하는 방법, 그리고 확률보행 모델을 사용하여 예측하는 방법에 대해 알아본다. 그 과정에서 차분, 정상성, 백색소음의 개념을 살펴보고, 이후의 장에서 고급 통계 학습 모델을 개발할 때 한 번 더 다룰 것이다.

이번 장의 예제로 알파벳(GOOGL)의 주식을 사고 싶다고 가정해본다. 이상적으로는 주식의 종가가 향후 상승할 것으로 예상하고 매수하겠지만, 그렇지 않을 경우 투자 수익이 없을 것이다. 따라서 1년 동안 GOOGL의 일일 종가에 대한 데이터를 수집하고 시계열 예측을 사용하여 주식의 미래 종가를 예상해보겠다. 2020년 4월 27일부터 2021년 4월 27일까지의 GOOGL 종가는 그림 3.1에 나와 있다. 이 글을 작성하는 시점에는 2021년 4월 27일 이후의 데이터는 얻을 수 없었다.

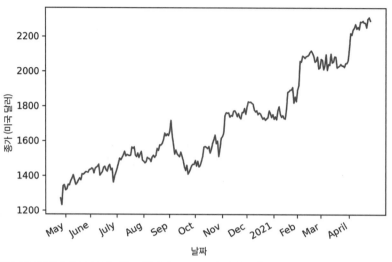

그림 3.1 **2020년 4월 27일부터 2021년 4월 27일까지 GOOGL의 일일 종가**

그림 3.1에서 2020년 4월 27일과 2021년 4월 27일 사이에 종가가 상승한 것을 확인할 수 있으므로 장기적으로 상승하는 추세는 명확하다고 할 수 있다. 그러나 급격히 감소했다가 다시 급격히 증가하는 갑작스러운 변화가 있는 기간도 추세에 포함되어 있다는 점에 주의해야 한다.

확률보행 모델을 사용하여 GOOGL의 일일 종가를 모델링할 수 있다는 점을 확인해보겠다. 이를 위해 먼저 프로세스가 **정상적**stationary인지 확인해야 한다. 비정상적 프로세스인 경우, 프로세스를 정상적으로 만들기 위해 **차분**differencing과 같은 변환을 적용해야 한다. 그런 다음 **자기상관함수**auto-correlation function, ACF를 도식화하여 GOOGL의 일일 종가를 확률보행 모델로 근사화approximated할 수 있는지 확인할 수 있다. 이번 장에서는 차분과 자기상관함수 도식화를 모두 다룰 것이다. 마지막으로 GOOGL의 미래 종가를 예측하는 것으로 이번 장을 마무리하겠다.

이번 장을 마무리하고 나면 정상성, 차분, 자기상관관계의 개념에 대해 숙지할 수 있어 이후의 장에서 고급 예측 기술을 이해하는 데 도움이 될 것이다. 이제 확률보행 프로세스를 정의하는 데 집중해보자.

3.1 확률보행 프로세스

확률보행random walk은 무작위로 상승 또는 하락이 발생할 확률이 동일한 프로세스다. 이는 일반적으로 GOOGL의 일일 종가와 같은 금융 및 경제 데이터에서 관찰할 수 있다. 확률보행은 때로는 양의 추세가, 때로는 음의 추세가 오래 지속되는 기간을 포함하기도 한다. 또한 급격한 방향 전환을 동반하는 경우도 많다.

확률보행 프로세스에서 현잿값 y_t는 이전 시간 단계의 값 y_{t-1}, 상수 C, **백색소음**이라고도 하는 난수 ϵ_t의 함수다. 여기서 ϵ_t는 분산이 1이고 평균이 0인 표준정규분포를 보인다.

따라서 확률보행을 다음 수식과 같이 수학적으로 표현할 수 있다. 여기서 y_t는 현재 시점 t의 값이고, C는 상수이며, y_{t-1}은 이전 시간 단계 t-1의 값이고, ϵ_t는 난수다.

$$y_t = C + y_{t-1} + \epsilon_t$$

수식 3.1

상수 C가 0이 아닌 경우, 이 프로세스를 표류drift가 있는 확률보행이라고 한다.

3.1.1 확률보행 프로세스 시뮬레이션하기

확률보행 프로세스에 대한 이해를 돕기 위해 파이썬으로 시뮬레이션을 해보자. 이를 통해 확률보행이 어떻게 작동하는지 이해하고, 순수하게 이론적인 시나리오에서 확률보행의 속성에 대해 연구해볼 수 있다. 그다음으로 이 지식을 실제 예제에 적용하여 GOOGL의 종가를 모델링하고 예측해본다.

수식 3.1에서 확률보행은 이전 값인 y_{t-1}에 백색소음 ϵ_t와 상수 C를 더한 값으로 이루어짐을 알 수 있었다. 시뮬레이션을 단순화하기 위해 상수 C가 0이라고 가정해보자. 이 가정하에서 시뮬레이션된 확률보행은 다음과 같이 표현할 수 있다.

$$y_t = y_{t-1} + \epsilon_t$$

수식 3.2

이제 시뮬레이션된 수열의 첫 번째 값을 선정해야 한다. 한 번 더 단순화하기 위해 수열을 0으로 초기화하겠다. 이 값이 y_0의 값이 된다.

이제 수식 3.2를 사용해 수열을 만들 수 있다. t = 0 시점에 초깃값 0으로 시작한다. 그런 다음 수식

3.2에서 y_1로 표시하는 $t = 1$ 시점의 값은 이전 값 y_0에 백색소음을 더한 값과 같다.

$$y_0 = 0$$
$$y_1 = y_0 + \epsilon_1 = 0 + \epsilon_1 = \epsilon_1$$

수식 3.3

y_2로 표시하는 $t = 2$의 값은 이전 단계의 값인 y_1에 백색소음을 더한 값과 같다.

$$y_1 = \epsilon_1$$
$$y_2 = y_1 + \epsilon_2 = \epsilon_1 + \epsilon_2$$

수식 3.4

그러면 y_2로 표시하는 $t = 3$의 값은 이전 단계의 값인 y_2에 약간의 백색소음을 더한 값과 같다.

$$y_2 = \epsilon_1 + \epsilon_2$$
$$y_3 = y_2 + \epsilon_3 = \epsilon_1 + \epsilon_2 + \epsilon_3$$

수식 3.5

수식 3.5를 보면 패턴이 보이기 시작할 것이다. 확률보행 프로세스를 0으로 초기화하고 상수 C를 0으로 설정하면, t 시점의 값은 단순히 $t = 1$부터 t 시점까지의 백색소음의 합이다. 따라서 시뮬레이션된 확률보행은 수식 3.6을 따르게 되며, 여기서 y_t는 t 시점의 확률보행 프로세스의 값이고 ϵ_t는 t 시점의 임의의 값이다.

$$y_t = \sum_{t=1}^{T} \epsilon_t$$

수식 3.6

수식 3.6은 임의의 시점 t에서 시뮬레이션된 시계열의 값이 일련의 난수들의 누적 합임을 표현한다. 그림 3.2에서는 시뮬레이션된 확률보행이 어떻게 형성되는지 시각화했다.

시뮬레이션된 확률보행

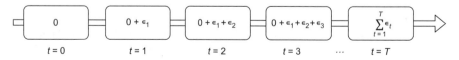

그림 3.2 시뮬레이션된 확률보행의 구성 시각화. 보다시피 초깃값은 0이다. 상수도 0으로 설정했으므로 임의의 시점에 확률보행의 값은 단순히 난수 혹은 백색소음의 누적 합계다.

이제 파이썬을 사용하여 무작위 프로세스를 시뮬레이션할 준비가 되었다. 이 예제를 재현하기 위해 random.seed 메서드에 전달할 정수, 즉 **시드**seed를 설정해야 한다. 시드를 동일하게 설정하면 코드를 몇 번 실행해도 동일한 난수가 생성된다. 즉 여러분도 동일한 코드를 실행하여 이번 장에서 설명한 것과 동일한 결과와 도식을 얻을 수 있다.

CAUTION 이번 장의 소스 코드는 다음 링크에서 참조할 수 있다.
https://github.com/jpub-dongdong9/TimeSeriesForecastingInPython/tree/master/CH03

그러면 이제 시뮬레이션된 프로세스의 길이를 결정해야 한다. 이 예제에서는 1,000개의 샘플을 생성한다. numpy 라이브러리에서 standard_normal 메서드를 사용하여 정규분포상의 숫자를 생성할 수 있다. 이렇게 하면 백색소음의 정의에 맞춰 평균이 0인 분포에서 숫자를 얻을 수 있도록 보장할 수 있다. 분산도 1(정규분포)로 지정했다. 그런 다음, 수열의 첫 번째 값을 0으로 설정할 수 있다. 마지막으로, cumsum 메서드를 사용하여 수열의 각 시간 단계에 대한 백색소음의 누적 합계를 계산하고, 확률보행을 시뮬레이션한다.

```
import numpy as np

np.random.seed(42)                          ← random의 시드를 설정한다. 정숫값을 전달하여
                                              수행하는데, 이번에는 42를 전달한다.

steps = np.random.standard_normal(1000)     ← 평균이 0이고 분산이 1인 정규분포에서 1,000개의
steps[0]=0                                     난수를 생성한다.
                                            ← 수열의 첫 번째 값을 0으로 초기화한다.

random_walk = np.cumsum(steps)              ← 시뮬레이션된 프로세스 내 각 시간 단계의 오차에 대한
                                              누적 합계를 계산한다.
```

시뮬레이션된 확률보행을 도식화하여 어떤 모습인지 확인할 수 있다. x-축과 y-축은 실질적 의미가 있지는 않으므로 각각 '시간 단계'와 '값'으로 레이블을 간단히 지정하자. 다음 코드로 그림 3.3을 생성한다.[3]

```
fig, ax = plt.subplots()

ax.plot(random_walk)
ax.set_xlabel('Timesteps')
ax.set_ylabel('Value')
```

---

3 [옮긴이] 본문의 코드는 주피터 노트북에서 실행되었다. 일반적인 파이썬 환경에서 실습을 진행하려면 'plt.tight_layout()'를 호출한 다음 'plt.show()'를 추가하면 된다.

```
plt.tight_layout()
```

그림 3.3에서 확률보행의 정의적 특성을 확인할 수 있다. 처음 400개 시간 단계 동안 양의 추세를 보이다가 음의 추세가 나타나고, 끝으로 갈수록 급격히 증가하는 것을 확인할 수 있다. 따라서 짧은 기간 동안의 급격한 변화와 함께 긴 기간 동안의 추세도 확인할 수 있다.

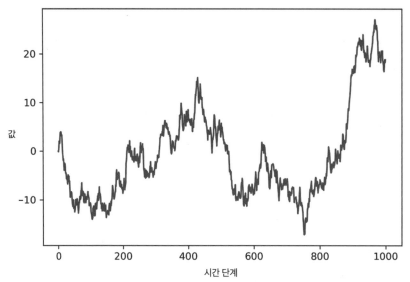

그림 3.3 **시뮬레이션된 확률보행. 처음 400개의 시간 단계 동안은 양의 추세를 보이다가, 음의 추세가 나타나고, 끝으로 갈수록 급격히 증가하는 것을 볼 수 있다. 이는 확률보행 프로세스라는 좋은 힌트가 될 수 있다.**

이번에는 확률보행 프로세스를 시뮬레이션했으므로 처음부터 확률보행임을 알고 있었다. 하지만 실제 데이터를 다룰 때는 시계열이 확률보행인지 아닌지를 식별할 방법이 필요하다. 어떻게 식별하는지 알아보자.

3.2 확률보행 식별하기

시계열이 확률보행에 가까운지 확인하려면 먼저 확률보행을 정의해야 한다. 시계열의 관점에서 **확률보행**은 첫 번째 차분first difference이 정상적이고 상관관계는 없는 시계열로 정의할 수 있다.

방금 한 문장으로 많은 새로운 개념을 소개했다. 이제 확률보행을 개별적 무작위성이 아닌 하나의 프로세스로서 식별하기 위한 단계들을 자세히 살펴보겠다. 각 단계는 그림 3.4에 요약했다.

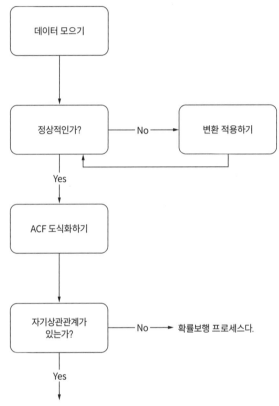

그림 3.4 시계열 데이터를 확률보행으로 근사할 수 있는지 식별하는 단계. 첫 번째 단계는 당연히 데이터를 수집하는 것이다. 그런 다음 정상성을 검증한다. 비정상적인 경우, 정상이 될 때까지 변환을 적용해본다. 그런 다음 자기상관함수로 도식화해볼 수 있다. 도식화 결과, 자기상관관계를 확인할 수 없다면 확률보행으로 볼 수 있다.

다음 하위 절에서 정상성과 자기상관관계의 개념에 대해 자세히 설명하겠다.

정상적 시계열stationary time series은 시간이 지나도 통계적 특성이 변하지 않는 시계열이다. 즉 평균과 분산이 상수이고 자기상관관계가 있으며, 이러한 특성들이 시간에 따라 변하지 않는다.

많은 예측 모델에서 정상성을 가정한다. 이동평균 모델(4장), 자기회귀 모델(5장), 자기회귀이동평균 auto regressive moving average 모델(6장)은 모두 정상성을 가정하고 있다. 이러한 모델은 데이터가 실제로 정상적인 것으로 확인된 경우에만 사용할 수 있다. 그렇지 않으면 모델이 유효하지 않아 예측을 신뢰할 수 없다. 데이터가 정상적이 아니라면 시간이 지남에 따라 데이터의 속성이 변할 것이고, 이는 모델의 매개변수도 시간이 지남에 따라 변한다는 설명을 직관적으로 이해할 수 있을 것이다. 즉 각 시점마다 계수coefficient가 변하므로 과것값들로 구성한 함수로는 미랫값을 도출해낼 수 없어 예측을 신뢰할 수 없다.

정상성은 예측을 수행하는 과정을 쉽게 만드는 가설로 볼 수 있다. 물론 추세나 계절적 주기가 있는 프로세스를 예측하는 데 관심을 갖는 경우가 더 많기 때문에 보통 정상적인 시계열을 다루지 않는 경우가 많다. 이런 경우 ARIMA(7장)와 SARIMA(8장)와 같은 모델을 유용하게 사용할 수 있다.

정상성

정상적 프로세스는 시간이 지나도 통계적 특성이 변하지 않는 프로세스다.
시계열의 평균, 분산, 자기상관관계가 시간에 따라 변하지 않으면 시계열이 정상적이라고 할 수 있다.

지금은 시계열 예측의 초기 단계이므로 정상적 시계열에 초점을 맞출 것이며, 이는 시계열을 정상적으로 만들기 위해 시계열을 변환하는 방법을 찾아야 한다는 것을 뜻한다. **변환**transform은 단순히 데이터를 수학적 조작을 통해 평균과 분산을 안정화하여 정상적 상태로 만드는 것이다.

적용해볼 수 있는 가장 간단한 변환은 차분이다. 차분을 통해 평균을 안정화하고 추세 및 계절적 효과를 제거하거나 줄일 수 있다. 차분은 어떤 시간 단계와 그다음 시간 단계 사이에 발생하는 일련의 변화를 계산하는 것이다. 이를 수행하기 위해서는 이전 시간 단계 y_{t-1}의 값을 현재 시간 단계 y_t의 값에서 빼서 차분값 y'_t를 구하면 된다.

$$y'_t = y_t - y_{t-1}$$

수식 3.7

그림 3.5는 차분 과정을 보여준다. 초기 시점에 $t = -1$이 존재하지 않기 때문에 이전 단계와의 차이를 구할 수 없어 데이터 요소 하나가 손실된다는 점에 유의하자.

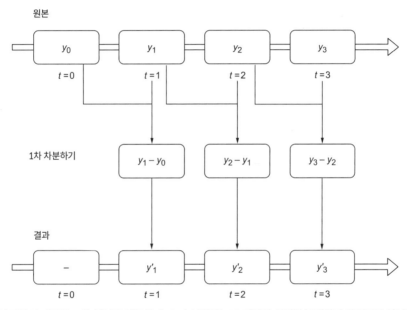

그림 3.5 **차분 변환의 시각화. 1차 차분을 적용했다. 초기 시점에는 그 이전의 시점이 존재하지 않으므로 차분할 수 없어 변환 후 데이터 요소 하나가 손실되는 것을 알 수 있다.**

시계열은 여러 번 차분할 수 있다. 차분을 한 번 수행하는 것을 **1차 차분**first-order differencing이라고 한다. 두 번째로 차분을 적용하면 **2차 차분**second-order differencing이다. 시계열을 정상화하기 위해 두 번 이상 차분해야 하는 경우는 많지 않다.

차분을 사용하여 시간에 관계없이 일정한 평균을 구할 수 있는데, 프로세스가 정상적이 되려면 분산도 일정해야 한다. 로그를 사용하면 분산을 안정화시킬 수 있다.

변환된 시계열을 모델링할 때는 모델의 출력을 원래 규모scale로 되돌리기 위해 **변환 취소**untransform

를 해야 한다는 점에 유의하자. 변환 취소에 대한 공식적인 용어는 **역변환**inverse transform이다. 따라서 데이터에 로그 변환을 적용한 경우 예측값을 원래 크기로 되돌리려면 예측값에 10의 거듭제곱을 적용해야 한다. 이렇게 해야 예측값이 원래의 비즈니스적 맥락에서 의미가 있게 된다.

이제 시계열을 정상화하기 위해 어떤 유형의 변환을 적용해야 하는지 알았으므로 시계열이 정상적인지 테스트하는 방법을 확인해보자.

3.2.2 정상성 테스트하기

시계열에 변환을 적용한 후에는 정상성 테스트를 수행하여 다른 변환을 더 적용해야 하는지 아니면 더는 변환할 필요가 없는지 확인해야 한다. 일반적으로 사용하는 테스트는 ADFaugmented Dickey-Fuller 테스트다.

ADF 테스트는 시계열에 단위근unit root이 존재한다는 귀무가설을 검증한다. 대체 가설은 단위근이 없으므로 시계열이 정상적이라는 가설이다. 이 테스트의 결과는 ADF 통계값으로, 음수다. 음수의 절대 크기가 클수록 귀무가설을 기각할 가능성이 크다. 파이썬으로 작성된 구현체는 p-값도 반환한다. 이 값이 0.05보다 작으면 귀무가설을 기각하여 수열이 정상적이라고 할 수 있다.

> **ADF 테스트**
>
> ADF 테스트는 단위근의 존재 여부를 테스트하므로, 시계열이 정상적인지를 판단하는 데 도움이 된다. 단위근이 존재하면 시계열이 비정상적인 것이다.
> 귀무가설은 단위근이 존재한다는 것으로, 시계열이 비정상적이라는 것을 뜻한다.

현잿값 y_t가 계수 α_1, 상수 C, 백색소음 ϵ_t, 과것값 y_{t-1}에만 의존하는 매우 간단한 시계열을 고려해보자. 다음과 같은 수식으로 표현할 수 있다.

$$y_t = C + \alpha_1 y_{t-1} + \epsilon_t$$

수식 3.8

수식 3.8에서 ϵ_t는 예측할 수 없는 오차를 나타내고, C는 상수다. 여기서 α_1은 시계열의 근이다. 이 시계열은 근이 단위 원unit circle 내에 있는 경우에만 정상적이다. 따라서 그 값은 -1에서 1 사이에 있어야 한다. 그렇지 않으면 시계열은 비정상적이다.

두 개의 다른 시계열을 시뮬레이션하여 이를 확인해보자. 하나는 정상적이고 다른 하나는 단위근을 가지므로 비정상적이다. 정상적 프로세스는 수식 3.9를 따르고 비정상적 프로세스는 수식 3.10을 따른다.

$$y_t = 0.5y_{t-1} + \epsilon_t \qquad \text{수식 3.9}$$

$$y_t = y_{t-1} + \epsilon_t \qquad \text{수식 3.10}$$

수식 3.9에서 급수의 근은 0.5다. -1과 1 사이에 있으므로 이 수열은 정상적이다. 반면, 수식 3.10에서 수열의 근은 1이므로 단위근이다. 따라서 이 수열은 비정상적일 것으로 예상된다.

그림 3.6에서 두 수열을 비교해보면 시간이 지남에 따라 정상적 수열과 비정상적 수열이 어떻게 변화하는지에 대한 직관을 얻을 수 있다. 비정상적 프로세스는 오랜 기간에 걸쳐 오르거나 내리는 추세를 보이는 것을 알 수 있다. 그러나 정상적 프로세스는 오랜 기간에 걸쳐 증가하거나 감소하지 않음을 알 수 있다. 이렇게 고수준의 정성적 분석을 통해 어떤 수열이 정상적인지 직관적으로 확인할 수 있다.

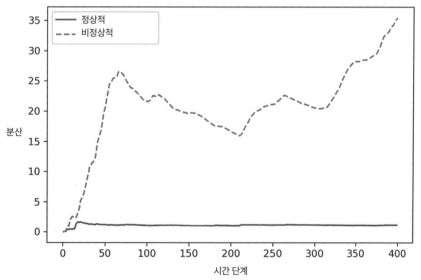

그림 3.6 400개 시간 단계에 걸쳐 시뮬레이션한 정상적 시계열과 비정상적 시계열. 정상적 시계열은 장기간에 걸쳐 증가하거나 감소하지 않음을 알 수 있다. 그러나 비정상적 프로세스는 장기간에 걸쳐 양의 추세와 음의 추세를 보인다.

정상적 수열은 시간이 흐르더라도 일정한 속성을 가지므로, 평균과 분산을 시간의 함수로 표현할 수 없다. 시간에 따른 각 수열의 평균을 도식화해보자. 정상적 프로세스의 평균은 시간이 흐름에도 평평하지만, 비정상적 프로세스의 평균은 변화한다.

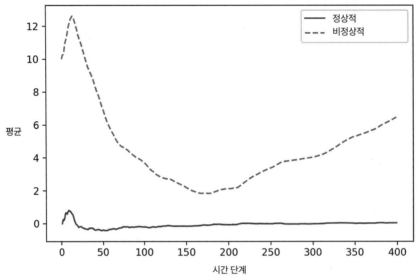

그림 3.7 **시간 경과에 따른 정상적 프로세스와 비정상적 프로세스의 평균. 정상적 프로세스의 평균은 처음 몇 개의 시간 단계가 지난 후 일정해짐을 알 수 있다. 반면에 비정상적 프로세스의 평균은 지속적으로 변화하기 때문에 명확히 시간의 함수에 해당한다.**

그림 3.7에서 볼 수 있듯이 정상적 프로세스의 평균은 처음 몇 개의 시간 단계 후에는 일정해지는데, 이는 정상적 프로세스에서 예상할 수 있는 모습이다. 평균이 시간의 함수로 표현되지 않고 시간에 따라 변화하지 않는다는 사실은 정상적 프로세스의 정의와 같이 시간에 무관하다는 것을 뜻한다. 그러나 비정상적 프로세스의 평균은 시간이 지남에 따라 감소했다가 다시 증가하고 있어 분명히 시간의 함수로 표현할 수 있다. 따라서 단위근이 존재하면 급수의 평균이 시간에 따라 달라지므로 수열은 정상적이 아니다.

시간에 따른 각 수열의 분산을 도식화하여 단위근이 비정상성의 증거임을 증명해보자. 다시 말하지만, 정상적 수열은 시간에 무관하게 일정한 분산을 보이며, 이는 시간에 독립적이라는 것을 뜻한다. 반면에 비정상적 프로세스는 시간에 따라 변화하는 분산을 보인다.

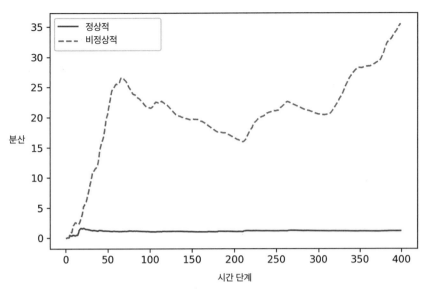

그림 3.8 시간에 따른 시뮬레이션된 정상적 수열과 비정상적 수열의 분산. 정상적 프로세스의 분산은 처음 몇 개의 시간 단계 이후에는 일정하므로 시간에 무관하다. 비정상적 프로세스의 경우 분산은 시간에 따라 변하므로 시간에 독립적이지 않다.

그림 3.8에서 정상적 프로세스의 분산은 처음 몇 개의 시간 단계가 지나고 나더라도 일정하며, 이는 수식 3.9를 따르고 있음을 알 수 있다. 다시 말하자면, 분산이 시간에 의존하지 않으므로 정상적 프로세스의 정의에 부합하는 것이다. 반면에 단위근이 있는 프로세스는 400개의 시간 단계에 걸쳐 크게 변화하므로 분산이 시간에 따라 달라진다. 따라서 이 수열은 비정상적이다.

이제 단위근이 있는 수열은 정상적 수열이 아니라는 것을 알 수 있다. 그림 3.7과 3.8에서 해당 수열을 보면 평균과 분산이 시간에 따라 계속 변화하고 있어 시간에 의존적이다. 반면, 근이 0.5인 수열은 시간이 흘러도 평균과 분산이 일정하므로 이 수열은 실제로 정상적임을 알 수 있다.

지금까지 ADF 테스트의 필요성을 입증하기 위해 이 모든 단계를 수행했다. ADF 테스트는 수열에 단위근이 있는지 확인한다는 점을 알게 되었을 것이다. 단위근이 존재한다는 귀무가설은 수열이 비정상적이라는 것을 뜻한다. 테스트에서 특정한 수준(일반적으로 0.05 또는 0.01)보다 작은 p-값이 반환되면 단위근이 없는 것이므로 시계열이 정상적이라는 뜻이고, 따라서 귀무가설을 기각할 수 있다.

일단 시계열이 정상적이라면 자기상관관계가 있는지를 확인해야 한다. 확률보행은 첫 번째 차분이 정상적이고 상관관계가 없는 수열이라는 것을 기억하자. ADF 테스트는 정상성 여부를 확인하지만, 수열에 자기상관관계가 있는지를 확인하려면 자기상관함수를 사용해야 한다.

3.2.3 자기상관함수

프로세스가 정상적인 경우, **자기상관함수**autocorrelation function, ACF를 도식화해보면 어떤 유형의 프로세스를 분석하고 있는지 확인할 수 있다. 우리가 보고 있던 예시에서 이 함수를 사용하여 확률보행 여부를 결정하자.

상관관계는 두 변수 사이의 선형 관계를 측정한다는 점을 알고 있을 것이다. 따라서 자기상관함수는 시계열의 선행값과 후행값 사이의 선형 관계를 측정한다. 따라서 ACF는 지연lag이 증가함에 따라 두 값 사이의 상관관계가 어떻게 변하는지를 보여준다. 여기서 지연은 두 값 사이의 시간 단계다.

자기상관함수

자기상관함수는 시계열상의 떨어져 있는 값 사이의 선형 관계를 측정한다.
즉 시계열과 시계열 그 자체 사이의 상관관계를 측정한다.

예를 들어 y_t와 y_{t-1} 사이의 자기상관관계 계수를 계산해볼 수 있다. 이번 예시의 경우, 지연은 1이고 계수는 r_1로 표시할 수 있다. 마찬가지로 y_t와 y_{t-2} 사이의 자기상관관계를 계산해볼 수 있다. 그러면 지연은 2가 되고 계수는 r_2로 표시할 수 있다. ACF를 도식화하면, 계수는 종속 변수이고 지연은 독립 변수다. 지연 0에서 자기상관관계의 계수는 언제나 1이어야 한다는 점에 유의하자. 시간 단계 t에서 변수 y_t와 그 자체 y_t는 완전히 동일할 수밖에 없기 때문이다.

추세가 존재하는 경우, ACF를 도식화하면 짧은 지연에 대해서는 계수가 높고 지연이 커짐에 따라 계수가 선형적으로 감소하는 것을 확인할 수 있다. 또한 데이터에 계절성이 있는 경우, ACF를 도식화해보면 주기적인 패턴을 확인할 수 있다. 결국 비정상적 프로세스의 ACF를 도식화하는 경우 비정상적 프로세스를 직접 도식화할 때와 유사한 수준의 정보만 얻을 수 있다. 하지만 정상적 프로세스의 ACF를 도식화하면 확률보행의 존재를 식별하는 데 도움이 된다.

3.2.4 모든 것을 종합하기

이제 정상성이 무엇인지, 시계열을 정상적으로 변환하는 방법, 정상성을 평가하는 데 사용할 수 있는 통계적 테스트, ACF 함수를 도식화하면 확률보행의 존재를 식별하는 데 어떻게 도움이 되는지를 이해했으므로, 이 모든 개념을 종합하여 파이썬으로 구현해보자. 이번 절에서는 3.1.1절의 시뮬레이션된 데이터로 작업할 것인데, 확률보행을 식별하는 데 필요한 절차를 다뤄볼 것이다.

첫 번째 단계는 확률보행이 정상적인지 아닌지를 확인하는 것이다. 배열에 눈에 보이는 추세가 있으므로 정상적이 아니라는 것을 알 수 있다. 그럼에도 ADF 테스트를 적용하여 확인해볼 것이다. 여기서는 다양한 통계적 모델과 테스트를 구현하는 파이썬 라이브러리인 **statsmodels** 라이브러리를 사용한다. ADF 테스트를 실행하려면 시뮬레이션된 데이터 배열을 전달하기만 하면 된다. 결과로 다양한 값을 얻을 수 있지만, 우리는 주로 첫 두 가지, 즉 ADF 통계와 p-값에 관심이 있다.

```
from statsmodels.tsa.stattools import adfuller

ADF_result = adfuller(random_walk)        ◀── 시뮬레이션된 확률보행을 adfuller
                                               함수에 전달한다.
                                          ◀── 결과 목록의 첫 번째 값인 ADF 통계를
print(f'ADF Statistic: {ADF_result[0]}')       추출한다.
print(f'p-value: {ADF_result[1]}')        ◀── 결과 목록에서 두 번째 값인 p-값을 추출한다.
```

그러면 ADF 통계가 -0.97, p-값이 0.77로 출력된다. ADF 통계는 크지 않은 음수이고, p-값이 0.05보다 크므로 시계열이 비정상적이라는 귀무가설을 기각할 수 없다. ACF 함수를 도식화하여 결론을 더 공고히 할 수 있다.

statsmodels 라이브러리에는 ACF를 빠르게 도식화하는 함수가 있어 편리하다. 이번에도 데이터 배열을 전달하기만 하면 된다. 선택사항으로서 지연 횟수를 지정하여 x-축의 범위를 결정할 수 있다. 이번에는 처음 20개의 지연을 도식화할 것인데, 원하는 만큼의 지연을 자유롭게 도식화해볼 수 있다.

```
from statsmodels.graphics.tsaplots import plot_acf

plot_acf(random_walk, lags=20)
```

출력 결과는 그림 3.9에서 확인할 수 있다.

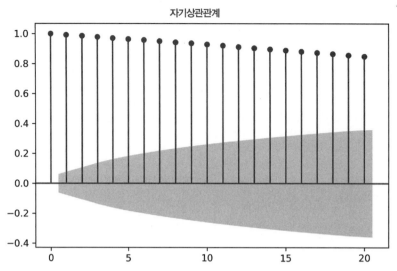

그림 3.9 시뮬레이션된 확률보행의 ACF 도식. 자기상관계수가 서서히 감소하는 것을 확인할 수 있다. 지연 20에서도 여전히 자기상관관계가 있으므로, 확률보행이 비정상적임을 뜻한다.

그림 3.9에서는 지연이 증가함에 따라 자기상관계수가 서서히 감소하는 것을 확인할 수 있는데, 이는 확률보행이 정상적이 아니라는 점을 명확히 나타낸다. 음영 영역은 신뢰 구간confidence interval을 표시한다는 것에 유의하자. 음영 영역 내에 있는 점은 0과 크게 다르지 않다. 그렇지 않은 경우에는 자기상관계수가 유의하다.[4]

확률보행이 비정상적이므로 ACF 도식에서 유용한 정보를 검색하려면 변환을 적용하여 정상화해야 한다. 이 배열은 거의 계절적 패턴 없이 추세적 변화만 보이므로 1차 차분을 적용하겠다. 차분을 적용할 때마다 첫 번째 데이터 요소가 손실된다는 점을 기억하자.

차분를 적용하기 위해 numpy 라이브러리의 메서드인 diff를 사용하자. 이 메서드는 주어진 데이터 배열에 차분을 적용한다. n 매개변수는 배열을 몇 번이나 차분해야 하는지를 지정한다. 1차 차분을 적용하려면 n 매개변수를 1로 설정해야 한다.

```
diff_random_walk = np.diff(random_walk, n=1)
```

그림 3.10에서 시뮬레이션된 확률보행을 차분한 결과를 시각화했다.

---

4 [옮긴이] 통계적으로 '유의하다(significant)'는 상관된다는 증거가 있다, '유의하지 않다(non-significant)'는 상관된다는 증거가 없다는 의미다.

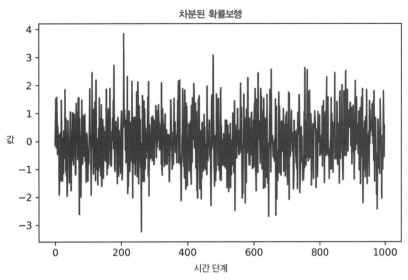

그림 3.10 **차분된 확률보행의 전개.** 추세를 성공적으로 제거했으며 분산이 안정된 것으로 보인다.

그림 3.10에서 볼 수 있듯이 수열에서 추세를 제거했다. 분산은 상당히 안정적으로 보인다. ADF 테스트를 사용하여 다시 한번 정상성을 테스트해보겠다..

```
ADF_result = adfuller(diff_random_walk)    ◀── 여기서 차분된 확률보행을 전달한다.

print(f'ADF Statistic: {ADF_result[0]}')
print(f'p-value: {ADF_result[1]}')
```

그러면 -31.79의 ADF 통계와 0의 p-값을 출력할 것이다. 이번에는 ADF 통계가 큰 음수이고 p-값은 0.05보다 작다. 따라서 귀무가설을 기각하고, 단위근이 없으므로 이 프로세스는 정상적이라고 할 수 있다.

이제 새로운 정상적 수열의 ACF 함수를 도식화할 수 있다.

```
plot_acf(diff_random_walk, lags=20)
```

그림 3.11을 보면 지연 0 이후에는 유의한 자기상관계수가 없음을 알 수 있다. 이는 정상적 프로세스가 완전히 무작위라는 뜻이고, 따라서 **백색소음**이라고 설명할 수 있음을 뜻한다. 각 값은 이전 값과 무작위로 차이를 보이며, 값들 사이에 아무런 관계가 없다.

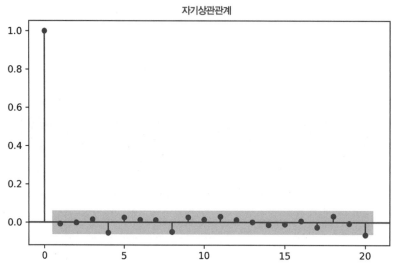

자기상관관계

그림 3.11 차분된 확률보행의 ACF 도식화. 지연 0 이후에는 유의한 계수가 없다는 점을 알 수 있다. 이는 우리가 확률보행을 다루고 있다는 분명한 증거다.

시뮬레이션한 데이터가 실제 확률보행임을 입증했다. 1차 차분 이후에는 시계열이 정상적이라 상관관계는 없으며, 이는 확률보행의 정의와 일치한다.

3.2.5 GOOGL은 확률보행인가?

시뮬레이션된 데이터에서 확률보행을 식별하기 위해 필요한 절차를 적용해보았으므로, 실제 데이터 집합에 우리의 지식과 새로운 기술을 테스트해보자. 2020년 4월 27일부터 2021년 4월 27일까지의 GOOGL 종가를 finance.yahoo.com에서 가져와서 이 프로세스를 확률보행으로 근사화할 수 있는지 확인해보자.

`pandas`의 `read_csv` 메서드를 사용하여 `DataFrame`에 데이터를 로딩할 수 있다.

```
df = pd.read_csv('data/GOOGL.csv')
```

GOOGL의 종가가 실제로 확률보행 프로세스라는 결론에 도달했기를 바란다. 이 결론에 어떻게 도달하는지 살펴보자. 시각화를 위해 데이터를 빠르게 도식화하여 그림 3.12를 만들어보자.

```
fig, ax = plt.subplots()
```

```
ax.plot(df['Date'], df['Close'])
ax.set_xlabel('Date')
ax.set_ylabel('Closing price (USD)')

plt.xticks(
    [4, 24, 46, 68, 89, 110, 132, 152, 174, 193, 212, 235],
    ['May', 'June', 'July', 'Aug', 'Sep', 'Oct', 'Nov', 'Dec', 2021, 'Feb', 'Mar', 'April'])
```

x-축의 눈금에 가독성이 좋아지도록 레이블을
지정한다.

```
fig.autofmt_xdate()
plt.tight_layout()
```

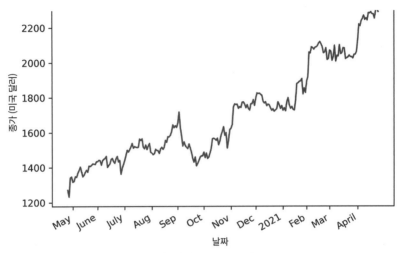

그림 3.12 **2020년 4월 27일부터 2021년 4월 27일까지의 GOOGL 종가**

그림 3.12를 보면 시간이 지남에 따라 종가가 상승하는 데이터의 추세를 볼 수 있다. 따라서 정상적
프로세스가 아니다. 이는 ADF 테스트를 통해 더욱 정확히 확인할 수 있다.

```
GOOGL_ADF_result = adfuller(df['Close'])

print(f'ADF Statistic: {GOOGL_ADF_result[0]}')
print(f'p-value: {GOOGL_ADF_result[1]}')
```

이를 통해 0.16의 ADF 통계와 0.05보다 큰 p-값을 반환받을 것이므로, 데이터가 비정상적이라는
것을 알 수 있다. 이에 따라 데이터를 차분한 뒤 차분된 데이터가 정상적인지 확인해본다.

```
diff_close = np.diff(df['Close'], n=1)
```

다음으로, 차분된 데이터에 대해 ADF 테스트를 실행해보자.

```
GOOGL_diff_ADF_result = adfuller(diff_close)

print(f'ADF Statistic: {GOOGL_diff_ADF_result[0]}')
print(f'p-value: {GOOGL_diff_ADF_result[1]}')
```

이렇게 해보면 ADF 통계는 -5.3이고 p-값이 0.05보다 작아 정상적 프로세스임을 알 수 있다.

이제 ACF 함수를 도식화하여 자기상관관계가 있는지 확인해볼 수 있다.

```
from statsmodels.graphics.tsaplots import plot_acf

plot_acf(diff_close, lags=20)
```

그림 3.13을 보면 자기상관관계가 있는지 아닌지 고개를 갸우뚱하게 될 수도 있다. 지연 5와 18을 제외하고는 유의한 계수가 보이지 않는다. 이러한 상황은 때때로 발생할 수 있는데, 우연이다. 이 예시에서는 연속적으로 유의한 계수가 없으므로 지연 5와 18의 계수도 유의하지 않다고 보수적으로 가정할 수 있다. 지연 5와 18의 차분된 값이 서로 약간의 상관관계가 있어 보이는 것은 우연일 뿐이다.

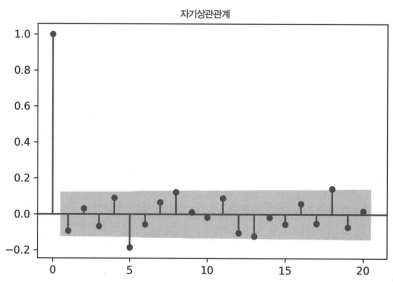

그림 3.13 ACF 도식에서 유의한 계수가 없음을 알 수 있다. 지연 5와 18에서는 계수가 유의하지만 다른 계수들은 유의하지 않다는 것을 알 수 있다. 이는 일부 데이터에서 우연히 발생할 수 있고, 지연 0과 5 또는 지연 0과 18 사이에 연속적으로 유의한 계수가 없으므로 이 지연은 유의하지 않다고 가정할 수 있다.

결국 GOOGL의 종가를 확률보행 프로세스로 근사해볼 수 있다는 결론을 내릴 수 있다. 1차 차분을 수행하면 시계열이 정상적이 되고, ACF 도식화해보면 자기상관관계를 확인할 수 없으므로 순전히 무작위임을 알 수 있다.

3.3 확률보행 예측하기

이제 확률보행이 무엇이고 어떻게 식별하는지 알았으니 예측을 시작해볼 수 있다. 시간이 지남에 따라 확률보행이 무작위적으로 전개됨을 확인했으므로, 예측을 시작해본다는 이야기가 의아하게 들릴 수도 있다.

무작위 변화를 예측하는 것은 우리가 직접 임의의 값을 예측하지 않는 한 불가능하며, 이는 이상적이지 않다. 이런 경우 2장에서 다룬 단순한 예측 방법, 즉 베이스라인 모델만 사용할 수 있다. 값이 무작위로 변하기 때문에 통계적 학습 모델을 적용할 수 없다. 대신 과거의 평균 또는 마지막으로 관측한 값만이 합리적인 선택이라 할 수 있다.

경우에 따라 예측 기간은 달라진다. 확률보행을 처리할 때는 다음 시간 단계만 예측하는 것이 이상적이다. 하지만 미래의 많은 시간 단계를 예측해야 하는 경우도 있다. 이러한 각 상황에 대처하는 방법을 살펴보겠다.

3.3.1 긴 기간 예측하기

이번 절에서는 긴 기간 동안의 확률보행을 예측해보자. 과거의 관측값으로 미래의 변화를 예측할 수 없고 확률보행이 예기치 않게 증가하거나 감소할 수 있어 예측하기에 이상적이지 않다. 여기서는 3.1.1절의 시뮬레이션된 확률보행으로 계속 작업해보겠다.

작업을 더 편하게 하기 위해 확률보행을 `DataFrame`에 할당하고 데이터 집합을 훈련 집합과 테스트 집합으로 분할한다. 훈련 집합에는 시뮬레이션된 데이터의 80%에 해당하는 처음 800개의 시간 단계를 포함한다. 따라서 테스트 집합에는 마지막 200개의 값을 포함한다.

```
import pandas as pd

df = pd.DataFrame({'value': random_walk})    ◀──┐ 시뮬레이션된 확률보행을 DataFrame에 할당한다.
                                                 │ value라는 열에 저장한다.
```

```
train = df[:800]     ◄─── 데이터의 처음 80%가 훈련 집합에 할당된다. 전체 시간 단계는 1,000개이므로 시뮬레이션된
test = df[800:]            데이터의 80%는 인덱스 800까지의 값에 해당한다.
                     ◄─── 시뮬레이션된 확률보행의 마지막 20%를 테스트 집합에 할당한다.
```

그림 3.14는 분할을 보여준다. 훈련 집합을 사용하여 테스트 집합에 해당하는, 훈련 집합 다음의
200개 시간 단계에 대해 예측해야 한다.

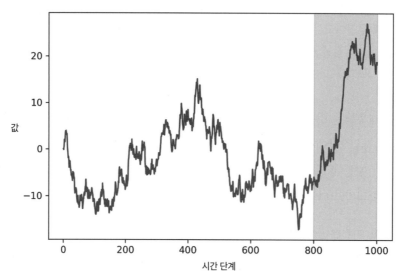

그림 3.14 생성된 확률보행의 훈련/테스트 분할. 처음 800개의 시간 단계는 훈련 집합이고, 나머지 값은 테스트 집합이다.
우리의 목적은 음영 처리된 영역의 값을 예측하는 것이다.

앞서 언급했듯이 확률보행을 다루고 있는 현재 상황에서는 단순한 예측 방법만 사용할 수 있다.
이런 경우 사용할 수 있는 방법으로는 과거 기간의 평균이나 마지막으로 측정된 값, 혹은 표류가
있다.

과거의 평균을 사용하여 예측하는 방법은 매우 간단하다. 훈련 집합의 평균을 계산한 뒤, 다음
200개의 시간 단계 동안 이 값과 같은 값일 것이라고 가정하면 된다. 과거 평균을 예측값으로 저
장할 새로운 열 pred_mean을 만든다.

```
mean = np.mean(train.value)     ◄─── 훈련 집합의 평균을 계산한다.

test.loc[:, 'pred_mean'] = mean     ◄─── 다음 200개 시간 단계 동안 과거의 평균과 같은 값일 것으로 예측한다.

test.head()     ◄─── 테스트의 처음 다섯 행을 표시한다.
```

과거의 평균으로 -3.68을 얻을 수 있다. 따라서 시뮬레이션된 확률보행의 다음 200개 시간 단계 동안 -3.68이 될 것으로 예측한다.

또 다른 베이스라인 모델은 훈련 데이터 집합에서 마지막으로 측정된 값으로 예측하는 것이다. 이 모델은 간단히 훈련 집합의 마지막 값을 추출한 뒤 그 값을 다음 200개 시간 단계에 대한 예측값으로 할당한다.

```
last_value = train.iloc[-1].value        ◀── 훈련 집합의 마지막 값을 가져온다.
test.loc[:, 'pred_last'] = last_value     ◀── 마지막 값을 다음 200개 시간 단계에 대한 예측값으로
                                              pred_last 열에 할당한다.
test.head()
```

이 방법은 -6.81이라는 상수를 예측값으로 지정한다.

마지막으로 아직까지 다뤄보지 않은 표류 기법을 사용해보자. **표류 기법**drift method은 마지막으로 측정된 값으로 예측하는 방법을 수정한 것이다. 이 방법의 경우 시간의 흐름에 따른 값의 증가나 감소를 허용한다. 이후 값이 변하는 속도는 훈련 집합에서 볼 수 있는 속도와 같다. 이를 위해 훈련 집합의 첫 번째 값과 마지막 값 사이의 기울기를 계산한 뒤, 이 기울기를 미래에 단순히 외삽extrapolating한다.

직선의 기울기는 y-축의 변화를 x-축의 변화로 나누면 계산할 수 있다. 표류 기법의 경우, y-축의 변화는 확률보행의 마지막 값인 y_f와 초깃값인 y_i의 차이다. 그리고 수식 3.11과 같이 x-축의 변화는 시간 단계 횟수에서 1을 뺀 값이다.

$$기울기 = \frac{\Delta y}{\Delta x} = \frac{y_f - y_i}{\#\ 시간\ 단계\ - 1}$$

수식 3.11

마지막으로 측정된 값 기반 베이스라인 모델을 구현하면서 훈련 데이터 집합의 마지막 값을 계산했고, 시뮬레이션된 확률보행의 초깃값은 0이라는 것을 알았으므로, 이 값들을 수식 3.11에 대입하여 수식 3.12와 같이 표류값을 계산할 수 있다.

$$표류 = \frac{-6.81 - 0}{800 - 1} = -0.0085$$

수식 3.12

이제 파이썬에서 이를 구현해보자. x-축과 y-축의 변화를 계산하고 간단히 이를 나누어 표류값을 구한다.

```
deltaX = 800 - 1        ◄───── 마지막 인덱스(799)와 첫 번째 인덱스(0)의 차이인 x-축의 변화를 계산한다.
                               이 값은 시간 단계에서 1을 뺀 값이다.
deltaY = last_value - 0 ◄───── 시뮬레이션된 확률보행의 마지막 값과 초깃값을 훈련 집합에서 추출한 뒤, 둘 사이의 차이를
                               계산한다. 훈련 집합의 마지막 값은 이전에 구현한 베이스라인 모델의 last_value 변수에 있다.

drift = deltaY / deltaX ◄───── 수식 3.11에 따라 표류값을 계산한다.

print(drift)
```

예상대로 표류값은 -0.0085이며, 이는 시간이 지남에 따라 예측값이 서서히 감소한다는 것을 뜻한다. 표류 기법은 수식 3.13에 표현된 것처럼 예측값을 시간 단계, 표류값, 확률보행의 초깃값에 의한 선형 방정식으로 간단히 표현할 수 있다. 확률보행이 0에서 시작하므로 수식 3.13에서 볼 수 있듯이 초깃값을 제거할 수 있다.

$$\text{forecast} = \text{drift} \times \text{timestep} + y_i$$
$$\text{forecast} = \text{drift} \times \text{timestep}$$

수식 3.13

훈련 집합 이후의 200개의 시간 단계에 대해 예측할 것이므로, 우선 800에서 시작하여 1000으로 끝나는 시간 단계의 범위를 숫자가 1씩 증가하도록 지정하여 배열로 만든다. 그런 다음 각 시간 단계에 표류값을 곱하여 예측값을 구한다. 마지막으로 이 값을 test의 pred_drift 열에 할당한다.

```
x_vals = np.arange(801, 1001, 1)        ◄───── 800에서 시작하여 1씩 증가하여 1000으로 끝나는 리스트를 만든다.

pred_drift = drift * x_vals             ◄───── 각 시간 단계에 표류값을 곱하여 각 시간 단계에 대한 예측값을 구한다.

test.loc[:, 'pred_drift'] = pred_drift  ◄───── 예측값을 pred_drift 열에 할당한다.

test.head()
```

이제 세 가지 방법에 의한 예측값을 테스트 집합의 실젯값과 비교해볼 수 있도록 시각화해보겠다.

```
fig, ax = plt.subplots()                        ◄───── 훈련 집합의 값을 도식화한다.

ax.plot(train.value, 'b-')               ◄───── 테스트 집합에 있는 관측된 값을
ax.plot(test['value'], 'b-')                    도식화한다.
ax.plot(test['pred_mean'], 'r-.', label='Mean') ◄───── 과거의 평균으로 예측한 값을 도식화한다.
                                                        빨간색 쇄선으로 표시한다.
```

```
ax.plot(test['pred_last'], 'g--', label='Last value')      훈련 집합의 마지막 값으로 예측한 값을
                                                           도식화한다. 녹색 파선으로 표시한다.
ax.plot(test['pred_drift'], 'k:', label='Drift')          표류 기법을 사용하여 예측한 값을 도식화한다. 검은색
                                                           점선으로 표시한다.
ax.axvspan(800, 1000, color='#808080', alpha=0.2)         예측한 기간을 음영 처리한다.
ax.legend(loc=2)       왼쪽 상단 모서리에 범례를 배치한다.

ax.set_xlabel('Timesteps')
ax.set_ylabel('Value')

plt.tight_layout()
```

그림 3.15에서 볼 수 있듯이 예측에 오차가 있다. 모든 베이스라인 모델이 테스트 집합에서 관찰할
수 있는 갑작스러운 증가를 예측하지 못하는데, 이는 확률보행에서는 미래의 변화가 완전히 무작
위적이어서 예측할 수 없으므로 당연한 결과다.

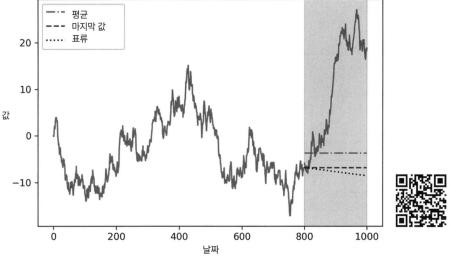

그림 3.15 과거의 평균, 마지막으로 측정된 값, 표류 기법을 사용하여 확률보행 예측하기. 보는 바와 같이, 모든 예측이 상당
히 성능이 떨어지고, 테스트 집합에서 관찰된 갑작스러운 증가를 예측하지 못했다.

예측에 대해 평균제곱오차를 계산해보면 이를 더욱 명확히 알 수 있다. 2장과 같이 MAPE를 사용
할 수는 없다. 확률보행의 경우 값이 0일 수도 있어 MAPE 계산 시 0으로 나누는 경우가 있을 수
있기 때문이다.

따라서 관측값이 0이더라도 모델의 적합도 품질을 측정할 수 있는 MSE를 선택한다. `sklearn` 라이
브러리의 `mean_squared_error` 함수에 관측값과 예측값만 전달하면 MSE를 얻을 수 있다.

```python
from sklearn.metrics import mean_squared_error

mse_mean = mean_squared_error(test['value'], test['pred_mean'])
mse_last = mean_squared_error(test['value'], test['pred_last'])
mse_drift = mean_squared_error(test['value'], test['pred_drift'])

print(mse_mean, mse_last, mse_drift)
```

과거의 평균, 마지막 값, 표류 기법에 대해 각각 327, 425, 466의 MSE를 얻을 수 있다. 그림 3.16에서 세 가지 베이스라인 모델의 MSE를 비교해볼 수 있다.

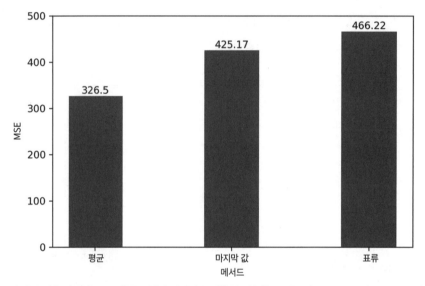

그림 3.16 세 가지 예측 방법의 MSE. 확률보행의 미랫값을 정확히 예측할 수 없으며, 모든 MSE가 300을 초과한다.

그림 3.16에서 볼 수 있듯이, 과거의 평균으로 예측할 때 가장 좋은 예측 성능을 보였으나 그래도 MSE가 300을 초과한다. 시뮬레이션된 확률보행의 값이 30을 넘지 않는다는 점을 고려하면 이는 매우 높은 값이다.

이제 긴 기간에 대해 확률보행을 예측하는 것이 유의하지 않다는 것을 알 수 있다. 미랫값은 과거 값과 무작위값을 더한 값이므로 여러 번에 걸쳐 난수가 추가되는 긴 기간에 대해서는 무작위성이 더욱 커진다.

3.3.2 **다음 시간 단계 예측하기**

여전히 단순한 예측 방법이지만, 확률보행의 바로 다음 시간 단계를 예측하는 것이 우리가 할 수 있는 유일하게 합리적인 방안이다. 구체적으로 말하자면, 마지막으로 측정된 값으로 다음 시간 단계에 대해서만 예측해보겠다. 이렇게 하면 확률보행의 미랫값을 항상 과것값에 백색소음을 더한 값으로 예측할 것이므로, 예측은 임의의 숫자만큼만 벗어날 것이다.

이 방법을 구현하는 방법은 간단한다. 초기 관측값을 사용하여 다음 시간 단계를 예측하는 데 사용한다. 새로운 값을 기록하면 다음 시간 단계에 대한 예측으로 사용한다. 이 과정을 미래에도 반복한다.

그림 3.17은 이 과정을 보여준다. 여기서 오전 8시에 관측된 값은 오전 9시에 대한 값을 예측하는 데 사용되고, 오전 9시에 관측된 실젯값은 오전 10시에 대한 값을 예측하는 데 사용되는 식으로 반복된다.

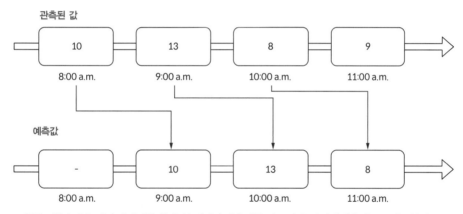

그림 3.17 **확률보행의 다음 시간 단계 예측하기. 한 시점의 관측값을 바로 다음 시점의 예측값으로 사용한다.**

방법을 설명하기 위해 확률보행 프로세스에 적용해보겠다. 그런데 각 시간 단계를 직전 마지막으로 측정된 값으로 예측하는 이 단순한 예측 방법은 대단히 놀라운 결과를 보여줄 수도 있다.

이 과정을 구현하기 위해서는 데이터를 이동시켜야 하는데, pandas 라이브러리에는 우리가 원하는 것을 정확히 수행하는 shift 메서드가 있다. 주기 횟수를 매개변수로 전달하면 되는데, 다음 시간 단계를 예측하는 것이므로 1을 전달하면 된다.

```
df_shift = df.shift(periods=1)        ◄─── 여기서 df_shift는 전체 확률보행에 대한 예측으로, 각 시간 단계에서 마지막으로
                                              측정된 값에 해당한다.
df_shift.head()
```

1단계에서 값이 0인 것을 알 수 있는데, 이는 시뮬레이션된 확률보행의 0단계에서 확인된 값에 해당한다. 즉 현재 확인된 값을 다음 시간 단계에 대한 예측값으로 사용한다. 예측을 도식화하면 그림 3.18이 나온다.

```
fig, ax = plt.subplots()

ax.plot(df, 'b-', label='actual')
ax.plot(df_shift, 'r-.', label='forecast')

ax.legend(loc=2)

ax.set_xlabel('Timesteps')
ax.set_ylabel('Value')

plt.tight_layout()
```

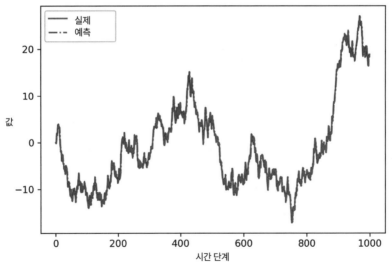

그림 3.18 확률보행의 다음 시간 단계에 대한 단순한 예측. 실제로는 이전 시간 단계에서 확인된 값으로 예측하고 있지만 매우 좋은 모델인 것 같은 착각을 불러일으킬 수 있다.

그림 3.18을 보면 데이터에 거의 완벽하게 맞는 놀라운 모델을 개발했다고 생각할 수 있다. 도식에서 두 선이 거의 완벽하게 겹치기 때문에 두 선이 분리되어 있지 않은 것처럼 보이는데, 이는 완벽한 적합의 표시다. 이제 MSE를 계산해볼 수 있다.

```
mse_one_step = mean_squared_error(test['value'], df_shift[800:])    ◄─── 테스트 집합에서 MSE를
                                                                          계산한다.
print(mse_one_step)
```

이렇게 하면 0.93이라는 값이 나오는데, MSE가 0에 매우 가깝기 때문에 성능이 매우 우수한 모델이라고 생각할 수 있다. 그러나 이전 시간 단계에서 확인된 값으로 예측하고 있을 뿐이다. 그림 3.19와 같이 도식을 확대해보면 이러한 사실이 더 명확해진다.

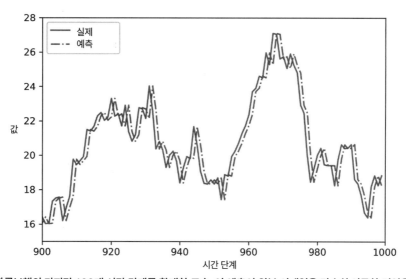

그림 3.19 **확률보행의 마지막 100개 시간 단계를 확대한 모습. 이 예측이 원본 시계열을 단순히 이동한 것임을 알 수 있다.**

따라서 확률보행 프로세스를 예측해야 하는 경우 단기 예측을 여러 번 하는 편이 낫다. 이렇게 하면 시간이 지남에 따라 많은 난수가 누적되어 장기적으로 예측의 품질이 저하되는 것을 방지할 수 있다.

무작위 프로세스는 미래에 대해 무작위 예측 절차를 수행하고 있기 때문에 이러한 프로세스에 통계나 딥러닝 기술을 적용해볼 수 없다. 무작위성에서 배울 수 있는 점은 없고 예측할 수도 없다. 대신, 우리는 단순한 예측 방법에 의존해야 할 뿐이다.

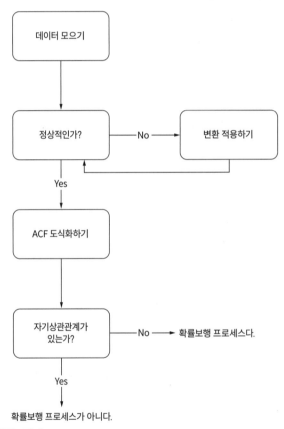

3.4 다음 단계

지금까지 베이스라인 모델을 개발하는 방법을 배웠으며, 확률보행의 경우 예측을 할 수 있는 유일한 합리적 방법은 베이스라인 모델을 사용하는 것뿐임도 알았다. 미랫값이 무작위적으로 발생하는 데이터에는 통계적 모델을 피팅하거나 딥러닝 기법을 사용할 수 없다. 즉 무작위 이동은 예측할 수 없다.

확률보행은 1차 차분한 결과에 자기상관관계가 없고, 정상적 프로세스로서 평균, 분산, 자기상관관계가 시간이 흘러도 일정하다는 점을 배웠다. 확률보행을 식별하는 데 필요한 단계는 그림 3.20에 나와 있다.

데이터 모으기

정상적인가? — No → **변환 적용하기**

Yes

ACF 도식화하기

자기상관관계가 있는가? — No → 확률보행 프로세스다.

Yes

확률보행 프로세스가 아니다.

그림 3.20 **확률보행을 식별하는 단계**

하지만 프로세스가 정상적이고 자기상관관계가 있는 경우, 즉 ACF 도식에 연속적으로 유의한 계수가 표시되는 경우에는 어떻게 해야 할까? 그림 3.20의 단계를 통해 확률보행이 아니라는 것을 확인했다면 프로세스를 근사화하고 예측할 수 있는 다른 모델을 찾아야 한다. 이럴 때 이동평균(MA) 모델이나 자기회귀(AR) 모델 혹은 두 모델을 조합한 자기회귀이동평균(ARMA) 모델 등으로 근사화 해야 할 수도 있다.

다음 장에서는 이동평균 모델에만 초점을 맞춘다. 이동평균과정을 식별하는 방법과 이동평균 모델을 사용하여 예측하는 방법을 배울 것이다.

3.5 연습

이번 장에서 배운 다양한 기술을 적용해볼 시간이다. 다음 세 가지 연습에서 확률보행과 확률보행 예측에 대한 지식과 이해도를 확인할 수 있다. 연습은 난이도와 완료하는 데 필요한 시간에 따라 나열되어 있다. 연습 3.5.1과 3.5.2에 대한 해답은 깃허브에 있다.

https://github.com/jpub-dongdong9/TimeSeriesForecastingInPython/tree/master/CH03

3.5.1 확률보행 시뮬레이션하기와 예측하기

이번 장에서 작업한 것과는 다른 확률보행을 시뮬레이션해보자. 시드를 변경하면 새로운 값을 얻을 수 있다.

1. 500개 시간 단계의 확률보행을 생성한다. 초깃값으로 0이 아닌 다른 값을 자유롭게 선택할 수 있다. 또한 `np.random.seed()`에 다른 정수를 전달하여 시드를 변경해야 한다.
2. 시뮬레이션한 확률보행을 도식화한다.
3. 정상성을 테스트한다.
4. 1차 차분을 적용한다.
5. 정상성을 테스트한다.
6. 시뮬레이션된 확률보행 중 처음 400개의 시간 단계를 훈련 집합으로 분할한다. 나머지 100개의 시간 단계는 테스트 집합으로 만든다.
7. 다양한 단순한 예측 방법을 적용해보고 MSE를 측정한다. 어떤 방법이 가장 낮은 MSE를 산출하는가?
8. 예측값을 도식화한다.

9. 테스트 집합에 대해 다음 시간 단계를 예측해보고 MSE를 측정한다. 감소했는가?

10. 예측값을 도식화한다.

3.5.2 GOOGL의 일일 종가 예측하기

이번 장에서 작업한 GOOGL 데이터 집합에 대해 앞서 설명한 예측 기법을 적용해보고 그 성능을 측정한다.

1. 마지막 5일간의 데이터를 테스트 집합으로 설정한다. 나머지는 훈련 집합으로 활용한다.

2. 단순한 예측 방법을 사용하여 지난 5일간의 종가를 예측해보고 MSE를 측정한다. 어떤 방법이 가장 좋은 성능을 보이는가?

3. 예측값을 도식화한다.

4. 테스트 집합에 대해 다음 시간 단계를 예측하고 MSE를 측정한다. 감소했는가?

5. 예측값을 도식화한다.

3.5.3 직접 선택한 종목의 일일 종가 예측하기

여러 가지 종목의 과거 일일 종가를 finance.yahoo.com에서 무료로 이용할 수 있다. 한 가지 주식을 선택하고 1년간의 과거 일일 종가를 다운로드한다.

1. 선택한 주식의 일일 종가를 도식화한다.

2. 확률보행인지 아닌지 확인한다.

3. 확률보행이 아니라면 그 이유를 설명해보자.

4. 최근 5일간의 데이터를 테스트 집합으로 설정한다. 나머지는 훈련 집합이 된다.

5. 단순한 예측 방법을 사용하여 지난 5일을 예측하고 MSE를 측정한다. 어떤 방법이 가장 좋은가?

6. 예측값을 도식화한다.

7. 테스트 집합에 대해 다음 시간 단계를 예측해보고 MSE를 측정한다. 감소했는가?

8. 예측값을 도식화한다.

요약

- 확률보행은 1차 차분이 정상적이고 자기상관관계가 없는 프로세스다.

- 확률보행은 미래에 무작위로 변화하기 때문에 통계적인 기법이나 딥러닝 기법을 사용할 수 없다. 따라서 단순한 예측 방법을 사용해야 한다.

- 정상적 시계열은 통계적 특성(평균, 분산, 자기상관관계)이 시간에 따라 변하지 않는 시계열이다.

- 단위근을 테스트하여 정상성을 평가하는 데는 ADF 테스트를 사용한다.

- ADF 테스트의 귀무가설은 수열에 단위근이 있다는 것이다. ADF 통계가 큰 음수값이고 p-값이 0.05 미만인 경우 귀무가설은 기각되고 시계열이 정상적인 것으로 간주한다.

- 변환은 수열을 정상적으로 만들 때 사용한다. 차분은 추세와 계절성을 안정화할 수 있고, 로그는 분산을 안정화할 수 있다.

- 자기상관관계는 이전 시간 단계(지연)에서 변수와 변수 자체 간의 상관관계를 측정한다. 자기상관함수는 지연값의 함수로서 자기상관관계가 어떻게 변화하는지 보여준다.

- 이상적으로는 단기적 또는 바로 다음 시간 단계에 대해 확률보행을 예측하는 것이 좋다. 이렇게 하면 임의의 숫자가 누적되어 장기적 예측의 품질이 저하되는 것을 방지할 수 있다.

통계적 모델을 사용하여
예측하기

2부에서는 시계열 예측에 사용할 통계적 모델을 살펴본다. 통계적 모델을 만들기 위해서는 가설 검증을 수행하고, 데이터를 주의 깊게 연구하여 속성을 추출하며, 데이터에 가장 적합한 모델을 찾아야 한다.

2부를 마치고 나면 통계적 모델을 사용하여 모든 유형의 시계열을 모델링할 수 있는 강력한 프레임워크를 갖추게 될 것이다. 여러분은 MA(q) 모델, AR(p) 모델, ARMA(p,q) 모델, 비정상적 시계열을 위한 ARIMA(p,d,q) 모델, 계절성이 있는 시계열을 위한 SARIMA(p,d,q)(P,D,Q)$_m$ 모델, 예측에 외생 변수를 포함할 수 있는 SARIMAX 모델을 개발할 수 있게 될 것이다. 또한 동시에 여러 시계열을 예측하기 위한 VAR(p) 모델도 다룰 것이다. 2부의 마지막은 캡스톤 프로젝트로 마무리하며 배운 내용을 직접 적용해볼 수 있도록 한다.

물론 시계열 예측을 위한 다른 통계적 모델도 많다. 예를 들어 지수 평활법exponential smoothing의 경우, 기본적으로 과것값의 가중 평균weighted average을 사용하여 미랫값을 예측한다. 지수 평활법의 기본 개념은 미래를 예측할 때 과것값이 최근값보다 덜 중요하므로 더 작은 가중치를 할당한다는 것이다. 이 개념을 추세와 계절적 요소까지도 확장할 수 있다. 또한 지수 평활법 외에 BATS 모델과 TBATS 모델이라는 통계적 접근 방법도 있는데, 계절적 주기의 빈도에 따라 선택하여 사용한다.

이번 파트의 분량을 조절하기 위해 이러한 모델들을 모두 다루지는 않지만, statsmodels 라이브러리에 구현되어 있으므로 필요에 따라 사용할 수 있다.

PART 2

Forecasting with
statistical models

이동평균과정 모델링하기

이 장의 주요 내용

- 이동평균과정 정의하기
- **ACF를 사용하여 이동평균과정의 차수 식별하기**
- 이동평균 모델을 사용하여 시계열 예측하기

이전 장에서는 확률보행 프로세스를 식별하고 예측하는 방법을 알아보았다. 확률보행 프로세스에 첫 번째 차분을 적용하면, 자기상관관계가 없는 정상 시계열을 얻을 수 있다. 이는 첫 번째 차분된 시계열이 백색소음과 비슷한 성질을 보인다는 것을 뜻한다. 따라서 자기상관함수를 도식화하면, 지연 0을 제외하고는 그 이후 다른 지연 시간에서 유의미한 상관계수를 발견할 수 없다. 하지만 그렇다고 해서 모든 정상 시계열에 자기상관관계가 없는 것은 아니다. 예를 들어 일부 정상 시계열은 특정 패턴을 보일 수 있으며, 이 경우 자기상관관계가 나타날 수 있다. 하지만 때로는 정상적 프로세스임에도 자기상관관계가 있을 수 있다. 이러한 시계열 중 일부는 이동평균 모델 MA(q), 자기회귀 모델 AR(p), 자기회귀이동평균 모델 ARMA(p,q)로 근사화할 수 있다. 이번 장에서는 이들 중 이동평균 모델을 식별하고 모델링하는 데 중점을 두겠다.

XYZ 위젯 컴퍼니의 위젯widget 판매량을 예측하고 싶다고 가정해보자. 미래의 판매량을 예측할 수 있다면, 이 회사는 위젯 생산을 더 잘 관리하여 너무 많이 또는 너무 적게 생산하는 것을 피할 수 있다. 위젯을 충분히 생산하지 않으면 회사는 고객의 요구를 충족시킬 수 없고 고객은 불만을 갖게 될 것이다. 반면에 위젯을 너무 많이 생산하면 재고가 늘어날 것이다. 그 결과 위젯은 진부해지거나 가치를 잃게 되어, 기업의 부채는 증가하고 결국 주주의 불행으로 이어질 것이다.

이번 예시에서 2019년부터 500일 동안의 위젯 판매량을 살펴보겠다. 시간의 경과에 따른 매출 기록은 그림 4.1에 나와 있다. 판매액은 미국 달러로 천 달러 단위로 표시했다.

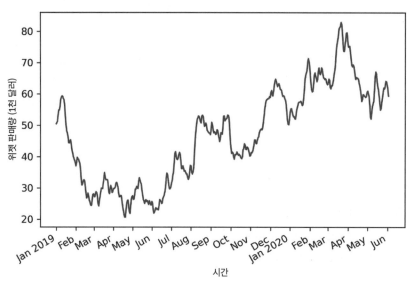

그림 4.1 2019년 1월 1일을 기준으로 500일 동안의 XYZ 위젯 컴퍼니의 위젯 판매량. 이 데이터는 가상의 데이터이지만, 이를 활용하여 이동평균과정을 식별하고 모델링하는 방법을 배울 수 있다.

그림 4.1에서 최고점과 최저점이 반복되는 장기적 추세를 확인할 수 있다. 시간의 흐름에 따라 추세를 살펴보면 이 시계열이 정상적 프로세스는 아니라는 것을 직관적으로 알 수 있을 것이다. 또한 데이터에서 뚜렷한 주기적 패턴도 확인할 수 없으므로 계절적 효과도 배제할 수 있다.

위젯 판매량을 예측하기 위해서는 프로세스의 속성을 파악해야 한다. 이를 위해 3장에서 확률보행 프로세스를 파악할 때와 동일한 단계를 적용할 것이다. 이를 그림 4.2에서 확인할 수 있다.

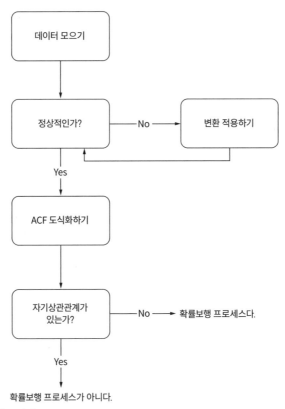

데이터를 수집한 뒤 정상성을 테스트해본다. 정상적이 아니라면 변환을 적용하여 정상적이 되도록 만든다. 시계열이 정상적이면 자기상관함수를 도식화한다. 이번 예시의 경우 ACF를 도식화해보면 유의한 계수를 확인할 수 있는데, 이는 확률보행 모델에 가깝지 않다는 것을 뜻한다.

이번 장에서는 XYZ 위젯 컴퍼니의 위젯 판매량을 이동평균과정으로 근사화해볼 수 있을지 확인해보고, 이동평균 모델의 정의도 살펴보겠다. 그런 다음 ACF 도식화를 사용하여 이동평균과정의 차수를 식별하는 방법을 배울 것이다. 이 프로세스의 차수에 따라 모델의 매개변수 개수가 결정된다. 마지막으로, 이동평균 모델을 적용하여 향후 50일 동안의 위젯 판매량을 예측해본다.

4.1 이동평균과정 정의하기

이동평균과정moving average process 또는 **이동평균 모델(MA)**은 현잿값이 현재와 과거 오차에 선형적으로 비례한다고 정의한다. 또한 오차가 백색소음과 마찬가지로 상호 독립적이며 정규분포한다고 가정하고 있다.

이동평균 모델은 MA(q)로 표시하고, 여기서 q는 차수다. 이 모델은 현잿값을 수열의 평균 μ, 현재 오차 항 ϵ_t, 과거 오차 항 ϵ_{t-q}의 선형 방정식으로 표현한다. 현잿값에 과거 오차가 미치는 영향의 크기는 θ_q라고 표시한 계수로 정량화했다. 수학적으로, 차수 q의 일반적인 이동평균과정을 수식 4.1처럼 표현한다.

$$y_t = \mu + \epsilon_t + \theta_1\epsilon_{t-1} + \theta_2\epsilon_{t-2} + \cdots + \theta_q\epsilon_{t-q}$$

수식 4.1

이동평균과정

이동평균과정에서 현잿값은 수열의 평균, 현재 오차 항, 과거 오차 항으로부터 선형적으로 도출한다.
이동평균 모델은 MA(q)로 표시하는데, 여기서 q는 차수다. MA(q) 모델의 일반적인 표현은 다음과 같다.

$$y_t = \mu + \epsilon_t + \theta_1\epsilon_{t-1} + \theta_2\epsilon_{t-2} + \cdots + \theta_q\epsilon_{t-q}$$

이동평균 모델의 차수 q는 현잿값에 영향을 미치는 과거 오차 항의 개수를 결정한다. 예를 들어 차수가 1인 경우, 즉 MA(1) 프로세스는 모델을 수식 4.2와 같이 표현한다. 여기서 현잿값 y_t는 평균 μ, 현재 오차 항 ϵ_t, 이전 시간 단계 $\theta_1\epsilon_{t-1}$일 때의 오차 항으로부터 도출할 수 있음을 알 수 있을 것이다.

$$y_t = \mu + \epsilon_t + \theta_1\epsilon_{t-1}$$

수식 4.2

차수 2의 이동평균과정, 즉 MA(2)의 경우, y_t는 수열의 평균 μ, 현재 오차 항 ϵ_t, 한 번의 시간 단계 이전의 오차 항 $\theta_1\epsilon_{t-1}$, 두 번의 시간 단계 이전의 오차 항 $\theta_2\epsilon_{t-2}$에서 도출하므로 수식 4.3과 같이 표현한다.

$$y_t = \mu + \epsilon_t + \theta_1\epsilon_{t-1} + \theta_2\epsilon_{t-2}$$

수식 4.3

이제 MA(q) 프로세스의 차수 q가 모델에 포함되어야 하는 과거 오차 항의 개수에 어떤 영향을 미치는지 알 수 있을 것이다. q가 클수록 더 많은 과거 오차 항이 현잿값에 영향을 미친다. 따라서 이동평균과정의 차수를 적절히 결정해야만 이동평균과정에 적합한 모델을 구축할 수 있다. 예를 들어 2차 이동평균과정인 경우 2차 이동평균 모델을 예측에 사용한다.

이동평균과정의 차수를 식별하기 위해 확률보행을 식별하는 단계를 그림 4.3과 같이 확장했다.

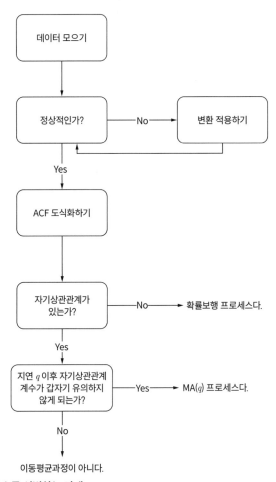

그림 4.3 이동평균과정의 차수를 식별하는 단계

언제나 그렇듯 첫 번째 단계는 데이터 수집이다. 다음으로 정상성 테스트를 한다. 수열이 정상적이 아니라면 수열이 정상적이 될 때까지 차분과 같은 변환을 적용한다. 그런 다음 ACF를 도식화하여 유의한 자기상관계수를 찾아본다. 확률보행이라면 지연 0 이후로 유의한 계수를 찾을 수 없다. 하지만 유의한 계수들을 찾았다면, 지연 q 이후 갑자기 계수들이 유의하지 않게 되는지 확인해야 한다. 만약 유의하지 않게 된다면, 차수 q의 이동평균과정이다. 하지만 지연 q 이후에도 유의하다면, 시계열의 기반 프로세스를 식별하기 위한 다음 단계로 넘어가야 한다.

이를 XYZ 위젯 컴퍼니의 위젯 판매량 데이터에 적용해보자. 이 데이터 집합은 2019년 1월 1일부터 시작하여 500일간의 판매량 데이터를 포함하고 있다. 그림 4.3에 설명한 단계에 따라 데이터의 근간으로 보이는 이동평균과정의 차수를 결정하자.

첫 번째 단계는 데이터 수집이다. 데이터는 이미 수집되어 있으므로 pandas를 사용하여 데이터를 DataFrame에 로딩하고 첫 5행의 데이터를 표시한다. 언제든지 이번 장의 소스 코드를 다음의 깃허브에서 확인할 수 있다.

https://github.com/jpub-dongdong9/TimeSeriesForecastingInPython/tree/master/CH04

```
import pandas as pd

df = pd.read_csv('../data/widget_sales.csv')    ◄── CSV 파일을 DataFrame으로
df.head()    ◄── 데이터의 첫 다섯 행을 표시한다.           로딩한다.
```

판매량은 widget_sales 열에서 확인할 수 있다. 판매량의 단위는 미국 달러로 1천 달러다.

matplotlib을 사용하여 데이터를 도식화할 수 있다. 관심 있는 값은 widget_sales 열에 있으므로 이 값을 ax.plot()에 전달한다. 그런 다음 x-축에 '시간'이라는 레이블을 지정하고 y-축에는 '위젯 판매량(1천 달러)'이라는 레이블을 지정한다. 다음으로, x-축의 눈금에는 해당 연도의 월을 표시하도록 레이블을 지정한다. 마지막으로, plt.tight_layout()을 사용하여 x-축 눈금 레이블을 기울이고 그림 주위의 공백을 제거한다. 그 결과는 그림 4.4에서 확인할 수 있다.

```
import matplotlib.pyplot as plt

fig, ax = plt.subplots()

ax.plot(df['widget_sales'])    ◄── 위젯 판매량을 도식으로 그린다.
ax.set_xlabel('Time')    ◄── x-축에 레이블을 지정한다.
ax.set_ylabel('Widget sales (k$)')    ◄── y-축에 레이블을 지정한다.

plt.xticks(
    [0, 30, 57, 87, 116, 145, 175, 204, 234, 264, 293, 323, 352, 382, 409, 439, 468, 498],
    ['Jan', 'Feb', 'Mar', 'Apr', 'May', 'Jun', 'Jul', 'Aug', 'Sep', 'Oct',
➡ 'Nov', 'Dec', '2020', 'Feb', 'Mar', 'Apr', 'May', 'Jun'])    ◄── x-축의 눈금에 레이블을 지정한다.

fig.autofmt_xdate()    ◄── x-축 눈금의 레이블을 보기 좋도록 기울인다.
plt.tight_layout()    ◄── 그림 주변에 있는 여분의 공백을 제거한다.
```

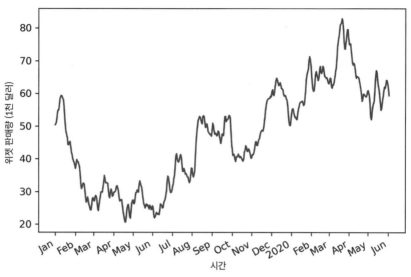

그림 4.4 **2019년 1월 1일부터 500일 동안의 XYZ 위젯 컴퍼니의 위젯 판매량**

다음 단계는 정상성 테스트다. 그림 4.4에서 추세를 확인해보면 직관적으로 이 수열이 비정상적이라는 것을 알 수 있다. 그래도 ADF 테스트로 확인해보겠다. 이번에도 statsmodels 라이브러리의 adfuller 함수를 사용하여 ADF 통계와 p-값을 추출한다. ADF 통계가 큰 음수이고 p-값이 0.05보다 작으면 수열이 정상적인 것이다. 그렇지 않으면 변환을 적용해야 한다.

```
from statsmodels.tsa.stattools import adfuller

ADF_result = adfuller(df['widget_sales'])   ◀─── widget_sales 열에 저장된 위젯 판매량에 대해 ADF
                                                 테스트를 실행한다.

print(f'ADF Statistic: {ADF_result[0]}')   ◀─── ADF 통계를 출력한다.
print(f'p-value: {ADF_result[1]}')   ◀─── p-값을 출력한다.
```

실행해보면 ADF 통계는 -1.51, p-값은 0.53이다. ADF 통계는 큰 음수가 아니고 p-값은 0.05보다 크다. 따라서 시계열은 정상적이 아니므로, 시계열을 정상적으로 만들기 위해 변환을 적용해야 한다.

시계열을 정상적으로 만들기 위해 1차 차분을 적용하여 추세를 안정화해보겠다. 이를 위해 numpy 라이브러리의 diff 메서드를 사용한다. 이 메서드에는 차분 차수를 지정하는 매개변수 n을 전달해야 한다. 이번 경우에는 1차 차분이므로 n을 1로 전달한다.

```
import numpy as np

widget_sales_diff = np.diff(df['widget_sales'], n=1)
```
데이터에 1차 차분을 적용하고 결과를
widget_sales_diff에 저장한다.

원한다면 차분된 수열을 도식화하여 추세가 안정화되었는지 확인해볼 수 있다. 그림 4.5에서 차분된 수열을 확인할 수 있다. 전체 기간 동안 값이 0 근처에 고정되어 있으므로 수열의 추세 구성요소를 성공적으로 제거했음을 알 수 있다.

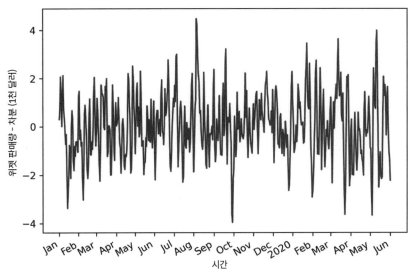

그림 4.5 위젯 판매량의 차분. 전체 샘플에서 값이 0 근처에 고정되어 있어 추세 구성요소가 안정화되었다.

그림 4.5를 재현해볼 수 있겠는가?

선택사항이긴 하지만, 변환을 적용할 때 수열을 도식화해보는 것이 좋다. 이렇게 하면 어떤 변환을 적용한 후 수열이 정상적이 되었는지를 더 직관적으로 알 수 있다. 그림 4.5를 직접 재현해보자.

이제 수열에 변환을 적용했으므로 다시 ADF 테스트를 적용하여 정상성을 테스트해볼 수 있다. 이번에는 widget_sales_diff 변수에 저장되어 있는 차분된 데이터에 대해 테스트를 실행해보겠다.

```
ADF_result = adfuller(widget_sales_diff)

print(f'ADF Statistic: {ADF_result[0]}')
print(f'p-value: {ADF_result[1]}')
```
차분된 시계열에 대해 ADF 테스트를
실행한다.

이번에는 ADF 통계는 -10.6이고 p-값은 7×10^{-19}이다. ADF 통계는 큰 음수이고 p-값은 0.05보다 훨씬 작으므로, 시계열이 정상적이 되었다고 할 수 있다.

다음 단계는 자기상관함수를 도식화하는 것이다. statsmodels 라이브러리에는 편리하게도 plot_acf 함수가 포함되어 있다. 차분된 수열을 그냥 전달하고 lags 매개변수에는 지연 횟수를 지정하면 된다. 지연 횟수에 따라 x-축 값의 범위가 결정된다는 점을 기억하자.

```
from statsmodels.graphics.tsaplots import plot_acf

plot_acf(widget_sales_diff, lags=30)   ◀── 차분된 수열의 ACF를 도식으로
                                            그린다.
plt.tight_layout()
```

ACF 도식화 결과는 그림 4.6에서 확인할 수 있다. 지연 2까지는 유의한 계수가 있음을 알 수 있다. 그 이후에는 갑자기 유의하지 않게 되어 도식상의 음영 영역에서 벗어나지 않는다. 이는 차수 2의 정상적 이동평균 과정임을 뜻한다. 즉 2차 이동평균 모델 또는 MA(2) 모델을 사용하여 정상적 시계열을 예측할 수 있다.

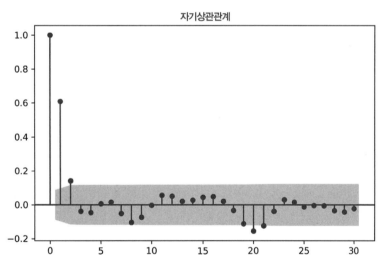

그림 4.6 **차분된 수열의 ACF 도식화 결과.** 계수가 지연 2까지만 유의하다가, 갑자기 도식상에서 계수가 유의하지 않은 영역 (음영 영역) 안에 머물고 있음을 볼 수 있다. 지연 20 주변에서 유의한 계수가 몇 개 있어 보이지만, 지연 3과 20 사이와 지연 20 이후에는 계수가 유의하지 않으므로 이는 우연일 가능성이 높다.

ACF 도식화가 이동평균과정의 차수를 결정하는 데 어떤 도움을 주는지 확인했다. ACF 도식으로 지연 q까지 유의한 자기상관계수를 확인하고, 해당 지연 이후에는 모든 계수가 유의하지 않다는 점

을 확인할 수 있다. 특정 지연 이후 모든 계수가 유의하지 않다면 이동평균과정, 즉 MA(q) 프로세스가 있다고 결론 내릴 수 있다.

4.2 이동평균과정 예측하기

이동평균과정의 차수 q를 식별하고 나면, 모델을 훈련 데이터에 피팅하고 예측을 시작할 수 있다. 이번 사례에서는 위젯 판매량을 차분한 값이 차수가 2인 이동평균과정, 즉 MA(2) 프로세스라는 것을 식별했다.

이동평균 모델은 수열이 정상적인stationary 것으로 가정하므로, 정상적 시계열에 대해서만 예측을 수행해야 한다. 따라서 위젯 판매량을 차분한 값에 대해 모델을 훈련하고 테스트할 것이다. 두 가지 단순한 예측 기법을 시도해보고 차수가 2인 이동평균 모델을 피팅할 것이다. 단순한 예측 기법은 이동평균 모델의 성능을 평가하기 위한 베이스라인 모델로 사용할 것인데, 바로 앞 절에서 차수가 2인 이동평균과정이라는 것을 확인했으므로 베이스라인 모델보다 성능이 더 좋을 것으로 예상할 수 있다. 정상적인 프로세스에 대한 예측을 얻은 후에는 예측을 역변환해야 한다. 즉 예측을 원래대로 되돌리기 위해 차분 변환을 역으로 수행해야 한다.

이번 시나리오에서는 데이터의 90%를 훈련 집합에 할당하고, 나머지 10%를 테스트 집합에 할당하므로 500일 중 10%인 50번에 해당하는 미래의 시간 단계에 대해 예측해야 한다. 차분된 데이터를 DataFrame에 할당하고 데이터를 분할하자.

```
df_diff = pd.DataFrame({'widget_sales_diff': widget_sales_diff})    ◀── 차분된 데이터를
                                                                         DataFrame에 저장한다.
train = df_diff[:int(0.9*len(df_diff))]    ◀── 데이터의 앞부분 90%는 훈련 집합에 넣는다.
test = df_diff[int(0.9*len(df_diff)):]     ◀── 데이터의 뒷부분 10%는 예측 테스트 집합에 넣는다.
print(len(train))
print(len(test))
```

차분할 때 손실되는 데이터 요소를 재확인하기 위해 훈련 집합과 테스트 집합의 크기를 출력했다. 원본 데이터 집합에는 500개의 데이터 요소가 포함되어 있으나, 차분된 수열은 한 번 차분했으므로 총 499개의 데이터 요소를 포함하고 있다.

이제 차분된 수열과 원본 수열에 대한 예측 기간을 시각화해볼 수 있다. 다음과 같이 동일한 그림에 두 개의 하위 도식을 그려보자. 결과는 그림 4.7에서 볼 수 있다.

```
fig, (ax1, ax2) = plt.subplots(nrows=2, ncols=1, sharex=True)        ◄──  같은 그림 안에 두 개의
                                                                          하위 도식을 만든다.
ax1.plot(df['widget_sales'])
ax1.set_xlabel('Time')
ax1.set_ylabel('Widget sales (k$)')
ax1.axvspan(450, 500, color='#808080', alpha=0.2)

ax2.plot(df_diff['widget_sales_diff'])
ax2.set_xlabel('Time')
ax2.set_ylabel('Widget sales - diff (k$)')
ax2.axvspan(449, 498, color='#808080', alpha=0.2)

plt.xticks(
    [0, 30, 57, 87, 116, 145, 175, 204, 234, 264, 293, 323, 352, 382, 409, 439, 468, 498],
    ['Jan', 'Feb', 'Mar', 'Apr', 'May', 'Jun', 'Jul', 'Aug', 'Sep', 'Oct', 'Nov', 'Dec',
     '2020', 'Feb', 'Mar', 'Apr', 'May', 'Jun'])

fig.autofmt_xdate()
plt.tight_layout()
```

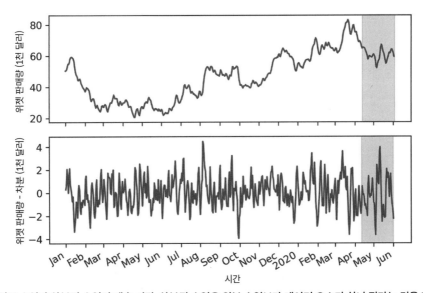

그림 4.7 원본 수열과 차분된 수열의 예측 기간. 차분된 수열은 원본 수열보다 데이터 요소가 하나 적다는 것을 기억하자.

예측할 수 있는 기간에서 이동평균 모델은 특수성을 띠고 있다. 이동평균 모델 MA(q)는 한 번에 50단계 앞을 예측할 수 없다. 이동평균 모델은 과거 오차 항에 선형적으로 의존하며, 이 항은 데이터 집합에서 관찰되지 않으므로 재귀적으로 추정해야 하기 때문이다. 즉 이동평균 모델 MA(q)의 경우, 앞으로의 q 단계까지만 예측할 수 있다. 그 이후에 대한 예측에 대해서는 모델이 과거 오차 항

없이 평균만으로 예측하므로, 즉 베이스라인 모델과 동일하게 평균만 반환하므로 예측에 실패할 것이다. 따라서 q 단계 이후의 미래에 대한 예측은 유의하지 않다.

2번의 시간 단계 이후 미래에 대해 단순히 평균으로 예측하지 않으려면, 50번의 예측을 할 때까지 반복해서 1번 혹은 2번의 시간 단계씩 예측하는 함수를 개발하고 해당 예측을 테스트 집합의 관찰된 값과 비교하도록 해야 한다. 이런 방법을 **롤링 예측**rolling forecast이라고 한다. 첫 번째 반복에서는 첫 번째 449개 시간 단계에 대해 훈련한 후 이후 미래인 450번째와 451번째 시간 단계를 예측한다. 그런 다음 두 번째 반복에서는 첫 번째 451개 시간 단계에 대해 훈련한 후 452번째와 453번째 시간 단계를 예측한다. 마지막으로 498번째와 499번째 시간 단계를 예측할 때까지 이 과정을 반복한다.

> ## MA(q) 모델을 사용하여 예측하기
>
> MA(q) 모델을 사용할 때, 모델은 q 단계 이후의 미래에 대한 예측으로 단순히 평균을 반환하는데, 이는 모델을 표현한 수식에 q 단계 이후에 대한 오차 항이 없기 때문이다. 단순히 수열의 평균을 사용하지 않기 위해서는 롤링 예측을 사용하여 한 번에 q 단계까지 예측할 수 있다.

피팅한 MA(2) 모델을 두 개의 베이스라인 모델인 과거 평균 및 최근값과 비교해보자. 이렇게 하면 MA(2) 모델이 단순한 베이스라인 모델보다 더 나은 예측을 하는지 확인할 수 있다. 물론 우리는 차분된 수열이 정상적 프로세스이자 MA(2) 프로세스라는 것을 이미 알고 있으므로, 베이스라인 모델보다 더 나은 예측을 보여야 한다.

`CAUTION` MA(2) 모델을 사용하여 롤링 예측을 수행하면 2번의 시간 단계씩 예측할 필요가 없다. 과거의 평균을 예측 결과로 사용하지 않더라도, 롤링 예측 내에서 1번 혹은 2번의 시간 단계씩 반복해서 예측하여 목표 단계까지 예측할 수 있기 때문이다. 마찬가지로 MA(3) 모델을 사용하면 1번 혹은 2번 혹은 3번의 시간 단계씩 반복하는 롤링 예측을 수행할 수 있다.

이러한 예측을 수행하려면 전체 테스트 집합에 대한 예측을 완료할 때까지 지정한 기간과 지정한 시간 단계 횟수 동안 반복적으로 모델을 피팅하고 예측을 수행하는 함수가 필요하다. 이 함수를 리스팅 4.1에서 확인할 수 있다.

먼저 `statsmodels` 라이브러리에서 SARIMAX 함수를 가져온다. 이 함수를 사용하여 MA(2) 모델을 차분 수열에 피팅할 수 있다. SARIMAX는 계절적seasonal 효과, 자기회귀과정, 비정상적non-stationary

시계열, 이동평균과정, 외부_{exogenous} 변수 모두를 하나의 모델에서 반영할 수 있는 복잡한 모델이라는 점에 유의하자. 지금은 이동평균 관련 부분을 제외한 다른 모든 요인을 무시하겠다. 이동평균 모델에서 점진적으로 복잡도를 올려 나중에 살펴볼 장에서는 SARIMAX 모델을 다룰 것이다.

- 다음으로 `rolling_forecast` 함수를 정의한다. 이 함수에는 DataFrame, 훈련 집합의 크기, 예측 기간, 윈도우 크기, 한 개의 메서드를 포함한다. `DataFrame`는 전체 시계열을 저장한다.

- `train_len` 매개변수는 모델을 피팅할 때 사용할 데이터 요소의 개수를 초기화한다. 예측을 완료한 뒤, 이를 새로운 값을 예측할 때 활용할 수 있도록 모델에 반영하고, 이후 예측 과정에서 사용할 수 있다.

- `horizon` 매개변수는 테스트 집합의 길이와 같으며, 예측할 값의 개수를 나타낸다.

- `window` 매개변수는 한 번에 예측할 시간 단계 횟수를 지정한다. 이번 예시의 경우, MA(2) 프로세스이므로 `window`를 2로 지정한다.

- `method` 매개변수는 사용할 모델을 지정한다. 동일한 함수를 사용하여 단순한 방법이나 MA(2) 모델을 통해 예측을 수행할 수 있다.

함수의 선언에서 타입 힌트_{type hint}를 사용한다는 점에 유의하자. 이렇게 하면 예기치 않은 형의 매개변수를 전달하여 함수가 실패하는 것을 방지할 수 있다.

그런 다음, 각 예측 메서드를 반복 루프 안에서 실행한다. 반복 루프는 훈련 집합의 끝에서 시작하여 `window` 크기만큼씩 반복하고 `total_len`에 도달하면 종료한다(`total_len`은 매개변수로 전달된 `train_len`과 `horizon`의 합이다). 이 반복 루프는 25개의 인덱스 목록, [450,451,452,...,497]을 생성하지만, 각 반복 구간에서 두 개의 예측을 생성하므로 전체 테스트 집합에 대해 50개의 예측 목록을 반환한다.

리스팅 4.1 지정된 기간에 대해 롤링 예측하는 함수

```python
from statsmodels.tsa.statespace.sarimax import SARIMAX

def rolling_forecast(df: pd.DataFrame, train_len: int, horizon: int,
  window: int, method: str) -> list:

    total_len = train_len + horizon

    if method == 'mean':
        pred_mean = []

        for i in range(train_len, total_len, window):
            mean = np.mean(df[:i].values)
            pred_mean.extend(mean for _ in range(window))

        return pred_mean

    elif method == 'last':
        pred_last_value = []

        for i in range(train_len, total_len, window):
            last_value = df[:i].iloc[-1].values[0]
            pred_last_value.extend(last_value for _ in range(window))
        return pred_last_value

    elif method == 'MA':
        pred_MA = []

        for i in range(train_len, total_len, window):
            model = SARIMAX(df[:i], order=(0,0,2))
            res = model.fit(disp=False)
            predictions = res.get_prediction(0, i + window - 1)
            oos_pred = predictions.predicted_mean.iloc[-window:]
            pred_MA.extend(oos_pred)

        return pred_MA
```

이 함수는 시뮬레이션한 이동평균과정의 모든 데이터를 포함하는 DataFrame을 전달받는다. 또한 훈련 집합의 크기(이번 예시의 경우, 800)와 예측 기간(200)도 전달한다. 다음 매개변수로는 한 번에 몇 단계를 예측할지 지정한다(2). 마지막으로, 예측에 사용할 방법을 지정한다.

MA(q) 모델은 더 복잡한 SARIMAX 모델의 일부다.

statsmodels 라이브러리에 정의된 predicted_mean 메서드를 사용하여 예측한 실젯값을 추출할 수 있다.

함수를 정의하고 나면 과거의 평균, 마지막으로 측정된 값, 피팅된 MA(2) 모델, 이 세 가지 기법을 사용하여 예측을 수행할 수 있다.

먼저 예측 결과를 저장할 DataFrame을 만들고 변수의 이름은 pred_df로 지정한다. 테스트 집합에서 실제 관측값을 복사하고 pred_df에 저장하여 모델의 성능 평가를 더 쉽게 할 수 있도록 하겠다.

그다음으로 몇 가지 상수를 지정한다. 파이썬에서는 상수의 이름을 대문자로 지정하는 편이 좋다.

`TRAIN_LEN`은 훈련 집합의 크기이고, `HORIZON`은 테스트 집합의 크기(50일)이며, MA(2) 모델을 사용하므로 `WINDOW`는 1 또는 2다. 이번 예시의 경우, 2를 사용한다.

다음으로 `rolling_forecast` 함수를 사용하여 각 기법에 대한 예측을 수행한다. 그런 다음 각 예측 결과를 `pred_df`의 각 기법에 해당하는 열에 저장한다.

```
pred_df = test.copy()

TRAIN_LEN = len(train)
HORIZON = len(test)
WINDOW = 2

pred_mean = rolling_forecast(df_diff, TRAIN_LEN, HORIZON, WINDOW, 'mean')
pred_last_value = rolling_forecast(df_diff, TRAIN_LEN, HORIZON, WINDOW, 'last')
pred_MA = rolling_forecast(df_diff, TRAIN_LEN, HORIZON, WINDOW, 'MA')

pred_df['pred_mean'] = pred_mean
pred_df['pred_last_value'] = pred_last_value
pred_df['pred_MA'] = pred_MA

pred_df.head()
```

이제 예측값을 테스트 집합에 있는 관측값과 비교하여 시각화할 수 있다. 아직 차분된 데이터 집합으로 작업 중이므로 예측값도 차분된 값이라는 점을 명심해야 한다.

이번 그림에서는 훈련 데이터의 일부를 도식화하여 훈련 집합과 테스트 집합 간의 변화를 확인해보자. 관측값은 실선으로 표시하고, 이 곡선에 '실제'라는 레이블을 붙인다. 그런 다음 과거 평균, 마지막 관측값, MA(2) 모델의 예측값을 도식화한다. 각각 점선, 쇄선, 파선으로 표시하고, '평균', '마지막 값', 'MA(2)'라는 레이블을 붙인다. 그림 4.8에서 확인할 수 있다.

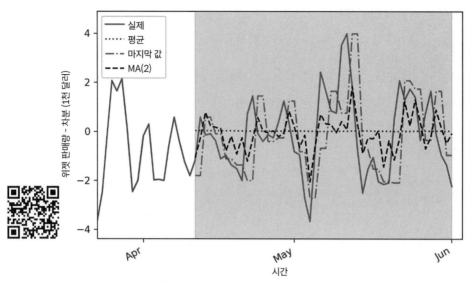

그림 4.8 위젯 판매량의 차분값에 대한 예측. 전문적인 환경, 즉 실제 회사나 연구소에서는 차분된 값 그대로는 의미가 없으므로 보고에 활용하지 않는다. 나중에 역변환을 수행해야 한다.

그림 4.8에서 과거 평균에서 도출한 예측을 표시한 점선이 거의 직선에 가깝다는 것을 알 수 있다. 이는 예상된 결과로, 프로세스가 정상적이므로 시간이 지나도 과거 평균은 변화가 없어야 한다.

다음 단계는 모델의 성능을 측정하는 것이다. 이를 위해 평균제곱오차를 계산한다. `sklearn` 패키지의 `mean_squared_error` 함수를 사용할 것이다. 관측값과 예측값을 함수에 전달하기만 하면 된다.

```
from sklearn.metrics import mean_squared_error

mse_mean = mean_squared_error(pred_df['widget_sales_diff'], pred_df['pred_mean'])
mse_last = mean_squared_error(pred_df['widget_sales_diff'], pred_df['pred_last_value'])
mse_MA = mean_squared_error(pred_df['widget_sales_diff'], pred_df['pred_MA'])

print(mse_mean, mse_last, mse_MA)
```

이 코드를 실행하면, 과거 평균 기법의 경우에는 MSE가 2.56, 마지막 값 방법의 경우 3.25, MA(2) 모델의 경우 1.95로 출력된다. 세 가지 기법 중 MA(2) 모델의 MSE가 가장 낮기 때문에 가장 성능이 좋은 예측 방법이다. 이는 앞서 위젯 판매량이 2차 이동평균과정임을 확인했으므로 예상한 결과이며, 따라서 단순한 예측 기법과 비교했을 때 MSE가 더 낮다. 그림 4.9에서 세 가지 예측 기법에 대한 MSE를 시각화했다.

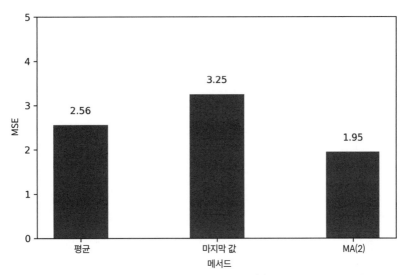

그림 4.9 **위젯 판매량의 차분값에 대한 각 예측 기법의 MSE. 여기서 MA(2) 모델이 MSE가 가장 낮기 때문에 챔피언 모델, 즉 가장 좋은 모델이다.**

이제 정상적 수열에 대한 챔피언 모델을 얻었으므로, 예측 결과를 역변환하여 데이터 집합의 변환하지 않은 원래 규모로 되돌려야 한다. 그림 4.10과 같이 차분은 시간 t일 때의 값과 그 이전 시점의 값 간의 차이라는 점을 기억하자.

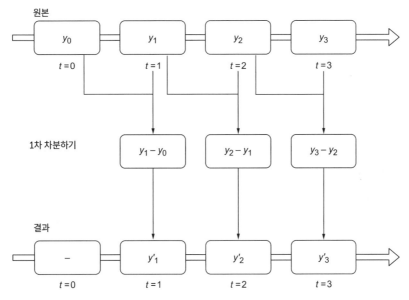

그림 4.10 **1차 차분 시각화하기**

1차 차분을 역변환하려면 첫 번째 차분된 값인 y'_1에 초깃값인 y_0을 더해야 한다. 이렇게 하면 y_1을 원래 규모로 복구할 수 있다. 이는 수식 4.4에 나와 있다.

$$y_1 = y_0 + y'_1 = y_0 + y_1 - y_0 = y_1 \qquad \text{수식 4.4}$$

그런 다음 수식 4.5에 표현한 것과 같이 차분된 값들을 누적으로 합계하여 y_2를 구할 수 있다.

$$y_2 = y_0 + y'_1 + y'_2 = y_0 + y_1 - y_0 + y_2 - y_1 = (y_0 - y_0) + (y_1 - y_1) + y_2 = y_2 \quad \text{수식 4.5}$$

누적 합계를 한 번 적용하면 1차 차분을 되돌릴 수 있다. 수열을 두 번 차분하여 정상적으로 만든 경우에는 이 되돌리는 과정을 한 번 더 반복해야 한다.

따라서 데이터 집합과 같은 원래 규모로 예측 결과를 얻으려면 테스트 집합의 첫 번째 값을 초깃값으로 사용해야 한다. 또한 누적 합계를 수행하면 데이터 집합과 같은 원래 규모로 50개의 예측값을 얻을 수 있다. 이렇게 얻은 예측값들을 pred_widget_sales 열에 저장한다.

```
df['pred_widget_sales'] = pd.Series()    ◀── 예측값을 저장할 빈 열을 초기화한다.
df['pred_widget_sales'][450:] = df['widget_sales'].iloc[450] + pred_df['pred_MA'].cumsum() ─┐
```
예측값을 역변환하여 데이터 집합의 원래 규모로 되돌린다.

역변환한 예측을 측정값과 비교하여 시각화해보자. df에 원본 데이터 집합이 저장되어 있다는 점을 기억하자.

```
fig, ax = plt.subplots()

ax.plot(df['widget_sales'], 'b-', label='actual')     ◀── 실젯값을 도식화한다.
ax.plot(df['pred_widget_sales'], 'k--', label='MA(2)')  ◀── 역변환한 예측값을 도식화한다.

ax.legend(loc=2)

ax.set_xlabel('Time')
ax.set_ylabel('Widget sales (K$)')
ax.axvspan(450, 500, color='#808080', alpha=0.2)
ax.set_xlim(400, 500)

plt.xticks(
    [409, 439, 468, 498],
    ['Mar', 'Apr', 'May', 'Jun'])
```

```
fig.autofmt_xdate()
plt.tight_layout()
```

그림 4.11에서 파선으로 표시한 예측 곡선이 관측값의 일반적인 추세는 따르지만, 가장 큰 최저점과 가장 낮은 최고점은 예측하지는 못한다는 점을 알 수 있다.

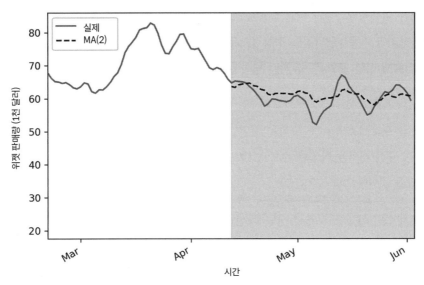

그림 4.11 **역변환한 MA(2) 예측 결과**

마지막 단계는 원본 데이터 집합에 대한 MSE를 확인하는 것이다. 전문적인 환경에서는 차분된 값이 비즈니스적 의미가 없기 때문에 보고하지 않으며, 데이터의 원래 규모로 값과 오차를 보고해야 한다.

sklearn의 `mean_absolute_error` 함수를 사용하여 **평균절대오차**mean absolute error, MAE를 측정할 수 있다. 이 지표는 평균제곱오차와 같은 차이의 제곱이 아니라 예측값과 실젯값 간 **절대 차이**absolute difference의 평균을 반환하므로 해석하기 쉽다. 따라서 이 지표를 사용하겠다.

```
from sklearn.metrics import mean_absolute_error

mae_MA_undiff = mean_absolute_error(df['widget_sales'].iloc[450:],
➥ df['pred_widget_sales'].iloc[450:])

print(mae_MA_undiff)
```

이 코드는 MAE로 2.32를 출력할 것이다. 데이터의 단위가 1천 달러이므로 MAE에 1,000을 곱하여 평균적 절대 차이를 구해야 한다. 그러면 예측값은 실젯값보다 높든 낮든, 평균적으로 2,320달러 정도 벗어났다.

4.3 다음 단계

이번 장에서는 이동평균과정과 이를 MA(q) 모델로 모델링하는 방법에 대해 살펴보았다. 이동평균과정를 식별하려면 이동평균과정을 정상적으로 변환한 후 ACF 도식을 살펴봐야 한다는 것도 배웠다. ACF 도식에서 지연 q까지는 유의한 변화를 확인할 수 있지만 그 이후에는 변화가 0에 가까워 거의 확인하기 힘들 것이다.

그러나 정상적 프로세스의 ACF 도식을 확인할 때 음의 계수와 큰 지연에서 유의한 자기상관관계를 갖는 사인 곡선 패턴을 확인할 수도 있다. 이제 이것이 이동평균과정이 아니라는 점은 쉽게 받아들일 수 있을 것이다(그림 4.12 참조).

정상적 프로세스의 ACF 도식에서 사인 곡선 패턴이 보인다면 이는 자기회귀과정이 동작하고 있다는 힌트이므로, 예측을 수행하기 위해 AR(p) 모델을 사용해야 한다. MA(q) 모델과 마찬가지로 AR(p) 모델도 차수를 식별해야 한다. 이번에는 편자기상관함수를 도식화하고 어느 지연 시점에서 계수가 갑자기 중요하지 않게 되는지 확인해야 한다. 다음 장에서는 자기회귀과정와 그 프로세스의 차수를 식별하는 방법, 그리고 이러한 프로세스로 예측을 수행하는 방법을 알아본다.

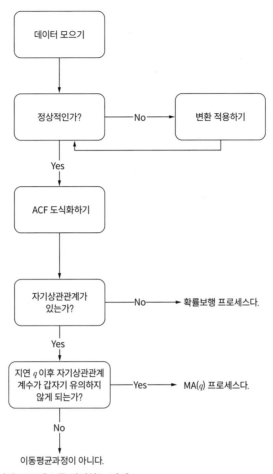

그림 4.12 정상적 시계열의 기반 프로세스를 식별하는 단계

4.4 연습

이번 연습 문제를 통해 MA(q) 모델에 대한 지식과 숙련도를 테스트해보자. 해답 전체는 깃허브에서 확인할 수 있다.

https://github.com/jpub-dongdong9/TimeSeriesForecastingInPython/tree/master/CH04

4.4.1 MA(2) 프로세스 시뮬레이션하고 예측 수행하기

정상적 MA(2) 프로세스를 시뮬레이션해보자. 이를 위해 `statsmodels` 라이브러리의 `ArmaProcess` 함수를 사용하여 다음과 같은 프로세스를 시뮬레이션해보자.

$$y_t = 0.9\theta_{t-1} + 0.3\theta_{t-2}$$

1. 이번 연습에서는 1,000개의 샘플을 생성한다.

```python
from statsmodels.tsa.arima_process import ArmaProcess
import numpy as np

np.random.seed(42)    ◀── 재현을 위해 시드값을 지정한다. 다른 값으로
                          실험하고자 한다면 시드값을 변경하자.

ma2 = np.array([1, 0.9, 0.3])
ar2 = np.array([1, 0, 0])

MA2_process = ArmaProcess(ar2, ma2).generate_sample(nsample=1000)
```

2. 시뮬레이션한 이동평균을 도식화하자.

3. ADF 테스트를 실행하고 프로세스가 정상적인지 확인하자.

4. ACF를 도식화하고 지연 2 이후에 유의한 계수가 있는지 확인하자.

5. 시뮬레이션된 수열을 훈련 집합과 테스트 집합으로 분할한다. 훈련 집합에 첫 800개의 시간 단계를 할당하고 나머지는 테스트 집합에 할당한다.

6. 테스트 집합에 대해 예측을 수행한다. 평균값, 마지막 값, MA(2) 모델을 사용하여 예측을 수행한다. 한 번에 2개의 시간 단계씩 반복적으로 예측하는 `recursive_forecast` 함수를 사용한다.

7. 예측값을 도식화한다.

8. MSE를 측정하고 챔피언 모델을 식별한다.

9. 막대형 도식으로 MSE를 도식화한다.

4.4.2 MA(q) 프로세스 시뮬레이션하고 예측 수행하기

이전 연습을 반복하되 원하는 이동평균과정을 시뮬레이션해보자. 3차 또는 4차 이동평균과정를 시뮬레이션해보자. 10,000개의 샘플을 생성하는 것이 좋을 듯하다. 특히 ACF를 주의 깊게 확인하

고, 지연 q 이후 계수가 유의하지 않은 시점이 언제인지 확인하자.

요약

- 이동평균과정은 현잿값이 평균과 현재 오차 항, 과거 오차 항에 선형적으로 의존한다고 정의한다. 오차 항은 정규분포를 따른다.

- ACF 도식을 살펴보면 정상적 이동평균과정의 차수 q를 식별할 수 있다. 계수는 지연 q까지만 유의하다.

- 오차 항은 데이터에서 관찰되지 않고 재귀적으로 추정해야 하기 때문에, 최대 q 단계의 미래까지 예측할 수 있다.

- q 단계를 넘는 미래를 예측하면 단순히 수열의 평균이 반환된다. 이를 방지하기 위해 롤링 예측을 사용할 수 있다.

- 데이터에 변환을 적용한 경우 예측을 원본 데이터의 규모로 되돌리기 위해 역변환을 수행해야 한다.

- 이동평균 모델은 데이터가 정상적이라고 가정한다. 따라서 이 모델은 정상적 데이터에만 사용할 수 있다.

5

자기회귀과정 모델링하기

이 장의 주요 내용

- 자기회귀과정 정의하기
- 편자기상관함수 정의하기
- PACF 도식을 사용하여 자기회귀과정의 차수 결정하기
- 자기회귀 모델을 사용하여 시계열 예측하기

이전 장에서는 이동평균과정 혹은 차수 q인 $MA(q)$ 모델에 대해 알아보았다. 이동평균과정는 현잿값이 현재 오차 항과 과거 오차 항에 선형적으로 의존하고 있었다. 따라서 q 단계 이상의 미래를 예측하고자 했지만 데이터 집합에서 오차 항을 확인할 수 없었고, 재귀적으로만 추정할 수 있는 경우, 예측 결과로서 수열의 평균값만 얻을 수 있을 뿐이었다. 마지막으로, ACF 도식을 확인하여 정상적 $MA(q)$ 프로세스의 차수를 결정할 수 있다는 점도 알았는데, 자기상관계수는 지연 q까지만 유의할 것이라는 한계점도 알았다. 다만 자기상관계수가 천천히 감소하거나 사인 곡선 패턴을 보이는 경우, 자기회귀과정이 내재되어 있을 수 있다는 점에 유의해야 한다.

이번 장에서는 먼저 자기회귀과정을 정의해본다. 그런 다음, 편자기상관함수partial autocorrelation function, PACF를 정의하고 이를 사용하여 데이터 집합에 내재된 자기회귀과정의 차수를 찾아본다. 마지막으로, $AR(p)$ 모델을 사용하여 예측을 수행한다.

소매점의 주간 평균 유동인구 예측하기

매장 관리자가 직원의 스케줄을 더 잘 관리할 수 있도록 소매점의 주간 평균 유동인구를 예측하고 자 한다고 가정해보자. 많은 사람이 매장을 방문할 것으로 예상되면 더 많은 직원이 상주하며 지원 을 제공하도록 해야 한다. 매장 방문객이 적을 것으로 예상되는 경우, 더 적은 수의 직원이 근무하 도록 할당할 수 있다. 이렇게 하면 매장의 급여 지출을 최적화하면서도 직원들이 매장 방문객으로 인해 과부하가 걸리거나 과중한 업무에 시달리지 않도록 할 수 있다.

이번 예제에서는 1,000개의 데이터 요소를 사용할 것인데, 데이터는 2000년부터 시작된 소매점의 주간 평균 유동인구다. 그림 5.1에서 시간에 따른 데이터의 변화를 확인할 수 있다.

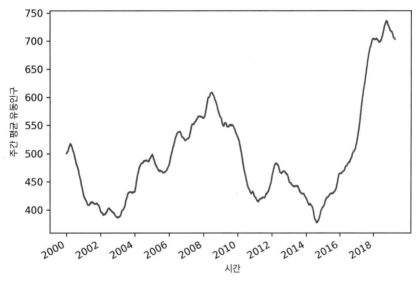

그림 5.1 **소매점의 주간 평균 유동인구. 이 데이터 집합에는 2000년 첫 주부터 시작하여 1,000개의 데이터 요소가 포함되 어 있다. 이는 가상의 데이터라는 점에 유의하자.**

그림 5.1에서 최고점과 최저점이 있는 장기적인 추세를 확인할 수 있다. 시간에 따른 추세를 관찰해 보면 이 시계열이 정상적 프로세스는 아니라는 점을 직관적으로 알 수 있다. 또한 데이터에 뚜렷한 주기적 패턴이 없으므로 현재로서는 계절적 영향도 배제할 수 있다.

다시 말하지만, 주간 평균 유동인구를 예측하려면 기반 프로세스를 파악해야 한다. 따라서 4장과 동일한 단계를 적용해야 한다. 이렇게 하여 확률보행인지, 이동평균과정인지 확인할 수 있다. 이는 그림 5.2에서 확인할 수 있다.

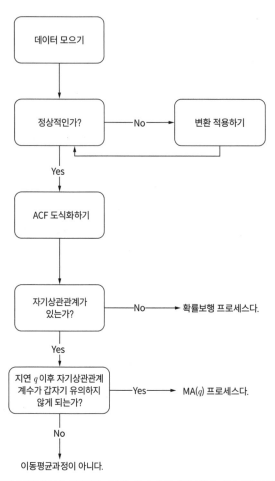

그림 5.2 정상적 시계열의 기반 프로세스를 식별하는 단계. 현재까지 배운 바에 따라 확률보행 또는 이동평균과정을 식별할 수 있다.

이번 예제에서는 데이터를 이미 수집했으므로 정상성 테스트 단계로 바로 넘어가겠다. 앞서 언급했듯이, 시간에 따른 추세가 있다는 것은 시계열이 정상적이 아닐 가능성이 높다는 것을 뜻하므로 시계열을 정상적으로 만들기 위해 변환을 적용해야 한다. 그런 다음 ACF를 도식화해볼 것이다. 이번 장을 진행하면서 자기상관관계를 확인하게 될 뿐만 아니라 ACF 도식에서 서서히 감소하는 추세를 확인하게 될 것이다.

이는 차수 p인 자기회귀과정, AR(p)임을 나타낸다. 자기회귀과정의 경우, 편자기상관함수를 도식화하여 차수 p를 찾을 수 있다. MA(q) 프로세스에 대한 ACF 도식에서 계수들을 확인했듯이, PACF 도식의 계수들도 지연 p 이후 급격히 유의하지 않게 되므로 이로부터 자기회귀과정의 차수를 결정할 수 있다.

이전 장과 마찬가지로, 자기회귀과정의 차수에 따라 AR(p) 모델의 매개변수 개수를 결정한다. 이제 예측을 수행할 준비가 되었다. 다음 주 평균 유동인구의 예측 결과를 적절히 얻을 수 있기를 바란다.

5.2 자기회귀과정 정의하기

자기회귀과정은 예측값이 이전 값에만 선형적으로 의존한다고 가정한다. 즉 변수가 자기 자신에게 회귀하는 것이다.

자기회귀과정autoregressive process은 AR(p) 프로세스로 표시하고, p는 차수다. 이러한 프로세스에서 현잿값 y_t는 상수 C, 백색소음인 현재 오차 항 ϵ_t, 수열 y_{t-p}의 과거값들의 선형 방정식으로 표현한다. 과거값이 현잿값에 미치는 영향의 크기는 ϕ_p로 표시하고, 이는 AR(p) 모델의 계수를 나타낸다. 수학적으로는 수식 5.1과 같이 일반적인 AR(p) 모델을 표현할 수 있다.

$$y_t = \mathrm{C} + \phi_1 y_{t-1} + \phi_2 y_{t-2} + \cdots + \phi_p y_{t-p} + \epsilon_t$$

수식 5.1

자기회귀과정

자기회귀과정은 변수가 자기 자신에게 회귀하는 프로세스다. 시계열에서 이는 현잿값이 과거값에 선형적으로 의존한다는 것을 뜻한다.

자기회귀과정은 AR(p)로 표시하며, 여기서 p는 차수다. AR(p) 모델의 일반적 표현은 다음과 같다.

$$y_t = \mathrm{C} + \phi_1 y_{t-1} + \phi_2 y_{t-2} + \cdots + \phi_p y_{t-p} + \epsilon_t$$

이동평균과정과 마찬가지로, 자기회귀과정의 차수 p는 현잿값에 영향을 미치는 과거값들의 개수를 결정한다. AR(1), 즉 1차 자기회귀과정의 경우 수식 5.2에 표시한 것처럼 현잿값 y_t는 상수 C, 이전 시간 단계의 값 $\phi_1 y_{t-1}$, 일부 백색소음 ϵ_t에 의존한다.

$$y_t = \mathrm{C} + \phi_1 y_{t-1} + \epsilon_t$$

수식 5.2

수식 5.2를 보면 3장에서 다룬 확률보행 프로세스와 매우 유사함을 알 수 있다. $\phi_1 = 1$일 경우 수식 5.2는 다음과 같다.

$$y_t = C + y_{t-1} + \epsilon_t$$

이는 바로 확률보행 모델이다. 따라서 확률보행은 차수 p가 1이고 ϕ_1은 1인 자기회귀과정의 특수한 경우라고 할 수 있다. 또한 C가 0이 아닌 경우에는 표류가 있는 확률보행이다.

2차 자기회귀과정인 AR(2)의 경우, 수식 5.3에 표시된 것처럼 현잿값 y_t는 상수 C, 이전 시간 단계의 값 $\phi_1 y_{t-1}$, 두 시간 단계 이전의 값 $\phi_2 y_{t-2}$, 현재 오차 항 ϵ_t에 선형적으로 의존한다.

$$y_t = C + \phi_1 y_{t-1} + \phi_2 y_{t-2} + \epsilon_t \hspace{3cm} \text{수식 5.3}$$

우리는 차수 p가 모델에 포함되어야 하는 매개변수의 개수와 어떤 관계가 있는지 알고 있다. 따라서 이동평균과정과 마찬가지로, 적절한 모델을 구축하려면 자기회귀과정의 정확한 차수를 찾아야 한다. 예를 들어 AR(3) 프로세스로 식별했다면 3차 자기회귀 모델을 사용하여 예측을 수행하면 된다.

5.3 정상적 자기회귀과정의 차수 찾기

이동평균과정과 마찬가지로, 정상적 자기회귀과정의 차수 p를 결정하는 방법도 있다. 그림 5.3에 표시한 것과 같이 이동평균과정의 차수를 식별할 때 필요한 단계를 확장하면 된다.

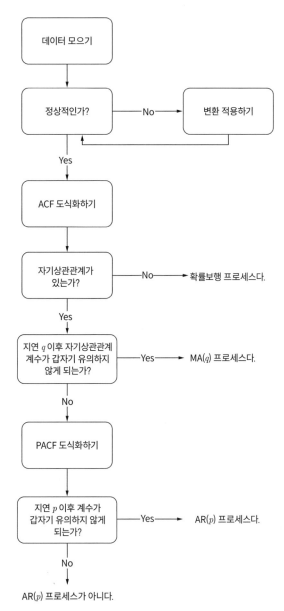

그림 5.3 **자기회귀과정의 차수를 식별하는 단계**

자연스럽게도 첫 번째 단계는 데이터 수집이다. 이번 장의 시작 부분에서 보았던 주간 평균 유동인구 데이터 집합으로 작업해보자. pandas를 사용하여 데이터를 DataFrame에 로딩한다.

CAUTION 이번 장의 소스 코드는 언제든지 깃허브에서 확인할 수 있다.
https://github.com/jpub-dongdong9/TimeSeriesForecastingInPython/tree/master/CH05

```
import pandas as pd

df = pd.read_csv('../data/foot_traffic.csv')     ◄──── CSV 파일을 DataFrame에
                                                        로딩한다.
df.head()    ◄────  데이터의 처음 다섯 행을 표시한다.
```

데이터 집합에 소매점의 주간 평균 유동인구를 저장하고 있는 단 하나의 열인 foot_traffic이 있는 것을 확인할 수 있다.

항상 그렇듯이 데이터를 도식화하여 추세나 계절성과 같은 관찰 가능한 패턴을 확인해본다. 이제 시계열을 도식화하는 데 익숙해졌을 것이므로 도식을 생성하는 코드에 대해 자세히 설명하지 않겠다. 결과는 그림 5.4에 표시한 도식이다.

```
import matplotlib.pyplot as plt

fig, ax = plt.subplots()

ax.plot(df['foot_traffic'])    ◄────  소매점의 주간 평균 유동인구를 도식으로 표시한다.
ax.set_xlabel('Time')    ◄────  x-축에 레이블을 지정한다.
ax.set_ylabel('Average weekly foot traffic')    ◄────  y-축에 레이블을 지정한다.

plt.xticks(np.arange(0, 1000, 104), np.arange(2000, 2020, 2))    ◄────  x-축의 눈금에
                                                                        레이블을 지정한다.
fig.autofmt_xdate()    ◄────  x-축 눈금의 레이블을 보기 좋게 기울인다.
plt.tight_layout()    ◄────  그림 주변의 남는 공백을 제거한다.
```

그림 5.4를 보면 주기적인 패턴이 없음을 알 수 있으므로 계절성은 배제할 수 있다. 추세는 수년에 걸쳐 때때로 증가하거나 하락하고, 가장 최근 추세인 2016년 이후는 증가 추세다.

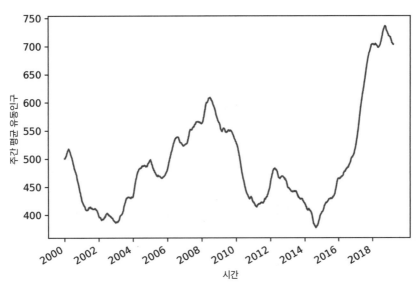

그림 5.4 **소매점의 주간 평균 유동인구. 데이터 집합에는 2000년 첫 주부터 시작하여 1,000개의 데이터 요소를 포함하고 있다.**

다음 단계는 정상성을 확인하는 것이다. 앞서 언급했듯이, 추세가 있다는 것은 수열이 정상적이 아닐 가능성이 높다는 것을 뜻한다. ADF 테스트를 수행하여 이를 확인해보자. 이제는 코드에 대한 자세한 설명 없더라도 이 테스트를 실행할 수 있을 것이다.

```
from statsmodels.tsa.stattools import adfuller

ADF_result = adfuller(df['foot_traffic'])          ◀───  foot_traffic 열에 저장된 주간 평균 유동인구에
                                                         대해 ADF 테스트를 수행한다.
print(f'ADF Statistic: {ADF_result[0]}')           ◀───  ADF 통계를 출력한다.
print(f'p-value: {ADF_result[1]}')                 ◀───  p-값을 인쇄한다.
```

그러면 -1.18의 ADF 통계와 0.68의 p-값을 출력한다. ADF 통계가 큰 음수가 아니고 p-값이 0.05 보다 크므로 귀무가설을 기각할 수 없고, 따라서 수열은 비정상적이다.

그러므로 변환을 적용하여 정상적으로 만들어야 한다. 추세의 효과를 제거하고 수열의 평균을 안정화하기 위해 차분을 사용한다.

```
import numpy as np                                         데이터에 1차 차분을 적용하고
foot_traffic_diff = np.diff(df['foot_traffic'], n=1)  ◀─  결과를 foot_traffic_diff에 저장한다.
```

선택사항으로서, 차분된 수열 `foot_traffic_diff`를 도식화하여 추세 효과를 성공적으로 제거했는지 확인해볼 수 있다. 차분된 수열은 그림 5.5에 나와 있다. 시계열이 거의 같은 값에서 시작하고 끝나는 것을 확인할 수 있어, 실제로 장기적인 추세를 제거했음을 알 수 있다.

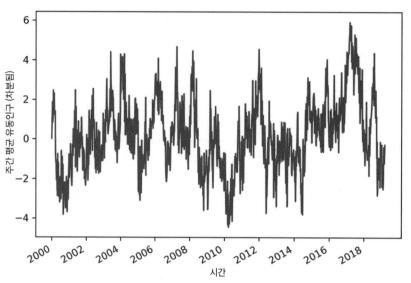

그림 5.5 **소매점의 주당 평균 유동인구 변화의 차분. 수열의 시작과 끝이 거의 같은 값에서 시작되므로 추세 효과가 제거된 것을 알 수 있다.**

그림 5.5를 재현할 수 있을까?

선택사항이지만 변환을 적용한 뒤 수열을 도식화해보는 것이 좋다. 이렇게 하면 어떤 변환을 적용한 후 수열이 정상적이 되었는지에 대한 직관을 더 잘 얻을 수 있다. 그림 5.5를 직접 다시 만들어보자.

수열에 변환을 적용한 후, 변환된 수열에 대해 ADF 테스트를 수행하여 수열이 정상적인지 확인할 수 있다.

```
ADF_result = adfuller(foot_traffic_diff)          차분된 시계열에 대해
                                                   ADF 테스트를 수행한다.
print(f'ADF Statistic: {ADF_result[0]}')
print(f'p-value: {ADF_result[1]}')
```

그러면 -5.27의 ADF 통계와 $6.36×10^{-6}$의 p-값이 출력된다. p-값이 0.05보다 작으면 귀무가설을 기각할 수 있으므로, 이제 시계열은 정상적이 되었다.

다음 단계는 ACF를 도식화하여 자기상관관계가 있는지, 특정 지연 후에 계수가 갑자기 유의하지 않게 되는지 확인하는 것이다. 이전 두 번의 장에서 했던 것처럼 statsmodels의 plot_acf 함수를 사용한다. 결과는 그림 5.6에 나와 있다.

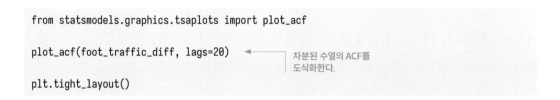

```
from statsmodels.graphics.tsaplots import plot_acf

plot_acf(foot_traffic_diff, lags=20)    ◀—— 차분된 수열의 ACF를
                                             도식화한다.
plt.tight_layout()
```

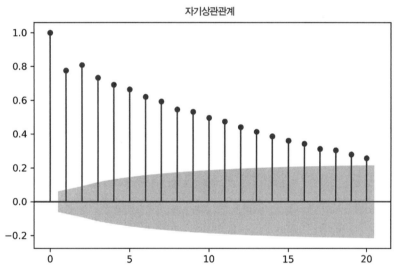

그림 5.6 소매점의 주당 평균 유동인구가 달라진 ACF 도식. 도식이 서서히 감소하는 것을 확인할 수 있다. 이는 이전에는 관찰되지 않았던 움직임으로, 자기회귀과정을 나타낸다.

그림 5.6을 보면 지연 0 이후에 유의한 자기상관계수가 있음을 알 수 있다. 따라서 이 프로세스가 확률보행이 아님을 알 수 있다. 또한 지연이 증가함에 따라 계수가 기하급수적으로 감소함을 알 수 있다. 따라서 계수가 갑자기 유의하지 않게 되는 어떤 지연값이 존재하지 않는다. 이는 이동평균과정이 없고 자기회귀과정이 내재되어 있을 가능성이 높다는 것을 뜻한다.

정상적 프로세스의 ACF 도식에서 기하급수적으로 감소하는 패턴을 확인하여 자기회귀과정이 작동하고 있을 가능성이 높다고 관찰했으므로, 이제 AR(p) 프로세스의 차수 p를 식별할 수 있는 방법을 찾아야 한다. 편자기상관함수 도식을 살펴보자.

편자기상관함수

정상적 자기회귀과정의 차수를 식별하기 위해 이동평균과정과 마찬가지로 ACF 도식을 사용해보았다. 하지만 안타깝게도 ACF 도식으로는 차수에 대한 정보를 얻을 수 없으므로 **편자기상관함수**partial autocorrelation function, PACF를 사용해야 한다.

자기상관관계는 시계열상 지연된 값들 간의 선형관계를 측정한다. 즉 자기상관함수는 지연이 증가함에 따라 두 값 사이의 상관관계가 어떻게 변하는지를 측정하는 것이다.

편자기상관함수를 이해하기 위해 하나의 시나리오를 따라가보겠다. 다음과 같은 AR(2) 프로세스가 있다고 가정해보자.

$$y_t = 0.33y_{t-1} + 0.50y_{t-2}$$

수식 5.4

y_t가 y_{t-2}와 어떻게 관련되는지, 즉 두 함수의 상관관계를 측정해보자. 이 작업은 자기상관함수를 사용하여 수행한다. 그런데 수식을 보면 y_{t-1}도 y_t에 영향을 미침을 알 수 있다. 게다가 AR(2) 프로세스에서 각 값은 이전의 두 번의 시간 단계의 값에 의존하기 때문에 y_{t-2}의 값에도 영향을 미친다. 따라서 ACF를 사용하여 y_t와 y_{t-2} 사이의 자기상관관계만 측정한다면, y_{t-1}이 y_t와 y_{t-2} 둘 다에 영향을 미친다는 점을 고려하지 않은 것이다. 즉 y_{t-2}가 y_t에 미치는 영향을 정확하게 측정하지 못한다는 뜻이다. 이를 해결하기 위해서는 y_{t-1}의 영향을 제거해야 한다. 따라서 우리는 y_t와 y_{t-2} 사이의 **편자기상관관계**partial autocorrelation를 측정하겠다.

더 공식적인 용어로 표현하자면, 편자기상관관계는 시계열 내에서 지연된 값들 간의 상관관계를 측정할 수 있기 때문에 상관관계가 있는 지연된 값들 간의 영향도를 제거할 때 사용하거나 제거 결과를 확인할 때 사용한다. 이러한 상관관계가 있는 값들은 **교란 변수**confounding variable라고 부른다. 편자기상관함수는 지연이 증가함에 따라 편자기상관관계가 어떻게 변화하는지를 보여준다.

> **편자기상관관계**
>
> 편자기상관관계는 시계열 내에서 상관관계가 있는 지연된 값들 사이의 영향도를 제거할 때 해당 값들 간의 상관관계를 측정한다. 그러므로 편자기상관함수를 도식화하여 정상화된 AR(p) 프로세스의 차수를 결정할 수 있다. 지연 p는 그 이후 계수들이 유의하지 않은 값이다.

PACF를 도식화하여 수식 5.4에 표시한 프로세스의 차수를 알 수 있는지 확인해보자. 수식 5.4에서 2차 자기회귀과정, 즉 AR(2)임을 알 수 있다. statsmodels의 ArmaProcess 함수를 사용하여 시뮬레이션해보자. 이 함수에는 매개변수로서 MA(q) 프로세스의 계수들의 배열과 AR(p) 프로세스의 계수들의 배열을 필요로 한다. 이번 예시에서는 AR(2) 프로세스만 시뮬레이션할 것이므로 MA(q) 프로세스의 계수들은 0으로 설정하겠다. 그리고 statsmodels 문서에 명시된 바와 같이 AR(2) 프로세스의 계수들은 시뮬레이션하려는 계수와 반대인 부호로 지정해야 한다. 따라서 배열에 –0.33과 –0.50을 포함한다. 또한 지연 0의 계수도 포함해야 하는데, 이는 y_t에 곱하는 값이다. 여기서는 간단히 1이다.

계수들의 배열을 정의하고 나면, 이를 ArmaProcess 함수에 전달하여 1,000개의 샘플을 생성할 것이다. 여기서 표시한 결과와 동일하게 재현하려면 random의 시드를 42로 설정해야 한다.

```
from statsmodels.tsa.arima_process import ArmaProcess
import numpy as np                      여기에 표시된 결과를 재현하기 위해 random의 시드를 42로 설정한다.

                                        AR(2) 프로세스만 시뮬레이션할 것이므로 MA(q) 프로세스의 계수는 0으로 설정한다. 첫
np.random.seed(42)                      번째 계수는 지연 0을 위한 1이고, 문서에 명시한 대로 전달해야 한다.
                                        AR(2) 프로세스에 대한 계수를 설정한다. 이번에도 지연 0의 계수는 1이다.
ma2 = np.array([1, 0, 0])               그다음으로 문서에 명시된 바와 같이 수식 5.4에 정의된 것과 반대 부호를
ar2 = np.array([1, -0.33, -0.50])       가진 계수를 전달한다.
                                                                 AR(2) 프로세스를
                                                                 시뮬레이션하여 1,000개의
AR2_process = ArmaProcess(ar2, ma2).generate_sample(nsample=1000)  샘플을 생성한다.
```

이제 시뮬레이션된 AR(2) 프로세스를 얻었으므로 PACF를 도식화하고 지연 2 이후에 계수들이 유의하지 않게 되는지 확인해본다. 가정이 맞다면 ACF 도식으로 정상적 이동평균과정의 차수를 결정할 수 있는 것과 같이, PACF 도식으로 정상적 자기회귀과정의 차수도 결정할 수 있을 것이다.

statsmodels 라이브러리를 사용하면 PACF를 빠르게 도식화할 수 있다. 도식에 표시할 수열과 지연 횟수만 있으면 plot_pacf 함수를 사용하여 도식화할 수 있다.

```
from statsmodels.graphics.tsaplots import plot_pacf

plot_pacf(AR2_process, lags=20)       시뮬레이션한 AR(2) 프로세스의 PACF를
                                      도식화한다.
plt.tight_layout()
```

도식화 결과는 그림 5.7에 표시되어 있고, 차수 2인 자기회귀과정을 기반으로 하고 있음을 알 수 있다.

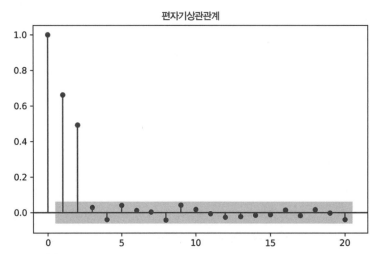

그림 5.7 시뮬레이션된 AR(2) 프로세스에 대한 PACF 도식. 여기서 지연 2 이후에는 편자기상관계수가 0에서 큰 차이가 없음을 분명히 알 수 있다. 따라서 PACF 도식을 사용하여 정상적 AR(p) 모델의 차수를 판정할 수 있다.

이제 PACF 도식을 사용하여 정상적 AR(p) 프로세스의 차수를 식별할 수 있다는 점을 알았다. PACF 도식에서 계수는 지연 p까지 유의하고, 그 이후에는 0에 가깝다.

주간 평균 유동인구 데이터 집합에도 동일한 전략을 적용할 수 있는지 살펴보자. 시계열을 정상화시켰고 ACF 도식이 서서히 감소하는 추세를 보이는 것을 확인했다. 특정 지연 후에 지연이 중요하지 않게 되는지 확인하기 위해 PACF를 도식화해보자.

절차는 방금 수행한 것과 완전히 동일하지만, 이번에는 `foot_traffic_diff`에 저장된 차분된 수열의 PACF를 도식화하겠다. 그림 5.8에서 도식화 결과를 확인할 수 있다.

```
plot_pacf(foot_traffic_diff, lags=20)  ◀── 차분된 수열의 PACF를
                                            도식화한다.
plt.tight_layout()
```

그림 5.8을 보면 지연 3 이후에는 유의한 계수가 없음을 알 수 있다. 따라서 차분된 주간 평균 유동인구는 차수 3의 자기회귀과정이고, AR(3)으로 표현할 수 있다.

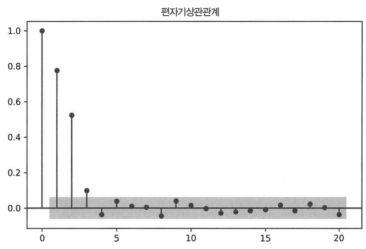

그림 5.8 소매점의 주당 평균 유동인구를 차분한 값에 대한 PACF. 지연 3 이후에는 계수가 유의하지 않다는 점을 알 수 있다. 따라서 정상적 프로세스가 3차 자기회귀과정, 즉 AR(3) 프로세스라고 할 수 있다.

5.4 자기회귀과정 예측하기

차수를 결정하고 나면 자기회귀 모델을 피팅하여 시계열을 예측할 수 있다. 이를 AR(p) 모델이라고 하며, 여기서 p는 전과 같이 프로세스의 차수다.

지금까지 작업한 것과 동일한 데이터 집합을 사용하여 다음 주 소매점의 평균 유동인구를 예측해 보자. 예측 결과를 평가하기 위해 지난 52주간의 데이터는 테스트 집합에 저장하고, 나머지는 훈련 집합에 저장한다. 이렇게 하면 지난 1년 동안에 대한 예측 성능을 평가할 수 있다.

```
df_diff = pd.DataFrame({'foot_traffic_diff': foot_traffic_diff})   ◀── 유동인구 데이터를 차분한 값으로 DataFrame을 생성한다.

train = df_diff[:-52]   ◀── 훈련 집합은 마지막 52개 데이터 요소를 제외한 나머지 데이터다.
test = df_diff[-52:]    ◀── 테스트 집합은 마지막 52개 데이터 요소다.

print(len(train))   ◀── 훈련 집합에 있는 데이터 요소의 개수를 표시한다.
print(len(test))    ◀── 테스트 집합에 있는 데이터 요소의 개수를 표시한다.
```

예상대로 훈련 집합에는 947개의 데이터 요소가 포함되어 있고, 테스트 집합에는 52개의 데이터 요소가 포함되어 있음을 확인할 수 있다. 두 집합의 데이터 요소는 총 999개로, 원본 수열보다 데이터 요소가 하나 적다. 이는 수열을 정상화하기 위해 차분을 적용했기 때문으로, 차분을 적용하면 수열에서 첫 번째 데이터 요소가 제거된다는 것을 알고 있다.

다음으로 예시의 테스트 기간에 대해 원본 수열과 차분된 수열을 모두 시각화해보자. 그림 5.9에서 도식을 확인할 수 있다.

```
fig, (ax1, ax2) = plt.subplots(nrows=2, ncols=1, sharex=True, figsize=(10, 8))

ax1.plot(df['foot_traffic'])
ax1.set_xlabel('Time')
ax1.set_ylabel('Avg. weekly foot traffic')
ax1.axvspan(948, 1000, color='#808080', alpha=0.2)

ax2.plot(df_diff['foot_traffic_diff'])
ax2.set_xlabel('Time')
ax2.set_ylabel('Diff. avg. weekly foot traffic')
ax2.axvspan(947, 999, color='#808080', alpha=0.2)

plt.xticks(np.arange(0, 1000, 104), np.arange(2000, 2020, 2))

fig.autofmt_xdate()
plt.tight_layout()
```

figsize 매개변수를 사용하여 그림의 크기를 지정한다. 첫 번째 숫자는 높이이고 두 번째 숫자는 너비로, 둘 다 인치 단위다.

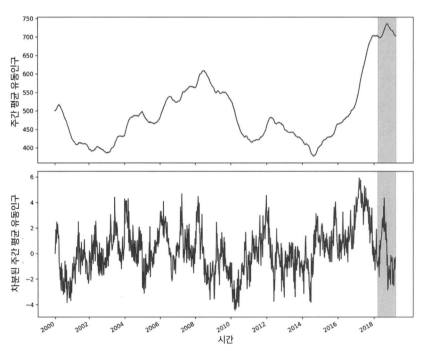

그림 5.9 원본 수열과 차분된 수열 중 테스트 기간에 해당하는 부분. 차분된 수열에서 첫 번째 데이터 요소가 유실되었다는 점에 유의하자.

소매점의 다음 주 평균 유동인구를 예측하는 것이 목적이므로 테스트 집합에 대해 롤링 예측을 수행한다. 데이터는 주 단위로 기록되었으므로 다음 시간 단계를 예측한다는 것은 다음 주의 평균 유동인구를 예측한다는 뜻이다.

세 가지 기법을 사용하여 예측할 것이다. 과거 평균과 마지막으로 측정된 값을 베이스라인으로 사용하고, 앞서 확인한 정상적 3차 자기회귀과정, 즉 AR(3) 모델을 사용할 것이다. 이전 장과 마찬가지로 평균제곱오차를 사용하여 각 예측 기법의 성능을 평가하겠다. 또한 이전 장에서 정의한 롤링 예측 함수를 재사용하여 테스트 기간에 대해 재귀적으로 예측할 것이다. 하지만 이전 장과 달리 이번에는 자기회귀 모델을 사용해야 한다.

statsmodels의 SARIMAX 함수가 AR 모델을 포함하고 있으므로 다시 사용하겠다. 앞서 언급했듯 이 SARIMAX는 계절 효과, 자기회귀과정, 비정상적 시계열, 이동평균과정, 외생 변수를 모두 하나의 모델에서 고려할 수 있는 복잡한 모델이다. 여기서는 이동 자기회귀moving autoregressive 부분을 제외한 다른 모든 요인은 무시하겠다.

리스팅 5.1 **어떤 기간에 대해 롤링을 예측하는 함수**

```python
def rolling_forecast(df: pd.DataFrame, train_len: int, horizon: int,
➥ window: int, method: str) -> list:

    total_len = train_len + horizon
    end_idx = train_len

    if method == 'mean':
        pred_mean = []

        for i in range(train_len, total_len, window):
            mean = np.mean(df[:i].values)
            pred_mean.extend(mean for _ in range(window))

        return pred_mean

    elif method == 'last':
        pred_last_value = []

        for i in range(train_len, total_len, window):
            last_value = df[:i].iloc[-1].values[0]
            pred_last_value.extend(last_value for _ in range(window))

        return pred_last_value
```

```
    elif method == 'AR':
        pred_AR = []

        for i in range(train_len, total_len, window):
            model = SARIMAX(df[:i], order=(3,0,0))      ◀─┐ 차수를 감안하여 AR(3) 모델로
            res = model.fit(disp=False)                    설정한다.
            predictions = res.get_prediction(0, i + window - 1)
            oos_pred = predictions.predicted_mean.iloc[-window:]
            pred_AR.extend(oos_pred)

        return pred_AR
```

이렇게 함수를 정의하면 각 기법을 사용하여 예측을 수행할 수 있다. test 배열에 각 기법의 결과를 저장한다.

```
TRAIN_LEN = len(train)   ◀─┐ 훈련 집합의 크기를 저장한다. 파이썬에서 상수는 일반적으로 대문자로 이름을 짓는다.
HORIZON = len(test)      ◀─┐ 테스트 집합의 크기를 저장한다.
WINDOW = 1               ◀─┐ 다음 시간 단계를 예측하기 위해 윈도우를 1로 지정한다.

pred_mean = rolling_forecast(df_diff, TRAIN_LEN, HORIZON, WINDOW, 'mean')
pred_last_value = rolling_forecast(df_diff, TRAIN_LEN, HORIZON, WINDOW, 'last')
pred_AR = rolling_forecast(df_diff, TRAIN_LEN, HORIZON, WINDOW, 'AR')

test['pred_mean'] = pred_mean
test['pred_last_value'] = pred_last_value     ┐ 예측 결과를 test의
test['pred_AR'] = pred_AR                      ┘ 각 열에 저장한다.

test.head()
```

이제 테스트 집합 내에서 관측값과 예측값을 비교하여 시각화할 수 있다. 차분된 수열로 작업하고 있었으므로 예측값도 차분된 값이다. 결과는 그림 5.10에서 확인할 수 있다.

```
fig, ax = plt.subplots()
                                                      ┌ 훈련 집합의 일부를 도식에 표시하여 훈련 집합에서 테스트 집합으로
ax.plot(df_diff['foot_traffic_diff'])       ◀────────┘ 전환되는 형태로 표시한다.
ax.plot(test['foot_traffic_diff'], 'b-', label='actual')     ◀──┐ 테스트 집합의 값들을 도식화한다.
ax.plot(test['pred_mean'], 'g:', label='mean')       ◀──┐ 과거 평균 기법에 의한 예측 결과를 도식화한다.
ax.plot(test['pred_last_value'], 'r-.', label='last')     ◀─┐ 마지막으로 측정된 값 기법에 의한 예측 결과를
ax.plot(test['pred_AR'], 'k--', label='AR(3)')     ◀──┐ 도식화한다.
                                        ┌ AR(3) 모델의 예측 결과를
ax.legend(loc=2)                        └ 도식화한다.
```

```
ax.set_xlabel('Time')
ax.set_ylabel('Diff. avg. weekly foot traffic')

ax.axvspan(947, 998, color='#808080', alpha=0.2)

ax.set_xlim(920, 999)

plt.xticks([936, 988],[2018, 2019])

fig.autofmt_xdate()
plt.tight_layout()
```

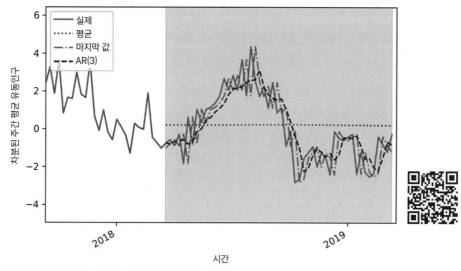

그림 5.10 소매점의 주간 평균 유동인구를 차분한 값에 대한 예측 결과

그림 5.10을 보면 과거 평균 기법의 예측 결과는 녹색 점선으로 평평한 직선을 그리고 있다. AR(3) 모델과 마지막으로 측정된 값 기법에 의한 예측 결과는 곡선을 그리고 있어, 테스트 집합의 관측값 이 그리는 곡선과 거의 흡사하여 육안으로 판단하기 어렵다. 어떤 기법이 가장 성능이 좋은지 평가 하기 위해 MSE로 측정하겠다. 이번에도 `sklearn` 라이브러리의 `mean_squared_error` 함수를 사용 한다.

```
from sklearn.metrics import mean_squared_error

mse_mean = mean_squared_error(test['foot_traffic_diff'], test['pred_mean'])
mse_last = mean_squared_error(test['foot_traffic_diff'], test['pred_last_value'])
mse_AR = mean_squared_error(test['foot_traffic_diff'], test['pred_AR'])
```

```
print(mse_mean, mse_last, mse_AR)
```

이를 실행해보면 MSE가 과거 평균 기법은 3.11, 마지막 확인된 값 기법은 1.45, AR(3) 모델은 0.92로 나온다. AR(3) 모델의 MSE가 세 가지 기법 중 가장 낮으므로 AR(3) 모델이 다음 주 평균 유동인구를 예측하는 데 가장 적합한 기법이라는 결론을 내릴 수 있다. 이는 이번 예시가 3차 자기회귀과정이라는 것을 확인했으므로 예상한 결과다. 이 AR(3) 모델을 사용하여 모델링하면 가장 좋은 예측을 수행하게 될 것이다.

예측값은 차분된 값이므로 예측값을 원래의 데이터 규모로 되돌리려면 변환을 반전시켜야 한다. 차분된 값은 비즈니스적 의미가 없기 때문이다. 이를 위해 예측의 누적 합계를 가져와 원본 수열의 훈련 집합 중 마지막 값에 더하면 된다. 1,000개의 요소를 포함하는 데이터 집합에서 지난 52주를 예측했으므로 예측값의 시작 지점은 인덱스 948이다.

```
df['pred_foot_traffic'] = pd.Series()        ← 차분하지 않은 예측값을 df의
df['pred_foot_traffic'][948:] = df['foot_traffic'].iloc[948] + test['pred_AR'].cumsum() ← pred_foot_traffic 열에 저장한다.
```

이제 차분하지 않은 예측값을 원본 수열의 테스트 집합 내 관측값과 원래의 규모에서 비교하여 도식화할 수 있다.

```
fig, ax = plt.subplots()

ax.plot(df['foot_traffic'])
ax.plot(df['foot_traffic'], 'b-', label='actual')        ← 실젯값을 도식화한다.
ax.plot(df['pred_foot_traffic'], 'k--', label='AR(3)')   ← 차분하지 않은 예측값을
                                                           도식화한다.
ax.legend(loc=2)

ax.set_xlabel('Time')
ax.set_ylabel('Average weekly foot traffic')

ax.axvspan(948, 1000, color='#808080', alpha=0.2)

ax.set_xlim(920, 1000)
ax.set_ylim(650, 770)

plt.xticks([936, 988],[2018, 2019])
```

```
fig.autofmt_xdate()
plt.tight_layout()
```

그림 5.11에서 모델(파선으로 표시됨)이 테스트 집합 내 관측값의 일반적인 추세를 따르는 것을 확인할 수 있다.

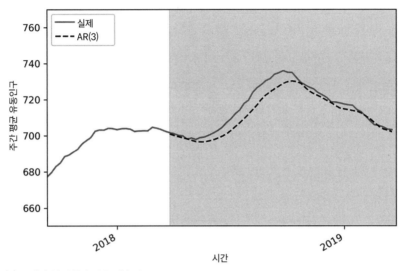

그림 5.11 **AR(3) 모델의 차분하지 않은 예측값**

이제 원본 데이터 집합의 평균절대오차를 측정하여 비즈니스적 의미를 파악할 수 있다. 차분하지 않은 예측 결과를 사용하여 MAE를 간단히 측정해보자.

```
from sklearn.metrics import mean_absolute_error

mae_AR_undiff = mean_absolute_error(df['foot_traffic'][948:],
➡ df['pred_foot_traffic'][948:])

print(mae_AR_undiff)
```

이를 실행하면 평균절대오차가 3.45로 나온다. 즉 한 주의 유동인구에 대한 예측이 실젯값보다 평균적으로 3.45명 정도 높거나 낮게 차이를 보인다는 뜻이다. MAE로 보고하는 이유는 비즈니스적 의미를 이해하고 해석하기 쉽기 때문이다.

5.5 다음 단계

이번 장에서는 자기회귀과정과 이를 AR(p) 모델로 모델링하는 방법(여기서 p는 차수를 뜻하며, 모델에 얼마나 많은 지연된 값을 포함해야 하는지 결정한다)에 대해 살펴보았다. 또한 ACF를 도식화해서는 정상적 AR(p) 프로세스의 차수를 결정할 수 없다는 점도 확인했다. 대신 편자기상관계수가 지연 p까지 유의하므로, PACF를 도식화해야 한다.

그러나 ACF와 PACF 모두 정보를 제공하지 않는 경우도 있을 수 있다. ACF 도식과 PACF 도식이 모두 느린 감쇄나 사인 곡선sinusoidal 패턴을 보이면 어떻게 될까? 이 경우 MA(q)나 AR(p) 프로세스의 차수를 추론해낼 수 없다. 즉 AR(p) 프로세스와 MA(q) 프로세스의 조합일 수도 있는, 더 복잡한 프로세스라는 뜻이다. 이를 자기회귀이동평균과정 또는 ARMA(p,q)라고 하는데, 다음 장에서 다룬다.

5.6 연습

이번 연습을 통해 AR(p) 모델에 대한 지식과 숙련도를 테스트해보자. 모든 연습 문제에 대한 해답은 깃허브에서 확인할 수 있다.

https://github.com/jpub-dongdong9/TimeSeriesForecastingInPython/tree/master/CH05.

5.6.1 AR(2) 프로세스 시뮬레이션하고 예측 수행하기

정상적 AR(2) 프로세스를 시뮬레이션해보자. statsmodels 라이브러리의 ArmaProcess 함수를 사용하여 이 프로세스를 시뮬레이션한다.

$$y_t = 0.33y_{t-1} + 0.50y_{t-2}$$

1. 이번 연습에서는 1,000개의 샘플을 생성한다.

```
from statsmodels.tsa.arima_process import ArmaProcess
import numpy as np

np.random.seed(42)          ◀——— 재현을 위해 시드를 설정한다.
                                  다른 값들로 실험하려면 시드를 변경하자.
ma2 = np.array([1, 0, 0])
ar2 = np.array([1, -0.33, -0.50])
```

```
AR2_process = ArmaProcess(ar2, ma2).generate_sample(nsample=1000)
```

2. 시뮬레이션한 자기회귀과정을 도식화한다.

3. ADF 테스트를 실행하고 프로세스가 정상적인지 확인한다. 그렇지 않은 경우 차분을 적용한다.

4. ACF를 도식화한다. 천천히 감쇄하고 있는가?

5. PACF를 도식화한다. 지연 2 이후 유의한 계수가 있는가?

6. 시뮬레이션한 수열을 훈련 집합과 테스트 집합으로 분할한다. 훈련 집합에 대해서는 처음 800 개의 시간 단계를 할당하고, 나머지는 테스트 집합에 할당한다.

7. 테스트 집합에 대한 예측을 수행한다. 과거 평균 기법, 마지막으로 측정된 값 기법, AR(2) 모델을 사용한다. `rolling_forecast` 함수를 사용하고 `window` 크기는 2로 설정한다.

8. 예측을 도식화한다.

9. MSE를 측정하고 챔피언 모델을 판정한다.

10. 막대형 도식으로 MSE를 도식화한다.

5.6.2 AR(p) 프로세스 시뮬레이션하고 예측 수행하기

이전 연습을 재현해보되 자신이 원하는 AR(p) 프로세스로 시뮬레이션해보자. 3차 또는 4차 자기회귀과정로 실험해보자. 10,000개의 샘플을 생성해보는 것도 좋을 것이다.

예측할 때 `rolling_forecast` 함수의 `window` 매개변수에 다양한 값을 전달하는 실험을 해보자. 모델의 성능에 어떤 영향을 미치는가? MSE를 최소화하는 값이 있는가?

요약

- 자기회귀과정은 현잿값이 과것값과 오차 항에 선형적으로 의존한다고 정의한다.

- 정상적 프로세스의 ACF 도식에 느린 감쇄가 보이면 자기회귀과정이 있을 가능성이 높다.

- 편자기상관관계는 시계열상의 두 개의 후행값, 즉 각각의 독립적 영향을 확인하기 위해 서로의 영향을 제거하기 위한 목적으로 두 개의 후행값 간의 상관관계를 측정한다.

- 정상적 자기회귀과정의 PACF를 도식화하면 프로세스의 차수 p를 확인할 수 있다. 계수는 지연 p까지만 유의하다.

6

CHAPTER

복잡한 시계열 모델링하기

이 장의 주요 내용

■ 자기회귀이동평균 모델 또는 ARMA(p, q) 살펴보기

■ ACF 및 PACF 도식의 한계 실험하기

■ 아카이케 정보 기준을 사용하여 최적의 모델 선택하기

■ 잔차 분석을 사용하여 시계열 모델 분석하기

■ 일반적 모델링 절차 구축하기

■ ARMA(p, q) 모델을 사용하여 예측하기

4장에서는 MA(q)로 표시하는 이동평균과정을 다루었다(여기서 q는 차수다). 이동평균과정에서 현잿값은 평균, 현재 오차 항, 과거 오차 항에 선형적으로 의존한다는 점을 배웠다. 차수 q는 ACF 도식을 사용하여 추론할 수 있으며, 여기서 자기상관계수는 지연 q까지만 유의하다. ACF 도식이 천천히 감쇄하는 패턴이나 사인 곡선 패턴을 보이는 경우 이동평균과정이 아닌 자기회귀과정가 존재할 수 있다.

5장에서는 AR(p)로 표시하는 자기회귀과정을 다루었는데, 여기서 p는 차수다. 자기회귀과정에서 현잿값은 과것값에 선형적으로 의존한다. 즉 변수가 자기 자신에게 회귀적으로 의존하는 것이다. PACF 도식을 사용하여 편자기상관계수가 지연 p까지만 유의한지 확인하고 차수 p를 추론할 수 있

음도 확인했다. 따라서 우리는 이제 확률보행, 순수한 이동평균과정, 순수한 자기회귀과정를 식별하고 모델링한 뒤 예측을 수행할 수 있는 단계에 도달했다.

다음 단계로 ACF 도식이나 PACF 도식에서 차수를 추정할 수 없는 시계열을 처리하는 기법을 배워본다. 즉 두 도식 모두 천천히 감쇄하는 패턴이나 사인 곡선 패턴을 나타내는 경우다. 이러한 경우에는 자기회귀이동평균과정일 가능성이 높다. 이는 이전 두 장에서 다룬 자기회귀과정과 이동평균과정의 조합이다.

이번 장에서는 **자기회귀이동평균과정**autoregressive moving average process인 ARMA(p,q)를 살펴보겠다. 여기서 p는 자기회귀 부분의 차수를 나타내고, q는 이동평균 부분의 차수를 나타낸다. 또한 ACF 도식과 PACF 도식을 사용하여 차수 q와 p를 각각 결정하기에는 두 도식 모두 천천히 감쇄하는 패턴이나 사인 곡선 패턴을 보여주기 때문에 어렵다. 따라서 이러한 복잡한 시계열을 모델링할 수 있는 일반적 모델링 절차를 정의할 것이다. 이 절차에는 **아카이케 정보 기준**Akaike information criterion, AIC을 사용한 모델 선택을 포함하며, 이를 통해 시계열에 대한 최적의 p와 q 조합을 결정한다. 그런 다음, 모델 잔차의 상관관계도인 **Q-Q 도식**quantile-quantile plot, Q-Q plot 및 밀도 도식을 검토하여 모델 잔차가 백색소음과 유사한지 평가하는 **잔차 분석**residual analysis을 통해 모델의 유효성을 평가해야 한다. 만약 유효한 것으로 판정된다면 ARMA(p,q) 모델을 사용하여 시계열을 예측하는 단계로 넘어갈 수 있다.

이번 장에서는 복잡한 시계열을 예측하기 위한 기초 지식을 소개한다. 여기서 소개한 모든 개념은 이후에 살펴보는 장들에서 비정상적 시계열을 모델링하고 계절성 및 외생 변수를 통합할 때 재사용할 것이다.

6.1 데이터 센터의 대역폭 사용량 예측하기

대규모 데이터 센터의 대역폭 사용량을 예측하는 작업이 있다고 가정해보자. 우선 대역폭의 정의는 전송할 수 있는 최대 데이터 전송률이다. 기본 단위는 초당 비트bits per second, bps다.

대역폭 사용량을 예측할 수 있다면 데이터 센터에서 컴퓨팅 자원을 더 잘 관리할 수 있다. 대역폭을 적게 사용할 것으로 예상되는 경우, 일부 컴퓨팅 자원을 종료할 수도 있다. 이를 통해 비용을 절감하고 유지 보수도 용이해질 수 있다. 반면에 대역폭 사용량이 증가할 것으로 예상되는 경우, 필요한 자원을 할당하여 수요에 대응하고 지연 시간을 낮춰 고객 만족도를 유지할 수 있다.

이번 사례에 맞는 2019년 1월 1일부터의 시간당 대역폭 사용량을 나타내는 10,000개의 데이터가 있다. 여기서 대역폭은 초당 메가비트Mbps 단위로 측정되었고, 이는 10^6bps에 해당한다. 그림 6.1에서 이 시계열 데이터를 시각화했다.

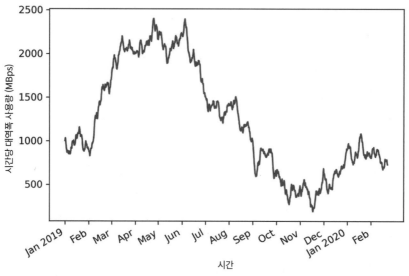

그림 6.1 **2019년 1월 1일 이후 데이터 센터의 시간당 대역폭 사용량. 데이터 집합에는 10,000개의 요소가 포함되어 있다.**

그림 6.1을 보면 시간에 따른 장기적인 추세를 확인할 수 있는데, 이는 이 수열이 정상적이 아닐 가능성이 높으므로 변환을 적용해야 한다는 것을 뜻한다. 또한 주기적인 행태가 없는 것으로 보이므로 이 수열에 계절성이 존재할 가능성을 배제할 수 있다.

대역폭 사용량을 예측하려면 이 수열의 기본 프로세스를 식별해야 한다. 이를 위해 5장에서 정의한 단계를 따르겠다. 이렇게 하면 확률보행, 이동평균과정, 자기회귀과정 중 하나인지 확인할 수 있다. 단계는 그림 6.2에서 확인할 수 있다.

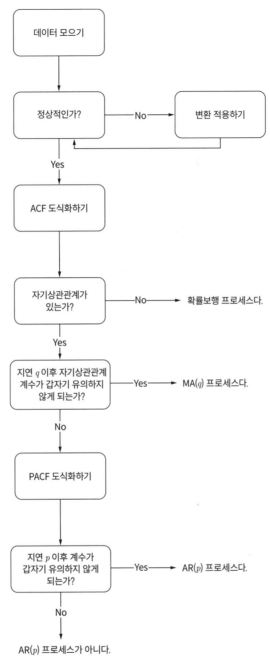

그림 6.2 **확률보행, 이동평균과정, 자기회귀과정을 식별하는 단계**

첫 번째 단계는 데이터를 수집하는 것으로, 이번 사례의 경우 이미 완료되었다. 그런 다음 시계열이 정상적인지를 결정해야 한다. 도식에 추세가 있다면 수열이 비정상적이라는 것을 암시하는 것이다. 그럼에도 불구하고 ADF 테스트를 적용하여 정상성을 확인하고 그 결과에 따라 변환을 적용한다.

그런 다음 ACF 함수를 도식화해보면 지연 0 이후에 유의한 자기상관계수가 있음을 확인할 수 있는데, 이는 확률보행이 아님을 뜻한다. 그런데 계수가 서서히 감소하기만 할 뿐 특정 지연을 지나 갑자기 유의하지 않게 되는 현상이 없다면, 이는 순수한 이동평균과정이 아님을 뜻한다.

이제 PACF 힘수를 도식화해보자. 이번에는 사인곡선 패턴을 확인할 수 있는데, 이는 특성 지연 후 계수가 '갑자기 유의하지 않게 되는 현상'을 확인할 수 없다는 것을 뜻한다. 이에 따라 순수한 자기회귀과정가 아니라는 결론을 내릴 수 있다.

따라서 이번 사례의 프로세스는 자기회귀과정과 이동평균과정의 조합이다. 즉 자기회귀이동평균과정으로서 ARMA(p,q) 모델(여기서 p는 자기회귀과정의 차수, q는 이동평균과정의 차수다)을 활용하여 모델링할 수 있다. ACF 도식과 PACF 도식을 사용하여 p와 q 각각을 구하기 어렵기 때문에, p와 q 값을 다양하게 조합하여 만든 여러 가지 ARMA(p,q) 모델을 비교해볼 것이다. 그런 다음 AIC에 따라 모델을 선택하고 잔차residuals를 분석하여 그 적합도를 평가한다. 이상적으로 모델의 잔차는 백색소음과 유사한 특성을 갖는다. 그러면 이 모델을 사용하여 예측을 수행할 수 있다. 이번 예시에서는 향후 2시간 동안의 시간당 대역폭 사용량을 예측해보자.

6.2 자기회귀이동평균과정 살펴보기

자기회귀이동평균과정은 자기회귀과정과 이동평균과정의 조합이다. 즉 자기회귀과정과 마찬가지로 현잿값은 이전값과 상수에 선형적으로 의존하고, 이동평균과정과 마찬가지로 수열의 평균, 현재 오차, 과거 오차에 선형적으로 의존한다.

자기회귀이동평균과정은 ARMA(p,q)로 표시하며, 여기서 p는 자기회귀 부분의 차수이고, q는 이동평균 부분의 차수다. 수학적으로 ARMA(p,q) 프로세스는 수식 6.1과 같이 상수 C, 수열의 과것값 y_{t-p}, 수열의 평균 μ, 과거 오차 항 ϵ_{t-q} 및 현재 오차 항 ϵ_t의 선형 방정식으로 표현한다.

$$y_t = \mathrm{C} + \phi_1 y_{t-1} + \phi_2 y_{t-2} + \cdots + \phi_p y_{t-p} + \epsilon_t + \theta_1 \epsilon_{t-1} + \theta_2 \epsilon_{t-2} + \cdots + \theta_q \epsilon_{t-q} \quad \text{수식 6.1}$$

자기회귀이동평균과정은 자기회귀과정과 이동평균과정의 조합이다.

ARMA(p,q)로 표시하며, 여기서 p는 자기회귀과정의 차수이고, q는 이동평균과정의 차수다. ARMA(p,q) 모델의 일반적 수식은 다음과 같다.

$$y_t = \text{C} + \phi_1 y_{t-1} + \phi_2 y_{t-2} + ... + \phi_p y_{t-p} + \mu + \epsilon_t + \theta_1 \epsilon_{t-1} + \theta_2 \epsilon_{t-2} + ... + \theta_q \epsilon_{t-q}$$

ARMA($0,q$) 프로세스는 차수 p = 0이 AR(p) 부분을 상쇄하므로 MA(q) 프로세스와 동일하다. ARMA($p,0$) 프로세스는 차수 q = 0이 MA(q) 부분을 상쇄하므로 AR(p) 프로세스와 동일하다.

다시 말하지만, 차수 p는 현잿값에 영향을 미치는 과것값의 개수를 결정한다. 마찬가지로, 차수 q도 현잿값에 영향을 미치는 과거 오차 항의 개수를 결정한다. 즉 차수 p와 q는 각각 자기회귀 및 이동평균 부분에 대한 매개변수의 개수를 뜻한다.

따라서 ARMA(1,1) 프로세스의 경우, 차수 1인 자기회귀과정, 즉 AR(1)과 차수 1의 이동평균과정, 즉 MA(1)을 조합한 것이다. 수식 6.2에 표시된 것처럼 1차 자기회귀과정은 상수 C, 수열 중 이전 시간 단계 $\phi_1 y_{t-1}$에 대한 값, 백색소음 ϵ_t의 선형 조합이라는 것을 기억하자.

$$\text{AR}(1) := y_t = \text{C} + \phi_1 y_{t-1} + \epsilon_t \qquad \text{수식 6.2}$$

또한 수식 6.3에 표시된 것처럼 1차 이동평균과정, 즉 MA(1)는 수열의 평균 μ, 현재 오차 항 ϵ_t, 이전 시간 단계 $\theta_1 \epsilon_{t-1}$에 대한 오차 항의 선형 조합이라는 것을 기억하자.

$$\text{MA}(1) := y_t = \mu + \epsilon_t + \theta_1 \epsilon_{t-1} \qquad \text{수식 6.3}$$

AR(1) 및 MA(1) 프로세스를 결합하여 ARMA(1,1) 프로세스를 구할 수 있으므로, 수식 6.2와 6.3를 조합하여 수식 6.4를 구할 수 있다.

$$\text{ARMA}(1,1) := y_t = \text{C} + \phi_1 y_{t-1} + \epsilon_t + \theta_1 \epsilon_{t-1} \qquad \text{수식 6.4}$$

ARMA(2,1) 프로세스의 경우, 2차 자기회귀과정과 1차 이동평균과정을 조합한다. MA(1) 프로세스는 수식 6.3과 같이 동일하게 유지하지만, AR(2) 프로세스는 수식 6.5와 같이 표현할 수 있다.

$$\text{AR}(2) := y_t = C + \phi_1 y_{t-1} + \phi_2 y_{t-2} + \epsilon_t$$

수식 6.5

따라서 ARMA(2,1) 프로세스는 수식 6.5에 정의된 AR(2) 프로세스와 수식 6.3에 정의된 MA(1) 프로세스의 조합으로 표현할 수 있다. 이는 수식 6.6에 나타냈다.

$$\text{ARMA}(2, 1) := y_t = C + \phi_1 y_{t-1} + \phi_2 y_{t-2} + \mu + \epsilon_t + \theta_1 \epsilon_{t-1}$$

수식 6.6

p = 0인 경우, 우리가 4장에서 보았던 순수한 MA(q) 프로세스와 동일한 ARMA(0,q) 프로세스를 얻게 된다. 마찬가지로 q = 0이면 5장에서 본 것처럼 순수 AR(p) 프로세스와 동일한 ARMA(p,0) 프로세스를 얻게 된다.

이제 차수 p가 수식에 포함할 과것값의 개수를 결정하므로 프로세스 중 자기회귀 부분에만 영향을 미친다는 점을 알 수 있다. 마찬가지로 차수 q는 ARMA(p,q) 수식에 포함할 과거 오차 항의 개수를 결정하므로 프로세스 중 이동평균 부분에만 영향을 미친다. 물론 차수 p와 q가 높을수록 포함되는 항의 개수가 많아지고 프로세스는 더 복잡해진다.

ARMA(p,q) 프로세스를 모델링하고 예측하려면 차수 p와 q를 알아내야 한다. 그래야 사용 가능한 데이터에 ARMA(p,q) 모델을 피팅하고 예측을 수행할 수 있다.

6.3 정상적 ARMA 프로세스 식별하기

자기회귀이동평균과정을 정의하고 차수 p와 q가 모델 수식에 어떤 영향을 미치는지 살펴봤으므로, 이제 주어진 시계열에서 이러한 기본 프로세스를 식별하는 방법을 확인하자.

5장에서 정의한 단계를 확장하여 그림 6.3과 같이 ARMA(p,q) 프로세스인지 최종적인 결론을 내리는 단계를 포함하도록 하겠다.

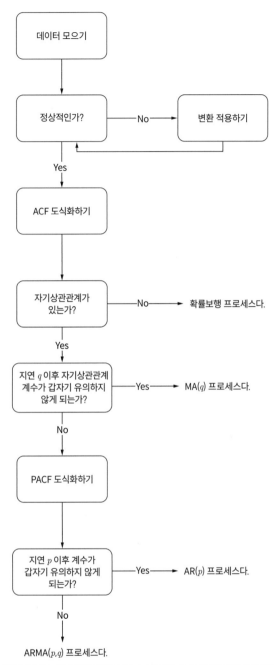

그림 6.3 확률보행, 이동평균과정 MA(q), 자기회귀과정 AR(p), 자기회귀이동평균과정 ARMA(p,q)를 식별하기 위한 단계

그림 6.3의 단계 중 ACF 도식과 PACF 도식을 확인하는 단계에서 두 가지 도식 모두에서 유의한 계수가 존재하다가 갑자기 유의하지 않게 되는 명확한 지연 시점을 확인할 수 없다면, ARMA(p,q) 프

로세스가 존재한다고 할 수 있다. 이를 확인하기 위해 우리만의 ARMA 프로세스를 시뮬레이션해 보자.

ARMA(1,1) 프로세스를 시뮬레이션해보자. 이는 MA(1) 프로세스와 AR(1) 프로세스를 조합한 것과 같다. 구체적으로 수식 6.7에 정의된 ARMA(1,1) 프로세스를 시뮬레이션하겠다. 여기서 상수 C와 평균 μ는 모두 0과 같다는 것을 알 수 있을 것이다. 계수 0.33과 0.9는 이번 시뮬레이션을 위해 주관적으로 선정했다.

$$y_t = 0.33y_{t-1} + 0.9\epsilon_{t-1} + \epsilon_t$$

수식 6.7

이번 시뮬레이션의 목적은 ARMA(p,q) 프로세스의 차수 q를(이번의 경우 q는 1이다) 식별하기 위해 ACF 도식을 사용할 수 없고, ARMA(p,q) 프로세스의 차수 p를(이번의 경우 p는 1이다) 식별하기 위해 PACF 도식을 사용할 수 없음을 입증하는 것이다.

statsmodels 라이브러리의 ArmaProcess 함수를 사용하여 ARMA(1,1) 프로세스를 시뮬레이션해본다. 이전 장과 마찬가지로 AR(1) 프로세스와 MA(1) 프로세스에 대한 계수 배열을 정의하겠다. 수식 6.7에서 AR(1) 프로세스의 계수가 0.33이라는 것을 알 수 있다. 그런데 statsmodels 라이브러리에서 이 함수를 구현한 방식에 따라 자기회귀과정의 계수 부호를 반대로 입력해야 하는 것에 유의하자. 따라서 -0.33으로 입력한다. 이동평균 부분의 경우 수식 6.7에서 계수를 0.9로 지정했다. 그리고 계수 배열을 정의할 때 라이브러리에서 지정한 대로 첫 번째 계수는 항상 1이며, 이는 지연 0에서의 계수를 나타낸다. 계수를 정의했으므로 이제 1,000개의 데이터 요소를 생성하자.

> CAUTION 이번 장의 소스 코드는 깃허브에서 얻을 수 있다.
> https://github.com/jpub-dongdong9/TimeSeriesForecastingInPython/tree/master/CH06

```python
from statsmodels.tsa.arima_process import ArmaProcess
import numpy as np

np.random.seed(42)

ar1 = np.array([1, -0.33])      AR(1) 부분의 계수를 정의한다. 첫 번째 계수는 문서에 명시된 대로 항상 1이라는 것을
ma1 = np.array([1, 0.9])        기억하자. 또한 AR 부분의 계수에 수식 6.7에서 정의한 것과 반대 부등호를 지정해야 한다.
                                MA(1) 부분의 계수를 정의한다. 첫 번째 계수는 문서에 명시된 바와 같이
                                지연 0인 경우로 1이다.
ARMA_1_1 = ArmaProcess(ar1, ma1).generate_sample(nsample=1000)      1,000개의 샘플을 생성한다.
```

시뮬레이션된 데이터가 준비되었으므로 다음 단계로 넘어가 프로세스가 정상적 상태인지를 확인할 수 있다. ADF 테스트를 수행하여 이를 확인할 수 있다. ADF 통계와 p-값을 출력하자. ADF 통계가 큰 음수이고 p-값이 0.05보다 작으면 귀무가설을 기각하고 정상적 프로세스라고 결론을 내릴 수 있다.

```
from statsmodels.tsa.stattools import adfuller

ADF_result = adfuller(ARMA_1_1)    ◄──── 시뮬레이션된 ARMA(1,1) 데이터에 대해 ADF 테스트를
                                           실행한다.
print(f'ADF Statistic: {ADF_result[0]}')
print(f'p-value: {ADF_result[1]}')
```

이를 실행하면 -6.43의 ADF 통계와 1.7×10^{-8}의 p-값을 얻을 수 있다. ADF 통계가 음수이고 p-값이 0.05보다 훨씬 작으므로 시뮬레이션된 ARMA(1,1) 프로세스는 정상적이라는 결론을 내릴 수 있다.

그림 6.3에 설명된 단계에 따라 ACF를 도식화하고 시뮬레이션된 ARMA(1,1) 프로세스의 이동평균 부분의 차수를 유추할 수 있는지 확인하자. 다시 statsmodels의 plot_acf 함수를 사용하여 그림 6.4를 생성한다.

```
from statsmodels.graphics.tsaplots import plot_acf

plot_acf(ARMA_1_1, lags=20)

plt.tight_layout()
```

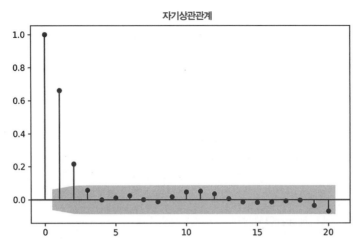

그림 6.4 시뮬레이션된 ARMA(1,1) 프로세스의 ACF 도식. 도식에서 사인 곡선 패턴을 확인할 수 있는데, 이는 AR(p) 프로세스가 작동 중임을 뜻한다. 또한 마지막으로 유의한 계수가 지연 2에 존재하므로 q = 2라고 추론할 수 있다. 하지만 ARMA(1,1) 프로세스를 시뮬레이션했으므로 q는 1이어야 한다. 따라서 ACF 도식을 사용하여 ARMA(p,q) 프로세스의 차수 q를 추론할 수는 없다.

그림 6.4의 도식에서 사인 곡선 패턴을 볼 수 있는데, 이는 자기회귀과정이 있음을 나타낸다. 이는 ARMA(1,1) 프로세스를 시뮬레이션했고, 자기회귀 부분이 존재한다는 것을 이미 알고 있으므로 예상할 수 있는 현상이다. 또한 계수가 마지막으로 유의한 시점이 지연 2로 보일 수도 있다. 그러나 시뮬레이션된 데이터는 MA(1) 프로세스를 기반으로 하므로 계수는 지연 1까지만 유의하다. 따라서 ACF 도식은 ARMA(1,1) 프로세스의 차수 q에 대한 유용한 정보를 제공하지 않는다고 결론을 내릴 수 있다.

이제 그림 6.3에서 설명한 다음 단계로 넘어가 PACF를 도식화해보겠다. 5장에서 PACF를 사용하여 정상적 AR(p) 프로세스의 차수를 구할 수 있다는 것을 배웠다. 이제 시뮬레이션된 ARMA(1,1) 프로세스의 차수 p를 찾을 수 있는지 확인해보자(이번의 경우, p는 1이다). plot_pacf 함수를 사용하여 그림 6.5를 생성해보자.

```
from statsmodels.graphics.tsaplots import plot_pacf

plot_pacf(ARMA_1_1, lags=20);

plt.tight_layout()
```

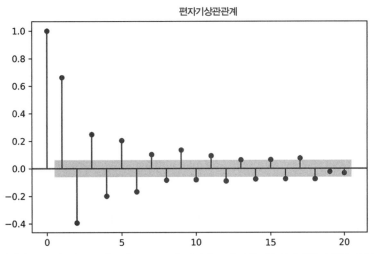

그림 6.5 시뮬레이션된 ARMA(1,1) 프로세스의 PACF 도식. 이번에도, 유의한 계수와 유의하지 않은 계수를 명확히 구분할 수 없는 사인 곡선 패턴을 보이고 있다. 이 도식으로는 시뮬레이션된 ARMA(1,1) 프로세스의 차수 p가 1이라고 추론할 수 없으므로, PACF 도식을 사용해서 ARMA(p,q) 프로세스의 차수 p를 추정할 수 없다.

그림 6.5에서 명확한 사인 곡선 패턴을 볼 수 있는데, 이는 차수 p의 값을 유추할 수 없음을 뜻한다. ARMA(1,1) 프로세스를 시뮬레이션한 데이터이지만 지연 1을 지난 후에도 계수가 유의하기 때문에, 그림 6.5의 PACF 도식으로 차수를 확인할 수 없다. 따라서 PACF 도식은 ARMA(p,q) 프로세스의 차수 p를 구하는 데 사용할 수 없다.

그림 6.3에 따르면, ACF 도식과 PACF 도식에서 모두 유의했던 계수가 급격히 '유의하지 않게' 된다면, 즉 특정 지연 이후 상관관계를 보이지 않는다면, ARMA(p,q) 프로세스가 있다는 결론을 내릴 수 있고, 실제로도 그렇다.

> ### 정상적 ARMA(p,q) 프로세스 식별하기
>
> 프로세스가 정상적이고 ACF 및 PACF 도식에서 모두 감쇄하는 패턴이나 사인 곡선 패턴을 보이는 경우, 이는 정상적 ARMA(p,q) 프로세스다.

차수에 따라 모델에 포함해야 하는 매개변수의 개수가 결정되므로 프로세스의 차수를 결정하는 것이 모델링과 예측의 핵심이라는 점을 알고 있다. ARMA(p,q) 프로세스의 경우 ACF와 PACF 도식은 유용하지 않으므로, 모델에 적합한 (p,q) 조합을 찾을 수 있는 일반적 모델링 절차를 고안해야 한다.

6.4 일반적 모델링 절차 고안하기

이전 절에서는 정상적 ARMA(p,q) 프로세스를 식별하는 단계를 살펴보았다. ACF 도식과 PACF 도식이 모두 사인 곡선이나 감쇄 패턴을 보이는 경우, 해당 시계열을 ARMA(p,q) 프로세스로 모델링할 수 있음을 확인했다. 그러나 두 도식 모두 차수 p와 q를 결정하는 데 유용하지는 않았다. 시뮬레이션된 ARMA(1,1) 프로세스를 통해 두 도식 모두에서 지연 1 이후에도 계수가 유의하다는 점을 알수 있었다.

따라서 차수 p와 q를 구할 수 있는 절차를 고안해야 한다. 이 절차는 시계열이 비정상적이고 계절성을 띄는 경우에도 적용해볼 수 있다는 장점이 있다. 또한 이 절차는 p 또는 q가 0인 경우에도 적합하며, 이는 ACF 및 PACF를 도식화하는 시각적 방법에서 벗어나 모델을 선택하는 기준과 잔차 분석만으로도 결정할 수 있다는 것을 뜻한다. 단계는 그림 6.6에 나와 있다.

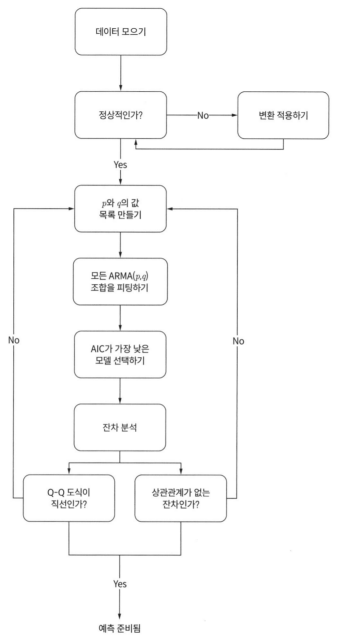

그림 6.6 ARMA(p,q) 프로세스에 대한 일반적 모델링 절차. 첫 번째 단계는 데이터를 수집하고, 정상성을 테스트하고, 그에 따라 변환을 적용하는 것이다. 그런 다음 p와 q에 가능한 값의 목록을 정의한다. 그런 다음 ARMA(p,q)의 모든 조합을 데이터에 피팅해보고 AIC가 가장 낮은 모델을 선택한다. 그런 다음 Q-Q 도식과 잔차 상관관계도를 확인하여 잔차 분석을 수행한다. 잔차가 백색소음에 가깝다면 해당 모델을 예측에 사용할 수 있다. 그렇지 않다면 p와 q에 다른 값을 시도해보아야 한다.

이 새로운 모델링 절차로 인해 그림 6.6에서 ACF와 PACF의 도식화가 완전히 제거되었다. 이 절차를 통해 ACF와 PACF 도식의 정성적 분석에 의존하는 대신 전적으로 통계적 테스트와 정량적 기준에 따라 모델을 선택할 수 있다.

처음 몇 단계는 5장까지 점진적으로 구축했던 단계와 같다. 여전히 데이터를 수집하고, 정상성을 테스트하고, 그에 따라 변환을 적용해야 한다. 그런 다음 양수인 정수만 사용한다는 점에 유의하면서 p와 q에 가능한 한 여러 가지 값을 나열해본다. 이 값들을 활용하여 여러 가지 ARMA(p,q)를 데이터에 피팅해본다.

이 작업을 완료하고 나서 6.4.1절과 6.4.2절에서 자세히 설명했던 AIC을 계산해볼 수 있다. 이 지표는 각 모델의 품질 수준을 비교하는 정량적 기준이 될 수 있다. AIC가 가장 낮은 모델을 선택한다.

여기에서 모델의 실젯값과 예측값의 차이인 모델의 잔차를 분석할 수 있다. 이상적으로 모델을 선택한 경우 잔차는 백색소음처럼 보일 텐데, 이는 예측값과 실젯값 사이의 차이가 무작위성에서 오기 때문이다. 즉 잔차가 상관관계 없이 독립적으로 분포된다. 이러한 속성은 Q-Q 도식을 살펴보고 6.4.3절에서 알아볼 **융-박스 테스트**Ljung-Box test를 실행하여 검증해볼 수 있다. 검증 결과 잔차가 완전히 무작위라는 결론에 도달하면, 모델을 사용하여 예측을 수행해도 된다. 그렇지 않다면, p와 q에 대해 다른 값의 조합을 시도해보는 단계부터 다시 시작해야 한다.

새로운 일반적 모델링 절차를 고안해보는 과정에서 많은 새로운 개념과 기법을 소개할 것이다. 다음 절에서 각 단계를 자세히 살펴보고 시뮬레이션된 ARMA(1,1) 프로세스에 적용해보겠다. 그다음으로는 동일한 절차를 사용하여 대역폭 사용량 예시를 모델링해본다.

6.4.1 아카이케 정보 기준 이해하기

그림 6.6에서 설명한 단계들로 들어가기 전에, 피팅해볼 모델들 중에서 가장 적합한 모델을 선택하는 방법을 정해야 한다. 여기서는 아카이케 정보 기준AIC을 사용하여 최적의 모델을 선택하겠다.

AIC는 모델의 품질을 다른 모델들과 비교하여 상대적으로 정량화한다. 즉 모델을 데이터에 피팅할 때 일부 정보는 손실되므로 AIC는 모델에 의해 손실되는 정보의 양을 상대적으로 정량화하고, 모델들을 정략적으로 비교할 수 있다. 손실된 정보가 적을수록 AIC 값은 낮고 모델이 더 우수하다고 판정한다.

AIC는 수식 6.8에 나타낸 것처럼 추정 매개변수들의 개수, k와 모델의 가능도likelihood 함수의 최대

값, $\hat{L}$으로 표현할 수 있다.

$$\text{AIC} = 2k - 2\ln(\hat{L})$$

수식 6.8

아카이케 정보 기준

AIC는 다른 모델과 관련하여 상대적으로 모델의 품질을 측정하는 척도다. 모델 선택에 사용할 수 있다.

AIC는 모델의 매개변수 개수, k와 가능도 함수의 최댓값, $\hat{L}$의 함수다.

$$\text{AIC} = 2k - 2\ln(\hat{L})$$

AIC 값이 낮을수록 더 좋은 모델이다. AIC에 따라 모델을 선택하면, 모델의 복잡성과 데이터에 대한 적합도 사이에서 균형을 유지할 수 있다.

추정 매개변수의 개수 k는 ARMA(p,q) 모델의 차수 (p,q)와 직접적인 연관이 있다. ARMA$(2,2)$ 모델을 피팅할 때 우리는 2 + 2 = 4개의 매개변수를 추정해야 한다. ARMA$(3,4)$ 모델을 피팅할 때는 3 + 4 = 7개의 매개변수를 추정해야 한다. 차수 (p,q)가 증가함에 따라 매개변수의 개수 k가 증가하고 결국 AIC도 증가하므로, 더 복잡한 모델을 피팅할수록 AIC 점수에 불이익을 받는다는 점을 알 수 있다.

가능도 함수는 모델이 피팅하기에 적합한지goodness of fit를 측정한다. 확률 분포 함수의 반대 개념으로 볼 수 있다. 확률 분포 함수는 매개변수가 정해진 모델에서 데이터 요소가 관측될 확률을 측정한다. 가능도 함수는 논리를 뒤집는다. 가능도 함수는 관측된 데이터 집합에서 모델의 여러 가지 매개변수가 관측된 데이터를 생성할 가능성을 추정한다.

예를 들어 6면 주사위를 굴리는 상황을 생각해보자. 확률 분포 함수는 [1,2,3,4,5,6] 중 하나가 관측될 확률이 1/6임을 알려준다. 이제 이 논리를 뒤집어 가능도 함수를 설명해보겠다. 주사위를 10번 굴려서 다음과 같은 값 [1,5,3,4,6,2,4,3,2,1]이 나왔을 때, 가능도 함수는 주사위가 6면일 가능성을 결정한다. 이 논리를 AIC에 적용해보면, 가능도 함수는 '내가 관측한 데이터가 ARMA$(1,1)$ 모델에서 나올 가능성이 얼마나 될까?'라는 질문에 대한 답으로 생각할 수 있다. 가능성이 매우 높다면, 즉 $\hat{L}$이 크다면 ARMA$(1,1)$ 모델이 데이터에 잘 맞는 것이다.

따라서 모델이 데이터에 정말 잘 맞는다면 가능도의 최댓값이 클 것이다. AIC는 수식 6.8과 같이 가능도의 최댓값, $\hat{L}$의 자연 로그를 빼므로 $\hat{L}$의 값이 클수록 AIC는 낮아진다.

이제 AIC가 어떻게 과소적합underfitting과 과대적합overfitting 사이에서 균형을 유지하는지 알 수 있다. AIC가 낮을수록 다른 모델에 비해 더 나은 모델이라는 것을 기억하자. 따라서 과대적합 모델은 적합도가 매우 높고, 이 $\hat{L}$는 이 크고 AIC는 감소한다는 것을 뜻한다. 그러나 매개변수의 개수 k도 커질 수 있어 AIC에 불이익을 줄 수 있다. 과소적합 모델은 매개변수의 개수가 적으므로 k가 작을 것이다. 하지만 적합도는 낮기 때문에 가능도 함수의 최댓값도 작아져 AIC가 다시 불이익을 받게 된다. 따라서 AIC를 사용하면 모델의 매개변수의 개수와 훈련 데이터에 대한 적합도 사이에서 균형을 잡을 수 있다.

마지막으로, AIC는 다른 모델에 상대적으로 모델의 품질을 정량화한다는 점을 기억해야 한다. 즉 AIC는 품질에 대한 상대적 척도다. 품질이 좋지 않은 모델만 데이터에 피팅한 경우, AIC는 해당 모델 집단에서 가장 좋은 모델을 결정하는 데 도움이 될 뿐이다.

이제 AIC를 사용하여 시뮬레이션된 ARMA(1,1) 프로세스에 적합한 모델을 선택해보자.

6.4.2 AIC를 사용하여 모델 선택하기

이제 시뮬레이션된 ARMA(1,1) 프로세스를 사용하여 그림 6.6에서 설명한 일반적 모델링 절차의 단계를 살펴보겠다.

6.3절에서 정상성을 테스트했고 시뮬레이션된 프로세스가 정상적이라는 결론을 내렸다. 따라서 p와 q에 대해 가능한 값들의 목록을 정의하는 단계로 넘어가겠다. 시뮬레이션을 하는 과정에서 두 차수의 값을 이미 알고 있지만, 일반적 모델링 절차를 시연해보기 위해 이후의 단계들을 살펴보겠다.

p와 q의 값들이 0에서 3까지의 범위에서 존재한다고 하자. 이 범위는 임의적인 것으로, 원한다면 더 큰 범위에서 시도해볼 수 있다. `itertools`의 product 함수를 사용하여 (p,q)에 가능한 모든 조합의 목록을 만들어보겠다. p와 q, 각각에 가능한 값은 네 가지이므로 (p,q)에 가능한 고유한 조합 16개를 생성할 수 있다.

```
from itertools import product

ps = range(0, 4, 1)     ◀──── p에 가능한 값의 목록을 0 이상 4 미만의 범위에서 1씩 증가시켜 생성한다.
qs = range(0, 4, 1)     ◀──── q에 가능한 값의 목록을 0 이상 4 미만의 범위에서 1씩 증가시켜 생성한다.

order_list = list(product(ps, qs))   ◀──── (p,q)의 모든 고유한 조합을 포함하는 목록을 생성한다.
```

가능한 값들의 목록을 생성했으므로 이제 시뮬레이션된 데이터에 고유한 16개의 모든 ARMA(p,q) 모델을 피팅해봐야 한다. 이를 위해 데이터와 고유한 (p,q) 조합 목록을 입력받는 `optimize_ARMA` 함수를 정의하겠다. 함수 내부에서 각 (p,q) 조합과 그에 해당하는 AIC를 저장할 빈 목록을 초기화한다. 그런 다음, 각 (p,q) 조합에 대한 ARMA(p,q) 모델을 데이터에 피팅한다. AIC를 계산하고 그 결과를 저장한다. 그런 다음 `DataFrame`을 생성하고, AIC 값이 낮을수록 더 좋은 모델이므로 AIC 값을 기준으로 오름차순으로 정렬한다. 함수의 마지막에 정렬된 `DataFrame`을 반환하므로, 우리는 적절한 모델을 선택할 수 있다. `optimize_ARMA` 함수는 다음 리스팅에 나와 있다.

리스팅 6.1 모든 고유한 ARMA(p,q) 모델들을 피팅하기 위한 함수

```python
from typing import Union
from tqdm import tqdm_notebook
from statsmodels.tsa.statespace.sarimax import SARIMAX

def optimize_ARMA(endog: Union[pd.Series, list], order_list: list) -> pd.DataFrame:

    results = []

    for order in tqdm_notebook(order_list):
        try:
            model = SARIMAX(endog, order=(order[0], 0, order[1]),
  simple_differencing=False).fit(disp=False)
        except:
            continue

        aic = model.aic
        results.append([order, aic])

    result_df = pd.DataFrame(results)
    result_df.columns = ['(p,q)', 'AIC']

    #오름차순으로 정렬, AIC가 낮을수록 좋음
    result_df = result_df.sort_values(by='AIC', ascending=True).reset_index(drop=True)

    return result_df
```

함수는 시계열 데이터와 고유한 (p,q) 조합들의 목록을 입력값으로 받는다.

차수 (p,q)와 그에 해당하는 AIC를 튜플로 저장할 빈 목록을 초기화한다.

모든 고유한 (p,q) 조합의 목록에 대해 for 루프를 실행한다. tqdm_notebook을 사용하여 진행률을 표시한다.

SARIMAX 함수를 사용하여 ARMA(p,q) 모델을 피팅한다. 차분이 되지 않도록 simple_differencing=False를 지정한다. 차분은 $y_t - y_{t-1}$의 결과라는 것을 기억하자. 또한 콘솔에 상태 메시지를 출력하지 않도록 disp=False를 지정한다.

모델의 AIC를 계산한다.

결과 목록에 (p,q) 조합과 AIC를 튜플로 추가한다.

(p,q) 조합과 AIC를 DataFrame에 저장한다.

DataFrame의 열에 레이블을 지정한다.

AIC 값을 기준으로 오름차순으로 DataFrame을 정렬한다. AIC가 낮을수록 더 좋은 모델이다.

함수를 정의했으므로 이제 함수를 사용하여 다양한 ARMA(p,q) 모델을 피팅할 수 있다. 출력은 그림 6.7과 같다. AIC가 가장 낮은 모델이 ARMA(1,1) 모델임을 확인할 수 있는데, 이는 우리가 시뮬레이션한 프로세스와 정확히 일치한다.

```python
result_df = optimize_ARMA(ARMA_1_1, order_list)
result_df
```

결과 DataFrame을 표시한다.

시뮬레이션된 ARMA(1,1) 데이터에 다른 ARMA(p,q) 모델을 피팅해본다.

	(p,q)	AIC
0	(1, 1)	2801.407785
1	(2, 1)	2802.906070
2	(1, 2)	2802.967762
3	(0, 3)	2803.666793
4	(1, 3)	2804.524027
5	(3, 1)	2804.588567
6	(2, 2)	2804.822282
7	(3, 3)	2805.947168
8	(2, 3)	2806.175380
9	(3, 2)	2806.894930
10	(0, 2)	2812.840730
11	(0, 1)	2891.869245
12	(3, 0)	2981.643911
13	(2, 0)	3042.627787
14	(1, 0)	3207.291261
15	(0, 0)	3780.418416

그림 6.7 시뮬레이션된 ARMA(1,1) 데이터에 모든 ARMA(p,q) 모델을 피팅한 결과인 DataFrame. AIC가 가장 낮은 모델이 ARMA(1,1) 모델에 해당하는 것을 볼 수 있으며, 이는 시뮬레이션된 데이터의 차수를 성공적으로 식별했음을 뜻한다.

이전 절에서 언급했듯이 AIC는 상대적인 품질을 측정하는 척도다. ARMA(1,1) 모델이 데이터에 피팅한 모든 모델들 중 상대적으로 가장 좋은 모델이라고 할 수 있다. 이제 모델의 품질에 대한 절대적인 측정 방법이 필요하다. 모델링 절차 중 다음 단계인 잔차 분석으로 넘어가보자.

6.4.3 잔차 분석 이해하기

지금까지 시뮬레이션된 ARMA(1,1) 프로세스에 다양한 ARMA(p,q) 모델을 피팅해보았다. AIC를 모델 선택 기준으로 사용한 결과, ARMA(1,1) 모델이 다른 모든 모델에 비해 상대적으로 가장 적합한 모델이라는 것을 알 수 있었다. 이제 모델의 잔차에 대한 분석을 수행하여 절대적인 품질을 측정해야 한다.

예측 전 마지막 단계로서, 잔차 분석을 수행하여 그림 6.8의 두 가지 질문, 즉 Q-Q 도식이 직선을 나타내는가와 잔차들이 상관관계가 없는가라는 질문에 답할 수 있다. 두 질문에 대한 답이 모두 '예'라면 예측을 수행할 준비가 된 모델이다. 그렇지 않으면, 다른 (p,q) 조합들에 대해 시도해봐야 한다.

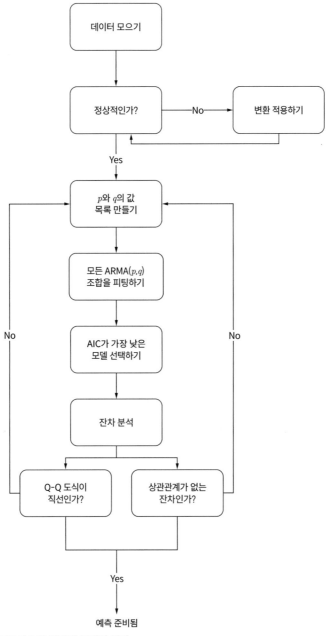

그림 6.8 **ARMA(p,q) 프로세스의 일반적 모델링 절차**

모델의 잔차는 예측값과 실젯값 간의 차이다. 수식 6.9와 같은 ARMA(1,1) 프로세스를 고려해보자.

$$y_t = 0.33y_{t-1} + 0.9\epsilon_{t-1} + \epsilon_t$$

수식 6.9

이제 우리가 ARMA(1,1) 모델을 원래의 프로세스에 피팅한 뒤 모델 계수를 완벽하게 추정했다고 하면, 모델은 수식 6.10으로 표현할 수 있다.

$$\widehat{y_t} = 0.33y_{t-1} + 0.9\epsilon_{t-1}$$

수식 6.10

잔차는 모델에서 나온 값과 시뮬레이션된 프로세스의 실젯값 사이의 차이다. 즉 잔차는 수식 6.9와 수식 6.10의 차이다. 그 결과는 수식 6.11에 있다.

$$\text{residuals} = 0.33y_{t-1} + 0.9\epsilon_{t-1} + \epsilon_t - (0.33y_{t-1} + 0.9)$$
$$\text{residuals} = \epsilon_t$$

수식 6.11

수식 6.11에서 볼 수 있듯이, 완벽하게 모델을 선택한 상황에서 모델의 잔차는 백색소음이다. 이는 모델이 모든 예측 정보를 포착하여 모델링할 수 없는 무작위한 변동만 남았음을 뜻한다. 따라서 잔차들이 서로 상관관계가 없고 정규분포를 가진다면, 좋은 예측 결과를 보일 모델이라고 결론을 내릴 수 있다.

잔차 분석에는 질적 분석과 양적 분석이라는 두 가지 측면이 있다. 질적 분석은 Q-Q 도식을 확인하는 것에 중점을 두고, 양적 분석은 잔차들 간에 상관관계가 없는지를 확인한다.

정성적 분석: Q-Q 도식 확인하기

잔차 분석의 첫 번째 단계는 Q-Q 도식을 확인하는 것이다. Q-Q 도식은 모델의 잔차가 정규분포라는 가설을 검증하기 위한 시각적 도구다.

Q-Q 도식은 이론적 분포(이번의 경우, 정규분포)의 사분위수를 x-축에 두고 잔차의 사분위수를 y-축에 그려서 구성한다. 그 결과 산점도가 생성된다. 분포를 정규분포와 비교하는 이유는 잔차가 정규분포인 백색소음에 가깝기를 바라기 때문이다.

두 분포가 유사하면, 즉 잔차의 분포가 정규분포에 가깝다면 Q-Q 도식은 $y = x$와 거의 동일한 직선을 표시한다. 이는 다시 말해 모델이 데이터에 잘 피팅되었다는 것을 뜻한다. 그림 6.9에서 잔차가 정규분포인 Q-Q 도식의 예를 볼 수 있다.

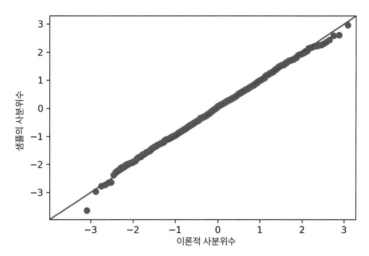

그림 6.9 무작위로 분포된 잔차의 Q-Q 도식. y-축에는 잔차에서 나오는 사분위수가 있다. x-축에는 이론적 정규분포에서 나온 사분위수가 있다. y = x와 거의 동일한 직선이 놓여 있는 것을 볼 수 있다. 이는 잔차가 정규분포에 매우 가깝다는 것을 나타낸다.

반면에 정규분포에 가깝지 않은 잔차의 Q-Q 도식은 y = x에서 벗어나는 곡선을 생성한다. 그림 6.10에서 굵은 선이 직선이 아니며 y = x와 겹치지 않음을 알 수 있다. 이런 종류의 결과를 얻으면 잔차의 분포가 정규분포와 유사하지 않다는 결론을 내릴 수 있으며, 이는 모델이 데이터에 적합하지 않다는 신호다. 따라서 다른 범위의 p와 q 값들을 시도하고, 모델을 피팅하고, AIC가 가장 낮은 모델을 선택하여, 새 모델에 대해 잔차 분석을 수행해야 한다.

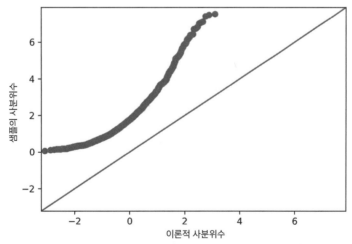

그림 6.10 정규분포에 가깝지 않은 잔차의 Q-Q 도식. 굵은 선이 구부러져 있고 y = x와 겹쳐지지 않으므로 잔차의 분포가 정규분포와 매우 다르다는 것을 분명히 알 수 있다.

Q-Q 도식은 두 분포의 사분위수를 서로 비교한 도식이다. 시계열 예측에서는 잔차의 분포는 y-축에, 이론적 정규분포는 x-축에 도식화한다.

이 시각적 도구를 사용하여 모델의 적합도를 평가할 수 있다. 잔차의 분포가 정규분포와 유사하다면 $y = x$ 직선 위에 직선이 놓인다. 이는 잔차가 백색소음과 유사하여 모델의 적합도가 좋다는 뜻이다.

반면에 잔차의 분포가 정규분포와 다르면 곡선을 볼 수 있다. 그러면 잔차의 분포가 정규분포에 가깝지 않고, 따라서 잔차가 백색소음과 유사하지 않으므로 모델이 적합하지 않다고 결론을 내릴 수 있다.

우리는 Q-Q 도식이 어떻게 도움이 되는지 알 수 있을 것이다. 모델이 데이터에 적합하면 잔차가 백색소음과 유사하여 정규분포를 보인다. 따라서 Q-Q 도식에 직선이 표시되면 좋은 모델이다. 그렇지 않으면 모델을 폐기하고 더 나은 모델을 찾아야 한다.

Q-Q 도식은 모델의 품질을 빠르게 평가할 수 있는 방법이지만, 이 분석은 여전히 주관적이다. 따라서 우리는 융-박스 테스트를 사용하여 잔차 분석에 정량적인 방법을 사용해보겠다.

정량적 분석: 융-박스 테스트 적용하기

Q-Q 도식을 분석하여 잔차가 거의 정규분포임을 확인했다면, 이제 융-박스 테스트를 적용하여 잔차들 간에 상관관계가 없음을 증명한다. 좋은 모델은 잔차가 백색소음에 가까우므로, 잔차가 정규분포이고 잔차들 간에 상관관계가 없어야 한다는 점을 기억하자.

융-박스 테스트는 데이터 집단의 자기상관관계가 0과 유의하게 다른지 테스트하는 통계 검사다. 이번의 경우, 모델의 잔차에 융-박스 테스트를 적용하여 상관관계를 검증한다. 귀무가설은 데이터가 독립적으로 분포되어 있다는 것이고, 자기상관관계가 없다는 것을 뜻한다.

융-박스 테스트는 데이터 집단의 자기상관관계가 0과 유의하게 다른지 판단하는 통계 검사다.

시계열 예측의 경우, 모델의 잔차에 대해 융-박스 테스트를 적용하여 백색소음과 유사한지 테스트한다. 귀무가설은 데이터가 독립적으로 분포되어 있다. 즉 자기상관관계가 없다로 설정한다. p-값이 0.05보다 크면 귀무가설을 기각할 수 없고, 이는 잔차가 독립적으로 분포한다는 것을 뜻한다. 따라서 자기상관관계가 없어 잔차는 백색소음과 유사하므로, 예측에 모델을 사용할 수 있다는 결론에 도달할 수 있다.

p-값이 0.05 미만이면 귀무가설을 기각하며, 이는 잔차가 독립적으로 분포되어 있지 않고 상관관계가 있음을 뜻한다. 이러한 모델은 예측에 사용할 수 없다.

테스트는 융-박스 통계와 p-값을 반환한다. p-값이 0.05 미만이면 귀무가설을 기각하고, 이는 잔차가 독립적으로 분포되지 않았다는 뜻이며, 이는 자기상관관계가 있다는 것을 뜻한다. 이러한 경우 잔차가 백색소음과 유사하지 않으므로 모델을 폐기해야 한다.

p-값이 0.05보다 크면 귀무가설을 기각할 수 없으며, 이는 잔차가 독립적으로 분포한다는 것을 뜻한다. 따라서 자기상관관계가 없으며 잔차는 백색소음과 유사하다. 즉, 모델을 사용하여 예측을 수행할 수 있다.

이제 잔차 분석의 개념을 이해했으므로 이 기법을 시뮬레이션된 ARMA(1,1) 프로세스에 적용해 보자.

6.4.4 잔차 분석 수행하기

이제 시뮬레이션된 ARMA(1,1) 프로세스에 대한 모델링 절차로 돌아가자. 가장 낮은 AIC로 모델을 성공적으로 선택했는데, 예상대로 ARMA(1,1) 모델이었다. 이제 그림 6.11에서 볼 수 있듯이 잔차 분석을 수행하여 모델이 데이터에 잘 맞는지 평가해야 한다.

ARMA(1,1) 프로세스를 시뮬레이션했으므로 ARMA(1,1) 모델과 잘 맞을 것임을 알고 있지만, 이번 절에서는 모델링 절차가 제대로 작동하는지를 확인한다. 실제 비즈니스 상황에서는 시뮬레이션된 데이터로 모델링하고 예측할 가능성은 높지 않으므로, 실제 데이터에 적용하기 전에 이미 알고 있는 프로세스에 대해 전체 모델링 절차를 살펴보고 작동한다는 확신을 가져야 한다.

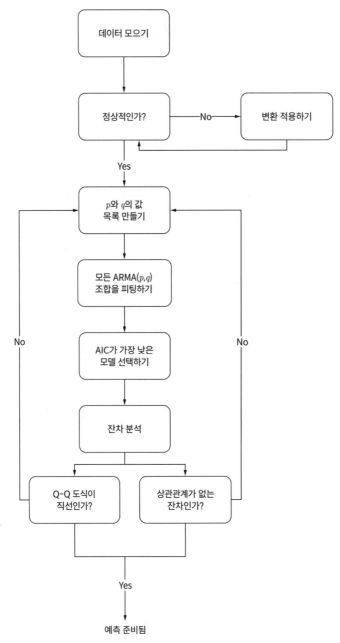

그림 6.11 **ARMA(p,q) 프로세스에 대한 일반적 모델링 절차**

잔차 분석을 수행하려면, 모델을 피팅하고 잔차에 쉽게 접근할 수 있도록 변수에 저장한다. stats-models을 사용하여 먼저 ARMA(1,1) 모델을 정의한 후 시뮬레이션된 데이터에 피팅한다. 그런 다음 resid 속성을 사용하여 잔차에 접근할 수 있다.

```
model = SARIMAX(ARMA_1_1, order=(1,0,1), simple_differencing=False)
model_fit = model.fit(disp=False)
residuals = model_fit.resid      ◀──────    모델의 잔차를 저장한다.
```

다음 단계는 Q-Q 도식을 그리는 것으로, statsmodels의 qqplot 함수를 사용하여 정규분포에 대한 잔차를 표시한다. 이 함수는 데이터만 필요로 하고, 기본적으로 데이터의 분포를 정규분포와 비교한다. 그리고 두 분포의 유사성을 비교하기 위해 $y = x$ 직선을 표시한다.

```
from statsmodels.graphics.gofplots import qqplot

qqplot(residuals, line='45');      ◀──────    잔차의 Q-Q 도식을 도식화한다. y = x 직선을 표시하도록 설정한다.
```

결과는 그림 6.12에 나와 있다. 대략 $y = x$ 직선과 겹쳐진 굵은 직선을 볼 수 있다. 따라서 정성적 관점에서 볼 때 모델의 잔차는 백색소음과 같이 정규분포를 보이며, 이는 모델이 데이터에 잘 피팅되었다는 것을 뜻한다.

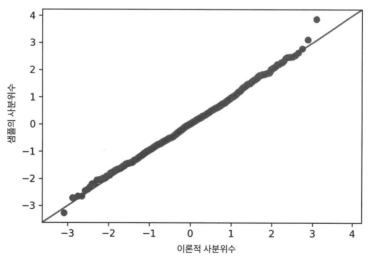

그림 6.12 **ARMA(1,1) 잔차의 Q-Q 도식.** $y = x$ 직선에 굵은 직선이 겹쳐져 있는 것을 볼 수 있다. 이는 잔차가 백색소음과 마찬가지로 정규분포임을 뜻한다.

이제 `plot_diagnostics` 메서드를 사용하여 정성적 분석을 확장해보겠다. 이렇게 하면 Q-Q 도식을 포함하여 총 네 가지 도식을 포함한 그림이 생성된다.

```
model_fit.plot_diagnostics(figsize=(10, 8))
```

결과는 그림 6.13에 나와 있다. statsmodels을 사용하면 잔차에 대한 정성적 분석을 더 쉽게 할 수 있음을 알 수 있다.

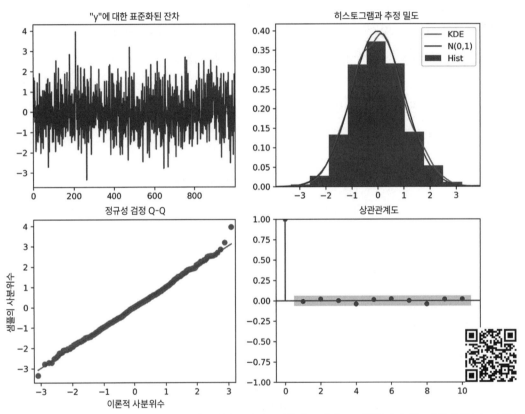

그림 6.13 statsmodels을 통한 모델 진단. 왼쪽 상단 도식에는 잔차가 표시되고, 오른쪽 상단에는 잔차의 히스토그램이, 왼쪽 하단에는 잔차의 Q-Q 도식이, 오른쪽 하단에는 잔차의 ACF 도식이 표시된다.

왼쪽 상단 도식은 전체 데이터 집합의 잔차를 보여준다. 특이한 추세는 없고 평균 시간이 지나도 안정적으로 백색소음과 같은 정상성을 보인다.

오른쪽 상단 도식은 잔차의 히스토그램을 보여준다. 이 도식에서 정규분포를 확인할 수 있는데, 백색소음도 정규분포이므로 잔차가 백색소음에 가깝다는 것을 한 번 더 나타낸다.

왼쪽 하단에는 그림 6.12와 동일한 Q-Q 도식이 있고, 앞서 살펴본 것과 동일한 결론에 도달할 수 있다.

마지막으로 오른쪽 하단 도식은 잔차의 자기상관함수를 보여준다. 지연 0에서만 유의한 피크가 있고 그 외에는 유의한 계수가 없음을 알 수 있다. 이는 잔차에 상관관계가 없음을 뜻하므로 백색소음에 가까워 적절한 모델이라는 결론을 뒷받침한다.

잔차 분석의 마지막 단계는 융-박스 테스트를 수행하는 것이다. 이를 통해 잔차에 실제로 상관관계가 없는지 정량적으로 평가할 수 있다. 잔차에 대한 융-박스 테스트를 수행하기 위해 `statsmodels`의 `acorr_ljungbox` 함수를 사용한다. 이 함수는 잔차와 지연 목록을 입력받는다. 여기서는 10개의 지연에 대한 융-박스 통계와 p-값을 계산해보겠다.

```
from statsmodels.stats.diagnostic import acorr_ljungbox

tr = acorr_ljungbox(residuals, np.arange(1, 11, 1))     ◀── 10개의 지연에 대한 잔차에 대해
                                                              융-박스 테스트를 수행한다.
print(tr)     ◀──┐ 각 지연에 대해 p-값을 표시한다.
```

결과로 반환된 p-값 목록은 각각 0.05를 초과한다. 따라서 각 지연에서 귀무가설을 기각할 수 없으며, 이는 잔차가 독립적으로 분포하고 상관관계가 없음을 뜻한다.

분석 결과, 잔차가 백색소음과 유사하다는 결론을 내릴 수 있다. Q-Q 도식은 직선을 나타냈고, 이는 잔차가 정규분포되어 있음을 뜻한다. 또한 융-박스 테스트는 잔차가 백색소음과 마찬가지로 상관관계가 없음을 보여준다. 따라서 잔차는 완전히 무작위이며, 이는 데이터에 잘 맞는 모델임을 뜻한다.

이제 동일한 모델링 절차를 대역폭 데이터 집합에 적용해보자.

6.5 일반적 모델링 절차 적용하기

이제 그림 6.14에 설명한 것과 같은 일반적인 ARMA(p,q) 모델을 모델링하고 예측을 수행할 수 있는 일반적 모델링 절차를 얻었다. 이 절차를 시뮬레이션된 ARMA(1,1) 프로세스에 적용한 결과, 예상대로 ARMA(1,1) 모델이 가장 적합하다는 것도 확인할 수 있었다.

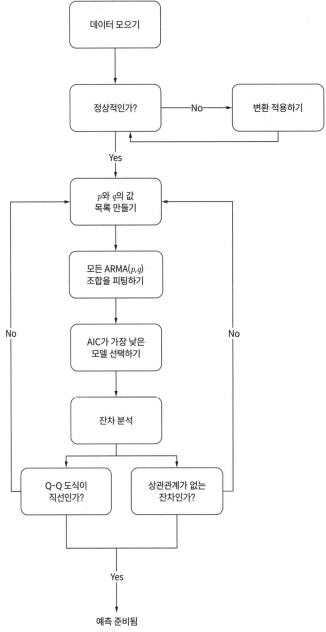

그림 6.14 ARMA(p,q) 프로세스에 대한 일반적 모델링 절차

이제 대역폭 데이터 집합에 동일한 절차를 적용하여 이 상황에 가장 적합한 모델을 얻어보자. 우리의 목표는 향후 2시간 동안의 대역폭 사용량을 예측하는 것임을 기억하자.

첫 번째 단계는 pandas를 사용하여 데이터를 로딩하는 것이다.

```
import pandas as pd

df = pd.read_csv('data/bandwidth.csv')
```

그런 다음 시계열을 도식화하여 추세나 계절적 패턴을 찾을 수 있다. 이제는 시계열을 그려보는 데 익숙해졌을 것이다. 결과는 그림 6.15에 나와 있다.

```
import matplotlib.pyplot as plt

fig, ax = plt.subplots()

ax.plot(df.hourly_bandwidth)
ax.set_xlabel('Time')
ax.set_ylabel('Hourly bandwith usage (MBps)')

plt.xticks(
    np.arange(0, 10000, 730),
    ['Jan 2019', 'Feb', 'Mar', 'Apr', 'May', 'Jun', 'Jul', 'Aug', 'Sep', 'Oct',
➥ 'Nov', 'Dec', 'Jan 2020', 'Feb'])

fig.autofmt_xdate()
plt.tight_layout()
```

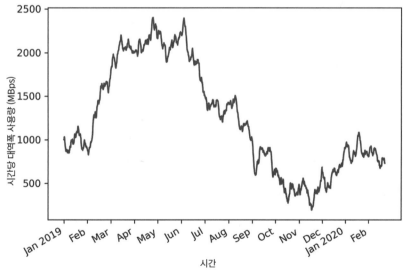

그림 6.15 2019년 1월 1일 이후 데이터 센터의 시간별 대역폭 사용량. 데이터 집합에는 10,000개의 데이터가 포함되어 있다.

그림 6.15에 도식화된 데이터를 보면 데이터에 주기적인 패턴이 없음을 알 수 있다. 그러나 장기적인 추세가 있음을 알 수 있으며, 이는 데이터가 비정상적일 가능성이 높다는 것을 뜻한다. 가설을 검증하기 위해 ADF 테스트를 적용해보자. 이번에도 `statsmodels`의 `adfuller` 함수를 사용하여 ADF 통계와 p-값을 출력한다.

```
from statsmodels.tsa.stattools import adfuller

ADF_result = adfuller(df['hourly_bandwidth'])

print(f'ADF Statistic: {ADF_result[0]}')
print(f'p-value: {ADF_result[1]}')
```

이 코드는 -0.8의 ADF 통계와 0.80의 p-값을 출력한다. 따라서 시계열이 비정상적이라는 뜻인 귀무가설을 기각할 수 없다.

데이터를 정상적으로 만들려면 변환을 적용해야 한다. `numpy`를 사용하여 1차 차분을 적용해보자.

```
import numpy as np

bandwidth_diff = np.diff(df.hourly_bandwidth, n=1)
```

작업을 완료하고 차분된 데이터에 ADF 테스트를 다시 수용하여 정상성을 확인해보자.

```
ADF_result = adfuller(bandwidth_diff)

print(f'ADF Statistic: {ADF_result[0]}')
print(f'p-value: {ADF_result[1]}')
```

이번에는 -20.69의 ADF 통계와 0.0의 p-값을 반환한다. ADF 통계가 크고 음수이며 p-값이 0.05보다 훨씬 작으므로, 차분된 수열이 정상적이라고 말할 수 있다.

이제 ARMA(p,q) 모델을 사용하여 정상적 프로세스를 모델링할 준비가 되었다. 수열을 훈련 집합과 테스트 집합으로 분할하겠다. 여기서는 테스트 집합에 지난 7일간의 데이터를 포함한다. 예측은 향후 2시간에 대해서이고 테스트 집합에 포함한 7일간의 시간별 데이터는 총 168시간이므로, 테스트 집합에는 모델의 성능을 평가할 수 있는 2시간 단계의 84개 기간이 포함된 것이다.

```
df_diff = pd.DataFrame({'bandwidth_diff': bandwidth_diff})

train = df_diff[:-168]
test = df_diff[-168:]  ◀------  일주일은 168시간이므로, 마지막 168개의 데이터 요소를
                                테스트 집합에 할당한다.
print(len(train))
print(len(test))
```

훈련 집합과 테스트 집합의 길이를 출력하여 정상 여부를 확인할 수 있으며, 테스트 집합에는 168
개의 데이터 요소가 있고 훈련 집합에는 9,831개의 데이터 요소가 있다.

이제 차분된 수열과 원본 수열 모두에 대한 훈련 집합과 테스트 집합을 시각화해보자. 시각화 결과
는 그림 6.16에 나와 있다.

```
fig, (ax1, ax2) = plt.subplots(nrows=2, ncols=1, sharex=True, figsize=(10, 8))

ax1.plot(df.hourly_bandwidth)
ax1.set_xlabel('Time')
ax1.set_ylabel('Hourly bandwidth')
ax1.axvspan(9831, 10000, color='#808080', alpha=0.2)

ax2.plot(df_diff.bandwidth_diff)
ax2.set_xlabel('Time')
ax2.set_ylabel('Hourly bandwidth (diff)')
ax2.axvspan(9830, 9999, color='#808080', alpha=0.2)

plt.xticks(
    np.arange(0, 10000, 730),
    ['Jan', 'Feb', 'Mar', 'Apr', 'May', 'Jun', 'Jul', 'Aug', 'Sep', 'Oct',
↪ 'Nov', 'Dec', '2020', 'Feb'])

fig.autofmt_xdate()
plt.tight_layout()
```

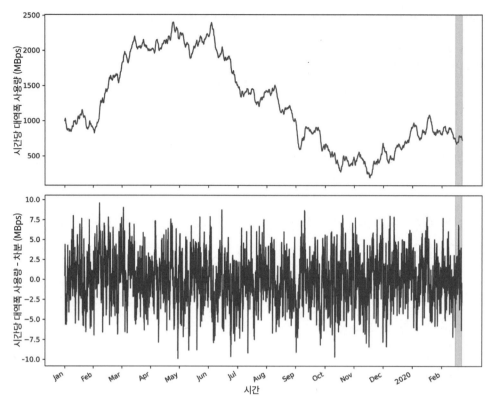

그림 6.16 **원본 수열과 차분된 수열의 훈련 집합 및 테스트 집합**

훈련 집합이 준비되었으므로 이제 앞서 정의한 `optimize_ARMA` 함수를 사용하여 다른 ARMA(p,q) 모델을 피팅할 수 있다. 이 함수는 데이터와 고유한 (p,q) 조합들의 목록을 입력받는다. 함수 내부에서 빈 목록을 초기화하고 각 (p,q) 조합과 그에 대한 AIC를 저장한다. 그런 다음 각 (p,q) 조합에 대해 반복하여 데이터에 ARMA(p,q) 모델을 피팅한다. AIC를 계산하고 결과를 저장한다. `DataFrame`을 생성한 뒤, AIC 값이 낮을수록 더 좋은 모델이므로 AIC 값 기준 오름차순으로 정렬한다. 마지막으로, 함수는 적절한 모델을 선택하는 데 사용할 수 있는 정렬된 `DataFrame`을 반환한다. `optimize_ARMA` 함수는 다음 리스팅에 나와 있다.

리스팅 6.2 **모든 고유한 ARMA(p,q) 모델들을 피팅하는 함수**

```
from typing import Union
from tqdm import tqdm_notebook
from statsmodels.tsa.statespace.sarimax import SARIMAX

def optimize_ARMA(endog: Union[pd.Series, list], order_list: list) -> pd.DataFrame:

    results = []
```

이 함수는 시계열 데이터와 고유한 (p,q) 조합들의 목록을 입력받는다.

빈 목록을 초기화하여 차수 (p,q)와 그에 해당하는 AIC를 튜플로 저장한다.

```
    for order in tqdm_notebook(order_list):          ◀─── 각 고유한 (p,q) 조합에 대해 반복한다. tqdm_notebook을
        try:                                               사용하여 진행률을 표시한다.
            model = SARIMAX(endog, order=(order[0], 0, order[1]),
➤ simple_differencing=False).fit(disp=False)  ◀─── SARIMAX 함수를 사용하여 ARMA(p,q) 모델을 피팅한다.
        except:                                            차분을 방지하기 위해 simple_differencing=False를
            continue                                       지정한다. 또한 콘솔에 상태 메시지를 출력하지 않도록
                                                           disp=False를 지정한다.

        aic = model.aic               ◀─── 모델의 AIC를 계산한다.
        results.append([order, aic])  ◀─── 결과 목록에 (p,q) 조합과 AIC를 튜플로 추가한다.

    result_df = pd.DataFrame(results)           ◀─── (p,q) 조합과 AIC를 DataFrame에 저장한다.
    result_df.columns = ['(p,q)', 'AIC']  ◀─── DataFrame의 열들에 레이블을 지정한다.

    #오름차순으로 정렬, AIC가 낮을수록 좋음
    result_df = result_df.sort_values(by='AIC',
➤ ascending=True).reset_index(drop=True)  ◀─── AIC 값 기준 오름차순으로 DataFrame을
                                                정렬한다. AIC가 낮을수록 더 좋은 모델이다.

    return result_df
```

이번에는 p와 q의 값으로 범위 0 이상 3 이하의 값을 시도해보자. 즉 16개의 고유한 ARMA(p,q) 모델을 훈련 집합에 피팅하고 AIC가 가장 낮은 모델을 선택한다. p와 q의 값 범위는 자유롭게 변경할 수 있지만, 범위가 클수록 더 많은 모델을 피팅해야 하고 계산 시간이 길어진다는 점에 유의하자.

```
ps = range(0, 4, 1)  ◀─── 차수 p는 {0,1,2,3} 값을 가질 수 있다.
qs = range(0, 4, 1)  ◀─── 차수 q는 {0,1,2,3} 값을 가질 수 있다.

order_list = list(product(ps, qs))  ◀─── 고유한 (p,q) 조합을 생성한다.
```

이 단계가 완료되면 훈련 집합과 고유한 (p,q) 조합 목록을 `optimize_ARMA` 함수에 전달할 수 있다.

```
result_df = optimize_ARMA(train['bandwidth_diff'], order_list)
result_df
```

결과 `DataFrame`은 그림 6.17에 나와 있다. 처음 세 모델의 AIC가 모두 27,991이며 약간의 차이만 있음을 알 수 있다. 필자는 이 중 ARMA(2,2) 모델을 선택해야 한다고 주장하고 싶다. 이 모델은 추정할 매개변수가 5개가 아닌 4개이기 때문에 덜 복잡하면서도 AIC 값은 ARMA(3,2) 모델, ARMA(2,3) 모델과 거의 같다. 따라서 ARMA(2,2) 모델을 선택하고 다음 단계인 모델 잔차 분석으로 넘어가겠다.

	(p,q)	AIC
0	(3, 2)	27991.063879
1	(2, 3)	27991.287509
2	(2, 2)	27991.603598
3	(3, 3)	27993.416924
4	(1, 3)	28003.349550
5	(1, 2)	28051.351401
6	(3, 1)	28071.155496
7	(3, 0)	28095.618186
8	(2, 1)	28097.250766
9	(2, 0)	28098.407664
10	(1, 1)	28172.510044
11	(1, 0)	28941.056983
12	(0, 3)	31355.802141
13	(0, 2)	33531.179284
14	(0, 1)	39402.269523
15	(0, 0)	49035.184224

그림 6.17 차분된 대역폭 데이터 집합에 대해 피팅한 서로 다른 ARMA(p,q) 모델들을 AIC 값을 기준으로 오름차순으로 정렬한 DataFrame. 처음 세 모델의 AIC 값이 모두 27,991인 점에 주목하자.

잔차 분석을 수행하기 위해 ARMA(2,2) 모델을 훈련 집합에 피팅하겠다. 그런 다음 plot_diagnostics 메서드를 사용하여 Q-Q 도식과 다른 도식들을 확인해보자. 결과는 그림 6.18에 나와 있다.

```
model = SARIMAX(train['bandwidth_diff'], order=(2,0,2), simple_differencing=False)
model_fit = model.fit(disp=False)
print(model_fit.summary())

# 스택오버플로를 사용하여 출력을 png로 저장한다.
model_fit.plot_diagnostics(figsize=(10, 8));

plt.savefig('figures/CH06_F19_peixeiro.png', dpi=300)
```

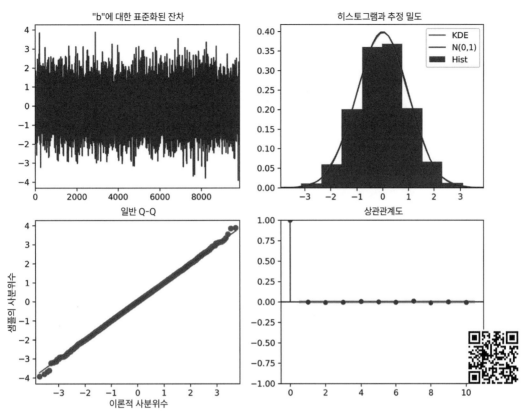

그림 6.18 statsmodels의 모델 진단. 왼쪽 상단 도식에는 잔차가 표시되고, 오른쪽 상단에는 잔차의 히스토그램이, 왼쪽 하단에는 잔차의 Q-Q 도식이, 오른쪽 하단에는 잔차의 ACF 도식이 표시된다.

그림 6.18에서 왼쪽 상단 도식에서 어떤 추세를 확인할 수 없고 평균 시간이 흘러도 일정하므로 잔차가 정상적일 가능성이 높다는 것을 알 수 있다. 오른쪽 위는 정규분포와 유사한 모양의 밀도를 확인할 수 있다. 왼쪽 하단의 Q-Q 도식은 $y = x$ 직선과 거의 같은 굵은 직선을 보여준다. 마지막으로 오른쪽 하단의 ACF 도식은 지연 0 이후 자기상관관계가 없음을 보여준다. 따라서 그림 6.18은 잔차가 정규분포를 보이고 상관관계도 없으므로 백색소음과 매우 유사하다는 점을 나타낸다.

마지막 단계는 처음 10개의 지연에 대한 잔차에 대해 융-박스 테스트를 실행하는 것이다. 반환된 p-값이 0.05를 초과하면 귀무가설을 기각할 수 없으며, 이는 잔차가 백색소음과 마찬가지로 상관관계가 없고 독립적으로 분포한다는 것을 뜻한다.

```
residuals = model_fit.resid

lbvalue, pvalue = acorr_ljungbox(residuals, np.arange(1, 11, 1))

print(pvalue)
```

반환된 p-값은 모두 0.05를 초과했다. 따라서 잔차에 실제로 상관관계가 없다는 결론을 내릴 수 있다. ARMA(2,2) 모델은 잔차 분석에 대한 모든 검사를 통과했으므로, 이제 이 모델을 사용하여 대역폭 사용량을 예측할 준비가 되었다.

6.6 대역폭 사용량 예측하기

이전 절에서는 대역폭 데이터 집합에 일반적 모델링 절차를 적용하여 ARMA(2,2) 모델이 우리 데이터에 가장 적합한 모델이라는 결론을 내렸다. 이제 ARMA(2,2) 모델을 사용하여 7일의 기간에 대해 다음 2시간 동안의 대역폭 사용량을 예측해보자.

리스팅 6.3에 표시된 것처럼 4장과 5장에서 정의하고 사용한 rolling_forecast 함수를 재사용할 것이다. 이 함수를 사용하면 전체 기간에 대한 예측이 나올 때까지 한 번에 몇 개의 시간 단계를 예측할 수 있다는 점을 기억하자. 물론 이번에는 ARMA(2,2) 모델을 차분한 데이터에 피팅해보겠다. 또한 모델의 성능을 평균과 마지막으로 측정된 값이라는 두 가지 베이스라인과 비교해볼 것이다. 이를 통해 ARMA(2,2) 모델이 단순한 예측 방법보다 더 나은 성능을 보이는지 확인할 수 있다.

리스팅 6.3 **어떤 시간 범위에 대해 롤링 예측을 수행하는 함수**

```
def rolling_forecast(df: pd.DataFrame, train_len: int, horizon: int,
↪ window: int, method: str) -> list:

    total_len = train_len + horizon
    end_idx = train_len

    if method == 'mean':
        pred_mean = []

        for i in range(train_len, total_len, window):
            mean = np.mean(df[:i].values)
            pred_mean.extend(mean for _ in range(window))

        return pred_mean
```

```
    elif method == 'last':
        pred_last_value = []

        for i in range(train_len, total_len, window):
            last_value = df[:i].iloc[-1].values[0]
            pred_last_value.extend(last_value for _ in range(window))

        return pred_last_value

    elif method == 'ARMA':
        pred_ARMA = []

        for i in range(train_len, total_len, window):
            model = SARIMAX(df[:i], order=(2,0,2))    ◀──── 차수에 ARMA(2,2) 모델을 지정한다.
            res = model.fit(disp=False)
            predictions = res.get_prediction(0, i + window - 1)
            oos_pred = predictions.predicted_mean.iloc[-window:]
            pred_ARMA.extend(oos_pred)

        return pred_ARMA
```

rolling_forecast를 사용하여 다양한 예측 방법의 성능을 평가할 수 있다. 먼저 테스트 집합의
실젯값과 다양한 방법의 예측 결과를 담을 DataFrame을 생성한다. 그런 다음 훈련 집합과 테스트
집합의 크기를 지정한다. ARMA(2,2) 모델이므로 MA(2)를 포함하고 있어 한 번에 두 단계를 예측
한다. 4장에서 MA(q) 모델을 사용할 때 q 단계 이상의 미래를 예측하면 단순히 평균을 반환하므로
예측 결과가 의미 없어짐을 알 수 있었다. 따라서 윈도우를 2로 설정하여 이러한 상황을 피하자. 평
균, 마지막으로 측정된 값, ARMA(2,2) 모델을 사용하여 테스트 집합에 대한 예측을 수행하고, 각
예측 결과를 test의 해당 열에 저장하자.

```
TRAIN_LEN = len(train)
HORIZON = len(test)
WINDOW = 2

pred_mean = rolling_forecast(df_diff, TRAIN_LEN, HORIZON, WINDOW, 'mean')
pred_last_value = rolling_forecast(df_diff, TRAIN_LEN, HORIZON, WINDOW, 'last')
pred_ARMA = rolling_forecast(df_diff, TRAIN_LEN, HORIZON, WINDOW, 'ARMA')

test.loc[:, 'pred_mean'] = pred_mean
test.loc[:, 'pred_last_value'] = pred_last_value
test.loc[:, 'pred_ARMA'] = pred_ARMA

test.head()
```

다음으로 각 방법의 예측 결과를 도식화하여 시각화한다.

```
fig, ax = plt.subplots()

ax.plot(df_diff['bandwidth_diff'])
ax.plot(test['bandwidth_diff'], 'b-', label='actual')
ax.plot(test['pred_mean'], 'g:', label='mean')
ax.plot(test['pred_last_value'], 'r-.', label='last')
ax.plot(test['pred_ARMA'], 'k--', label='ARMA(2,2)')
ax.legend(loc=2)
ax.set_xlabel('Time')
ax.set_ylabel('Hourly bandwidth (diff)')

ax.axvspan(9830, 9999, color='#808080', alpha=0.2)      ◀─── 테스트 기간에 회색 배경을 지정한다.

ax.set_xlim(9800, 9999)      ◀─── 테스트 기간을 확대해본다.

plt.xticks(
    [9802, 9850, 9898, 9946, 9994],
    ['2020-02-13', '2020-02-15', '2020-02-17', '2020-02-19', '2020-02-21'])

fig.autofmt_xdate()
plt.tight_layout()
```

결과는 그림 6.19에 나와 있다. 더 나은 시각화를 위해 테스트 기간을 확대했다.

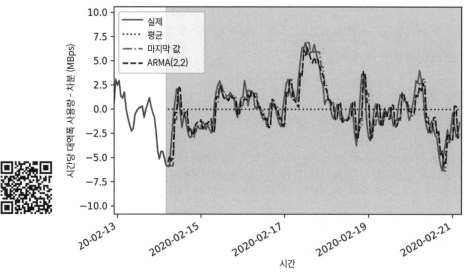

그림 6.19 평균, 마지막으로 측정된 값, ARMA(2,2) 모델, 이 세 가지 방법을 사용하여 차분된 시간별 대역폭 사용량을 예측한 결과. ARMA(2,2) 예측과 마지막으로 측정된 값 예측이 테스트 집합의 실젯값과 거의 일치하는 것을 볼 수 있다.

그림 6.19에서 파선으로 표시된 ARMA(2,2) 예측이 테스트 집합의 실젯값과 거의 일치하는 것을 볼 수 있다. 쇄선으로 표시된 마지막으로 측정된 값 방법에 의한 예측도 마찬가지다. 물론 점선으로 표시된 평균을 사용한 예측은 테스트 기간 동안 완전히 평평하다.

이제 각 모델의 성능을 평가하기 위해 평균제곱오차$_{MSE}$를 측정해보겠다. MSE가 가장 낮은 모델이 가장 성능이 좋은 모델이다.

```
mse_mean = mean_squared_error(test['bandwidth_diff'], test['pred_mean'])
mse_last = mean_squared_error(test['bandwidth_diff'], test['pred_last_value'])
mse_ARMA = mean_squared_error(test['bandwidth_diff'], test['pred_ARMA'])

print(mse_mean, mse_last, mse_ARMA)
```

평균 방법의 경우 6.3, 마지막으로 측정된 값 방법의 경우 2.2, ARMA(2,2) 모델의 경우 1.8의 MSE를 확인할 수 있다. ARMA(2,2) 모델이 베이스라인보다 성능이 뛰어나므로, 성능이 좋은 모델이라는 뜻이다.

마지막 단계는 예측을 원래 데이터와 동일한 규모로 만들기 위해 예측의 변환을 역변환하는 것이다. 원본 데이터를 정상적 데이터로 만들기 위해 변환했다는 점을 기억하자. 변환하여 정상적이 된 데이터 집합에 ARMA(2,2) 모델을 적용하여 차분된 예측을 생성했었다.

차분 변환을 역변환하기 위해 4장과 5장에서 했던 것처럼 누적 합계를 적용할 수 있다.

```
df['pred_bandwidth'] = pd.Series()
df['pred_bandwidth'][9832:] = df['hourly_bandwidth'].iloc[9832] +
↪ test['pred_ARMA'].cumsum()
```

그런 다음 데이터의 원래 규모로 예측을 도식화할 수 있다.

```
fig, ax = plt.subplots()

ax.plot(df['hourly_bandwidth'])
ax.plot(df['hourly_bandwidth'], 'b-', label='actual')
ax.plot(df['pred_bandwidth'], 'k--', label='ARMA(2,2)')

ax.legend(loc=2)
```

```
ax.set_xlabel('Time')
ax.set_ylabel('Hourly bandwith usage (MBps)')

ax.axvspan(9831, 10000, color='#808080', alpha=0.2)

ax.set_xlim(9800, 9999)

plt.xticks(
    [9802, 9850, 9898, 9946, 9994],
    ['2020-02-13', '2020-02-15', '2020-02-17', '2020-02-19', '2020-02-21'])

fig.autofmt_xdate()
plt.tight_layout()
```

그림 6.20의 결과를 보면 파선으로 표시된 예측이 테스트 집합의 실젯값과 거의 일치하며, 두 선이 거의 일치하는 것을 볼 수 있다.

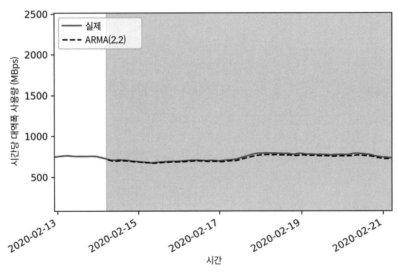

그림 6.20 **시간별 대역폭 사용량에 대한 역차분된 예측값. 예측값을 나타내는 파선이 실젯값을 나타내는 실선과 거의 일치하는 것을 알 수 있다. 이는 예측값이 실젯값에 매우 가깝다는 것을 뜻하며, 성능이 우수한 모델임을 나타낸다.**

역차분된 ARMA(2,2) 예측값의 평균절대오차를 측정하여 예측이 실젯값과 얼마나 차이가 나는지 파악할 수 있다. 해석하기 쉽기 때문에 MAE를 사용했다.

```
mae_ARMA_undiff = mean_absolute_error(df['hourly_bandwidth'][9832:],
➥ df['pred_bandwidth'][9832:])
```

```
print(mae_ARMA_undiff)
```

MAE 14를 출력하는데, 이는 평균적으로 예측값이 실제 대역폭 사용량보다 14Mbps 정도 높거나 낮다는 것을 뜻한다.

6.7 다음 단계

이번 장에서는 ARMA(p,q) 모델이 AR(p) 모델과 MA(q) 모델을 효과적으로 결합하여 더 복잡한 시계열을 모델링하고 예측하는 것을 살펴보았다. 이를 위해 ACF 도식과 PACF 도식에 대한 정성적 분석을 활용하지 않고 완전히 새로운 모델링 절차를 정의했다. 대신 다양한 (p,q) 조합 기반의 여러 ARMA(p,q) 모델을 피팅하고 AIC가 가장 낮은 모델을 선택했다. 그런 다음 모델의 잔차 속성을 분석하여 잔차 백색소음과 유사한지, 즉 정규분포를 보이고 정상적이며 상관관계가 없는지 확인했다. 이 분석은 Q-Q 도식을 분석하여 잔차가 정규분포인지 평가하는 정성적 방법뿐만 아니라, 융-박스 테스트를 적용하여 잔차의 상관 여부를 판단하는 정량적 분석도 포함했다. 모델의 잔차가 백색소음처럼 무작위 변수의 속성을 갖는 경우, 해당 모델을 예측에 사용할 수 있다.

지금까지 정상적 시계열에 대한 다양한 모델들인 MA(q) 모델, AR(p) 모델, ARMA(p,q) 모델을 살펴보았다. 각 모델로 예측을 수행하기 전에 데이터를 정상적 상태로 변환해야 했다. 또한 데이터의 원래 규모로 예측을 얻으려면 예측값의 역변환을 수행해야 했다.

그런데 비정상적인 시계열을 예측 시 데이터는 변환하고 예측값은 역변환하지 않고도 모델링하는 방법이 있다. 자기회귀누적이동평균 모델 또는 ARIMA(p,d,q) 모델로서 누적 시계열integrated time series을 모델링할 수 있다. 이는 다음 장에서 다룰 주제다.

6.8 연습

이제 이 연습 문제를 통해 지식을 테스트하고 일반적 모델링 절차를 적용해보자. 솔루션은 깃허브에서 얻을 수 있다.

https://github.com/jpub-dongdong9/TimeSeriesForecastingInPython/tree/master/CH06

1. 시뮬레이션된 ARMA(1,1) 프로세스를 재사용하여 훈련 집합과 테스트 집합으로 나눈다. 데이터의 80%는 훈련 집합에 할당하고, 나머지 20%는 테스트 집합에 할당한다.

2. `rolling_forecast` 함수를 사용하여 ARMA(1,1) 모델, 평균 방법, 마지막으로 측정된 값 방법에 의한 예측을 수행한다.

3. 예측을 도식화한다.

4. MSE를 사용하여 각 방법의 성능을 평가한다. 어떤 방법이 가장 좋은 성능을 보였는가?

6.8.2 ARMA(2,2) 프로세스 시뮬레이션하고 예측 수행하기

정상적 ARMA(2,2) 프로세스를 시뮬레이션한다. `statsmodels`의 `ArmaProcess` 함수를 사용하여 시뮬레이션한다.

$$y_t = 0.33y_{t-1} + 0.50y_{t-2} + 0.9\epsilon_{t-1} + 0.3\epsilon_{t-2}$$

1. 10,000개의 샘플을 시뮬레이션한다.

```
from statsmodels.tsa.arima_process import ArmaProcess
import numpy as np

np.random.seed(42)    ◀──  재현을 위해 시드값을 설정한다. 다른 값으로
                           실험하려면 시드를 변경하자.
ma2 = np.array([1, 0.9, 0.3])
ar2 = np.array([1, -0.33, -0.5])

ARMA_2_2 = ArmaProcess(ar2, ma2).generate_sample(nsample=10000)
```

2. 시뮬레이션된 프로세스를 도식화한다.

3. ADF 테스트를 사용하여 정상성을 테스트한다.

4. 데이터를 훈련 집합과 테스트 집합으로 나눈다. 테스트 집합에는 마지막 200개의 시간 단계를 포함해야 한다. 나머지는 훈련 집합에 포함한다.

5. p와 q의 값 범위를 정의하고, 모든 고유한 차수 조합 (p,q)을 생성한다.

6. `optimize_ARMA` 함수를 사용하여 모든 고유한 ARMA(p,q) 모델을 피팅하고 AIC가 가장 낮은 모델을 선택한다. ARMA(2,2) 모델이 AIC가 가장 낮은 모델인가?

7. AIC에 따라 가장 적합한 모델을 선택한 뒤, 잔차를 residuals라는 변수에 저장한다.

8. plot_diagnostics 메서드를 사용하여 잔차에 대한 정성적 분석을 수행한다. Q-Q 도식에서 $y = x$ 직선에 겹쳐진 직선이 표시되는가? 상관관계 도표correlogram에 유의한 계수가 표시되는가?

9. 첫 10개의 지연에 대해 융-박스 테스트를 적용하여 잔차에 대한 정량적 분석을 수행한다. 반환된 모든 p-값이 0.05 이상인가? 잔차에 상관관계가 있는가?

10. rolling_forecast 함수를 사용하여 선택한 ARMA(p,q) 모델, 평균 방법, 마지막으로 측정된 값 방법을 사용하는 예측을 수행한다.

11. 예측을 도식화한다.

12. MSE를 사용하여 각 방법의 성능을 평가한다. 어떤 방법이 가장 좋은 성능을 보이는가?

요약

- ARMA(p,q)로 표시되는 자기회귀이동평균 모델은 자기회귀 모델 AR(p)와 이동평균 모델 MA(q)를 결합한 모델이다.

- ARMA(p,q) 프로세스는 ACF 도식과 PACF 도식 모두에서 감쇠 패턴이나 사인 곡선 패턴을 보인다. 따라서 차수 p와 q를 추정하는 데 사용할 수 없다.

- 일반적 모델링 절차는 ACF 도식과 PACF 도식에 의존하지 않는다. 대신 많은 ARMA(p,q) 모델을 피팅하고 모델을 선택하며 잔차 분석을 수행한다.

- 모델 선택은 아카이케 정보 기준을 사용하여 수행한다. 이는 모델의 정보 손실 수준을 정량화하는 것으로, 모델의 매개변수 개수 및 데이터 적합도와 관련이 있다. AIC가 낮을수록 더 좋은 모델이다.

- AIC는 품질에 대한 상대적인 척도다. 여러 가지 모델 중에서 가장 좋은 모델을 선택할 수 있다. 절대적인 품질 측정을 위해 잔차 분석도 수행한다.

- 좋은 모델의 잔차는 백색소음에 가까워야 하며, 이는 상관관계가 없고 정규분포이며 독립적이어야 함을 뜻한다.

- Q-Q 도식은 두 분포를 비교하기 위한 시각적 도구다. 이를 사용하여 잔차의 분포를 이론적 정규분포와 비교해본다. 도식에서 $y = x$ 직선에 겹쳐진 직선을 보인다면 두 분포가 유사하다는 뜻이다. 그렇지 않으면 잔차가 정규분포를 보이지 않는다는 뜻이다.

- 융-박스 테스트를 통해 잔차의 상관관계 여부를 확인할 수 있다. 귀무가설로 데이터가 독립적으로 분포되어 있고 상관관계가 없다는 가설을 설정한다. 반환된 p-값이 0.05보다 크면 귀무가설을 기각할 수 없으며, 이는 잔차가 백색소음과 같이 상관관계가 없음을 뜻한다.

비정상적 시계열 예측하기

이 장의 주요 내용

- 자기회귀누적이동평균 모델 또는 ARIMA(p,d,q) 살펴보기
- 비정상적 시계열에 일반적 모델링 절차 적용하기
- ARIMA(p,d,q) 모델을 사용하여 예측 수행하기

4장, 5장, 6장에서는 이동평균 모델인 MA(q), 자기회귀 모델인 AR(p), 자기회귀이동평균 모델인 ARMA(p,q)에 대해 살펴보았다. 이러한 모델은 정상적 시계열에만 사용할 수 있으므로 주로 차분과 같은 변환을 적용하고, ADF 테스트를 적용하여 정상성을 테스트해야 한다는 점을 확인했다. 앞서 살펴본 예제에서 각 모델의 예측은 차분된 값을 반환했기 때문에 원래 데이터의 규모로 값을 되돌리려면 역변환해야 했다.

이번에는 비정상적 시계열을 예측할 수 있도록 ARMA(p,q) 모델에 다른 구성요소를 추가하겠다. 이 구성요소는 변수 d로 표시되는 **적분 차수**integration order이며, 이는 **자기회귀누적이동평균**autoregressive integrated moving average , ARIMA 모델 또는 ARIMA(p,d,q)로 이어진다. 이 모델을 사용하면 비정상적 시계열을 직접 모델링할 수 있어 차분된 데이터로 모델링하고 예측값을 역변환하는 단계를 넘어갈 수 있다.

이번 장에서는 ARIMA(p,d,q) 모델과 적분 차수 d를 정의한 뒤, 일반적 모델링 절차에 한 단계를 추가한다. 그림 7.1은 6장에서 정의한 일반적 모델링 절차를 보여준다. 이 절차를 ARIMA(p,d,q) 모델과 함께 사용하려면 적분 차수를 결정하는 단계를 추가해야 한다.

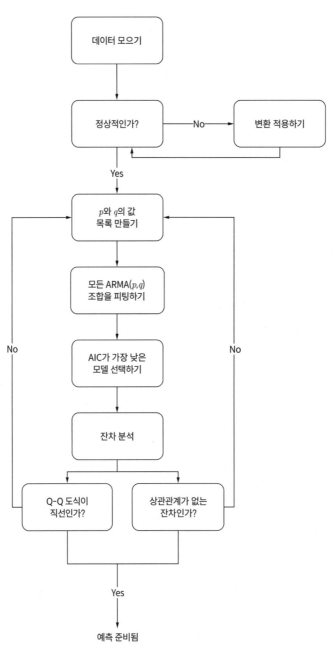

그림 7.1 **ARMA(p,q) 모델을 사용한 일반적 모델링 절차. 이번 장에서는 ARIMA(p,d,q) 모델을 사용하기 위해 이 절차에 다른 단계를 추가한다.**

그런 다음 수정된 절차를 적용하여 비정상적 시계열, 즉 추세가 있는 시계열 혹은 시간에 따른 분산이 일정하지 않은 시계열 데이터를 예측해보자. 1장과 2장에서 살펴본 1960년부터 1980년 사이의 존슨앤드존슨의 분기별 주당순이익 데이터 집합을 다시 사용하겠다. 이 수열은 그림 7.2에 나와 있다. 1년간의 분기별 주당순이익을 예측하기 위해 ARIMA(p,d,q) 모델을 적용해보자.

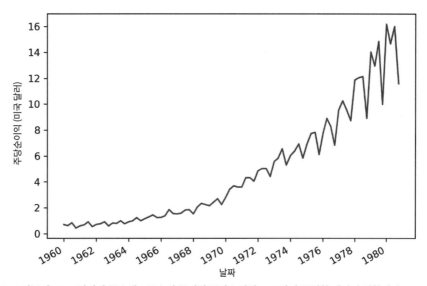

그림 7.2 **1960년부터 1980년까지 존슨앤드존슨의 분기별 주당순이익. 1~2장과 동일한 데이터 집합이다.**

7.1 자기회귀누적이동평균 모델 정의하기

자기회귀누적이동평균과정autoregressive integrated moving average process은 자기회귀과정 AR(p), 적분 I(d), 이동평균과정 MA(q)의 조합이다.

ARMA 프로세스와 마찬가지로 ARIMA 프로세스는 현잿값이 AR(p) 부분에서 나오는 과것값과 MA(q) 부분에서 나오는 과거 오차에 따라 달라진다는 것을 나타낸다. 그러나 ARIMA 프로세스는 y_t로 표시되는 원본 수열을 사용하는 대신 y'_t로 표시되는 차분된 수열을 사용한다. y'_t는 한 번 이상 차분된 수열을 나타낼 수 있다는 점에 유의하자.

따라서 수식 7.1에 표시된 것처럼 ARIMA(p,d,q) 프로세스의 수학적 표현은 차분된 수열의 현잿값 y'_t는 상수 C, 차분된 수열의 과것값 $\phi_p y'_{t-p}$, 차분된 수열의 평균 μ, 과거 오차 항 $\theta_q \epsilon_{t-q}$, 현재 오차 항 ϵ_t의 합과 같다고 정의한다.

$$y'_t = C + \phi_1 y'_{t-1} + \cdots + \phi_p y'_{t-p} + \theta_1 \epsilon'_{t-1} + \cdots + \theta_q \epsilon'_{t-q} + \epsilon_t \qquad \text{수식 7.1}$$

ARMA 프로세스와 마찬가지로 차수 p는 모델에 포함할 시계열 중 지연된 값의 개수를 결정하고, 차수 q는 모델에 포함하는 지연된 오차 항의 개수를 결정한다. 그러나 수식 7.1에서 차수 d가 표시되어 있지는 않다.

여기서 차수 d는 적분 차수로 정의된다. 적분은 단순히 차분의 반대다. 따라서 적분의 차수는 수열을 정상적으로 만들기 위해 차분한 횟수와 같다.

수열을 한 번 차분하여 정상적이 되면 d = 1이 된다. 수열을 두 번 차분하여 정상적이 되면 d = 2가 된다.

> 자기회귀누적이동평균과정은 AR(p) 프로세스와 MA(q) 프로세스를 결합한 것인데, 이는 차분된 수열 기반의 결합이다.
>
> ARIMA(p,d,q)로 표시하는데, 여기서 p는 AR(p) 프로세스의 차수, d는 적분 차수, q는 MA(q) 프로세스의 차수다.
>
> 적분은 차분의 반대이며, 적분 차수 d는 수열을 정상적 상태로 만들기 위해 차분한 횟수와 같다.
>
> ARIMA(p,d,q) 프로세스의 일반 수식은 다음과 같다.
>
> $$y'_t = \mathrm{C} + \phi_1 y'_{t-1} + \cdots + \phi_p y'_{t-p} + \theta_1 \epsilon'_{t-1} + \cdots + \theta_q \epsilon'_{t-q} + \epsilon_t$$
>
> y'_t는 차분된 시계열로, 두 번 이상 차분되었을 수 있다.

차분을 적용하면 정상적으로 만들 수 있는 시계열을 **적분된 수열**integrated series이라고 한다. 비정상적 적분 시계열의 경우, ARIMA(p,d,q) 모델을 사용하여 예측을 수행할 수 있다.

따라서 간단히 말하면 ARIMA 모델은 비정상적 시계열에 적용할 수 있는 ARMA 모델이라고 할 수 있다. ARMA(p,q) 모델을 피팅하기 위해서는 시계열이 정상적이어야 하는 반면, ARIMA(p,d,q) 모델은 비정상적 시계열에 사용할 수 있다. 적분 차수 d를 구하기만 하면 되는데, 이는 시계열이 정상적이 되기 위해 차분해야 하는 최소 횟수에 해당한다.

그러므로 일반적 모델링 절차에 적분 차수를 구하는 단계를 추가하여 존슨앤드존슨의 분기별 주당순이익을 예측하는 데 적용할 수 있다.

7.2 비정상적 시계열에 적용하기 위해 일반적 모델링 절차 수정하기

6장에서는 더 복잡한 시계열, 즉 자기회귀 부분과 이동평균 부분이 모두 있는 수열을 모델링할 수 있는 일반적 모델링 절차를 구축했다. 이 절차에는 여러 ARMA(p,q) 모델을 피팅하고 AIC가 가장 낮은 모델을 선택하는 과정을 포함한다. 그런 다음 모델의 잔차를 분석하여 백색소음과 유사한지 확인한다. 유사하다면 해당 모델을 예측에 사용할 수 있다. 그림 7.3에서 현재까지의 일반적 모델링 절차를 시각화했다.

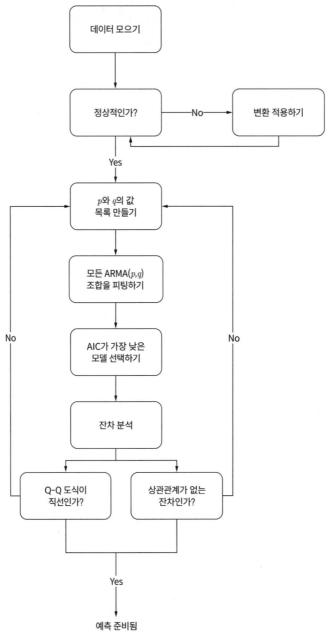

그림 7.3 **ARMA**(p,q) 모델을 사용한 일반적 모델링 절차. 이제 비정상적 시계열에 활용하기 위해 ARIMA(p,d,q) 모델에 적용할 수 있도록 조정해야 한다.

일반적 모델링 절차에 적분 차수 d를 결정하는 단계를 포함할 것이다. 이렇게 하면 비정상적 시계열을 예측할 수 있는 ARIMA(p,d,q) 모델을 사용할 수 있다.

이전 절에서 적분 차수 d는 단순히 시계열이 정상적이 되기 위해 차분해야 하는 최소 횟수라는 것을 알았다. 따라서 시계열이 한 번 차분된 후 정상적이 되면 $d = 1$이 된다. 두 번 차분된 후 정상적이 되면 $d = 2$가 된다. 필자의 경험상 시계열이 정상적이 되기 위해 두 번 이상 차분해야 하는 경우는 거의 없었다.

시계열에 변환을 적용할 때 d의 값을 시계열의 차분 횟수로 설정하는 단계를 추가할 수 있다. 그런 다음 많은 ARMA(p,q) 모델을 피팅하는 대신 많은 ARIMA(p,d,q) 모델을 피팅한다. 나머지 절차는 동일하게 유지하며, 여전히 AIC를 사용하여 최적의 모델을 선택하고 잔차를 분석한다. 이를 적용한 절차는 그림 7.4에 나와 있다.

$d = 0$인 경우 ARMA(p,q) 모델과 동일하다는 점에 유의하자. 이는 또한 시계열이 정상적이기 위해 차분할 필요가 없다는 것을 뜻한다. 또 ARMA(p,q) 모델은 정상적이 된 수열에만 적용할 수 있는 반면, ARIMA(p,d,q) 모델은 차분되지 않은 수열에도 적용할 수 있다는 것을 뜻하기도 한다.

새로운 일반적 모델링 절차를 적용하여 존슨앤드존슨의 분기별 주당순이익을 예측해보자.

7.3 비정상적 시계열 예측하기

이제 그림 7.4에 표시된 일반적 모델링 절차를 적용하여 존슨앤드존슨의 분기별 주당순이익을 예측해보자. 1장과 2장에서 소개한 것과 동일한 데이터 집합을 사용한다. 1년간의 분기별 주당순이익을 예측할 것이다. 즉 1년은 4분기가 있기 때문에 향후 4번의 시간 단계를 예측해야 한다. 데이터 집합은 1960년부터 1980년 사이의 기간을 포함한다.

항상 그렇듯이 첫 번째 단계는 데이터를 수집하는 것이다. 여기서는 이미 수집이 완료되었으므로 간단히 로딩하여 수열을 표시할 수 있다. 결과는 그림 7.5에 나와 있다.

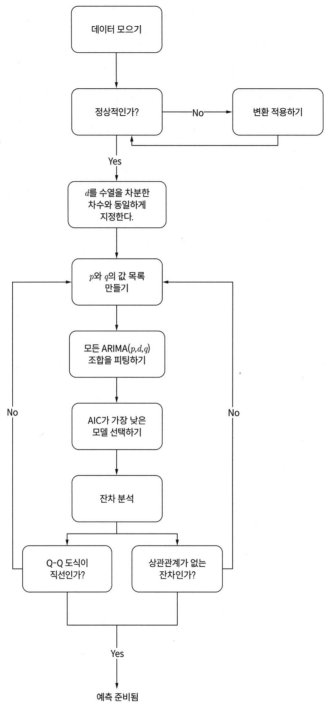

그림 7.4 **ARIMA(p,d,q) 모델을 사용하기 위한 일반적 모델링 절차. ARIMA(p,d,q) 모델에 매개변수 d를 지정하는 단계가 추가되었다. 여기서 d는 단순히 시계열이 정상적으로 만들기 위해 해야 하는 차분의 최소 횟수다.**

```
df = pd.read_csv('../data/jj.csv')

fig, ax = plt.subplots()

ax.plot(df.date, df.data)
ax.set_xlabel('Date')
ax.set_ylabel('Earnings per share (USD)')

plt.xticks(np.arange(0, 81, 8), [1960, 1962, 1964, 1966, 1968, 1970, 1972,
➡ 1974, 1976, 1978, 1980])

fig.autofmt_xdate()
plt.tight_layout()
```

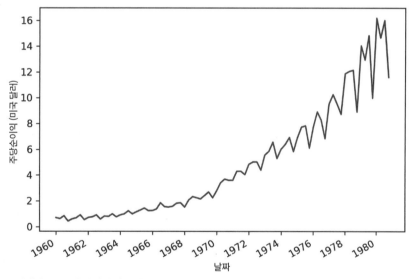

그림 7.5 **1960년에서 1980년 사이의 존슨앤드존슨의 분기별 주당순이익**

절차에 따라 데이터가 정상적인지 확인해야 한다. 그림 7.5는 분기별 주당순이익이 시간이 지남에 따라 증가하는 경향이 있으므로 긍정적인 추세를 보여준다. 그럼에도 불구하고 ADF 테스트를 적용하여 데이터가 정상적인지를 확인할 수 있다. 이제 이 단계에 매우 익숙해졌을 것이므로 최소한의 설명만 덧붙이겠다.

```
ad_fuller_result = adfuller(df['data'])

print(f'ADF Statistic: {ad_fuller_result[0]}')
print(f'p-value: {ad_fuller_result[1]}')
```

이 코드는 p-값 1.0, ADF 통계 2.74를 반환한다. ADF 통계가 큰 음수가 아니고 p-값이 0.05보다 크므로 귀무가설을 기각할 수 없으며, 이는 수열이 비정상적이라는 것을 뜻한다.

시계열이 정상적이 되려면 몇 번 차분을 해야 하는지 결정해야 한다. 이를 통해 적분 차수 d를 설정할 수 있다. 1차 차분을 적용하고 정상성을 테스트할 수 있다.

```
eps_diff = np.diff(df['data'], n=1)      ◄────  1차 차분을 적용한다.

ad_fuller_result = adfuller(eps_diff)      ◄────  정상성 테스트를 한다.

print(f'ADF Statistic: {ad_fuller_result[0]}')
print(f'p-value: {ad_fuller_result[1]}')
```

그 결과 ADF 통계는 -0.41이고 p-값은 0.9이다. 다시 말하지만, ADF 통계는 큰 음수가 아니며 p-값은 0.05보다 크다. 따라서 귀무가실을 기각할 수 없으며 1차 차분 후에도 수열이 정상적이 아니라는 결론을 내려야 한다.

다시 차분을 시도하여 수열이 정상적이 되는지 확인해보자.

```
eps_diff2 = np.diff(eps_diff, n=1)      ◄────  차분된 수열을 다시 차분한다.

ad_fuller_result = adfuller(eps_diff2)      ◄────  정상성을 테스트한다.

print(f'ADF Statistic: {ad_fuller_result[0]}')
print(f'p-value: {ad_fuller_result[1]}')
```

그 결과 ADF 통계는 -3.59이고 p-값은 0.006이다. 이제 p-값이 0.05보다 작고 ADF 통계는 큰 음수이므로 귀무가설을 기각하고, 시계열이 정상적이라고 결론을 내릴 수 있다. 데이터를 정상적 상태로 만들기 위해 두 번 차분했으므로 적분 차수는 2이고 $d = 2$이다.

다양한 조합의 ARIMA(p,d,q) 모델을 피팅하기 전에, 데이터를 훈련 집합과 테스트 집합으로 분리해야 한다. 테스트 집합에는 지난 1년간의 데이터를 포함할 것이다. 즉 1960년부터 1979년까지의 데이터로 모델을 피팅하고 1980년의 분기별 EPS를 예측하여 1980년에 관측된 값과 비교해 모델의 품질을 평가할 것이다. 그림 7.6에서 음영 처리된 영역은 테스트 기간이다.

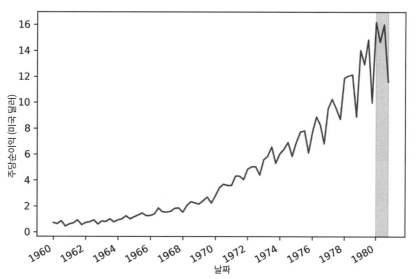

그림 7.6 훈련 집합 및 테스트 집합. 훈련 기간은 1960년부터 1979년까지를 포함하며, 테스트 집합은 1980년에 보고된 분기별 EPS다. 이 테스트 집합은 데이터 집합 중 마지막 4개 데이터 요소에 해당한다.

여러 ARIMA(p,d,q) 모델을 피팅하기 위해 optimize_ARIMA 함수를 정의한다. 6장에서 정의한 op-timize_ARIMA 함수와 거의 동일하지만 이번에는 적분 차수 d를 함수에 입력값으로 추가한다. 함수의 나머지 부분은 동일하게 유지되며, 다른 모델을 피팅하고 AIC가 가장 낮은 모델을 선택하기 위해 AIC 기준 오름차순으로 정렬한다. optimize_ARIMA 함수는 다음 리스팅에 나와 있다.

리스팅 7.1 모든 고유한 ARIMA(p,d,q) 모델들을 피팅하는 함수

```
from typing import Union
from tqdm import tqdm_notebook
from statsmodels.tsa.statespace.sarimax import SARIMAX

def optimize_ARIMA(endog: Union[pd.Series, list], order_list: list, d: int)
↪ -> pd.DataFrame:          ◀─── 이 함수는 시계열 데이터, 고유한 (p,q) 조합들의 목록, 적분 차수 d를 입력받는다.

    results = []            ◀─── 각 차수 (p,q)와 해당 AIC를 튜플로 저장하기 위한 빈 목록을 초기화한다.

    for order in tqdm_notebook(order_list):      ◀─── 각각의 고유한 (p,q) 조합에 대해 루프를 반복한다.
        try:                                          tqdm_notebook을 사용하여 진행률을 표시한다.
            model = SARIMAX(endog, order=(order[0], d, order[1]),
↪ simple_differencing=False).fit(disp=False)
```

SARIMAX 함수를 사용하여 ARIMA(p,d,q) 모델을 피팅한다. 차분을 방지하기 위해 simple_differencing=False를 지정한다. 또한 콘솔에 상태 메시지를 인쇄하지 않도록 disp=False를 지정한다.

```
        except:
            continue

        aic = model.aic          ◄——  모델의 AIC를 계산한다.
        results.append([order, aic])  ◄———  결과 목록에 (p,q) 조합과 AIC를 튜플로 추가한다.

    result_df = pd.DataFrame(results)  ◄————  (p,q) 조합과 AIC를 DataFrame에 저장한다.
    result_df.columns = ['(p,q)', 'AIC']  ◄—
                                            └ DataFrame의 열에 레이블을 지정한다.
    #오름차순으로 정렬, AIC가 낮을수록 좋음
    result_df = result_df.sort_values(by='AIC',
➥ ascending=True).reset_index(drop=True)  ◄—— AIC 기준 오름차순으로 DataFrame을 정렬한다. AIC가 낮을수록
                                              더 좋은 모델이다.
    return result_df
```

함수를 사용하여 차수 p와 q로 가능한 값의 목록을 정의할 수 있다. 이번 예시에서는 두 차수에 대해 0, 1, 2, 3 값을 시도하고 고유한 (p,q) 조합의 목록을 생성한다.

```
from itertools import product

ps = range(0, 4, 1)  ◄——  p에 대해 0 이상 4 미만에서 1씩 증가하여 가능한 값의 목록을 생성한다.
qs = range(0, 4, 1)  ◄——  q에 대해 0 이상 4 미만에서 1씩 증가하여 가능한 값의 목록을 생성한다.
d = 2  ◄——  수열이 정상적이 되려면 두 번 차분해야 하므로 d를 2로 설정한다.

order_list = list(product(ps, qs))  ◄——  (p,q)의 모든 고유 조합을 포함하는 목록을 생성한다.
```

매개변수 d에는 값을 범위로 지정하지 않는데, 그 이유는 매우 구체적인 값이기 때문이다. 즉 수열이 정상성을 갖기 위해 차분해야 하는 횟수이기 때문이다. 따라서 특정값(이 경우, 2)으로 설정해야 한다.

또한 AIC를 사용하여 모델을 비교하려면 d는 일정해야 한다. d를 변경하면 AIC 값 계산에 사용되는 가능도 함수가 변경되므로 AIC를 기준으로 모델을 비교하는 것이 더 이상 유효하지 않게 된다.

이제 훈련 집합을 사용하여 `optimize_ARIMA` 함수를 실행할 수 있다. 이 함수는 가장 낮은 AIC를 가진 모델이 맨 위에 있는 `DataFrame`을 반환한다.

```
train = df.data[:-4]  ◄——  훈련 집합은 마지막 4개를 제외한 모든 데이터 요소로 구성된다.
                                          optimize_ARIMA 함수를 실행하여
result_df = optimize_ARIMA(train, order_list, d)  ◄—  AIC가 가장 낮은 모델을 얻는다.
result_df  ◄——  결과인 DataFrame을 출력한다.
```

반환된 `DataFrame`은 p와 q 모두에 대해 3이 가장 낮은 AIC라는 것을 보여준다. 따라서 이 상황에서는 ARIMA(3,2,3) 모델이 가장 적합한 것으로 보인다. 이제 잔차를 조사하여 모델의 유효성을 평가해보자.

이를 위해 훈련 집합에 ARIMA(3,2,3) 모델을 피팅하고 `plot_diagnostics` 메서드를 사용하여 잔차의 진단을 표시한다. 결과는 그림 7.7에 나와 있다.

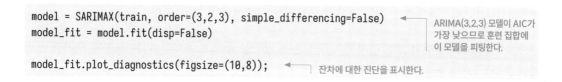

```
model = SARIMAX(train, order=(3,2,3), simple_differencing=False)
model_fit = model.fit(disp=False)

model_fit.plot_diagnostics(figsize=(10,8));
```

ARIMA(3,2,3) 모델이 AIC가 가장 낮으므로 훈련 집합에 이 모델을 피팅한다.

잔차에 대한 진단을 표시한다.

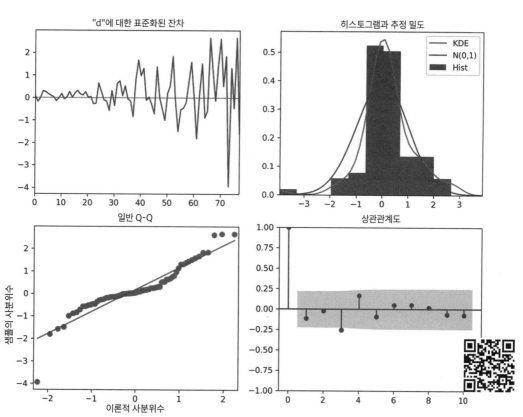

그림 7.7 **ARIMA(3,2,3) 잔차의 진단.** 왼쪽 하단의 Q-Q 도식은 끝부분에 약간의 편차가 있는 상당히 직선적인 선을 표시한다.

그림 7.7에서 왼쪽 상단 도식은 시간 경과에 따른 잔차를 보여준다. 잔차에 추세는 없지만 분산이 일정하지 않은 것으로 보이며, 이는 백색소음과 차이가 있다. 오른쪽 상단은 잔차의 분포다. 정규분포에 상당히 가깝다는 것을 알 수 있다. Q-Q 도식에서도 잔차의 분포가 정규분포에 가깝다는 것을 뜻하는 상당히 직선적인 선이 표시되므로 동일한 결론에 도달할 수 있다. 마지막으로 오른쪽 하단의 상관관계도를 보면 지연 3에서 계수가 유의한 것으로 보인다. 하지만 그 앞에 유의한 자기상관계수가 없기 때문에 이는 우연에 의한 것으로 추정할 수 있다. 따라서 상관관계도는 백색소음과 마찬가지로 지연 0 이후에는 유의한 계수가 나타나지 않는다고 말할 수 있다.

따라서 정성적 관점에서 보면 잔차가 백색소음에 가까운 것으로 보이며, 이는 모델의 오차가 무작위적이라는 것을 뜻하므로 좋은 징조다.

마지막 단계는 정량적 관점에서 잔차를 평가하는 것이다. 이를 위해 잔차의 상관관계 여부를 판단하기 위한 융-박스 테스트를 적용한다. 처음 10개의 지연에 대해 이 테스트를 적용하고 p-값을 조사한다. 모든 p-값이 0.05보다 크면 귀무가설을 기각할 수 없으므로 잔차가 백색소음과 마찬가지로 상관관계가 없다고 결론을 내릴 수 있다.

```python
from statsmodels.stats.diagnostic import import acorr_ljungbox

residuals = model_fit.resid      ◀──  모델의 잔차를 변수에 저장한다.

lbvalue, pvalue = acorr_ljungbox(residuals, np.arange(1, 11, 1))   ◀── 처음 10개의 지연에 대해
                                                                        융-박스 테스트를 적용한다.
print(pvalue)
```

모델 잔차의 첫 10개 지연에 대해 융-박스 테스트를 실행하면 모두 0.05보다 큰 p-값 목록을 반환한다. 따라서 귀무가설을 기각하지 않고 잔차가 백색소음과 마찬가지로 상관관계가 없다고 결론을 내릴 수 있다.

ARIMA(3,2,3) 모델은 모든 검사를 통과했으며 이제 예측에 사용할 수 있다. 테스트 집합은 1980년에 보고된 4개의 분기별 주당순이익에 해당하는 마지막 4개의 데이터 요소다. 모델의 평가 기준으로는 단순한 계절적 방법을 사용한다. 즉 1979년 1분기의 주당순이익을 1980년 1분기의 주당순이익에 대한 예측으로 사용한다. 그런 다음 1979년 2분기의 주당순이익을 1980년 2분기의 주당순이익에 대한 예측으로 사용하는 식이다. 우리가 개발하는 모델이 단순한 방법보다 나은지 판단하기 위해 모델링할 때 평가 기준이나 베이스라인 모델이 필요하다는 것을 기억하자. 모델의 성능은 항상 베이스라인 모델과 비교하여 평가해야 한다.

```
test = df.iloc[-4:]          ◀── 테스트 집합은 마지막 4개의 데이터 요소에 해당한다.

test['naive_seasonal'] = df['data'].iloc[76:80].values   ◀── 1979년에 보고된 분기별 주당순이익을
                                                             1980년에 대한 예측으로 사용하는 단순한
                                                             계절적 예측 방법을 구현한다.
```

베이스라인이 설정되었으므로 이제 ARIMA(3,2,3) 모델을 사용하여 예측을 수행하고, 그 결과를 ARIMA_pred 열에 저장할 수 있다.

```
ARIMA_pred = model_fit.get_prediction(80, 83).predicted_mean   ◀── 1980년에 대한 예측값을 가져온다.

test['ARIMA_pred'] = ARIMA_pred   ◀── 예측값을 ARIMA_pred 열에 할당한다.
```

예측을 시각화하여 각 방법의 예측이 관측된 값에 얼마나 가까운지 확인해보자. 결과 도식은 그림 7.8에 나와 있다.

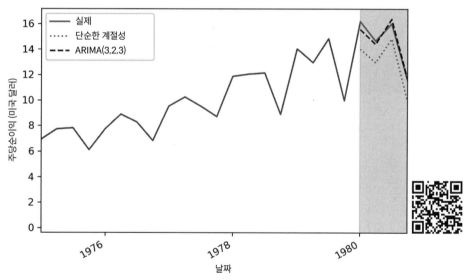

그림 7.8 **1980년 존슨앤드존슨의 분기별 EPS 예측. 파선으로 표시된 ARIMA(3,2,3) 모델의 예측이 1980년에 관측된 데이터와 거의 완벽하게 겹치는 것을 볼 수 있다.**

그림 7.8에서 단순한 계절적 예측은 점선으로, ARIMA(3,2,3) 예측은 파선으로 표시되어 있다. ARIMA(3,2,3) 모델은 매우 작은 오차로 분기별 EPS를 예측했다.

그림 7.9와 같이 평균절대백분율오차를 측정하여 이 오차를 정량화하고 각 예측 방법에 대한 지표를 막대형 차트에 표시할 수 있다.

```
def mape(y_true, y_pred):        ◀─────  MAPE를 계산하는 함수를 정의한다.
    return np.mean(np.abs((y_true - y_pred) / y_true)) * 100

mape_naive_seasonal = mape(test['data'], test['naive_seasonal'])    ◀─────  단순한 계절적 방법에
mape_ARIMA = mape(test['data'], test['ARIMA_pred'])    ◀─────             대한 MAPE를 계산한다.

                                              ARIMA(3,2,3) 모델에 대한
fig, ax = plt.subplots()                      MAPE를 계산한다.

x = ['naive seasonal', 'ARIMA(3,2,3)']
y = [mape_naive_seasonal, mape_ARIMA]

ax.bar(x, y, width=0.4)
ax.set_xlabel('Models')
ax.set_ylabel('MAPE (%)')
ax.set_ylim(0, 15)

for index, value in enumerate(y):
    plt.text(x=index, y=value + 1, s=str(round(value,2)), ha='center')

plt.tight_layout()
```

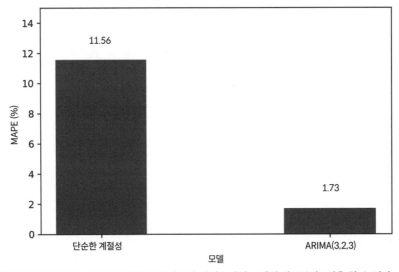

그림 7.9 두 예측 방법의 MAPE. ARIMA 모델의 오차 지표가 베이스라인 모델의 약 5분의 1임을 알 수 있다.

그림 7.9에서 단순한 계절 예측의 MAPE는 11.56%인 반면, ARIMA(3,2,3) 모델의 MAPE는 1.73%로 벤치마크값의 약 5분의 1 수준임을 알 수 있다. 즉 예측값이 실젯값에서 평균적으로 1.73% 정도 차이를 보인다는 것을 뜻한다. ARIMA(3,2,3) 모델이 단순한 계절적 방법보다 더 나은 모델임이 분명하다.

7.4 다음 단계

이번 장에서는 비정상적 시계열을 모델링하고 예측할 수 있는 ARIMA(p,d,q) 모델에 대해 살펴보았다.

적분 차수 d는 시계열이 정상적이 되려면 몇 번 차분해야 하는지 정의한다. 모델에 수열을 적용하려면 정상적으로 만들어야 해서 변환을 적용해야 하고 예측값도 역변환해야 하는 ARMA(p,q) 모델과 달리, 이 매개변수를 사용하면 원본 시계열에 모델을 피팅하고 동일한 규모로 예측을 얻을 수 있다.

ARIMA(p,d,q) 모델을 적용하기 위해 일반적 모델링 절차에 적분 차수를 구하는 단계를 추가했다. 이 값은 시계열이 정상적이 되기 위해 차분해야 하는 최소 횟수에 해당한다.

이제 시계열의 또 다른 속성인 계절성을 고려할 수 있도록, ARIMA(p,d,q) 모델에 또 다른 계층을 추가할 수 있다. 우리는 존슨앤드존슨 데이터 집합을 충분히 분석하여 이 수열에 주기적 패턴이 있다는 점을 명확히 깨달았다. 시계열의 계절성을 모델에 통합하려면 계절적 자기회귀누적이동평균 모델이나 SARIMA(p,d,q)(P,D,Q)$_m$을 사용해야 한다. 이는 다음 장에서 다룰 주제다.

7.5 연습

이제 앞서 살펴본 데이터 집합에 ARIMA 모델을 적용해보자. 이 연습에 대한 전체 솔루션은 깃허브에서 확인할 수 있다.

https://github.com/jpub-dongdong9/TimeSeriesForecastingInPython/tree/master/CH07.

7.5.1 4장, 5장, 6장의 데이터 집합에 ARIMA(p,d,q) 모델 적용하기

4장, 5장, 6장에서는 MA(q), AR(p), ARMA(p,q) 모델을 적용하는 방법을 보여주기 위해 비정상적 시계열을 소개했다. 각 장에서는 시계열을 변환하여 정상적 상태로 만들고, 모델에 피팅한 뒤 예측을 하고, 예측을 역변환하여 데이터를 원래의 규모로 되돌리는 과정을 거쳤다.

이제 비정상적 시계열을 다루는 방법을 알았으므로 각 데이터 집합에 대해 ARIMA(p,d,q) 모델을 적용해보자. 각 데이터 집합에 대해 다음을 수행해보자.

1. 일반적 모델링 절차를 적용한다.

2. 4장의 데이터 집합에 ARIMA(0,1,2) 모델이 적합한가?

3. 5장의 데이터 집합에 ARIMA(3,1,0) 모델이 적합한가?

4. 6장의 데이터 집합에 ARIMA(2,1,2) 모델이 적합한가?

요약

- 자기회귀누적이동평균 모델은 ARIMA(p,d,q)로 표시하는데, 자기회귀 모델 AR(p), 적분 차수 d, 이동평균 모델 MA(q)를 조합한 모델이다.

- ARIMA(p,d,q) 모델은 비정상적 시계열에 적용할 수 있으며, 원본 시계열과 동일한 규모로 예측을 반환한다는 장점이 있다.

- 적분 차수 d는 시계열이 정상적이 되기 위해 차분해야 하는 최소 횟수와 같다.

- ARIMA($p,0,q$) 모델은 ARMA(p,q) 모델과 동일하다.

계절성 고려하기

이 장의 주요 내용

■ 계절적 자기회귀누적이동평균 모델인 SARIMA$(p,d,q)(P,D,Q)_m$ 살펴보기

■ 시계열상의 계절 패턴 분석하기

■ SARIMA$(p,d,q)(P,D,Q)_m$ 모델을 사용하여 예측하기

이전 장에서는 비정상적 시계열을 모델링할 수 있는 자기회귀누적이동평균 모델인 ARIMA(p,d,q)에 대해 살펴보았다. 이제 시계열에 계절적 패턴을 포함하기 위해 ARIMA 모델에 복잡성을 한층 더 추가한 SARIMA 모델을 살펴보겠다.

계절적 자기회귀누적이동평균seasonal autoregressive integrated moving average, SARIMA 모델 또는 SARIMA$(p,d,q)(P,D,Q)_m$는 시계열을 예측할 때 주기적 패턴을 고려할 수 있는 또 다른 매개변수 집합을 추가하므로 ARIMA(p,d,q) 모델로는 가능하지 않은 예측을 할 수 있다.

이번 장에서는 SARIMA$(p,d,q)(P,D,Q)_m$ 모델을 살펴보고 새로운 매개변수를 설명하기 위해 일반적 모델링 절차를 조정하겠다. 또한 시계열에서 계절 패턴을 식별하는 방법을 확인하고 계절적 시계열을 예측하기 위한 SARIMA 모델을 적용해본다. 구체적 예시로서, 이 모델을 적용하여 한 항공사의 월별 총 승객 수를 예측해본다. 데이터는 1949년 1월부터 1960년 12월까지 기록되었다. 시계열은 그림 8.1에 나와 있다.

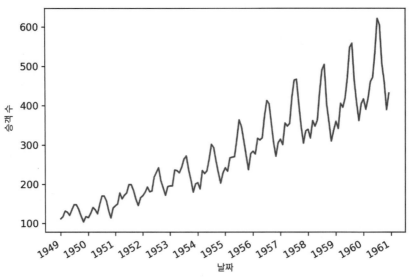

그림 8.1 1949년 1월부터 1960년 12월까지 한 항공사의 월별 총 항공 승객 수. 이 시계열에서 뚜렷한 계절적 패턴을 확인할 수 있으며, 매년 중반에 최대 유동량이 발생한다.

그림 8.1에서 이 수열에 뚜렷한 계절적 패턴이 있음을 볼 수 있다. 항공 승객 수는 연초와 연말에 낮고 6월, 7월, 8월에 급증한다. 우리의 목표는 1년 동안의 월별 항공 승객 수를 예측하는 것이다. 항공사가 항공 승객 수를 예측하는 것은 항공권 가격을 더 잘 책정하고 특정 월의 수요를 충족하기 위해 항공편을 예약할 수 있도록 하기 위해 중요하다.

8.1 SARIMA$(p,d,q)(P,D,Q)_m$ 모델 살펴보기

SARIMA$(p,d,q)(P,D,Q)_m$ 모델은 계절 매개변수를 추가하여 이전 장의 ARIMA(p,d,q) 모델을 확장한 것이다. 이 모델에는 네 가지 새로운 매개변수가 있다. 처음 세 개는 ARIMA(p,d,q) 모델과 동일한 의미를 갖지만 계절에 따라 달라진다. 이러한 매개변수의 의미와 최종 모델에 어떤 영향을 미치는지 이해하려면 먼저 m을 정의해야 한다.

매개변수 m은 빈도를 나타낸다. 시계열의 맥락에서 빈도는 주기당 관측 횟수로 정의된다. 주기의 길이는 데이터 집합에 따라 달라진다. 매년, 분기, 월, 주 단위로 기록된 데이터의 경우 주기의 길이는 1년으로 간주된다. 데이터가 매년 기록된 경우, 1년에 관찰이 한 번만 있으므로 $m = 1$이다. 데이터가 분기별로 기록된 경우, 1년에 4분기가 있어 연간 관찰 횟수가 4회이므로 $m = 4$가 된다. 물론 데이터가 월별로 기록된 경우 $m = 12$가 된다. 마지막으로, 주간 데이터의 경우 $m = 52$다. 표 8.1은 데이터가 수집된 빈도에 따라 적절한 m 값을 나타낸다.

데이터 수집	빈도 m
연간	1
분기별	4
월간	12
주간	52

데이터가 일별 또는 일 하위 시간 단계로 수집되는 경우 빈도를 해석하는 방법은 여러 가지가 있다. 예를 들어 일별 데이터는 주간 계절성을 가질 수 있다. 이 경우 1주는 7일이므로 7번의 관측이 있어 빈도는 $m = 7$이다. 또한 연간 계절성을 가지는 경우 $m = 365$이다. 따라서 일별 데이터와 일 하위 시간 단계 데이터는 서로 다른 주기를 가질 수 있고, 다른 빈도 m을 가질 수 있다. 표 8.2는 일별 및 일 하위 시간 단계 데이터의 계절 주기에 따른 적절한 m 값을 제공한다.

표 8.2 일 단위 및 일 하위 시간 단계 데이터에 대한 적절한 빈도 m

데이터 수집	빈도 m				
	분	시간	일	주	년
매일				7	365
시간별			24	168	8766
매분		60	1440	10080	525960
매초	60	3600	86400	604800	31557600

이제 매개변수 m을 이해했으므로 P, D, Q의 의미가 직관적으로 이해될 것이다. 앞서 언급했듯이 이 매개변수는 ARIMA(p,d,q) 모델에서 알고 있는 p, d, q 매개변수에 계절적으로 상응하는 값이다.

계절적 자기회귀누적이동평균 모델

계절적 자기회귀누적이동평균 모델은 ARIMA(p,d,q) 모델에 계절적 매개변수를 추가한다.

이 모델은 SARIMA(p,d,q)(P,D,Q)$_m$로 표시되며, 여기서 P는 계절적 AR(P) 프로세스의 차수, D는 계절적 적분 차수, Q는 계절적 MA(Q) 프로세스의 차수, m은 빈도 또는 계절적 주기당 관측 횟수다.

SARIMA(p,d,q)(0,0,0)$_m$ 모델은 ARIMA(p,d,q) 모델과 동일하다는 점에 유의하자.

m = 12인 경우를 예로 들어 보겠다. P = 2이면 m의 배수인 지연에 대해 두 개의 과거 시계열값을 포함한다는 뜻이므로 y_{t-12} 및 y_{t-24}의 값을 포함할 것이다.

마찬가지로, D = 1이면 계절적 차분으로 시계열을 정상적 상태로 만들 수 있음을 뜻한다. 이 경우 계절적 차분은 수식 8.1로 표현된다.

$$y'_t = y_t - y_{t-12}$$

수식 8.1

Q = 2인 상황에서는 m의 배수인 지연에 대한 과거 오차 항을 포함해야 하므로 오차 ϵ_{t-12} 및 ϵ_{t-24}가 포함된다.

항공사의 월별 총 항공 승객 데이터 집합에 이를 적용하여 살펴보자. 이 데이터는 월별 데이터이므로 m = 12라는 것을 알 수 있다. 또한 그림 8.2의 둥근 마커에서 볼 수 있듯이 일반적으로 7월과 8월이 연중 항공 승객 수가 가장 많다는 것을 알 수 있다. 따라서 1961년 7월을 예측하려면 1961년 7월에 항공 승객 수가 가장 많을 것이라는 것을 직관적으로 예상할 수 있으므로 이전 해의 7월 정보를 유용하게 사용할 수 있을 것이다. 매개변수 P, D, Q, m을 사용하면 이전 계절 주기로부터 해당 정보를 포착하여 시계열을 예측할 수 있다.

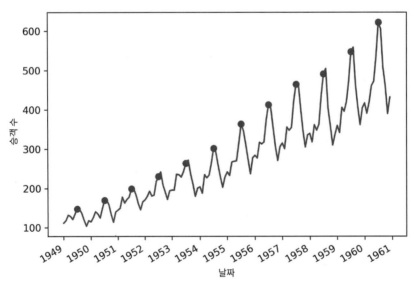

그림 8.2 매년의 7월 표시하기. 7월에 항공 승객 수가 가장 많은 것을 볼 수 있다. 따라서 이듬해 7월에도 연중 항공 승객 수가 가장 많을 것으로 예상하는 것은 합리적이다. 이러한 종류의 정보는 SARIMA$(p,d,q)(P,D,Q)_m$ 모델의 계절적 매개변수 P, D, Q, m에 의해 포착된다.

이제 SARIMA 모델을 살펴보고 이 모델이 ARIMA 모델에서 어떻게 확장되는지 이해했으므로, 시계열에서 계절적 패턴의 존재를 식별하는 방법을 살펴보자.

8.2　시계열에서 계절별 패턴 식별하기

직관적으로 우리는 계절적 패턴을 보이는 데이터에 SARIMA 모델을 적용하는 것이 합리적이라는 점을 알고 있다. 따라서 시계열에서 계절성을 식별하는 방법을 선택하는 것이 중요하다.

일반적으로 시계열 데이터를 도식화하는 것만으로도 주기적인 패턴을 관찰할 수 있다. 예를 들어 그림 8.3의 월별 총 항공 승객 수를 보면 매년 6월, 7월, 8월에 많은 승객 수가 기록되고 11월, 12월, 1월에는 승객 수가 줄어드는 등 매년 반복되는 패턴을 쉽게 식별할 수 있다.

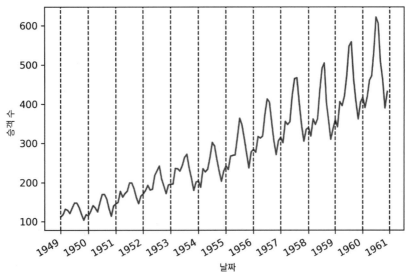

그림 8.3 **월별 항공 승객 수에서 계절별 패턴을 강조 표시하기. 파선으로 표시된 수직선은 12개월의 기간을 구분한다. 매년 중반에 피크가 발생하는 것을 명확하게 볼 수 있으며, 매년 초와 말에는 매우 유사한 패턴이 있다. 이러한 관찰은 일반적으로 데이터 집합이 계절성을 가졌음을 판단하기에 충분하다.**

시계열에서 계절적 패턴을 식별하는 또 다른 방법은 1장에서 처음 사용한 방법인 시계열 분해를 사용하는 것이다. 시계열 분해는 시계열을 추세 구성요소, 계절적 구성요소, 잔차의 세 가지 주요 구성요소로 분리하는 통계 작업이다.

추세 구성요소는 시계열의 장기적인 변화를 나타낸다. 이 구성요소는 시간이 지남에 따라 증가하거나 감소하는 시계열과 관련이 있다. 계절적 구성요소는 물론 시계열의 계절적 패턴이다. 이는 일정 기간 동안 발생하는 반복적인 변동을 나타낸다. 마지막으로, 잔차나 노이즈는 추세 또는 계절적 구성요소로 설명할 수 없는 불규칙성을 나타낸다.

시계열 분해

시계열 분해는 시계열을 추세 구성요소, 계절적 구성요소, 잔차의 세 가지 주요 구성요소로 분리하는 통계적 작업이다.

추세 구성요소는 시계열의 장기적인 변화를 나타낸다. 이 구성요소는 시간이 지남에 따라 증가하거나 감소하는 시계열과 관련 있다. 계절적 구성요소는 시계열의 주기적 패턴이다. 일정 기간 동안 발생하는 반복적인 변동을 나타낸다. 마지막으로, 잔차나 노이즈는 추세 또는 계절적 구성요소로 설명할 수 없는 불규칙성을 나타낸다.

CAUTION 이번 장의 소스 코드는 깃허브에서 확인할 수 있다.

https://github.com/jpub-dongdong9/TimeSeriesForecastingInPython/tree/master/CH08

시계열 분해 기능을 사용하면 시계열의 계절적 요소를 명확하게 식별하고 시각화할 수 있다. 항공 승객에 대한 데이터 집합을 statsmodels 라이브러리의 STL 함수를 사용하여 분해하면 그림 8.4를 생성할 수 있다.[1]

```
from statsmodels.tsa.seasonal import STL

decomposition = STL(df['Passengers'], period=12).fit()

fig, (ax1, ax2, ax3, ax4) = plt.subplots(nrows=4, ncols=1, sharex=True, figsize=(10,8))

ax1.plot(decomposition.observed)
ax1.set_ylabel('Observed')

ax2.plot(decomposition.trend)
ax2.set_ylabel('Trend')

ax3.plot(decomposition.seasonal)
ax3.set_ylabel('Seasonal')

ax4.plot(decomposition.resid)
ax4.set_ylabel('Residuals')
```

STL 함수를 사용하여 수열을 분해한다. 주기는 빈도 m과 같은데, 월별 데이터이므로 주기는 12다.

각 구성요소를 하나의 그림으로 도식화한다.

---

1   [옮긴이] 미국 내 항공기 이용객에 대한 데이터로, 원서의 소스 코드와 함께 제공되므로 깃허브에서 다운로드할 수 있다.
    df = pd.read_csv('../data/air-passengers.csv')
    df.head()

```
plt.xticks(np.arange(0, 145, 12), np.arange(1949, 1962, 1))

fig.autofmt_xdate()
plt.tight_layout()
```

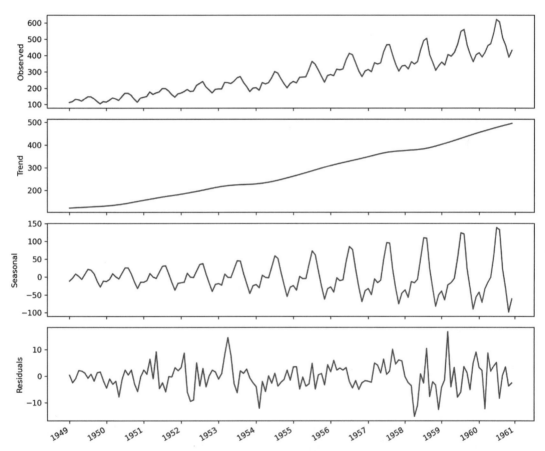

그림 8.4 항공 승객에 대한 데이터 집합 분해하기. 첫 번째 도식은 관찰된 데이터를 보여준다. 두 번째 도식은 시간이 지남에 따라 항공 승객 수가 증가하고 있음을 알려주는 추세 구성요소를 보여준다. 세 번째 도식은 계절적 구성요소를 표시하는데, 시간이 지남에 따라 반복되는 패턴을 명확하게 볼 수 있다. 마지막 도식은 추세 또는 계절적 구성요소로 설명할 수 없는 데이터의 변동인 잔차를 보여준다.

그림 8.4에서 시계열의 각 구성요소를 볼 수 있다. 추세, 계절, 잔차 구성요소에 대한 도식의 y-축이 모두 관측 데이터와 약간 다르다는 것을 알 수 있다. 이는 각 도식이 특정 구성요소에 기인한 변화의 크기를 보여주기 때문이다. 추세, 계절, 잔차 구성요소의 합은 맨 위 도식에 표시된 관측 데이터가 된다. 또한 계절적 구성요소는 관측 데이터에서 최고점과 최저점을 생성하므로 그 값이 때로

는 음수이고 때로는 양수다.

계절적 패턴이 없는 시계열이 있는 상황에서는 분해 절차로 얻은 계절적 구성요소가 0에서 평평한 수평선으로 표시된다. 이를 보여주기 위해 선형 시계열을 시뮬레이션하고 방금 봤던 방법을 사용하여 세 가지 구성요소로 분해해보았다. 결과는 그림 8.5에 나와 있다.

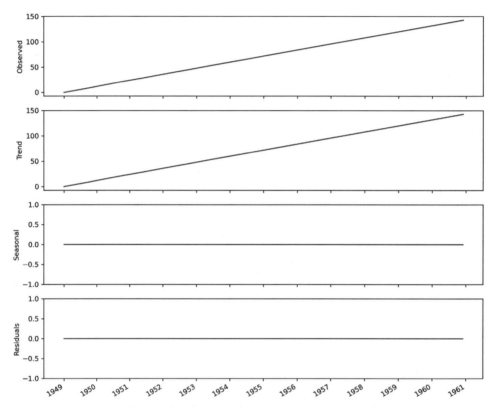

그림 8.5 **시뮬레이션한 선형 시계열에 대한 시계열 분해. 위쪽 도식은 관측된 데이터를 보여주며, 완벽한 선형 수열을 시뮬레이션한 것을 알 수 있다. 두 번째 도식은 추세 구성요소를 보여주며, 시간이 지남에 따라 선형적으로 증가하기 때문에 관측된 데이터와 동일할 것으로 예상된다. 계절적 패턴이 없기 때문에 계절적 구성요소는 0에서 평평한 수평선이다. 여기서 잔차도 0인데, 완벽한 선형 수열을 시뮬레이션했기 때문이다.**

시계열 분해가 데이터의 계절성 여부를 판단하는 데 어떻게 도움이 되는지 알 수 있을 것이다. 이 것은 통계적 테스트가 아닌 시각적 방법이지만, 예측에 적절한 모델을 적용할 수 있도록 시계열의 계절성 여부를 판단하기에 충분하다. 사실 시계열에서 계절성을 식별하는 통계적 테스트는 없다.

이제 시계열에서 계절적 패턴을 식별하는 방법을 알았으므로 일반적 모델링 절차를 적용하여 SARIMA$(p,d,q)(P,D,Q)_m$ 모델의 새로운 매개변수를 포함하도록 조정하고, 월별 항공 승객 수를 예측해보자.

8.3 월간 항공 승객 수 예측하기

이전 장에서는 비정상적 시계열을 예측할 수 있는 ARIMA 모델에서 새로운 매개변수 d를 설명하기 위해 일반적 모델링 절차를 수정했다. 단계는 그림 8.6에 요약되어 있다. SARIMA 모델의 새로운 매개변수인 P, D, Q, m을 고려하도록 다시 수정해야 한다.

데이터를 수집하는 첫 번째 단계는 그대로 유지한다. 그다음으로 정상성을 확인하고 변환을 적용해보고 매개변수 d를 설정한다. 계절적 차분을 적용하여 시계열을 정상적 상태로 만들 수도 있으며, D는 계절적 차분을 적용한 최소 횟수다.

그 다음으로 SARIMA 모델은 계절적 자기회귀 및 계절적 이동평균과정의 차수를 통합할 수 있으므로 p, q, P, Q에 대해 가능한 값의 범위를 설정한다. 이 두 가지 새로운 매개변수를 추가하면 피팅할 SARIMA$(p,d,q)(P,D,Q)_m$ 모델의 고유한 조합 개수가 증가하므로 이 단계를 완료하는 데 시간이 더 오래 걸린다는 점에 유의하자. 나머지 절차는 동일하게 유지되며, 예측에 모델을 사용하기 전에 AIC가 가장 낮은 모델을 선택하고 잔차 분석을 수행해야 한다. 모델링 절차는 그림 8.7에 나와 있다.

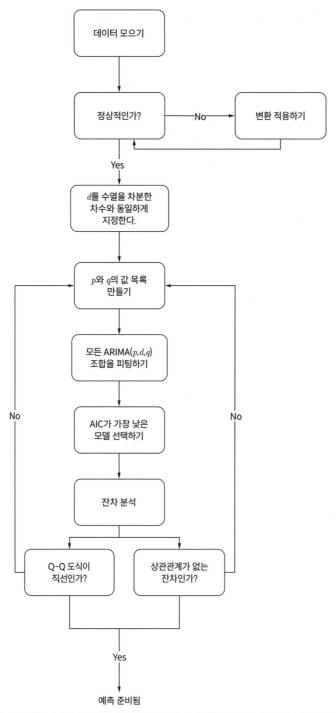

그림 8.6 **ARIMA 모델의 일반적 모델링 절차. 이제 SARIMA 모델의 매개변수 P, D, Q, m을 설명하기 위해 단계를 수정해야 한다.**

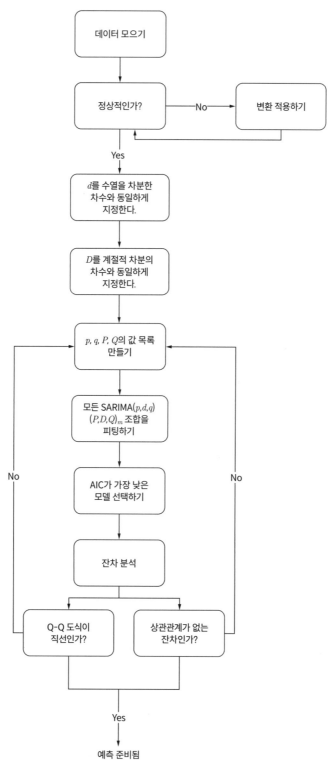

그림 8.7 SARIMA 모델의 일반적 모델링 절차. P, D, Q를 0으로 설정하면 ARIMA(p,d,q) 모델을 얻을 수 있다.

새로운 모델링 절차를 정의했으므로 이제 월별 총 항공 승객 수를 예측할 준비가 되었다. 이 시나리오에서는 1년간의 월별 항공 승객 수를 예측하고자 하므로 그림 8.8과 같이 1960년의 데이터를 테스트 집합으로 사용한다.

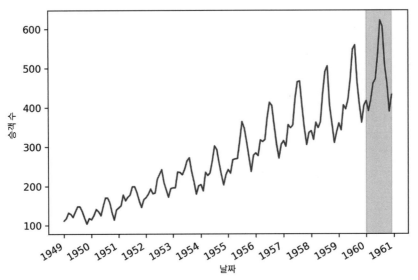

그림 8.8 항공 승객 데이터 집합에 대한 훈련 집합과 테스트 집합의 분할. 음영 처리된 영역은 테스트 기간을 나타내며, 이는 1960년 한 해 전체에 해당한다. 한 해 전체인 이유는 우리의 목표가 1년간의 월별 항공 승객 수를 예측하는 것이기 때문이다.

베이스라인 모델은 단순한 계절적 예측이며, 계절적 요소를 추가하면 더 나은 예측을 얻을 수 있는지 검증하기 위해 ARIMA(p,d,q)와 SARIMA$(p,d,q)(P,D,Q)_m$ 모델을 모두 사용할 것이다.

8.3.1 ARIMA(p,d,q) 모델을 사용하여 예측하기

먼저 ARIMA(p,d,q) 모델을 사용하여 데이터 집합을 모델링한다. 이렇게 하면 SARIMA$(p,d,q)(P,D,Q)_m$ 모델과 성능을 비교할 수 있다.

앞서 설명한 일반적 모델링 절차에 따라 먼저 정상성을 테스트한다. 여기에서도 ADF 테스트를 사용한다.

```
ad_fuller_result = adfuller(df['Passengers'])

print(f'ADF Statistic: {ad_fuller_result[0]}')
print(f'p-value: {ad_fuller_result[1]}')
```

이것은 ADF 통계 0.82와 p-값 0.99을 출력한다. 따라서 귀무가설을 기각할 수 없으며 수열은 비정상적이다. 수열을 차분하고 다시 정상성을 테스트해보자.

```
df_diff = np.diff(df['Passengers'], n=1)    ◀─── 1차 차분을 한다.

ad_fuller_result = adfuller(df_diff)

print(f'ADF Statistic: {ad_fuller_result[0]}')
print(f'p-value: {ad_fuller_result[1]}')
```

이 경우 ADF 통계는 -2.83이고 p-값은 0.054이다. 이번에도 귀무가설을 기각할 수 없으며, 수열을 한 번 차분한다고 해서 수열이 정상적이 되지 않았다. 따라서 다시 차분을 하고 정상성을 테스트한다.

```
df_diff2 = np.diff(df_diff, n=1)    ◀─── 이제 수열을 두 번 차분했다.

ad_fuller_result = adfuller(df_diff2)

print(f'ADF Statistic: {ad_fuller_result[0]}')
print(f'p-value: {ad_fuller_result[1]}')
```

이는 ADF 통계 −16.38와 p-값 2.73×10^{-29}을 반환한다. 이제 귀무가설을 기각할 수 있으며, 수열은 정상적 상태가 된 것으로 간주할 수 있다. 수열이 두 번 차분되어 정상적이 되었으므로 $d = 2$다.

이제 매개변수 p와 q에 가능한 값의 범위를 정의하고 모든 고유한 ARIMA(p,d,q) 모델을 피팅할 수 있다. 여기서는 0에서 12 사이의 범위를 선택하여 ARIMA 모델이 12개의 시간 단계를 거슬러 올라가도록 하겠다. 데이터가 매월 측정되고 계절적 요인이 있다는 것을 알고 있으므로 특정 연도 1월의 항공 승객 수가 다음 연도 1월의 항공 승객 수를 예측할 수 있다는 가설을 세울 수 있다. 이 두 지점은 12개의 시간 단계만큼 떨어져 있으므로, ARIMA(p,d,q) 모델에서 이 계절 정보를 잠재적으로 포착하기 위해 p와 q의 값을 0-12 사이에서 다양하게 적용해볼 것이다. 마지막으로, ARIMA 모델로 작업하고 있으므로 P, D, Q를 0으로 설정한다. 다음 코드에서 m에 해당하는 매개변수 s를 사용하는 것에 유의해야 한다. statsmodels에서 SARIMA를 구현할 때는 단순히 m 대신 s를 사용하는데, 둘 다 빈도를 나타낸다.

```
ps = range(0, 13, 1)    ◀─── 계절적 정보를 포착하기 위해 p와 q의 값으로 0에서 12까지 다양하게 적용한다.
qs = range(0, 13, 1)
Ps = [0]    ◀─── ARIMA(p,d,q) 모델로 작업하므로 P와 Q를 0으로 설정한다.
```

```
Qs = [0]

d = 2    ◀──┐ 매개변수 d를 시계열이 정상적이 되도록 차분을 한 횟수로 설정한다.
D = 0    ◀──┘ ARIMA(p,d,q) 모델로 작업하기 때문에 D는 0으로 설정한다.
s = 12   ◀──── 매개변수 s는 m과 동일하며 둘 다 빈도를 나타낸다. 이는 statsmodels 라이브러리에서
              SARIMA 모델을 구현한 방식 때문이다.
ARIMA_order_list = list(product(ps, qs, Ps, Qs))   ◀──┐ (p,d,q)(0,0,0)의 가능한 모든 조합을 생성한다.
```

ARIMA 모델로 작업하고 있음에도 불구하고 매개변수 P, D, Q, m을 설정했다. 이는 다음 절에서 재사용할 optimize_SARIMA 함수를 정의할 것이기 때문이다. SARIMA$(p,d,q)(0,0,0)_m$ 모델은 ARIMA(p,d,q) 모델과 동일하므로 P, D, Q를 0으로 설정했다.

optimize_SARIMA 함수는 이전 장에서 정의한 optimize_ARIMA 함수를 기반으로 한다. 이번에는 P와 Q의 가능한 값을 적분하고 계절적 적분 차수 D와 빈도 m을 추가한다. 함수는 다음 리스팅에 나와 있다.

리스팅 8.1 **최상의 SARIMA 모델을 선택하는 함수 정의하기**[2]

```
from typing import Union
from tqdm import tqdm_notebook
from statsmodels.tsa.statespace.sarimax import SARIMAX


def optimize_SARIMA(endog: Union[pd.Series, list], order_list: list, d:
➥ int, D: int, s: int) -> pd.DataFrame:      ◀──┐ 이제 order_list 매개변수에 p, q, P, Q 차수가 포함된다. 또한
                                                  계절별 차분 차수 D와 빈도도 추가한다. SARIMA 모델의 빈도
                                                  m은 statsmodels 라이브러리의 구현에서 s로 표시된다는 점을
    results = []                                  기억하자.

    for order in tqdm_notebook(order_list):   ◀──┐ 모든 고유한 SARIMA(p,d,q)(P,D,Q)ₘ 모델에 루프를
        try:                                       반복하고, 각 모델에 피팅하며, AIC를 저장한다.
            model = SARIMAX(
                endog,
                order=(order[0], d, order[1]),
                seasonal_order=(order[2], D, order[3], s),
                simple_differencing=False).fit(disp=False)
        except:
            continue

        aic = model.aic
        results.append([order, aic])
```

2 〔옮긴이〕 원서의 코드는 tqdm의 기존 버전(4.xx 버전 이하)에 적합하다. 5.xx 이상으로 업데이트될 경우, 메서드가 deprecated 될 수 있어 수정이 필요한 점에 유의하길 바란다.

```
result_df = pd.DataFrame(results)
result_df.columns = ['(p,q,P,Q)', 'AIC']

#오름차순으로 정렬, AIC가 낮을수록 좋음
result_df = result_df.sort_values(by='AIC', ascending=True).reset_index(drop=True)

return result_df    ◀──  가장 낮은 AIC부터 시작하도록 정렬된 DataFrame을 반환한다.
```

함수가 준비되었으므로 훈련 집합을 사용하여 함수를 실행하고 AIC가 가장 낮은 ARIMA 모델을 얻을 수 있다. `optimize_SARIMA` 함수를 사용하고 있으나 _P_, _D_, _Q_를 0으로 설정했기 때문에 여전히 ARIMA 모델을 피팅하고 있다. 훈련 집합의 경우, 테스트 집합에 사용될 마지막 12개를 제외한 모든 데이터 요소를 포함한다.

```
train = df['Passengers'][:-12]    ◀──  테스트 집합에 마지막 연도 데이터를 사용하므로 훈련 집합은 마지막 12개를
                                       제외한 나머지 데이터 요소로 구성된다.
ARIMA_result_df = optimize_SARIMA(train, ARIMA_order_list, d, D, s)    ◀──  optimize_SARIMA
ARIMA_result_df    ◀──  AIC가 증가하는 순서로 정렬된 DataFrame을 표시한다.              함수를 실행한다.
```

이를 실행하면 `DataFrame`을 반환하는데, AIC가 가장 낮은 모델은 SARIMA$(11,2,3)(0,0,0)_{12}$ 모델이고, 이는 ARIMA$(11,2,3)$ 모델과 동일하다. 보다시피, _p_ = 11이므로 AIC가 가장 낮은 모델은 수열의 과거 11개 값을 고려하기 때문에 차수를 0에서 12까지 다양하게 적용해본 것이 모델에 유리했다. 다음 절에서 이것이 시계열에서 계절적 정보를 포착하기에 충분했는지 살펴보고 ARIMA 모델과 SARIMA 모델의 성능을 비교해보자.

지금은 잔차 분석을 수행하는 데 중점을 두자. 앞서 구한 ARIMA$(11,2,3)$ 모델을 피팅하고 잔차의 진단을 도식화하자.

```
ARIMA_model = SARIMAX(train, order=(11,2,3), simple_differencing=False)
ARIMA_model_fit = ARIMA_model.fit(disp=False)

ARIMA_model_fit.plot_diagnostics(figsize=(10,8));
```

결과는 그림 8.9와 같다. 정성적 분석에 따르면 잔차는 백색소음에 가까우므로 오차가 무작위임을 뜻한다.

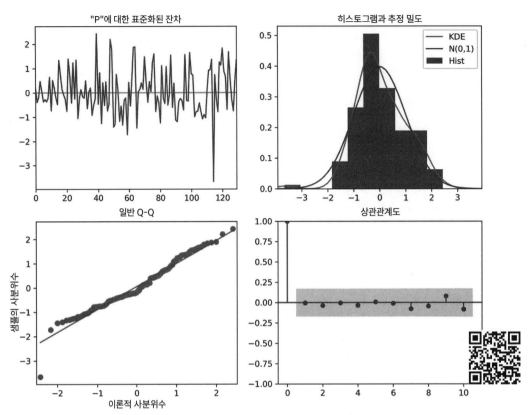

그림 8.9 **ARIMA(11,2,3) 모델의 잔차 진단.** 왼쪽 상단 도식에서 잔차는 시간이 지남에 따라 상당히 일정하게 보이는 분산과 함께 추세가 없으며, 이는 백색소음과 유사하다. 오른쪽 상단 도식은 비정상적인 피크에도 불구하고 정규분포에 가까운 잔차의 분포를 보여준다. 이는 왼쪽 하단의 Q-Q 도식에서 확인할 수 있는데, 이 도식은 $y = x$ 직선에 가까운 직선을 표시한다. 마지막으로, 오른쪽 하단의 상관관계 그래프는 지연 0 이후에는 유의한 자기상관계수가 나타나지 않는데, 이는 백색소음과 정확히 일치하는 모습이다. 이 분석에서 잔차는 백색소음과 유사하다고 볼 수 있다.

다음 단계는 잔차에 융-박스 테스트를 실행하여 잔차가 독립적이고 상호 연관성이 없는지 확인하는 것이다.

```
from statsmodels.stats.diagnostic import acorr_ljungbox

residuals = ARIMA_model_fit.resid

lbvalue, pvalue = acorr_ljungbox(residuals, np.arange(1, 11, 1))

print(pvalue)
```

반환된 p-값은 처음 두 값을 제외하고 모두 0.05보다 크다. 즉 융-박스 테스트에 따르면 유의도 한계를 0.05로 설정했기 때문에 5%의 확률로 귀무가설을 기각한다. 그러나 세 번째 값 이후는 모두 0.05보다 크므로 귀무가설을 기각하고 잔차는 지연 3부터 상관관계가 없다는 결론을 내릴 수 있다.

잔차를 시각적으로 분석하면 백색소음과 비슷하다는 결론을 내릴 수 있지만, 융-박스 테스트에서는 지연 1과 지연 2에서 어느 정도 상관관계가 있다는 것을 알 수 있기 때문에 이것은 흥미로운 상황이다. 이는 ARIMA 모델이 데이터의 모든 정보를 포착하지 못하고 있음을 뜻한다.

이번의 경우, 비계절적 모델로 계절적 데이터를 모델링하고 있다는 것을 알고 있으므로 계속 진행하겠다. 따라서 융-박스 테스트는 실제로 모델이 완벽하지 않다는 것을 알려주지만, 이 연습의 일부는 ARIMA와 SARIMA의 성능을 비교하고 계절 데이터를 처리할 때 SARIMA가 더 나은 방법이라는 것을 입증하는 것이므로 괜찮다.

앞서 언급했듯이, 지난 12개월간의 데이터를 테스트 집합으로 사용하여 1년 동안의 월별 항공 승객 수를 예측하고자 한다. 베이스라인 모델은 단순한 계절 예측으로, 1959년 각 월의 항공 승객 수를 1960년 각 월의 예측으로 사용한다.

```
test = df.iloc[-12:]      ◀─┐ 테스트 집합을 만든다. 마지막 12개 데이터 요소에 해당하는
                             1960년 데이터다.
test['naive_seasonal'] = df['Passengers'].iloc[120:132].values   ◀─┐ 단순한 계절적 예측은 단순히
                                                                    1959년의 데이터를 1960년의
                                                                    예측으로 재사용한다.
```

ARIMA(11,2,3) 모델의 예측을 test DataFrame에 추가할 수 있다.

```
                                                          ┌ 1960년의 각 월에 대한
                                                          │ 예측을 확인한다.
ARIMA_pred = ARIMA_model_fit.get_prediction(132, 143).predicted_mean  ◀─┘

test['ARIMA_pred'] = ARIMA_pred    ◀─┐ 테스트에 예측을 추가한다.
```

이제 test에 저장된 ARIMA 모델의 예측과 함께, SARIMA 모델을 사용해본 뒤 두 모델의 성능을 비교하여 계절별 시계열에 적용했을 때 SARIMA 모델이 실제로 ARIMA 모델보다 더 나은 성능을 보이는지 확인하겠다.

SARIMA$(p,d,q)(P,D,Q)_m$ 모델을 사용하여 예측하기

이전 절에서는 ARIMA(11,2,3) 모델을 사용하여 월별 항공 승객 수를 예측했다. 이제 SARIMA 모델을 적용하여 ARIMA 모델보다 더 나은 성능을 보이는지 살펴보겠다. 계절 정보를 포착할 수 있고, 그림 8.10에 표시된 것처럼 데이터 집합이 명확한 계절성을 나타내기 때문에 SARIMA 모델의 성능이 더 좋을 것으로 예상된다.

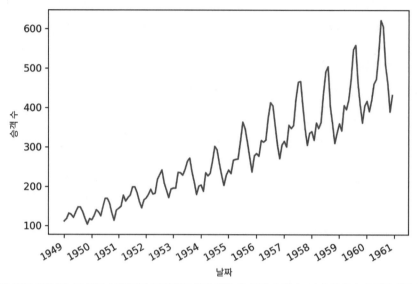

그림 8.10 **1949년 1월부터 1960년 12월까지 어떤 항공사의 월별 총 항공 승객 수. 이 수열에서 뚜렷한 계절적 패턴을 볼 수 있으며, 한 해의 중반에 유동량이 가장 큰 것을 알 수 있다.**

일반적 모델링 절차(그림 8.11)의 단계에 따라 먼저 정상성을 확인하고 필요한 변환을 적용한다.

```
ad_fuller_result = adfuller(df['Passengers'])

print(f'ADF Statistic: {ad_fuller_result[0]}')
print(f'p-value: {ad_fuller_result[1]}')
```

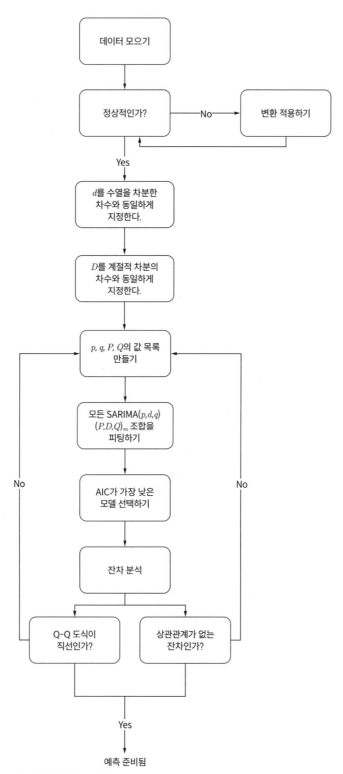

그림 8.11 **SARIMA 모델을 위한 일반적 모델링 절차**

데이터 집합에 대한 ADF 테스트는 0.82의 ADF 통계와 0.99의 p-값을 반환한다. 따라서 귀무가설을 기각할 수 없으며 시계열이 정상적 상태가 아니다. 1차 차분을 적용하고 정상성 테스트를 해보자.

```python
df_diff = np.diff(df['Passengers'], n=1)

ad_fuller_result = adfuller(df_diff)

print(f'ADF Statistic: {ad_fuller_result[0]}')
print(f'p-value: {ad_fuller_result[1]}')
```

이는 ADF 통계 -2.83와 p-값 0.054를 반환한다. p-값이 0.05보다 크므로 귀무가설을 기각할 수 없어, 이 수열은 여전히 비정상적이다. 그러므로 계절적 차분을 적용하고 정상성을 테스트해보자.

```python
df_diff_seasonal_diff = np.diff(df_diff, n=12)   ◀─── 계절적 차분. 월별 데이터가 있으므로 m = 12이고, 계절적
                                                       차분은 12개의 시간 단계만큼 떨어진 두 값 간의 차이다.
ad_fuller_result = adfuller(df_diff_seasonal_diff)

print(f'ADF Statistic: {ad_fuller_result[0]}')
print(f'p-value: {ad_fuller_result[1]}')
```

그러면 -17.63의 ADF 통계와 3.82×10^{-30}의 p-값이 반환된다. ADF 통계가 크고 음수이며 p-값이 0.05보다 작으므로, 귀무가설을 기각하고 변환된 수열이 정상적 상태가 된 것으로 간주할 수 있다. 따라서 한 번의 차분, 즉 $d = 1$과 한 번의 계절적 차분, 즉 $D = 1$을 수행했다.

이 단계를 완료했으므로 이제 p, q, P, Q에 대해 가능한 값의 범위를 정의하고, 각각의 고유한 SARIMA$(p,d,q)(P,D,Q)_m$ 모델을 피팅하고, AIC가 가장 낮은 모델을 선택할 수 있다.

```python
ps = range(0, 4, 1)   ◀─┐  p, q, P, Q에 대해 [0,1,2,3]의 값을 시도한다.
qs = range(0, 4, 1)
Ps = range(0, 4, 1)
Qs = range(0, 4, 1)

SARIMA_order_list = list(product(ps, qs, Ps, Qs))   ◀─── 차수들의 고유한 조합을 생성한다.

train = df['Passengers'][:-12]   ◀─── 훈련 집합은 테스트 집합에 사용되는 마지막 12개의 데이터 요소를 제외한
                                       나머지 데이터로 구성된다.
d = 1
D = 1
s = 12
```

```
SARIMA_result_df = optimize_SARIMA(train, SARIMA_order_list, d, D, s)   ←┐  훈련 집합에 모든 SARIMA
SARIMA_result_df   ←── 결과를 표시한다.                                      모델을 피팅한다.
```

함수 실행이 완료되면 SARIMA$(2,1,1)(1,1,2)_{12}$ 모델이 892.24로 AIC가 가장 낮다는 것을 알 수 있다. 이 모델을 훈련 집합에 다시 피팅하고 잔차 분석을 수행할 수 있다.

그림 8.12에서 잔차에 대한 진단를 도식화하는 것부터 시작하자.

```
SARIMA_model = SARIMAX(train, order=(2,1,1), seasonal_order=(1,1,2,12),
➥ simple_differencing=False)
SARIMA_model_fit = SARIMA_model.fit(disp=False)

SARIMA_model_fit.plot_diagnostics(figsize=(10,8));
```

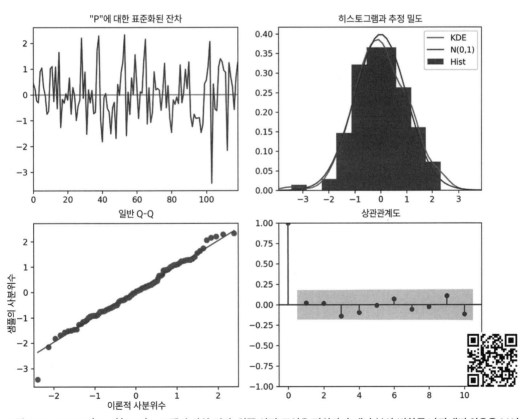

그림 8.12 SARIMA$(2,1,1)(1,1,2)_{12}$ 모델의 잔차 진단. 왼쪽 상단 도식은 잔차가 추세나 분산 변화를 나타내지 않음을 보여준다. 오른쪽 상단 도식은 잔차의 분포가 정규분포에 매우 가깝다는 것을 보여준다. 이는 왼쪽 하단의 Q-Q 도식에 의해 더욱 뒷받침되는데, 이 도식은 $y = x$에 놓인 상당히 직선적인 선을 보여준다. 마지막으로, 오른쪽 하단의 상관관계 그래프는 지연 0 이후에는 유의한 계수가 없음을 보여준다. 따라서 모든 것이 잔차가 백색소음과 유사하다는 결론에 이르게 한다.

결과는 잔차가 완전히 무작위적이라는 것을 보여주는데, 이는 우리가 좋은 모델에서 확인하고자 하는 특징과 정확히 일치한다.

이 모델을 예측에 사용할 수 있는지를 결정하기 위한 마지막 테스트는 융-박스 테스트다.

```
from statsmodels.stats.diagnostic import acorr_ljungbox

residuals = SARIMA_model_fit.resid

lbvalue, pvalue = acorr_ljungbox(residuals, np.arange(1, 11, 1))

print(pvalue)
```

반환된 p-값은 모두 0.05보다 크다. 따라서 귀무가설을 기각하지 않고 잔차가 백색소음과 마찬가지로 독립적이고 상관관계가 없다는 결론을 내린다.

잔차 분석의 모든 테스트를 통과한 모델은 예측에 사용할 준비가 되었다. 다시 1960년 한 해 동안의 월별 항공 승객 수를 예측하고, 예측값을 테스트 집합의 관측값과 비교해보자.

```
SARIMA_pred = SARIMA_model_fit.get_prediction(132, 143).predicted_mean   ◀── 1960년의 월별 항공
                                                                              승객 수를 예측한다.
test['SARIMA_pred'] = SARIMA_pred
```

이제 결과를 얻었으므로 각 모델의 성능을 비교하여 문제에 가장 적합한 예측 방법을 결정할 수 있다.

8.3.3 각 예측 방법의 성능 비교하기

이제 각 예측 방법, 즉 단순한 계절적 예측, ARIMA 모델, SARIMA 모델의 성능을 비교할 수 있다. 각 모델을 평가하기 위해 평균절대백분율오차MAPE를 사용하자.

먼저 테스트 집합의 관측값에 대한 예측을 시각화한다.

```
fig, ax = plt.subplots()

ax.plot(df['Month'], df['Passengers'])
ax.plot(test['Passengers'], 'b-', label='actual')
ax.plot(test['naive_seasonal'], 'r:', label='naive seasonal')
```

```
ax.plot(test['ARIMA_pred'], 'k--', label='ARIMA(11,2,3)')
ax.plot(test['SARIMA_pred'], 'g-.', label='SARIMA(2,1,1)(1,1,2,12)')

ax.set_xlabel('Date')
ax.set_ylabel('Number of air passengers')
ax.axvspan(132, 143, color='#808080', alpha=0.2)

ax.legend(loc=2)

plt.xticks(np.arange(0, 145, 12), np.arange(1949, 1962, 1))
ax.set_xlim(120, 143)      ◄──  테스트 집합을
                                확대한다.
fig.autofmt_xdate()
plt.tight_layout()
```

그림 8.13에 도식이 나와 있다. ARIMA 및 SARIMA 모델의 선은 관측 데이터의 거의 상단에 위치하며, 이는 예측이 관측 데이터에 매우 가깝다는 것을 뜻한다.

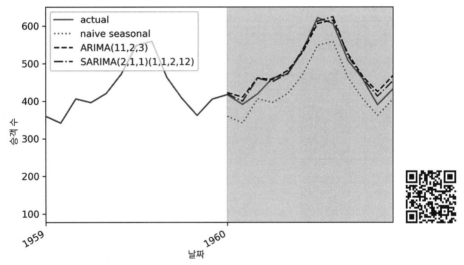

그림 8.13 **월별 항공 승객 수 예측. 음영 처리된 영역은 테스트 집합을 나타낸다. ARIMA 및 SARIMA 모델에서 나오는 곡선이 관측 데이터를 거의 가리는 것을 볼 수 있는데, 이는 예측이 양호하다는 것을 나타낸다.**

그림 8.14와 같이 각 모델의 MAPE를 측정하여 막대형 차트에 표시할 수 있다.

```
def mape(y_true, y_pred):   ◄──   MAPE를 계산하는 함수를 정의한다.
    return np.mean(np.abs((y_true - y_pred) / y_true)) * 100

                                                                              각 예측 방법에 대한
mape_naive_seasonal = mape(test['Passengers'], test['naive_seasonal'])   ◄──  MAPE를 계산한다.
```

```
mape_ARIMA = mape(test['Passengers'], test['ARIMA_pred'])
mape_SARIMA = mape(test['Passengers'], test['SARIMA_pred'])

fig, ax = plt.subplots()   ◀──── 막대형 도식에 MAPE를 도식화한다.

x = ['naive seasonal', 'ARIMA(11,2,3)', 'SARIMA(2,1,1)(1,1,2,12)']
y = [mape_naive_seasonal, mape_ARIMA, mape_SARIMA]

ax.bar(x, y, width=0.4)
ax.set_xlabel('Models')
ax.set_ylabel('MAPE (%)')
ax.set_ylim(0, 15)

for index, value in enumerate(y):   ◀──── 막대형 도식에서 MAPE를 텍스트로 표시한다.
    plt.text(x=index, y=value + 1, s=str(round(value,2)), ha='center')

plt.tight_layout()
```

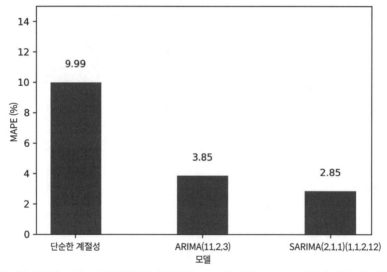

그림 8.14 **모든 예측 방법의 MAPE. 모든 방법 중 가장 낮은 MAPE를 가진 SARIMA 모델이 가장 성능이 좋은 모델임을 알 수 있다.**

그림 8.14에서 베이스라인 모델이 9.99%의 MAPE를 달성하는 것을 볼 수 있다. ARIMA 모델은 3.85%의 MAPE로 예측을 생성했고, SARIMA 모델은 2.85%의 MAPE를 기록했다. MAPE가 0에 가까울수록 예측이 더 정확하다는 것을 뜻하므로, 이 상황에서는 SARIMA 모델이 가장 성능이 좋은 방법이다. 이는 데이터 집합에서 계절성이 명확하고 SARIMA 모델이 시계열의 계절적 속성을 사용하여 예측하도록 구축되었기 때문에 당연한 결과다.

8.4 다음 단계

이번 장에서는 비정상적 계절적 시계열을 모델링할 수 있는 SARIMA$(p,d,q)(P,D,Q)_m$ 모델에 대해 알아보았다.

매개변수 P, D, Q, m을 추가하면 시계열의 계절적 특성을 모델에 포함시켜 예측을 생성하는 데 사용할 수 있다. 여기서 P는 계절적 자기회귀과정의 차수, D는 계절적 적분 과정의 차수, Q는 계절적 이동평균과정의 차수, m은 데이터의 빈도다.

먼저 시계열 분해를 사용하여 계절적 패턴을 감지하는 방법을 살펴보고, 일반적 모델링 절차를 적용하여 P와 Q의 값도 테스트했다.

4장부터 8장까지, MA(q) 및 AR(p) 모델에서 시작하여, 이들을 결합한 ARMA(p,q) 모델을 만들고, 이를 다시 ARIMA(p,d,q) 모델로, 마지막으로 SARIMA$(p,d,q)(P,D,Q)_m$ 모델까지 만들면서 더 일반적이고 복잡한 모델을 천천히 구축해보았다. 하지만 이 모델은 시계열 자체의 값만 고려한다. 외생 변수도 시계열을 예측하는 데 도움이 될 수 있다. 예를 들어 한 국가의 총 지출을 시간 경과에 따라 모델링하려면 금리나 부채 수준을 보면 예측이 가능할 수 있다. 이러한 외생 변수를 모델에 포함하려면 어떻게 해야 할까?

답은 바로 SARIMAX 모델이다. 외생 변수를 나타내는 X가 추가된 것을 볼 수 있다. 이 모델은 지금까지 학습한 모든 것을 결합하고 외생 변수의 효과를 추가하여 목표를 예측함으로써 모델을 더욱 확장한다. 이것이 다음 장의 주제다.

8.5 연습

연습을 통해 SARIMA 모델을 실험해보자. 모든 해답은 깃허브에 있다.

https://github.com/jpub-dongdong9/TimeSeriesForecastingInPython/tree/master/CH08

8.5.1 존슨앤드존슨 데이터 집합에 SARIMA$(p,d,q)(P,D,Q)_m$ 모델 적용하기

7장에서는 1년간의 분기별 주당순이익을 예측하기 위해 존슨앤드존슨 데이터 집합에 ARIMA(p,d,q) 모델을 적용했다. 이제 동일한 데이터 집합에 SARIMA$(p,d,q)(P,D,Q)_m$ 모델을 사용하여 그 성능을 ARIMA 모델과 비교하자.

1. 시계열 분해를 사용하여 주기적 패턴의 존재를 식별한다.

2. `optimize_SARIMA` 함수를 사용하여 AIC가 가장 낮은 모델을 선택한다.

3. 잔차 분석을 수행한다.

4. 지난 1년간의 주당순이익을 예측하고 ARIMA 모델의 성능을 측정한다. MAPE를 사용하자. 더 나은가?

요약

- 계절적 자기회귀누적이동평균 모델은 $SARIMA(p,d,q)(P,D,Q)_m$로 표시되며, $ARIMA(p,d,q)$ 모델에 계절적 속성을 추가한 것이다.

- P는 계절적 자기회귀과정의 차수, D는 계절적 적분 과정의 차수, Q는 계절적 이동평균과정의 차수, m은 데이터의 빈도다.

- 빈도 m은 한 주기의 관측 횟수에 해당한다. 데이터가 매월 수집되는 경우 $m = 12$다. 데이터가 분기마다 수집되는 경우 $m = 4$다.

- 시계열 분해는 시계열에서 계절별 패턴을 식별하는 데 사용할 수 있다.

모델에 외생 변수 추가하기

4장부터 8장까지 시계열에서 더 복잡한 패턴을 고려할 수 있는 일반적인 모델을 구축해보았다. 자기회귀과정 및 이동평균과정으로 여정을 시작하여 이를 ARMA 모델에 결합했다. 그런 다음 비정상적 시계열을 모델링하기 위해 복잡성을 한층 더 추가하여 ARIMA 모델에 도달했다. 마지막으로 8장에서는 예측에서 계절적 패턴을 고려할 수 있는 또 다른 계층을 ARIMA에 추가하여 SARIMA 모델로 만들었다.

지금까지 살펴보고 예측을 생성하는 데 사용한 각 모델은 시계열 자체만 고려했다. 즉 시계열의 과 것값을 미랫값의 예측 변수로 사용했다. 그러나 외생 변수도 시계열에 영향을 미칠 수 있으므로 미 랫값을 예측하는 데 좋은 예측 변수가 될 수 있다.

이것이 바로 **SARIMAX 모델**이다. 외생 변수를 나타내는 X 항이 추가된 것을 볼 수 있다. 통계학에서 **외생 변수**exogenous variables는 예측 변수 또는 입력 변수를 설명하는 데 사용하는 반면, **내생 변수** endogenous variable는 예측하고자 하는 대상 변수를 정의하는 데 사용한다. 이제 SARIMAX 모델을 사용하면 시계열을 예측할 때 외부 변수 혹은 외생 변수를 고려할 수 있다.

그림 9.1과 같이 1959년부터 2009년까지 분기별로 수집된 미국의 거시경제 데이터 집합을 사용하여 실질 국내총생산gross domestic product, GDP을 예측하는 것을 예로 들어보겠다.

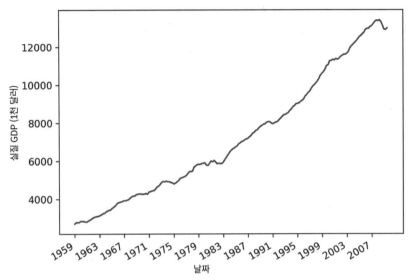

그림 9.1 **1959년부터 2009년까지 미국의 실질 GDP. 데이터는 분기별로 수집되었으며 미국 달러로 천 달러 단위로 표시된다. 주기적 패턴 없이 수년에 걸쳐 뚜렷한 양의 추세를 보이는 것을 볼 수 있는데, 이는 이 수열에 계절성이 존재하지 않음을 뜻한다.**

GDP는 한 국가 내에서 생산된 모든 완제품과 서비스의 총 시장 가치다. 실질 GDP는 인플레이션을 반영한 지표로, 인플레이션이 상품의 시장 가치에 미치는 영향을 제거한 측정값이다. 인플레이션이나 디플레이션은 각각 상품과 서비스의 화폐 가치를 증가시키거나 감소시켜 GDP를 증가 또는 감소시킬 수 있기 때문이다. 인플레이션의 영향을 제거하면 한 국가의 경제에서 생산이 확대되고 있는지 여부를 더 잘 판단할 수 있다.

GDP를 측정하는 기술에 대한 자세한 설명은 생략하고, 수식 9.1과 같이 GDP를 소비 C, 정부 지출 G, 투자 I, 순수출 NX의 합으로 정의하겠다.

$$\mathrm{GDP} = C + G + I + NX$$
수식 9.1

수식 9.1의 각 요소는 외생 변수의 영향을 받을 가능성이 높다. 예를 들어 소비는 실업률의 영향을 받을 가능성이 높다. 고용된 사람이 줄어들면 소비가 감소할 가능성이 높기 때문이다. 금리가 오르면 돈을 빌리기가 더 어려워지고 결과적으로 지출이 감소하기 때문에 금리도 영향을 미칠 수 있다. 또한 환율은 순수출에 영향을 미친다고 생각할 수 있다. 현지 통화가 약세를 보이면 일반적으로 수출은 촉진되고 수입은 더 비싸진다. 그러므로 미국의 실질 GDP에 영향을 미칠 수 있는 외생 변수가 얼마나 많은지 알 수 있다.

이번 장에서는 먼저 SARIMAX 모델을 살펴보고 예측을 수행할 때 중요한 주의사항을 살펴보겠다. 그런 다음 이 모델을 적용하여 미국의 실질 GDP를 예측해본다.

9.1 SARIMAX 모델 살펴보기

SARIMAX 모델은 외생 변수의 효과를 추가하여 SARIMA(p,d,q) $(P,D,Q)_m$ 모델을 더욱 확장한 것이다. 따라서 수식 9.2에 표시된 것처럼 SARIMA(p,d,q) $(P,D,Q)_m$ 모델에 외생 변수 X_t를 충분히 추가하여 현잿값 y_t로 간단히 표현할 수 있다.

$$y_t = SARIMA(p,d,q)(P,D,Q)_m + \sum_{i=1}^{n} \beta_i X_t^i \qquad \text{수식 9.2}$$

SARIMA 모델은 과거 수열값과 오차 항의 선형 조합이므로 **선형 모델**linear model이다. 여기에 다른 외생 변수의 선형 조합을 추가하므로 SARIMAX도 선형 모델이 된다. SARIMAX는 범주형 변수도 외생 변수로 포함할 수 있지만, 기존 회귀 작업과 마찬가지로 인코딩(숫자값 또는 이진 플래그 부여)해야 한다.

4장부터 다양한 모델을 구현하기 위해 statsmodels의 SARIMAX 함수를 사용해왔다. 이는 SARI-MAX가 시계열을 예측하는 데 가장 일반적인 함수이기 때문이다. 지금까지 외생 변수가 없는 SARIMAX 모델이 어떻게 SARIMA 모델이 되는지 알아보았다. 마찬가지로 계절성은 없지만 외생 변수가 있는 모델을 ARIMAX 모델이라고 할 수 있으며, 계절성이 없고 외생 변수가 없는 모델을 ARIMA 모델로 나타낼 수 있다. 문제에 따라 일반적인 SARIMAX 모델의 각 부분을 다르게 조합하여 사용할 수 있다.

> **SARIMAX 모델**
>
> SARIMAX 모델은 단순히 외생 변수의 선형 조합을 SARIMA 모델에 추가하는 것이다. 이를 통해 외생 변수가 시계열의 미랫값에 미치는 영향을 모델링할 수 있다.
>
> SARIMAX 모델은 다음과 같이 간단히 정의할 수 있다.
>
> $$y_t = SARIMA(p,d,q)(P,D,Q)_m + \sum_{i=1}^{n} \beta_i X_t^i$$
>
> SARIMAX 모델은 시계열을 예측하는 가장 일반적인 모델이다. 계절적 패턴이 없는 경우 ARIMAX 모델이 된다. 외생 변수가 없으면 SARIMA 모델이 된다. 계절성이나 외생 변수가 없으면 ARIMA 모델이 된다.

이론적으로는 SARIMAX 모델을 이렇게 요약할 수 있다. 4장부터 8장까지는 외생 변수의 추가를 쉽게 이해할 수 있도록 의도적으로 SARIMAX 모델을 점진적으로 발전시키는 방식으로 진행했다. 조금 더 자세히 알아보기 위해 데이터 집합의 외생 변수를 살펴보겠다.

9.1.1 미국 거시경제 데이터 집합의 외생 변수 탐색하기

미국 거시경제 데이터 집합을 로딩하고 실질 GDP를 예측하는 데 사용할 수 있는 다양한 외생 변수를 탐색해보자. 이 데이터 집합은 statsmodels 라이브러리와 함께 제공되므로 외부 파일을 다운로드하고 로딩할 필요 없다. statsmodels의 datasets 모듈을 사용하여 데이터 집합을 로딩할 수 있다.

CAUTION 이번 장의 전체 소스 코드는 깃허브에서 확인할 수 있다.
https://github.com/jpub-dongdong9/TimeSeriesForecastingInPython/tree/master/CH09

```
import statsmodels.api as sm

macro_econ_data = sm.datasets.macrodata.load_pandas().data    ◀── 미국 거시경제 데이터 집합을 로딩한다.
macro_econ_data    ◀─┐ DataFrame을 표시한다.
```

미국 거시경제 데이터 집합이 포함된 전체 **DataFrame**이 표시된다. 표 9.1은 각 변수의 뜻을 설명한다. 목표 변수나 내생 변수인 실질 GDP와 개인 및 연방 소비 지출, 이자율, 인플레이션율, 인구 등 예측에 사용할 수 있는 11개의 외생 변수가 있다.

표 9.1 미국 거시경제 데이터 집합의 모든 변수에 대한 설명

변수	설명
realgdp	실질 GDP(목표 변수 또는 내생 변수)
realcons	실질 개인 소비 지출
realinv	실질 국내 총 민간 투자
realgovt	실질 연방 소비 지출 및 투자
realdpi	실질 민간 가처분 소득
cpi	분기 말 소비자물가지수
m1	M1 명목 통화량
tbilrate	3개월 만기 국채의 분기별 월평균 금리
unemp	실업률
pop	분기 말 총인구
infl	인플레이션율
realint	실질 이자율

물론 이러한 각 변수는 실질 GDP를 잘 예측할 수도 있고 그렇지 않을 수도 있다. 선형 모델은 대상을 예측하는 데 중요하지 않은 외생 변수에 대해 0에 가까운 계수를 부여하기 때문에 특징 선택feature selection을 수행할 필요가 없다.

단순성과 명확성을 위해 이번 장에서는 목표인 실질 GDP와 표 9.1에 나열된 다음 다섯 가지 변수(realcons부터 cpi까지)를 외생 변수로 삼아, 총 여섯 가지 변수만 사용하겠다.

각 변수가 시간에 따라 어떻게 변하는지를 시각화하여 특징적인 패턴을 파악할 수 있을지 살펴볼 수 있다. 결과는 그림 9.2에 나와 있다.

```
fig, axes = plt.subplots(nrows=3, ncols=2, dpi=300, figsize=(11,6))

for i, ax in enumerate(axes.flatten()[:6]):        ◄── 6개의 변수에 대해 반복한다.
    data = macro_econ_data[macro_econ_data.columns[i+2]]   ◄── 연도 및 분기 열은 건너뛴다. 그러면
                                                              realgdp에서 시작할 수 있다.
    ax.plot(data, color='black', linewidth=1)
    ax.set_title(macro_econ_data.columns[i+2])     ◄── 도식 상단에 변수 이름을 표시한다.
    ax.xaxis.set_ticks_position('none')
    ax.yaxis.set_ticks_position('none')
    ax.spines['top'].set_alpha(0)
    ax.tick_params(labelsize=6)

plt.setp(axes, xticks=np.arange(0, 208, 8), xticklabels=np.arange(1959, 2010, 2))
```

```
fig.autofmt_xdate()
plt.tight_layout()
```

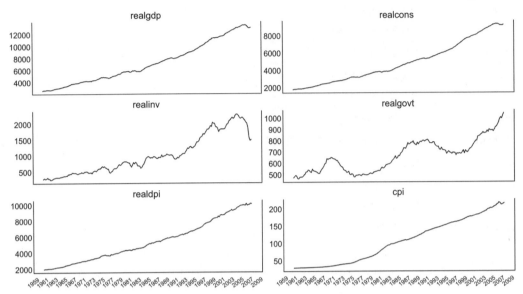

그림 9.2 1959년부터 2009년까지의 실질 GDP와 다섯 가지 외생 변수의 진화. realgdp, realcons, realdpi, cpi가 모두 비슷한 모양을 하고 있다는 것을 알 수 있으며, 이는 시각적 분석만으로는 충분하지 않지만 realcons, realdpi, cpi가 잠재적으로 좋은 예측 변수라는 것을 알 수 있다. 반면에, realgovt에는 realgdp에는 나타나지 않는 최고점과 최저점이 있으므로 realgovt가 더 약한 예측 변수라는 가설을 세울 수 있다.

시계열 예측을 위해 외생 변수로 작업하는 방법에는 두 가지가 있다. 먼저, 다양한 외생 변수의 조합으로 여러 모델을 훈련하고 어떤 모델이 가장 좋은 예측을 생성하는지 확인하는 것이다. 또는 모든 외생 변수를 포함한 뒤 AIC를 사용하여 모델을 선택해도 과적합이 아닌, 잘 맞는 모델을 생성할 수 있다는 것을 알고 있으므로 단순히 모든 외생 변수를 포함할 수도 있다.

회귀 분석에서 p-값을 무시하는 이유는 무엇인가?

statsmodels의 SARIMAX 구현에서는 회귀 분석을 위한 summary 메서드를 제공한다. 이는 이번 장의 뒷부분에서 다룰 것이다.

이 분석에서 SARIMAX 모델을 기반으로 하는 모든 예측 변수의 각 계수와 관련된 p-값을 확인할 수 있다. 종종 p-값은 특징 선택을 수행하는 방법으로 오용된다. 많은 사람이 p-값을 예측 변수와 목표 사이의 상관관계가 있는지 판단하는 방법이라고 잘못 해석한다.

사실 p-값은 계수가 0과 유의하게 다른지를 테스트한다. p-값이 0.05 미만이면 귀무가설을 기각하고 계수가 0과 유의하게 다르다는 결론을 내린다. 이 값은 예측 변수가 예측에 유용한지 여부를 결정하지 않는다.

따라서 p-값을 기준으로 예측 변수를 제거해서는 안 된다. AIC가 가장 낮은 모델을 선택하여 이 단계를 수행해야 한다.

자세한 내용은 Rob Hyndman의 '변수 선택을 위한 통계적 테스트(Statistical tests for variable selection)'라는 블로그 게시물을 읽어보기 바란다(https://robjhyndman.com/hyndsight/tests2/).

9.1.2 SARIMAX 사용 시 유의사항

SARIMAX 모델을 사용할 때 주의해야 할 중요한 사항이 있다. 외생 변수를 포함하면 대상에 대한 강력한 예측 변수를 찾을 수도 있으므로 잠재적으로 유용할 수 있다. 그러나 미래의 여러 시간 단계를 예측할 때 문제가 발생할 수 있다.

SARIMAX 모델은 SARIMA$(p,d,q)(P,D,Q)_m$ 모델과 외생 변수의 선형 조합을 사용하여 미래의 한 시간 단계를 예측한다는 것을 기억하자. 하지만 미래의 두 시간 단계를 예측하려면 어떻게 해야 할까? SARIMA 모델을 사용하면 가능하지만 SARIMAX 모델을 사용하려면 외생 변수도 예측해야 한다.

이 아이디어를 설명하기 위해 `realcons`가 `realgdp`의 예측 변수라고 가정해보자(이 내용은 이번 장의 뒷부분에서 검증한다). 또한 `realgdp`를 예측하기 위한 입력 특징으로 `realcons`를 사용하는 SARIMAX 모델이 있다고 가정해보자. 이제 2009년 말에 2010년과 2011년의 실질 GDP를 예측해야 한다고 가정해보자. SARIMAX 모델을 사용하면 2009년의 `realcons`을 사용하여 2010년의 실질 GDP를 예측할 수 있다. 그러나 2011년의 실질 GDP를 예측하려면 2010년 말의 값을 관측할 수 있을 때까지 기다리지 않는 한 2010년의 `realcons`를 예측해야 한다.

`realcons` 변수는 그 자체가 시계열이기 때문에 SARIMA 모델을 사용하여 예측할 수 있다. 그럼에도 불구하고 예측에는 항상 약간의 오차가 있을 수 있다는 점을 알고 있을 것이다. 따라서 목표 변수를 예측하기 위해 외생 변수를 예측해야 하는 경우에는 목표 변수의 예측 오차가 커질 수 있으며, 이는 미래의 더 많은 시간 단계를 예측할수록 예측 정확도가 빠르게 저하될 수 있음을 뜻한다.

이러한 상황을 피하는 유일한 방법은 미래의 하나의 시간 단계만 예측하고 외생 변수를 관측한 후 미래의 다른 시간 단계를 예측하는 것이다.

반면에 외생 변수가 예측하기 쉬운 경우, 즉 정확하게 예측할 수 있다고 알려진 예측 모델을 따른다면, 외생 변수를 예측하고 이 예측을 사용하여 목표를 예측해도 아무런 문제가 없다.

결국 하나의 시간 단계만 예측하라고 정해진 권장사항은 없다. 상황과 사용 가능한 외생 변수에 따라 달라진다. 이때 데이터 과학자로서의 전문 지식과 엄격한 실험이 중요한 역할을 한다. 외생 변수를 정확하게 예측할 수 있다고 판단되면 여러 시간 단계의 미래를 예측하는 것을 추천할 수도 있다. 그렇지 않다면 한 번에 한 시간 단계씩 예측하고, 예측을 많이 할수록 오차가 누적되어 예측의 정확도가 떨어질 수 있음을 설명하여 결정의 이유를 명확히 해야 한다.

이제 SARIMAX 모델을 자세히 살펴보았으니 실질 GDP를 예측하는 데 적용해보자.

9.2 **SARIMAX 모델을 사용하여 실질 GDP 예측하기**

이제 SARIMAX 모델을 사용하여 실질 GDP를 예측할 준비가 되었다. 데이터 집합의 외생 변수를 살펴본 후 이를 예측 모델에 통합할 것이다.

시작하기 전에 일반적 모델링 절차를 다시 살펴봐야 한다. 절차에 큰 변화는 없다. 유일한 수정사항은 이제 SARIMAX 모델을 적용한다는 것이다. 다른 모든 단계는 그림 9.3에 표시된 대로 동일하게 유지된다.

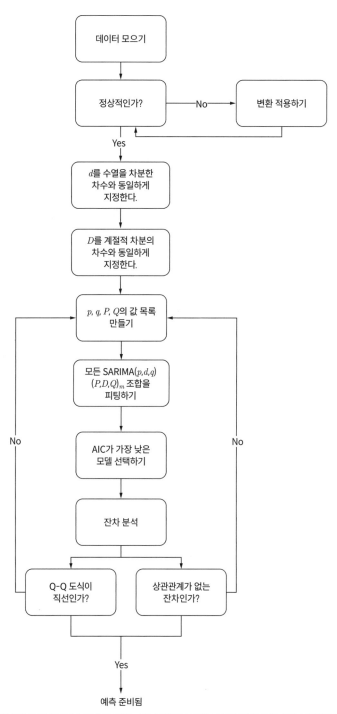

그림 9.3 SARIMAX 모델에 대한 일반적 모델링 절차. SARIMAX 모델은 가장 일반적인 예측 모델이며 우리가 살펴본 시계열의 다양한 프로세스와 속성을 모두 수용할 수 있으므로 이 절차를 모든 문제에 적용할 수 있다. 여기서 유일한 변경사항은 8장과 같이 SARIMA 모델 대신 SARIMAX 모델을 피팅한다는 점이다. 나머지 절차는 동일하게 유지된다.

그림 9.3의 모델링 절차에 따라 먼저 ADF 테스트를 사용하여 대상의 정상성을 확인한다.

```python
target = macro_econ_data['realgdp']      ◀── 대상 변수를 정의한다.
                                             이번의 경우 실질 GDP다.
exog = macro_econ_data[['realcons', 'realinv', 'realgovt', 'realdpi', 'cpi']]  ◀──
                                             외생 변수를 정의한다. 여기서는
ad_fuller_result = adfuller(target)          단순화를 위해 변수를 5개로 제한했다.

print(f'ADF Statistic: {ad_fuller_result[0]}')
print(f'p-value: {ad_fuller_result[1]}')
```

그러면 ADF 통계가 1.75, p-값이 1.00 반환된다. ADF 통계가 큰 음수가 아니고 p-값이 0.05보다 크므로 귀무가설을 기각할 수 없고 수열이 비정상적이다.

따라서 변환을 적용하고 다시 정상성을 테스트해야 한다. 이제 수열을 한 번 차분해보자.

```python
target_diff = target.diff()      ◀── 수열을 차분한다.

ad_fuller_result = adfuller(target_diff[1:])

print(f'ADF Statistic: {ad_fuller_result[0]}')
print(f'p-value: {ad_fuller_result[1]}')
```

이제 -6.31의 ADF 통계와 3.32×10^{-8}의 p-값을 반환한다. ADF 통계가 음수이고 p-값이 0.05보다 작으므로 귀무가설을 기각하고 이제 수열이 정상적 상태가 되었다고 결론 내릴 수 있다. 따라서 $d = 1$이라는 것을 알 수 있다. 시계열을 정상적 상태로 만들기 위해 계절적 차분을 고려할 필요는 없으므로 $D = 0$이다.

이제 모델의 모든 고유한 조합을 피팅하고 AIC 기준 오름차순으로 `DataFrame`을 반환하는 `opti-mize_SARIMAX` 함수를 정의하자.

리스팅 9.1 **모든 고유한 SARIMAX 모델을 피팅하는 함수**

```python
from typing import Union
from tqdm import tqdm_notebook
from statsmodels.tsa.statespace.sarimax import SARIMAX

def optimize_SARIMAX(endog: Union[pd.Series, list], exog: Union[pd.Series,
↳ list], order_list: list, d: int, D: int, s: int) -> pd.DataFrame:

    results = []
```

```
for order in tqdm_notebook(order_list):
    try:
        model = SARIMAX(
            endog,
            exog,          ◄──┐ 모델을 피팅할 때 외생 변수를 추가한 것을
                              │ 확인할 수 있다.
            order=(order[0], d, order[1]),
            seasonal_order=(order[2], D, order[3], s),
            simple_differencing=False).fit(disp=False)
    except:
        continue

    aic = model.aic
    results.append([order, aic])

result_df = pd.DataFrame(results)
result_df.columns = ['(p,q,P,Q)', 'AIC']

#오름차순으로 정렬, AIC가 낮을수록 좋음
result_df = result_df.sort_values(by='AIC', ascending=True).reset_index(drop=True)

return result_df
```

다음으로 차수 p, q, P, Q에 대해 가능한 값의 범위를 정의하자. 0에서 3까지의 값을 사용하겠지만 다른 값 집합을 자유롭게 사용해보자. 또한 데이터가 분기별로 수집되므로 $m = 4$다.

```
p = range(0, 4, 1)
d = 1
q = range(0, 4, 1)
P = range(0, 4, 1)
D = 0
Q = range(0, 4, 1)
s = 4    ◄──┐ statsmodels에서 SARIMAX를 구현할 때
           │ s는 m과 같다는 것을 기억하자.
parameters = product(p, q, P, Q)
parameters_list = list(parameters)
```

모델을 훈련하기 위해 목표 변수와 외생 변수의 처음 200개를 사용한다. 그런 다음 `optimize_SARIMAX` 함수를 실행하여 AIC가 가장 낮은 모델을 선택한다.

```
target_train = target[:200]
exog_train = exog[:200]
```

```
result_df = optimize_SARIMAX(target_train, exog_train, parameters_list, d, D, s)
result_df
```

이 코드가 실행되면 SARIMAX(3,1,3)(0,0,0)$_4$ 모델이 AIC가 가장 낮은 모델이라는 판정을 반환한다. 이 모델의 계절적 구성요소의 차수가 0인 것을 알 수 있다. 그림 9.4에서 볼 수 있듯이 실질 GDP 도식에 계절적 패턴이 보이지 않기 때문에 이는 당연한 결과다. 따라서 계절적 구성요소는 0이며, ARIMAX(3,1,3) 모델을 갖게 된다.

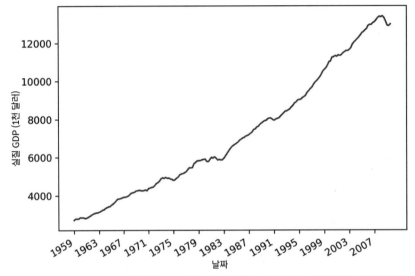

그림 9.4 1959년부터 2009년까지 미국의 실질 GDP. 데이터는 분기별로 수집되며 미국 달러로 천 달러 단위로 표시된다. 주기적 패턴 없이 수년에 걸쳐 뚜렷한 양의 추세를 보이는 것을 볼 수 있는데, 이는 이 수열에 계절성이 존재하지 않음을 뜻한다.

이제 선택한 모델을 피팅한 뒤 요약 테이블을 표시하여 외생 변수와 관련된 계수를 확인할 수 있다. 결과는 그림 9.5에 나와 있다.

```
best_model = SARIMAX(target_train, exog_train, order=(3,1,3),
➥ seasonal_order=(0,0,0,4), simple_differencing=False)
best_model_fit = best_model.fit(disp=False)

print(best_model_fit.summary())   ◀ㅡ 모델의 요약 테이블을 표시한다.
```

그림 9.5에서 p-값이 0.712인 `realdpi`를 제외한 모든 외생 변수의 p-값이 0.05보다 작다는 것을

알 수 있다. 이는 **realdpi**의 계수가 0에 가깝다는 것을 뜻한다. 또한 계수의 값이 0.0091이라는 것을 알 수 있다. 하지만 p-값이 대상과 예측 변수의 연관성을 결정짓지는 않으므로 계수는 모델에 유지된다.

```
                                 SARIMAX Results
==============================================================================
Dep. Variable:                 realgdp   No. Observations:                  200
Model:                SARIMAX(3, 1, 3)   Log Likelihood                -859.431
Date:                Fri, 06 Aug 2021    AIC                           1742.863
Time:                        17:02:59    BIC                           1782.382
Sample:                             0    HQIC                          1758.857
                                - 200
Covariance Type:                  opg
==============================================================================
                 coef    std err          z      P>|z|      [0.025      0.975]
------------------------------------------------------------------------------
realcons       0.9652      0.044     21.693      0.000       0.878       1.052
realinv        1.0142      0.033     30.944      0.000       0.950       1.078
realgovt       0.7249      0.127      5.717      0.000       0.476       0.973
realdpi        0.0091      0.025      0.369      0.712      -0.039       0.058
cpi            5.8671      1.311      4.476      0.000       3.298       8.436
ar.L1          1.0648      0.399      2.671      0.008       0.283       1.846
ar.L2          0.4895      0.701      0.698      0.485      -0.885       1.864
ar.L3         -0.6718      0.337     -1.995      0.046      -1.332      -0.012
ma.L1         -1.1035      0.430     -2.565      0.010      -1.947      -0.260
ma.L2         -0.3196      0.767     -0.417      0.677      -1.823       1.184
ma.L3          0.6457      0.403      1.601      0.109      -0.145       1.436
sigma2       328.9706     30.395     10.823      0.000     269.397     388.545
==============================================================================
Ljung-Box (L1) (Q):                   0.00   Jarque-Bera (JB):                13.55
Prob(Q):                              0.95   Prob(JB):                         0.00
Heteroskedasticity (H):               3.57   Skew:                             0.32
Prob(H) (two-sided):                  0.00   Kurtosis:                         4.11
==============================================================================

Warnings:
[1] Covariance matrix calculated using the outer product of gradients (complex-step).
```

그림 9.5 선택한 모델의 요약 테이블. 외생 변수에 할당된 계수도 볼 수 있다. P>|z| 열 아래에서 해당 계수의 p-값도 확인할 수 있다.

모델링 절차를 계속 진행하면서 이제 그림 9.6에 표시된 모델의 잔차를 살펴보겠다. 잔차의 값이 백색소음처럼 완전히 무작위다. 우리의 모델은 시각적 검사를 통과했다.

```
best_model_fit.plot_diagnostics(figsize=(10,8));
```

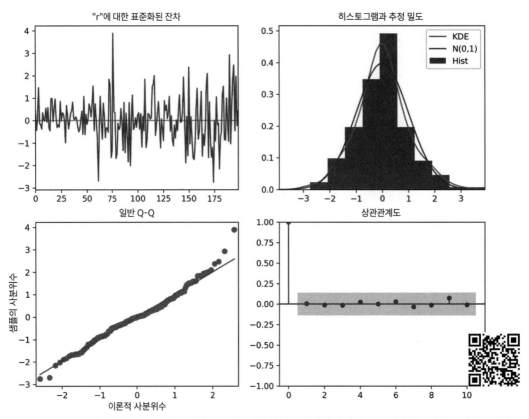

그림 9.6 **선택한 모델의 잔차 분석.** 잔차는 백색소음처럼 시간이 지남에 따라 추세가 없고 상당히 일정한 분산을 보인다는 것을 알 수 있다. 오른쪽 상단 도식에서 잔차의 분포는 정규분포에 매우 가깝다. 이는 왼쪽 하단의 Q-Q 도식에서도 확인할 수 있는데, 이 도식은 y = x 직선에 상당히 겹쳐진 직선을 보여준다. 마지막으로, 상관관계도는 백색소음과 마찬가지로 지연 0 이후에는 유의한 계수가 없음을 보여준다. 따라서 시각적 분석 결과, 이 모델의 잔차는 백색소음과 유사하다.

이제 잔차가 상관관계가 없는지 확인하기 위해 융-박스 테스트를 적용한다. 융-박스 테스트의 귀무가설은 잔차가 독립적이고 상관관계가 없다는 것이므로 0.05보다 큰 p-값을 확인해보자.

```
residuals = best_model_fit.resid

lbvalue, pvalue = acorr_ljungbox(residuals, np.arange(1, 11, 1))

print(pvalue)
```

모든 p-값이 0.05보다 크므로 귀무가설은 기각되지 않는다. 따라서 잔차가 독립적이고 상관관계가 없다고 결론을 내릴 수 있다. 잔차가 두 가지 테스트를 모두 통과했으므로 예측에 모델을 사용할 수 있다.

앞서 언급했듯이 SARIMAX 모델을 사용할 때 주의해야 할 점은 외생 변수를 예측하면 최종 예측에 예측 오차가 누적될 수 있으므로 바로 다음 시간 단계만 예측하는 것이 적절하다는 것이다.

대신 모델을 테스트하기 위해 다음 시간 단계를 여러 번 예측하고 각 예측의 오차를 평균한다. 이 작업은 4~6장에서 정의하고 사용했던 rolling_forecast 함수를 사용하여 수행한다. 베이스라인 모델로는 마지막으로 측정된 값 방법을 사용한다.

리스팅 9.2 **다음 시간 단계를 여러 번 예측하는 함수**

```python
def rolling_forecast(endog: Union[pd.Series, list], exog:
➥ Union[pd.Series, list], train_len: int, horizon: int, window: int,
➥ method: str) -> list:

    total_len = train_len + horizon

    if method == 'last':
        pred_last_value = []

        for i in range(train_len, total_len, window):
            last_value = endog[:i].iloc[-1]
            pred_last_value.extend(last_value for _ in range(window))

        return pred_last_value

    elif method == 'SARIMAX':
        pred_SARIMAX = []

        for i in range(train_len, total_len, window):
            model = SARIMAX(endog[:i], exog[:i], order=(3,1,3),
➥ seasonal_order=(0,0,0,4), simple_differencing=False)
            res = model.fit(disp=False)
            predictions = res.get_prediction(exog=exog)
            oos_pred = predictions.predicted_mean.iloc[-window:]
            pred_SARIMAX.extend(oos_pred)

        return pred_SARIMAX
```

recursive_forecast 함수를 사용하면 특정 기간 동안의 다음 시간 단계를 예측할 수 있다. 이 함수를 사용하여 2008년부터 2009년 3분기까지의 다음 시간 단계를 구체적으로 예측해보겠다.

```python
target_train = target[:196]    ◀─┐ 1959년부터 2007년 말까지의 데이터에 모델을 피팅한다.
target_test = target[196:]     ◀─── 테스트 집합에는 2008년부터 2009년 3분기까지의 값이 포함된다.
                                     예측할 값은 총 7개다.
```

```
pred_df = pd.DataFrame({'actual': target_test})

TRAIN_LEN = len(target_train)
HORIZON = len(target_test)
WINDOW = 1    ◄─┐ 다음 시간 단계만 예측하도록 지정한다.

pred_last_value = rolling_forecast(target, exog, TRAIN_LEN, HORIZON, WINDOW, 'last')
pred_SARIMAX = rolling_forecast(target, exog, TRAIN_LEN, HORIZON, WINDOW, 'SARIMAX')

pred_df['pred_last_value'] = pred_last_value
pred_df['pred_SARIMAX'] = pred_SARIMAX

pred_df
```

예측이 완료되면 어떤 모델의 평균절대백분율오차가 가장 낮은지 시각화할 수 있다. 결과는 그림 9.7에 나와 있다.

```
def mape(y_true, y_pred):
    return np.mean(np.abs((y_true - y_pred) / y_true)) * 100

mape_last = mape(pred_df.actual, pred_df.pred_last_value)
mape_SARIMAX = mape(pred_df.actual, pred_df.pred_SARIMAX)

fig, ax = plt.subplots()

x = ['naive last value', 'SARIMAX']
y = [mape_last, mape_SARIMAX]

ax.bar(x, y, width=0.4)
ax.set_xlabel('Models')
ax.set_ylabel('MAPE (%)')
ax.set_ylim(0, 1)

for index, value in enumerate(y):
    plt.text(x=index, y=value + 0.05, s=str(round(value,2)), ha='center')

plt.tight_layout()
```

그림 9.7에서 SARIMAX 모델이 0.04% 차이로 승리한 모델임을 알 수 있다. 두 방법 모두 매우 낮은 MAPE를 달성하여 단순히 마지막 측정값으로 예측하는 것보다 SARIMAX 모델이 약간 더 우수하다는 것을 보여준다. 여기서 베이스라인 모델의 중요성을 알 수 있는데, 비즈니스적 맥락이 중요한 역할을 한다. 이 경우 미국의 실질 GDP를 예측하는 것이므로 0.04%의 차이는 수천 달러에 해

당한다. 이 차이는 베이스라인 모델보다 약간 더 좋은 성능으로 보인다고 하더라도 이 맥락에서는 중요할 수 있고, SARIMAX 모델의 사용을 정당화할 수 있다.

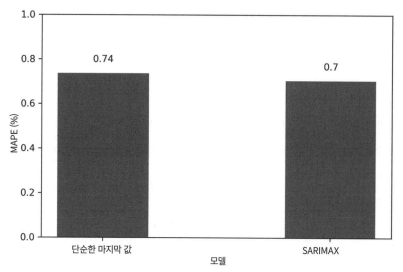

그림 9.7 **각 방법의 예측에 대한 평균절대백분율오차. SARIMAX 모델의 MAPE가 베이스라인 모델보다 약간 작다는 것을 알 수 있다. 이는 베이스라인 모델 사용이 중요하다는 것을 뜻하고, 0.70%의 MAPE가 매우 우수하지만 단순한 예측으로도 0.74%의 MAPE를 달성하므로, SARIMAX 모델이 약간의 이점만 있다는 것을 뜻하기도 한다.**

9.3 다음 단계

이번 장에서는 목표 시계열을 예측할 때 외생 변수를 포함할 수 있는 SARIMAX 모델에 대해 살펴 보았다.

외생 변수를 추가할 때 주의해야 할 점이 있다. 미래의 많은 시간 단계를 예측하는 경우, 외생 변수 도 예측해야 하므로 예측 오차가 커질 수 있다. 이를 방지하려면 바로 다음 시간 단계만 예측해야 한다.

실질 GDP를 예측하기 위한 외생 변수를 검토할 때, 실질 GDP가 해당 변수의 예측 변수가 될 수도 있다는 가설을 세울 수 있다. 예를 들어 `cpi`라는 변수가 `realgdp`의 예측 변수이지만, `realgdp`로 `cpi`를 예측할 수도 있다.

시간에 따라 달라지는 두 변수가 서로 영향을 미칠 수 있음을 입증하고자 할 때는 벡터자기 회귀VAR 모델을 사용해야 한다. 이 모델은 단변량 시계열 예측이 가능한 SARIMAX 모델과 달리 다변량multivariate 시계열 예측이 가능하다. 다음 장에서는 VAR 모델에 대해 자세히 살펴보고, 이 모델을 확장하여 *VARMA* 모델과 *VARMAX* 모델로 만들 수도 있다는 것을 알아보겠다.

9.4 연습

연습 문제를 통해 지식을 테스트해보자. 전체 솔루션은 깃허브에 있다.

https://github.com/jpub-dongdong9/TimeSeriesForecastingInPython/tree/master/CH09

9.4.1 SARIMAX 모델에 모든 외생 변수를 사용하여 실질 GDP 예측하기

이번 장의 본문에서는 실질 GDP를 예측할 때 외생 변수의 수를 제한했다. 이번 연습에서는 모든 외생 변수를 사용하여 SARIMAX 모델을 피팅하고 더 나은 성능을 얻을 수 있는지 확인한다.

1. SARIMAX 모델에 모든 외생 변수를 사용한다.
2. 잔차 분석을 수행한다.
3. 데이터 집합의 마지막 7개 시간 단계에 대한 예측을 생성한다.
4. MAPE를 측정한다. 제한된 수의 외생 변수를 사용하여 얻은 결과보다 더 나은지, 더 나쁜지, 아니면 동일한지 확인한다.

요약

- SARIMAX 모델을 사용하면 외생 변수(외부 변수라고도 함)를 포함해서 목표를 예측할 수 있다.
- 변환은 외생 변수가 아닌 목표 변수에만 적용한다.
- 미래의 여러 시간 단계를 예측하려면 외생 변수도 예측해야 한다. 이렇게 하면 최종 예측의 오차가 커질 수 있다. 이를 방지하려면 다음 시간 단계만 예측해야 한다.

10

다중 시계열 예측하기

9장에서는 외생 변수가 시계열에 미치는 영향을 활용하는 SARIMAX 모델을 사용하는 방법을 살펴보았다. SARIMAX 모델에서는 관계가 단방향이므로 외생 변수가 대상에만 영향을 미친다고 가정한다.

그러나 두 시계열이 양방향 관계를 가질 수도 있다. 즉 시계열 t1이 시계열 t2의 예측 변수이고, 시계열 t2가 시계열 t1의 예측 변수가 될 수도 있다. 이러한 경우 이 양방향 관계를 고려하여 두 시계열에 대한 예측을 동시에 출력할 수 있는 모델이 있다면 유용할 것이다.

이것이 벡터자기회귀 모델이다. 이 모델을 사용하면 시간에 따라 변화하는 여러 시계열 간의 관계를 포착할 수 있으며, 여러 시계열에 대한 예측을 동시에 생성할 수 있어 **다변량 예측**multivariate forecasting을 수행할 수 있다.

이번 장에서는 9장과 동일한 미국 거시경제 데이터 집합을 사용한다. 이번에는 그림 10.1과 같이 실질 가처분 소득과 실질 소비 사이의 관계를 살펴본다.

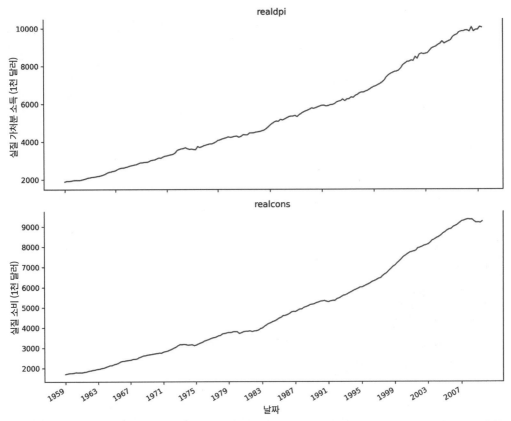

그림 10.1 **1959년부터 2009년까지 미국의 실질 가처분 소득 및 실질 소비. 데이터는 분기별로 수집되며 미국 달러 천 달러 단위로 표시된다. 두 수열 모두 시간이 지남에 따라 비슷한 모양과 추세를 보인다.**

실질 소비(realcons)는 사람들이 얼마나 많은 돈을 소비하는지를 나타내며, 실질 가처분 소득(re-aldpi)은 얼마나 많은 돈을 쓸 수 있는지를 나타낸다. 따라서 가처분 소득이 많을수록 소비가 많다는 것은 합리적인 가설이다. 반대로 소비가 많다는 것은 더 많은 소득을 소비할 수 있다는 것을 뜻하며, 그 반대일 수도 있다. 이러한 양방향 관계를 VAR 모델로 포착할 수 있다.

이번 장에서는 먼저 VAR 모델을 자세히 살펴보겠다. 그런 다음 두 시계열이 서로 영향을 미친다는 가설을 검증하는 데 도움이 되는 그레인저 인과관계 테스트를 살펴본다. 마지막으로 VAR 모델을 적용하여 실질 소비와 실질 가처분 소득에 대한 예측을 수행할 것이다.

10.1 VAR 모델 살펴보기

벡터자기회귀vector autoregression, VAR **모델**은 시간에 따라 변화하는 여러 수열 간의 관계를 포착한다. 이 모델에서는 각 수열이 다른 수열에 영향을 미치지만, SARIMAX 모델에서는 이와 달리 외생 변수는 대상에 영향을 미쳐도 그 반대는 성립하지 않는다. 9장에서 `realcons`, `realinv`, `realgovt`, `realdpi`, `cpi`, `m1`, `tbilrate` 변수를 `realgdp`의 예측 변수로 사용했지만, `realgdp`가 이러한 변수들에 어떤 영향을 미칠 수 있는지는 고려하지 않았다. 그래서 그때는 SARIMAX 모델을 사용했다.

여러분은 **자기회귀**로 되돌아왔음을 눈치챘을 것이다. 이는 5장의 AR(p) 모델로 돌아가는 것이다. VAR 모델은 여러 시계열을 예측할 수 있도록 AR(p) 모델을 일반화한 것으로 볼 수 있으므로 이는 좋은 직관이다. 따라서 VAR 모델을 VAR(p)로 나타낼 수도 있는데, 여기서 p는 차수이며 AR(p) 모델과 동일한 의미를 갖는다.

AR(p)는 시계열의 값을 상수 C, 백색소음인 현재 오차 항 ϵ_t, 시계열의 과거값인 y_{t-p}의 선형 조합으로 표현한다는 점을 기억하자. 과거값이 현잿값에 미치는 영향의 크기는 수식 10.1에 표시된 것처럼 AR(p) 모델의 계수를 나타내는 ϕ_p로 표시된다.

$$y_t = C + \phi_1 y_{t-1} + \phi_2 y_{t-2} + \cdots + \phi_p y_{t-p} + \epsilon_t$$

수식 10.1

수식 10.1을 간단히 여러 시계열에 대한 수식으로 확장하여, 각각의 시계열이 서로에게 영향을 미치는 모델을 만들 수 있다.

간단히 설명하기 위해, $y_{1,t}$와 $y_{2,t}$로 표시하는 두 개의 시계열이 있고 차수가 1인, 즉 p = 1인 시스템을 고려해보자. 그러면 행렬 표기법을 사용하여 VAR(1) 모델을 수식 10.2와 같이 표현할 수 있다.

$$\begin{bmatrix} y_{1,t} \\ y_{2,t} \end{bmatrix} = \begin{bmatrix} C_1 \\ C_2 \end{bmatrix} + \begin{bmatrix} \phi_{1,1} & \phi_{1,2} \\ \phi_{2,1} & \phi_{2,2} \end{bmatrix} \begin{bmatrix} y_{1,t-1} \\ y_{2,t-1} \end{bmatrix} + \begin{bmatrix} \epsilon_{1,t} \\ \epsilon_{2,t} \end{bmatrix}$$

수식 10.2

행렬 곱셈을 수행하면 $y_{1,t}$에 대한 수식은 수식 10.3이고, $y_{2,t}$에 대한 수식은 수식 10.4다.

$$y_{1,t} = C_1 + \phi_{1,1} y_{1,t-1} + \phi_{1,2} y_{2,t-1} + \epsilon_{1,t}$$

수식 10.3

$$y_{2,t} = C_2 + \phi_{2,1} y_{1,t-1} + \phi_{2,2} y_{2,t-1} + \epsilon_{2,t} \qquad \text{수식 10.4}$$

수식 10.3에서 $y_{1,t}$의 식에 $y_{2,t}$의 과거값이 포함되어 있음을 알 수 있다. 마찬가지로 수식 10.4에서 $y_{2,t}$에 대한 식에는 $y_{1,t}$의 과거값이 포함된다. 따라서 각 수열이 다른 수열에 미치는 영향을 VAR 모델이 어떻게 포착하는지 알 수 있다.

수식 10.3을 확장하여 지연된 값 p를 고려하는 일반 VAR(p) 모델을 표현하면 수식 10.5가 된다. 위 첨자는 지수를 나타내는 것이 아니라 인덱싱이다. 간단히 설명하기 위해 이번에도 두 개의 시계열만 고려하겠다.

$$\begin{bmatrix} y_{1,t} \\ y_{2,t} \end{bmatrix} = \begin{bmatrix} C_1 \\ C_2 \end{bmatrix} + \begin{bmatrix} \phi^1_{1,1} & \phi^1_{1,2} \\ \phi^1_{2,1} & \phi^1_{2,2} \end{bmatrix} \begin{bmatrix} y_{1,t-1} \\ y_{2,t-1} \end{bmatrix} + \begin{bmatrix} \phi^2_{1,1} & \phi^2_{1,2} \\ \phi^2_{2,1} & \phi^2_{2,2} \end{bmatrix} \begin{bmatrix} y_{1,t-2} \\ y_{2,t-2} \end{bmatrix} + \cdots$$

$$\qquad \text{수식 10.5}$$

$$+ \begin{bmatrix} \phi^p_{1,1} & \phi^p_{1,2} \\ \phi^p_{2,1} & \phi^p_{2,2} \end{bmatrix} \begin{bmatrix} y_{1,t-p} \\ y_{2,t-p} \end{bmatrix} + \begin{bmatrix} \epsilon_{1,t} \\ \epsilon_{2,t} \end{bmatrix}$$

AR(p) 모델과 마찬가지로 VAR(p) 모델도 각 시계열이 정상적이어야 한다.

벡터자기회귀 모델

벡터자기회귀 모델 VAR(p)는 두 개 이상의 시계열의 관계를 모델링한다. 이 모델에서 각 시계열은 다른 시계열에 영향을 미친다. 즉 한 시계열의 과거값이 다른 시계열에 영향을 미치며, 그 반대의 경우도 마찬가지다.

VAR(p) 모델은 여러 시계열을 허용하는 AR(p) 모델의 일반화라고 볼 수 있다. AR(p) 모델과 마찬가지로, VAR(p) 모델도 차수 p에 따라 얼마나 많은 후행값이 시계열의 현잿값에 영향을 미치는지를 결정한다. 그러나 이 모델에서는 다른 시계열의 후행값도 포함한다.

시계열이 두 개인 경우, VAR(p) 모델의 일반 수식은 상수 벡터, 두 시계열의 과거값, 오차 항 벡터로 이루어진 선형 조합이다.

$$\begin{bmatrix} y_{1,t} \\ y_{2,t} \end{bmatrix} = \begin{bmatrix} C_1 \\ C_2 \end{bmatrix} + \begin{bmatrix} \phi^1_{1,1} & \phi^1_{1,2} \\ \phi^1_{2,1} & \phi^1_{2,2} \end{bmatrix} \begin{bmatrix} y_{1,t-1} \\ y_{2,t-1} \end{bmatrix} + \begin{bmatrix} \phi^2_{1,1} & \phi^2_{1,2} \\ \phi^2_{2,1} & \phi^2_{2,2} \end{bmatrix} \begin{bmatrix} y_{1,t-2} \\ y_{2,t-2} \end{bmatrix} + \cdots$$

$$+ \begin{bmatrix} \phi^p_{1,1} & \phi^p_{1,2} \\ \phi^p_{2,1} & \phi^p_{2,2} \end{bmatrix} \begin{bmatrix} y_{1,t-p} \\ y_{2,t-p} \end{bmatrix} + \begin{bmatrix} \epsilon_{1,t} \\ \epsilon_{2,t} \end{bmatrix}$$

VAR 모델을 적용하려면 시계열이 정상적이어야 한다는 점에 유의하자.

수식 10.3과 10.4에 표시된 것처럼 각 식에 후행값이 포함된 VAR(p) 모델이 수학적으로 어떻게 표현되는지 살펴보았다. 이를 통해 각 수열이 다른 수열에 어떤 영향을 미치는지 알 수 있다. VAR(p) 모델은 두 수열이 서로를 예측하는 데 유용한 경우에만 유효하다. 시간에 따른 수열의 변화를 살펴보는 것만으로는 가설을 뒷받침하기에 충분하지 않다. 대신, 한 시계열이 다른 시계열을 예측하는지 여부를 결정하기 위해 통계적 가설 테스트인 **그레인저 인과관계**Granger causality 테스트를 적용해야 한다. 이 테스트가 성공해야만 VAR 모델을 적용하여 예측을 할 수 있다. 이는 VAR 모델을 사용하는 모델링 절차에서 중요한 단계다.

10.2 VAR(p) 모델에 대한 모델링 절차 설계하기

VAR(p) 모델을 사용하려면 기존에 사용하던 모델링 절차를 약간 수정해야 한다. 가장 눈에 띄는 수정사항은 그레인저 인과관계 테스트를 추가하는 것으로, VAR 모델이 두 시계열의 과것값으로 다른 시계열을 유의하게 예측할 수 있다고 가정하기 때문이다.

VAR(p) 모델의 전체 모델링 절차는 그림 10.2에 나와 있다. 보시다시피, VAR(p) 모델의 모델링 절차는 ARMA(p,q) 모델을 도입한 이후 사용해온 모델링 절차와 매우 유사하다.

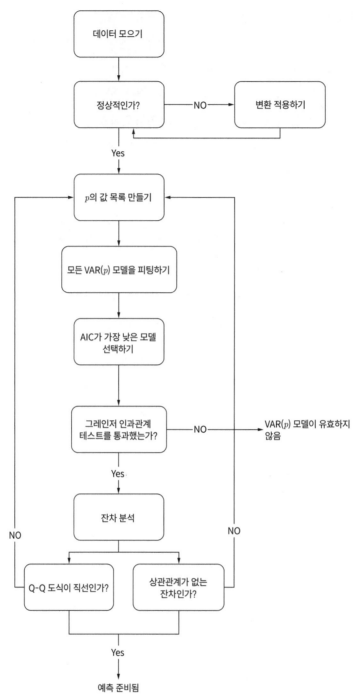

그림 10.2 **VAR(p) 모델의 모델링 절차.** ARMA(p,q) 모델을 도입한 이후 사용해온 모델링 절차와 매우 유사하지만, 이번에는 다양한 **VAR(p)** 모델을 피팅하고 AIC가 가장 낮은 모델을 선택한다. 그런 다음 그레인저 인과관계 테스트를 실행한다. 실패하면 **VAR(p)** 모델이 유효하지 않은 것이므로 절차를 중지한다. 반면에 테스트를 통과하면 잔차 분석을 수행한다. 잔차가 백색소음과 유사한 경우 **VAR(p)** 모델을 예측에 사용할 수 있다.

여기서 가장 큰 차이점은 데이터에 서로 다른 VAR(p) 모델들을 피팅하고 있으므로 차수 p에 대한 값만 나열한다는 점이다. 그런 다음 AIC가 가장 낮은 모델을 선택하고 그레인저 인과관계 테스트를 수행한다. 이 테스트는 한 시계열의 과것값이 다른 시계열을 예측하는 데 통계적으로 유의한지를 판정한다. VAR(p) 모델은 한 시계열의 과것값을 사용하여 다른 시계열을 예측하기 때문에 이 관계를 테스트하는 것이 중요하다.

그레인저 인과관계 테스트에 실패하면 한 시계열의 과것값이 다른 시계열을 예측한다고 할 수 없다. 이 경우 VAR(p) 모델은 유효하지 않게 되고, SARIMAX 모델을 기반으로 시계열을 예측하는 방식으로 되돌아가야 한다. 반면에 그레인저 인과관계 테스트를 통과하면 절차를 재개하고 잔차 분석을 시작할 수 있다. 이전과 마찬가지로 잔차가 백색소음에 가까우면 선택한 VAR(p) 모델을 사용하여 예측을 수행할 수 있다.

이 모델링 절차를 적용해보기 전에 그레인저 인과관계 테스트를 더 자세히 살펴보자.

10.2.1 그레인저 인과관계 테스트 살펴보기

이전 절에서 살펴본 것처럼 VAR(p) 모델은 각 시계열이 다른 시계열에 영향을 미친다고 가정한다. 따라서 이러한 관계가 실제로 존재하는지 테스트해야 한다. 그렇지 않으면 존재하지 않는 관계를 가정하게 되어 모델에 오차가 발생하고 예측이 유효하지 않아 신뢰할 수 없게 된다.

그래서 그레인저 인과관계 테스트를 사용하는 것이다. 그레인저 인과관계 테스트는 시계열 $y_{2,t}$의 과것값이 시계열 $y_{1,t}$를 예측하는 데 도움이 되는지 판단할 수 있는 통계적 검사다. 그레인저 인과관계가 성립하면 $y_{2,t}$가 $y_{1,t}$를 유발한다고 말할 수 있다.

그레인저 인과관계 테스트는 시계열의 과것값이 다른 시계열을 예측하는 데 통계적으로 유의한지만 결정하기 때문에 예측적 인과관계로 제한된다. 또한 이 테스트의 결과가 유효하려면 두 시계열이 모두 정상적이어야 한다. 또 그레인저 인과관계 테스트는 한 방향으로만 인과관계를 테스트하므로, VAR 모델이 유효하려면 이 테스트를 반복해서 $y_{1,t}$도 그레인저 인과관계에 따라 $y_{2,t}$를 유발하는지 확인해야 한다. 그렇지 않으면 SARIMAX 모델을 사용하여 각 시계열을 개별적으로 예측해야 한다.

이 테스트의 귀무가설은 그레인저 인과관계에 따라 $y_{2,t}$가 $y_{1,t}$를 유발하지 않는다는 것이다. 다시 한번 임곗값이 0.05인 p-값을 사용하여 귀무가설을 기각할지 여부를 확인한다. 그레인저 인과관계 테스트에서 반환된 p-값이 0.05보다 작은 경우, 귀무가설을 기각하고 그레인저 인과관계에 따라 $y_{2,t}$가 $y_{1,t}$를 유발한다고 할 수 있다.

VAR(p) 모델을 선택한 후에 그레인저 인과관계 테스트를 수행하는 것을 살펴보았다. 이는 테스트에 포함할 지연의 개수를 지정해야 하기 때문인데, 이 지연의 개수는 모델의 차수에 해당한다. 예를 들어 선택한 VAR(p) 모델이 차수 3인 경우, 그레인저 인과관계 테스트는 한 시계열에서 과거의 세 개의 값이 다른 시계열을 예측하는 데 통계적으로 유의한지 여부를 결정한다.

`statsmodels` 라이브러리에는 편리하게도 그레인저 인과관계 테스트가 포함되어 있으므로, 다음 절에서 실질 소비와 실질 가처분 소득을 예측할 때 사용할 것이다.

10.3 실질 가처분 소득과 실질 소비 예측하기

VAR(p) 모델을 살펴보고 모델링 절차를 설계했으므로 이제 미국의 실질 가처분 소득과 실질 소비를 모두 예측하는 데 적용할 준비가 되었다. 이전 장과 동일한 데이터 집합을 사용할 것인데, 1959년부터 2009년까지의 거시경제 데이터를 포함하고 있다.

CAUTION 이번 장의 소스 코드는 깃허브에서 확인할 수 있다.
https://github.com/jpub-dongdong9/TimeSeriesForecastingInPython/tree/master/CH10

```
macro_econ_data = sm.datasets.macrodata.load_pandas().data
macro_econ_data
```

이를 통해 데이터 집합에서 우리가 관심을 두고 있는 두 가지 변수인 `realdpi`로 표시된 실질 가처분 소득과 `realcons`로 표시된 실질 소비를 도식화할 수 있다. 결과는 그림 10.3에 나와 있다.

```
fig, (ax1, ax2) = plt.subplots(nrows=2, ncols=1, figsize=(10,8))

ax1.plot(macro_econ_data['realdpi'])
ax1.set_xlabel('Date')
ax1.set_ylabel('Real disposable income (k$)')
ax1.set_title('realdpi')
ax1.spines['top'].set_alpha(0)

ax2.plot(macro_econ_data['realcons'])
ax2.set_xlabel('Date')
```

```
ax2.set_ylabel('Real consumption (k$)')
ax2.set_title('realcons')
ax2.spines['top'].set_alpha(0)

plt.xticks(np.arange(0, 208, 16), np.arange(1959, 2010, 4))

fig.autofmt_xdate()
plt.tight_layout()
```

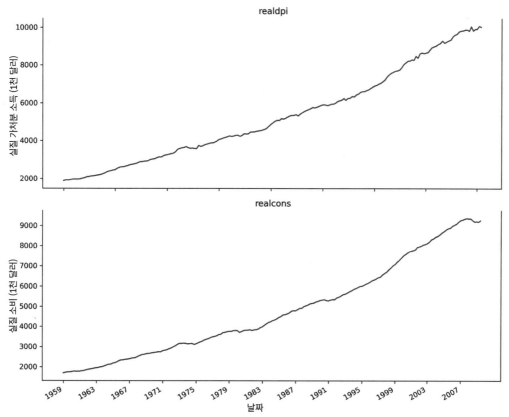

그림 10.3 **1959년부터 2009년까지 미국의 실질 가처분 소득과 실질 소비. 데이터는 분기별로 수집되었으며 미국 달러로 천 달러 단위로 표시된다. 두 곡선 모두 시간의 흐름에 따라 비슷한 모양을 보이고 있음을 알 수 있다.**

그림 10.3에서 두 곡선은 시간에 따라 매우 유사한 모양을 가지며, 이를 통해 직관적으로 VAR(p) 모델에 적합한 후보임을 알 수 있다. 가처분 소득이 높으면 소비가 높을 가능성이 높다고 생각하는 것은 소비가 높으면 가처분 소득이 높다는 신호일 수 있으므로 합리적이다. 물론 이 가설은 모델링 절차의 후반부에서 그레인저 인과관계 테스트를 사용하여 검증해야 한다.

데이터를 수집했으므로 이제 시계열이 정상적인지 확인해야 한다. 그림 10.3에서 두 데이터 모두 시간이 지남에 따라 양(+)의 추세를 나타내는데, 이는 정상적이지 않음을 뜻한다. 그럼에도 불구하고 이를 정확히 확인하기 위해 ADF 테스트를 적용해보자.

```
ad_fuller_result_1 = adfuller(macro_econ_data['realdpi'])
print('realdpi')    ◀━━━ realdpi에 대한 ADF 테스트
print(f'ADF Statistic: {ad_fuller_result_1[0]}')
print(f'p-value: {ad_fuller_result_1[1]}')


print('\n--------------------\n')


ad_fuller_result_2 = adfuller(macro_econ_data['realcons'])
                        ┌─ realcons에 대한 ADF 테스트. VAR(p) 모델에 사용하려면 두 시계열 모두
                        │  정상적이어야 한다.
print('realcons')   ◀━┘
print(f'ADF Statistic: {ad_fuller_result_2[0]}')
print(f'p-value: {ad_fuller_result_2[1]}')
```

두 변수에 대한 ADF 테스트는 1.0의 p-값을 출력한다. 따라서 귀무가설을 기각할 수 없으며, 예상대로 두 시계열이 모두 정상적이지 않다는 결론을 내릴 수 있다.

두 시계열을 정상적 시계열로 만들기 위해 변환을 적용해보자. 구체적으로는, 두 시계열을 차분하고 정상성을 다시 테스트해보자.

```
ad_fuller_result_1 = adfuller(macro_econ_data['realdpi'].diff()[1:])    ◀━━ realdpi에 대한
                                                                            1차 차분하기
print('realdpi')
print(f'ADF Statistic: {ad_fuller_result_1[0]}')
print(f'p-value: {ad_fuller_result_1[1]}')


print('\n--------------------\n')
                                                                        ◀━━ realcons에 대한
                                                                            1차 차분하기
ad_fuller_result_2 = adfuller(macro_econ_data['realcons'].diff()[1:])

print('realcons')
print(f'ADF Statistic: {ad_fuller_result_2[0]}')
print(f'p-value: {ad_fuller_result_2[1]}')
```

realdpi에 대한 ADF 테스트는 p-값으로 1.45×10^{-14}을 반환하고, realcons에 대한 ADF 테스트는 0.0006의 p-값을 반환한다. 두 경우 모두 p-값이 0.05보다 작다. 따라서 귀무가설을 기각하고

두 시계열이 모두 정상적이라는 결론을 내릴 수 있다. 앞서 언급했듯이 VAR(p) 모델을 사용하려면 시계열이 정상적이어야 한다. 따라서 변환된 시계열을 모델링에 사용할 수 있으며, 예측을 원래 규모로 되돌리려면 예측을 적분해야 한다.

이제 여러 VAR(p) 모델을 피팅하여 AIC가 가장 작은 모델을 선택하는 단계에 이르렀다. 차수 p를 변경하면서 많은 VAR(p) 모델을 피팅하기 위한 `optimize_VAR` 함수를 작성한다. 이 함수는 AIC 기준 오름차순으로 정렬된 `DataFrame`을 반환한다. 이 함수는 다음 리스팅에 나와 있다.

리스팅 10.1 많은 VAR(p) 모델을 피팅하고 가장 낮은 AIC를 가진 모델을 선택하는 함수

```python
from typing import Union
from tqdm import tqdm_notebook
from statsmodels.tsa.statespace.varmax import VARMAX

def optimize_VAR(endog: Union[pd.Series, list]) -> pd.DataFrame:

    results = []

    for i in tqdm_notebook(range(15)):        ◀── 0에서 14까지 차수 p를 변경해본다.
        try:
            model = VARMAX(endog, order=(i, 0)).fit(dips=False)
        except:
            continue

        aic = model.aic
        results.append([i, aic])

    result_df = pd.DataFrame(results)
    result_df.columns = ['p', 'AIC']

    result_df = result_df.sort_values(by='AIC',
➥ ascending=True).reset_index(drop=True)

    return result_df
```

이제 이 함수를 사용하여 AIC를 최소화하는 차수 p를 선택할 수 있다.

하지만 먼저 훈련 집합과 테스트 집합을 정의해야 한다. 이 경우 데이터의 80%를 훈련에 사용하고 20%를 테스트에 사용한다. 즉 마지막 40개의 데이터 요소는 테스트에 사용하고 나머지는 훈련에 사용한다. VAR(p) 모델에서는 두 시계열이 모두 정상적이어야 한다는 점을 기억하자. 따라서 차분한 데이터 집합을 분할하고, 이 중 훈련 집합을 `optimize_VAR` 함수에 입력한다.

```
endog = macro_econ_data[['realdpi', 'realcons']]          이 경우 관심 있는 변수는 두 가지뿐이므로
                                                           realdpi와 realcons만 선택한다.

endog_diff = macro_econ_data[['realdpi', 'realcons']].diff()[1:]
                                                                        ADF 테스트에 따르면 1차
                        처음 162개의 데이터 요소를 훈련에 사용한다.          차분은 두 수열을 정상적으로
train = endog_diff[:162]    이는 데이터 집합의 약 80%에 해당한다.           만들 수 있으므로 두 수열을
                                                                        모두 차분한다.
test = endog_diff[162:]       마지막 40개 데이터 요소는 테스트 집합에 사용한다.
                              이는 데이터 집합의 약 20%다.
result_df = optimize_VAR(train)      훈련 집합에 저장된 차분된 데이터를 사용하여 optimize_VAR 함수를
result_df                            실행한다. VAR(p) 모델에 필요한 과정이다.
```

이 함수를 실행하면 $p = 3$이 가장 낮은 AIC 값을 갖는 `DataFrame`을 반환한다. 따라서 선택한 모델은 VAR(3) 모델이며, 이는 각 시계열에서 과거의 값 세 개를 사용하여 다른 시계열을 예측하는 것을 뜻한다.

모델링 절차에 따라 이제 그레인저 인과관계 테스트를 적용해야 한다. VAR 모델에서는 `realcons`의 과거값이 `realdpi`를 예측하는 데 유용하고, `realdpi`의 과거값이 `realcons`를 예측하는 데 유용하다고 가정한다는 사실을 기억하자. 이 관계를 테스트해야 한다. 그레인저 인과관계 테스트에서 0.05보다 큰 p-값이 반환되면 귀무가설을 기각할 수 없으며, 이는 변수 간에 서로 그레인저 인과관계가 없다는 것과 모델이 유효하지 않다는 것을 뜻한다. 반면에 p-값이 0.05보다 작으면 귀무가설을 기각할 수 있으므로 VAR(3) 모델을 사용할 수 있고, 모델링 절차를 계속 진행할 수 있음을 뜻한다.

두 변수에 대한 그레인저 인과관계 테스트를 실행하기 위해 `statsmodels` 라이브러리의 `granger-causalitytests` 함수를 사용해보자. 그레인저 인과관계 테스트를 수행하려면 수열이 정상적이어야 하므로 함수에 전달할 때 수열을 차분해야 한다는 점을 기억하자. 또한 모델 선택 단계에서 $p = 3$을 반환했기 때문에 이 경우 테스트에 대한 지연 개수를 3으로 지정한다.

```
print('realcons Granger-causes realdpi?\n')
print('-------------------')
granger_1 = grangercausalitytests(macro_econ_data[['realdpi',
➥ 'realcons']].diff()[1:], [3])
                                            이 함수는 두 번째 변수가 그레인저 인과관계로 인해 첫 번째 변수를
                                            유발하는지 테스트한다. 따라서 여기서는 그레인저 인과관계로
                                            인해 realcons가 realdpi를 유발하는지 테스트하는 것이다. 그런
print('\nrealdpi Granger-causes realcons?\n')    다음, 목록에 지연의 개수를 전달하는데 이번에는 3이다. 수열을
print('-------------------')                  정상적으로 만들기 위해 차분을 한다는 점에 유의하자.
granger_2 = grangercausalitytests(macro_econ_data[['realcons',
➥ 'realdpi']].diff()[1:], [3])
                                     여기서는 그레인저 인과관계로 인해 realdpi가
                                     realcons를 유발하는지 테스트한다.
```

두 변수에 대해 그레인저 인과관계 테스트를 실행하면 두 경우 모두 0.05보다 작은 p-값이 반환된다. 따라서 귀무가설을 기각하고 realdpi가 그레인저 인과관계에 따라 realcons를 유발하고, realcons가 그레인저 인과관계에 따라 realdpi를 유발한다는 결론을 내릴 수 있다. 따라서 우리의 VAR(3) 모델은 유효하다. 한 변수가 다른 변수와 그레인저 인과관계가 없는 경우 VAR(p) 모델은 유효하지 않으므로 사용할 수 없다. 이런 경우 SARIMAX 모델을 사용하여 각 시계열을 개별적으로 예측해야 한다.

이제 잔차 분석으로 넘어갈 수 있다. 이 단계에서는 먼저 훈련 집합에 VAR(3) 모델을 피팅한다.

```
best_model = VARMAX(train, order=(3,0))
best_model_fit = best_model.fit(disp=False)
```

그런 다음 plot_diagnostics 함수를 사용하여 잔차의 히스토그램, Q-Q 도식, 상관도를 그릴 수 있다. 그런데 여기서는 realdpi와 realcons를 모두 모델링하기 때문에 두 변수의 잔차를 모두 확인해야 한다.

먼저 realdpi의 잔차에 초점을 맞춰보자.

```
best_model_fit.plot_diagnostics(figsize=(10,8), variable=0);
```
◄── variable=0을 전달하여 VAR 모델에 전달된 첫 번째 변수인 realdpi의 잔차에 대한 도식을 원한다고 지정한다.

그림 10.4의 출력은 잔차가 백색소음에 가깝다는 것을 보여준다.

이제 realcons의 잔차를 분석해보자.

```
best_model_fit.plot_diagnostics(figsize=(10,8), variable=1);
```
◄── variable=1을 전달하여 모델에 두 번째로 전달된 변수인 realcons의 잔차에 대한 도식을 원한다고 지정한다.

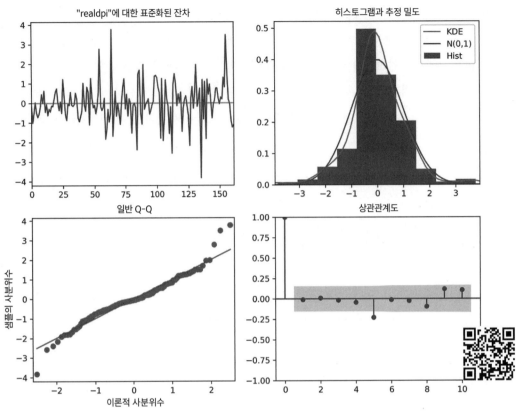

그림 10.4 realdpi의 잔차 분석. 표준화된 잔차에 백색소음과 똑같이 추세가 없고 분산이 일정한 것으로 보인다. 또한 히스토그램은 정규분포의 모양과 매우 유사하다. Q-Q 도식에서는 양 극단에서 약간의 곡선을 볼 수 있지만 y = x 직선과 상당히 겹친다. 마지막으로, 상관관계도에서는 지연 5를 제외하고는 유의한 계수가 나타나지 않는다. 그러나 이는 이전에 유의한 계수가 없기 때문에 우연에 의한 것일 가능성이 높다. 따라서 잔차가 백색소음에 가깝다는 결론을 내릴 수 있다.

그림 10.5의 출력에서 realcons의 잔차가 백색소음과 매우 유사하다는 것을 볼 수 있다.

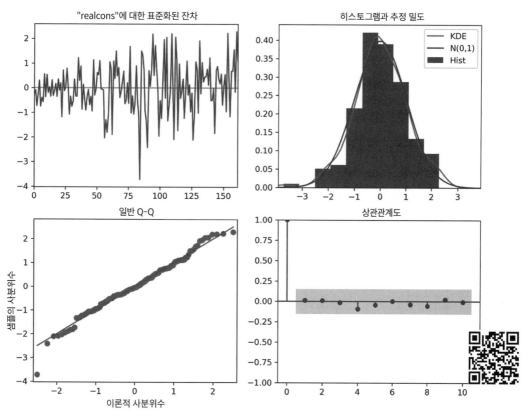

그림 10.5 **realcons**의 잔차 분석. 왼쪽 상단 도식은 시간 경과에 따른 잔차를 보여주며, 백색소음의 거동과 일치하는 추세와 일정한 분산이 없음을 알 수 있다. 오른쪽 상단에서 분포는 정규분포에 매우 가깝다. 이는 왼쪽 하단의 Q-Q 도식을 통해 더욱 뒷받침되는데, 이 도식에서 y = x 직선과 상당히 겹치는 직선을 표시한다. 마지막으로 오른쪽 하단의 상관관계도는 지연 0 이후에는 유의한 자기상관계수가 없음을 보여준다. 따라서 잔차는 백색소음에 가깝다는 것을 알 수 있다.

정성적 분석이 완료되면 융-박스 테스트를 사용하여 정량적 분석으로 넘어갈 수 있다. 융-박스 테스트의 귀무가설은 잔차가 독립적이고 상관관계가 없다는 것이다. 따라서 잔차가 백색소음처럼 작동하려면 테스트에서 0.05보다 큰 p-값을 반환해야 하며, 이 경우 귀무가설을 기각하지 않는다.

이 테스트를 **realdpi**와 **realcons**에 적용해야 한다.

```
realgdp_residuals = best_model_fit.resid['realdpi']

lbvalue, pvalue = acorr_ljungbox(realgdp_residuals, np.arange(1, 11, 1))

print(pvalue)
```

realdpi의 잔차에 대해 융-박스 테스트를 실행하면 모두 0.05보다 큰 p-값이 반환된다. 따라서 잔차가 백색소음처럼 상관관계가 없고 독립적이라는 뜻인 귀무가설을 기각하지 않는다.

```
realcons_residuals = best_model_fit.resid['realcons']

lbvalue, pvalue = acorr_ljungbox(realcons_residuals, np.arange(1, 11, 1))

print(pvalue)
```

다음으로, realcons의 잔차에 대한 테스트를 실행해보자. 이 테스트는 모두 0.05보다 큰 p-값을 반환한다. 다시 말하지만, 잔차가 백색소음처럼 상관관계가 없고 독립적이지 않다는 귀무가설을 기각하지 않는다.

모델이 잔차 분석의 정성적 측면과 정량적 측면을 모두 통과했으므로 이제 VAR(3) 모델을 사용하여 realcons와 realdpi를 예측할 수 있다. VAR(3) 모델을 단순히 마지막 관측값을 예측하는 베이스라인과 비교해보겠다. 데이터가 분기별로 샘플링되므로 미래 4단계를 예측할 것이며, 이는 1년 전체를 예측하는 것과 같다. 따라서 테스트 집합의 전체에 걸쳐 미래 4단계에 대한 롤링 예측을 수행한다.

이를 위해 지난 여러 장에 걸쳐 여러 번 정의한 rolling_forecast 함수를 사용하겠다. 이번에는 VAR(3) 모델을 수용하기 위해 약간의 수정을 적용한다. 이 함수는 realdpi와 realcons에 대한 예측을 출력해야 하므로 예측 결과를 포함하는 두 개의 목록을 반환해야 한다. 다음 리스팅은 roll-ing_forecast 함수에 대한 코드를 보여준다.

리스팅 10.2 **테스트 집합에 대해 롤링 예측을 하는 함수**

```
def rolling_forecast(df: pd.DataFrame, train_len: int, horizon: int,
➥ window: int, method: str) -> list:

    total_len = train_len + horizon
    end_idx = train_len

    if method == 'VAR':

        realdpi_pred_VAR = []      ◀── realdpi와 realcons에 대한 예측을 저장하기 위한 두 개의 빈 목록을 초기화한다.
        realcons_pred_VAR = []

        for i in range(train_len, total_len, window):
            model = VARMAX(df[:i], order=(3,0))
            res = model.fit(disp=False)
```

```
            predictions = res.get_prediction(0, i + window - 1)

            oos_pred_realdpi = predictions.predicted_mean.iloc[-
➥ window:]['realdpi']        ◀─┐ realdpi에 대한 예측을 추출한다.
            oos_pred_realcons = predictions.predicted_mean.iloc[-
➥ window:]['realcons']       ◀─┐ realcons에 대한 예측을 추출한다.

            realdpi_pred_VAR.extend(oos_pred_realdpi)    ◀─┐ 각 변수에 대한 새 예측으로 목록을 확장한다.
            realcons_pred_VAR.extend(oos_pred_realcons)

        return realdpi_pred_VAR, realcons_pred_VAR   ◀─┐ realdpi와 realcons에 대한 예측 목록을 모두
                                                          반환한다.
    elif method == 'last':   ◀─┐ 베이스라인 모델의 경우에도 두 개의 목록을 사용하여 각 변수에 대한 예측값을
        realdpi_pred_last = []     보관하고 마지막에 반환한다.
        realcons_pred_last = []

        for i in range(train_len, total_len, window):

            realdpi_last = df[:i].iloc[-1]['realdpi']
            realcons_last = df[:i].iloc[-1]['realcons']

            realdpi_pred_last.extend(realdpi_last for _ in range(window))
            realcons_pred_last.extend(realcons_last for _ in range(window))

        return realdpi_pred_last, realcons_pred_last
```

이제 이 함수와 VAR(3) 모델을 사용하여 realdpi와 realcons에 대한 예측을 생성할 수 있다.

```
TRAIN_LEN = len(train)
HORIZON = len(test)
WINDOW = 4   ◀─┐ 한 번에 미래의 시간 단계 네 개를 예측하고자 하므로
                  윈도우는 4이며, 이는 1년과 동일하다.
realdpi_pred_VAR, realcons_pred_VAR = rolling_forecast(endog_diff,
➥ TRAIN_LEN, HORIZON, WINDOW, 'VAR')
```

VAR(3) 모델을 사용하려면 시계열이 정상적이어야 하며, 이는 예측을 변환했음을 뜻한다. 그런 다음 누적 합계를 사용해 적분하여 데이터의 원래 규모로 되돌려야 한다.

```
test = endog[163:]

test['realdpi_pred_VAR'] = pd.Series()
test['realdpi_pred_VAR'] = endog.iloc[162]['realdpi'] +
➥ np.cumsum(realdpi_pred_VAR)   ◀─┐ 누적 합계를 사용하여 예측을 적분한다.
```

```
test['realcons_pred_VAR'] = pd.Series()
test['realcons_pred_VAR'] = endog.iloc[162]['realcons'] +
↪ np.cumsum(realcons_pred_VAR)

test ◄──┐ 테스트 DataFrame을 표시한다.
```

이 시점에서 **test**에는 테스트 집합의 실젯값과 VAR(3) 모델의 예측을 포함한다. 이제 다음 네 개의 시간 단계에 대해 마지막으로 측정된 값으로 예측하는 베이스라인 모델에 의한 예측을 추가할 수 있다.

```
realdpi_pred_last, realcons_pred_last = rolling_forecast(endog,
↪ TRAIN_LEN, HORIZON, WINDOW, 'last') ◄──┐ rolling_forecast를 사용하여 마지막으로 측정된
                                            값 방법으로 베이스라인 모델에 의한 예측을 얻는다.
test['realdpi_pred_last'] = realdpi_pred_last
test['realcons_pred_last'] = realcons_pred_last

test ◄──┐ 테스트 DataFrame을 표시한다.
```

이제 테스트 집합의 실젯값, VAR(3) 모델의 예측, 베이스라인 모델의 예측이 **test**에 저장되었다. 예측 결과를 시각화하고 평균절대백분율오차$_{MAPE}$를 사용하여 예측 모델을 평가할 모든 준비가 되었다. 예측 결과는 그림 10.6에 나와 있다.

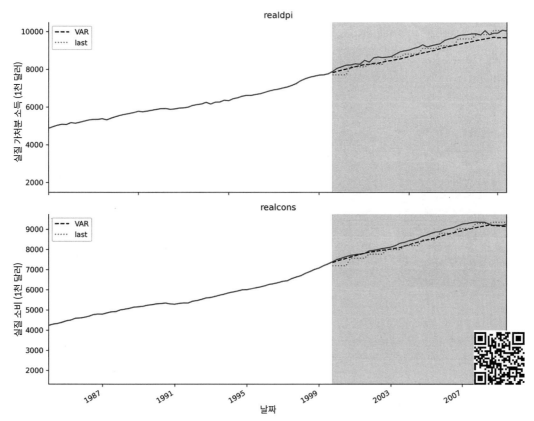

그림 10.6 realdpi와 realcons에 대한 예측 결과. 파선으로 표시된 VAR(3) 모델의 예측이 테스트 집합의 실젯값과 거의 일치하는 것을 볼 수 있다. 또한 베이스라인의 점선 곡선에는 단계가 거의 없는 것을 알 수 있는데, 이는 네 개의 시간 단계에 걸쳐 일정한 값을 예측하기 때문에 당연한 결과다.

그림 10.6에서 파선은 VAR(3) 모델의 예측을 나타내고, 점선은 마지막으로 측정된 값 방법의 예측을 나타낸다. 두 선 모두 테스트 집합의 실젯값에 매우 가깝기 때문에 어떤 방법이 더 나은지 시각적으로 판단하기 어렵다는 점을 알 수 있다.

이제 MAPE를 계산해보자. 결과는 그림 10.7에 나와 있다.

```
def mape(y_true, y_pred):
    return np.mean(np.abs((y_true - y_pred) / y_true)) * 100

mape_realdpi_VAR = mape(test['realdpi'], test['realdpi_pred_VAR'])
mape_realdpi_last = mape(test['realdpi'], test['realdpi_pred_last'])

mape_realcons_VAR = mape(test['realcons'], test['realcons_pred_VAR'])
mape_realcons_last = mape(test['realcons'], test['realcons_pred_last'])
```

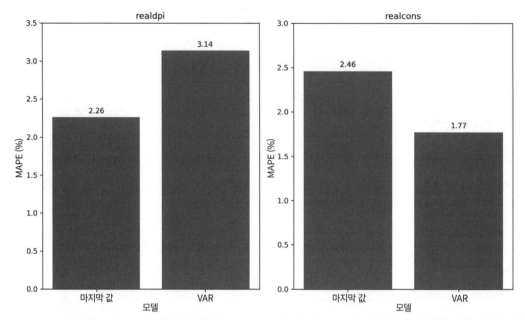

그림 10.7 realdpi와 realcons에 대한 예측 결과의 MAPE. realdpi의 경우 VAR(3) 모델이 베이스라인 모델보다 성능이 떨어지는 것을 볼 수 있다. 그러나 realcons의 경우 VAR(3) 모델이 베이스라인 모델보다 더 나은 성능을 보인다.

그림 10.7에서 realdpi의 경우 VAR(3) 모델이 베이스라인 모델보다 성능이 나쁘지만, realcons의 경우 베이스라인 모델보다 성능이 더 좋은 것을 볼 수 있다. 이것은 애매한 상황이다. 두 가지 모두에서 모델이 베이스라인 모델보다 낮지 않기 때문에 명확한 결론을 내릴 수 없다.

그레인저 인과관계 테스트는 통과했으나 realdpi의 경우, realcons이 베이스라인 모델보다 더 예측에 도움이 되지는 못한다는 가설을 세울 수 있다. 따라서 realdpi를 예측하기 위해서는 SARI-MAX 모델을 사용해야 한다. 따라서 VAR(3) 모델만으로는 realdpi와 realcons를 정확하게 예측하기에 충분하지 않다는 결론을 내릴 수 있다. 두 개의 개별 모델을 사용하는 것이 나은데, 이 모델에는 realdpi와 realcons를 외생 변수로 포함하면서 이동평균 항도 포함하는 편이 나을 것이다.

10.4 다음 단계

이번 장에서는 한 번에 여러 시계열을 예측할 수 있는 VAR(p) 모델을 살펴보았다.

VAR(p) 모델은 벡터자기회귀를 뜻하며, 일부 시계열의 과것값이 다른 시계열의 미랫값을 예측할 수 있다고 가정한다. 이 양방향 관계는 그레인저 인과관계 테스트를 사용하여 테스트한다. 테스트에 실패하면(즉 반환된 p-값이 0.05보다 크면) VAR(p) 모델이 유효하지 않으므로 모델을 예측에 사용할 수 없다.

이제까지 시계열 예측을 위한 다양한 통계적 방법에 대해 알아보았다. 이러한 통계적 방법은 차원이 낮은 소규모 데이터 집합에 적합하다. 그러나 데이터 집합이 10,000개 이상의 데이터 요소를 포함하는 정도로 규모가 커지고 특징도 많은 경우, 딥러닝이 정확한 예측을 얻고 사용 가능한 모든 데이터를 활용하는 데 더 나은 도구일 수 있다.

다음 장에서는 통계적 방법에 대한 지식을 통합하는 캡스톤 프로젝트를 진행한다. 그런 다음 3부를 시작하며 대규모 데이터 집합에 딥러닝 예측 모델을 적용해본다.

10.5 연습

이 연습 문제를 통해 VAR(p) 모델을 한 단계 더 발전시켜보자. 모든 답은 깃허브에서 확인할 수 있다.
https://github.com/jpub-dongdong9/TimeSeriesForecastingInPython/tree/master/CH10

10.5.1 VARMA 모델을 사용하여 realdpi와 realcons 예측하기

이번 장에서는 VAR(p) 모델을 사용했다. 이를 위해 statsmodels의 VARMAX 함수를 사용했는데, 이는 VAR(p) 모델을 VARMA(p,q) 모델로 쉽게 확장할 수 있다는 것을 뜻한다. 이번 연습에서는 VARMA(p,q) 모델을 사용하여 realdpi와 realcons를 예측해보자.

1. 이번 장에서 사용했던 것과 같은 훈련 집합 및 테스트 집합을 사용한다.

2. 고유한 (p,q) 조합의 목록을 생성한다.

3. optimize_VAR 함수의 이름을 optimize_VARMA로 바꾸고 모든 고유한 (p,q) 조합에 대해 반복하도록 수정한다.

4. AIC가 가장 낮은 모델을 선택하고 그레인저 인과관계 테스트를 수행한다. (p,q) 조합 중 가장 큰 순서로 통과시킨다. VARMA(p,q) 모델은 유효한가?

5. 잔차 분석을 수행한다.

6. 테스트 집합에 대해 4단계 윈도우에서 예측을 수행한다. 마지막으로 측정된 값 방법을 베이스라인 모델로 사용한다.

7. MAPE를 계산한다. VAR(3) 모델과 베이스라인 모델 중 어느 것이 낮은가?

10.5.2 VARMAX 모델을 사용하여 realdpi와 realcons 예측하기

이번에도 statsmodels에서 VARMAX 함수를 사용했기 때문에 SARIMAX와 마찬가지로 모델에 외생 변수를 추가할 수도 있다는 점을 알고 있다. 이번 연습에서는 VARMAX 모델을 사용하여 realdpi와 realcons를 예측한다.

1. 이번 장과 동일한 훈련 집합 및 테스트 집합을 사용한다.

2. 고유한 (p,q) 조합의 목록을 생성한다.

3. optimize_VAR 함수의 이름을 optimize_VARMAX로 바꾸고 모든 고유한 (p,q) 조합과 외생 변수에 대해 반복하도록 수정한다.

4. AIC가 가장 낮은 모델을 선택하고 그레인저 인과관계 테스트를 수행한다. (p,q) 중 가장 큰 순서로 통과시킨다. VARMAX(p,q) 모델이 유효한가?

5. 잔차 분석을 수행한다.

6. 테스트 집합에 대해 한 단계 윈도우에서 예측을 수행한다. 마지막으로 측정된 값 방법을 베이스라인 모델로 사용한다.

7. MAPE를 계산한다. 모델이 베이스라인 모델보다 더 나은 성능을 보이는가?

요약

- 벡터자기회귀 모델인 VAR(p)는 시간에 따라 변화하는 여러 수열 간의 관계를 포착한다. 이 모델에서 각 수열은 다른 수열에 영향을 미친다.

- VAR(p) 모델은 각 시계열이 그레인저 인과관계에 따라 다른 시계열을 유발하는 경우에만 유효하다. 이는 그레인저 인과관계 테스트를 사용하여 확인한다.

- 그레인저 인과관계 테스트의 귀무가설은 한 시계열이 그레인저 인과관계에 따라 다른 시계열을 유발하지 않는다는 것이다. p-값이 0.05보다 작으면 귀무가설을 기각하고 첫 번째 시계열이 그레인저 인과관계에 따라 다른 시계열을 유발한다는 결론을 내린다.

CHAPTER 11

캡스톤 프로젝트: 호주의 항당뇨제 처방 건수 예측하기

. . . .

이 장의 주요 내용

- 호주의 항당뇨제 처방 건수를 예측하는 예측 모델 개발하기
- SARIMA 모델을 사용하는 모델링 절차 적용하기
- 베이스라인 모델과 비교하여 모델 평가하기
- 챔피언 모델 결정하기

. . . .

지금까지 시계열 예측을 위한 많은 통계적 모델을 다루었다. 4장과 5장에서는 이동평균과정과 자기회귀과정을 모델링하는 방법을 배웠다. 그런 다음 두 가지 모델을 결합하여 ARMA 모델을 만들고 비정상적 시계열을 예측하기 위한 매개변수를 추가하여 ARIMA 모델을 만들었다. 그런 다음 SARIMA 모델에 계절적 요소를 추가했다. 외생 변수의 효과를 추가하여 SARIMAX 모델을 완성했다. 마지막으로 VAR 모델을 사용한 다변량 시계열 예측에 대해 살펴보았다. 이제 간단한 것부터 복잡한 것까지 다양한 시계열을 예측할 수 있는 여러 가지 통계적 모델을 사용할 수 있게 되었다. 이제 캡스톤 프로젝트를 통해 학습한 내용을 통합하고 지식을 실습해볼 때다.

이번 장의 프로젝트 목표는 1991년부터 2008년까지 호주의 항당뇨제 처방 건수를 예측하는 것이다. 실제 사업에서 이 문제를 해결할 수 있다면 항당뇨제의 생산량을 측정하여 수요를 충족하면서도 과잉 생산을 피할 수 있다. 우리가 사용할 데이터는 호주 건강보험위원회에서 기록한 것이다. 그림 11.1과 같이 시계열을 시각화할 수 있다.

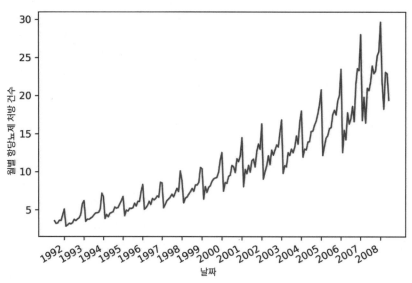

그림 11.1 1991년부터 2008년까지 호주의 월별 항당뇨제 처방 건수

그림 11.1을 보면 시계열에서 시간의 흐름에 따라 처방 건수가 증가하는 뚜렷한 추세를 볼 수 있다. 또한 매년 낮은 값에서 시작하여 높은 값에서 끝나는 것처럼 보이는 강한 계절성도 관찰할 수 있다. 이제 어떤 모델이 이 문제를 해결하는 데 가장 적합한지 직관적으로 알 수 있을 것이다.

이 문제를 해결하려면 다음 단계를 참조하자.

1. 목표는 12개월 동안의 항당뇨제 처방 건수를 예측하는 것이다. 롤링 예측을 수행할 수 있도록 데이터 집합에서 지난 36개월을 테스트 집합으로 사용한다.

2. 시계열을 시각화한다.

3. 시계열 분해를 사용하여 추세 및 계절적 구성요소를 추출한다.

4. 탐색을 기반으로 가장 적합한 모델을 결정한다.

5. 일반적인 단계에 따라 시계열을 모델링한다.

    a. 변환을 적용하여 시계열을 정상적으로 만든다.

    b. d와 D의 값을 설정하고 m의 값을 설정한다.

    c. 최적의 $(p,d,q)(P,D,Q)_m$ 매개변수를 찾는다.

    d. 잔차 분석을 수행하여 모델을 검증한다.

6. 테스트 집합에 대해 12개월의 롤링 예측을 수행한다.

7. 예측을 시각화한다.

8. 모델의 성능을 베이스라인 모델과 비교한다. 적절한 베이스라인 모델과 오차 지표를 선택한다.

9. 모델을 사용해야 할지에 대해 결론을 내린다.

이 캡스톤 프로젝트를 최대한 활용하려면 앞의 단계를 참조하여 스스로 프로젝트를 완료하는 것이 좋다. 이를 통해 자신의 모델링 과정에서 자립성과 지식에 대한 이해도를 평가하는 데 도움이 될 것이다.

막막한 느낌이 들거나 추론을 검증하고 싶다면, 이번 장의 나머지 부분에서 이 프로젝트의 완료 과정을 안내하므로 참고하길 바란다. 또한 코드를 직접 참조하고 싶다면 모든 답은 깃허브에서 확인할 수 있다.

https://github.com/jpub-dongdong9/TimeSeriesForecastingInPython/tree/master/CH11

이 프로젝트에 행운이 있기를 기원한다.

11.1 필요한 라이브러리 임포트하고 데이터 로딩하기

자연스럽게 첫 번째 단계는 프로젝트를 완료하는 데 필요한 라이브러리를 임포트하는 것이다. 그런 다음 데이터를 로딩하고 프로젝트 전체에서 사용할 DataFrame에 저장한다.

따라서 다음과 같이 라이브러리를 임포트하고, 노트북에 도식을 표시하기 위해 매직 함수 %matplotlib inline를 실행한다.

```
from sklearn.metrics import mean_squared_error, mean_absolute_error
from statsmodels.graphics.tsaplots import plot_acf, plot_pacf
from statsmodels.tsa.seasonal import seasonal_decompose, STL
from statsmodels.stats.diagnostic import acorr_ljungbox
from statsmodels.tsa.statespace.sarimax import SARIMAX
from statsmodels.tsa.arima_process import ArmaProcess
from statsmodels.graphics.gofplots import qqplot
from statsmodels.tsa.stattools import adfuller
from tqdm import tqdm_notebook
from itertools import product
from typing import Union

import matplotlib.pyplot as plt
import statsmodels.api as sm
```

```
import pandas as pd
import numpy as np

import warnings
warnings.filterwarnings('ignore')

%matplotlib inline
```

라이브러리를 임포트한 후에는 데이터를 `DataFrame`에 로딩할 수 있다. 또한 `DataFrame`의 모양을 표시하고 데이터 요소의 개수를 확인할 수 있다.

```
df = pd.read_csv('data/AusAntidiabeticDrug.csv')
print(df.shape)  ◀━━ DataFrame의 모양을 표시한다. 첫 번째 값은 행의 개수이고, 두 번째 값은 열의 개수다.
```

이제 데이터를 프로젝트에서 사용할 준비가 되었다.

11.2 수열과 그 구성요소 시각화하기

데이터를 로딩했으므로 이제 수열을 쉽게 시각화할 수 있다. 결과는 그림 11.1과 같다.

```
fig, ax = plt.subplots()

ax.plot(df.y)
ax.set_xlabel('Date')
ax.set_ylabel('Number of anti-diabetic drug prescriptions')

plt.xticks(np.arange(6, 203, 12), np.arange(1992, 2009, 1))

fig.autofmt_xdate()
plt.tight_layout()
```

다음으로 분해 작업을 수행하여 시계열의 다양한 구성요소를 시각화한다. 시계열 분해는 추세 구성요소, 계절적 구성요소, 잔차로 나누고 시각화하는 과정임을 기억하자.

```
decomposition = STL(df.y, period=12).fit()  ◀━━ 열 y는 월별 항당뇨제 처방 건수를 나타낸다.
                                                월별 데이터가 있으므로 기간은 12로 설정한다.
fig, (ax1, ax2, ax3, ax4) = plt.subplots(nrows=4, ncols=1, sharex=True, figsize=(10,8))

ax1.plot(decomposition.observed)
```

```
ax1.set_ylabel('Observed')

ax2.plot(decomposition.trend)
ax2.set_ylabel('Trend')

ax3.plot(decomposition.seasonal)
ax3.set_ylabel('Seasonal')

ax4.plot(decomposition.resid)
ax4.set_ylabel('Residuals')

plt.xticks(np.arange(6, 203, 12), np.arange(1992, 2009, 1))

fig.autofmt_xdate()
plt.tight_layout()
```

결과는 그림 11.2에 나와 있다. 모든 것이 이 시계열을 예측하는 데 SARIMA(p,d,q) $(P,D,Q)_m$ 모델이 최적의 솔루션임을 시사하는 것으로 보인다. 추세가 있고 계절성이 있는 것이 분명하다. 또한 외생 변수는 없으므로 SARIMAX 모델을 적용할 수 없다. 마지막으로, 하나의 대상만 예측하고자 하므로 이 경우에는 VAR 모델도 적합하지 않다.

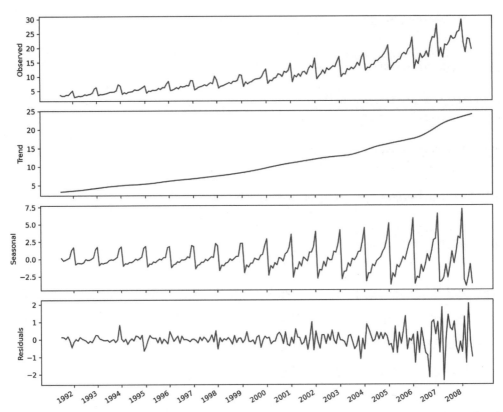

그림 11.2 항당뇨제 처방 데이터 집합에 대한 시계열 분해. 첫 번째 도식은 관측된 데이터를 보여준다. 두 번째 도식은 시간이 지남에 따라 항당뇨제 처방 건수가 증가하고 있음을 알려주는 추세 구성요소를 보여준다. 세 번째 도식은 계절적 구성요소를 보여주는데, 시간이 지남에 따라 반복되는 패턴을 볼 수 있어 계절성이 존재하는 것을 나타낸다. 마지막 도식은 계절적 구성요소의 추세로 설명되지 않는 잔차를 보여준다.

11.3 데이터로 모델링하기

이 시계열을 모델링하고 예측하는 데는 SARIMA$(p,d,q)(P,D,Q)_m$ 모델이 가장 적합하다고 결정했다. SARIMA 모델은 SARIMAX 모델의 특수한 경우이므로 SARIMAX 모델의 일반적 모델링 절차를 따를 것이다. 모델링 절차는 그림 11.3에 나와 있다.

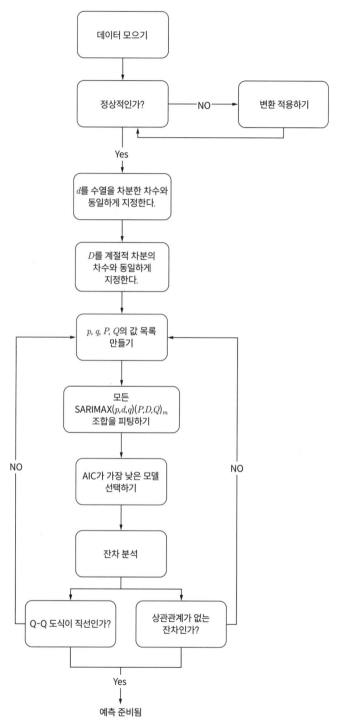

그림 11.3 **SARIMA 모델링 절차.** 이 절차는 가장 일반적 모델링 절차이며, SARIMAX 모델의 특수한 경우인 SARIMA 모델, ARIMA 모델, ARMA 모델에 사용할 수 있다.

그림 11.3에 설명된 모델링 절차에 따라 먼저 ADF 테스트를 사용하여 시계열이 정상적인지를 확인한다.

```
ad_fuller_result = adfuller(df.y)

print(f'ADF Statistic: {ad_fuller_result[0]}')
print(f'p-value: {ad_fuller_result[1]}')
```

1.0의 p-값을 반환하므로 귀무가설을 기각할 수 없음을 뜻하며, 수열이 비정상적이라는 결론을 내린다. 따라서 변환을 적용하여 정상적 상태로 만들어야 한다.

먼저 데이터에 1차 차분을 적용하고 정상성을 다시 테스트해보자.

```
y_diff = np.diff(df.y, n=1)

ad_fuller_result = adfuller(y_diff)

print(f'ADF Statistic: {ad_fuller_result[0]}')
print(f'p-value: {ad_fuller_result[1]}')
```

이 코드는 0.12의 p-값을 반환한다. 이번에도 p-값이 0.05보다 크므로 시계열이 비정상적임을 뜻한다. 데이터에서 강한 계절적 패턴을 발견했으므로 계절적 차분을 적용해보자. 월별 데이터이므로 $m = 12$라는 것을 기억하자. 따라서 계절적 차분으로서 12개의 시간 단계만큼 떨어진 값을 뺀다.

```
y_diff_seasonal_diff = np.diff(y_diff, n=12)   ◀── 월별 데이터 이므로 n = 12다.

ad_fuller_result = adfuller(y_diff_seasonal_diff)

print(f'ADF Statistic: {ad_fuller_result[0]}')
print(f'p-value: {ad_fuller_result[1]}')
```

반환된 p-값은 0.0이다. 따라서 귀무가설을 기각하고 시계열이 정상적이 되었다는 결론을 내릴 수 있다.

시계열을 한 번 차분하고 계절적 차분를 한 번 적용했기 때문에 $d = 1$과 $D = 1$이다. 또한 월별 데이터가 있으므로 $m = 12$임을 알 수 있다. 따라서 최종 모델은 $SARIMA(p,1,q)(P,1,Q)_{12}$ 모델이 될 것임을 알 수 있다.

모델 선택 수행하기

우리는 모델이 SARIMA$(p,1,q)(P,1,Q)_{12}$ 모델을 기반으로 할 것을 확인했다. 이제 AIC를 최소화하는 매개변수를 선택하는 모델 선택 단계로서 p, q, P, Q의 최적값을 찾아야 한다.

이를 위해 먼저 데이터를 훈련 집합과 테스트 집합으로 분할한다. 이번 장의 소개에서 설명한 바와 같이 테스트 집합은 지난 36개월의 데이터로 구성된다.

```
train = df.y[:168]
test = df.y[168:]

print(len(test))    ◄────   테스트 집합의 길이를 출력하여 지난
                            36개월이 포함되어 있는지 확인한다.
```

분할이 완료되었으므로 이제 `optimize_SARIMAX` 함수를 사용하여 AIC를 최소화하는 p, q, P, Q의 값을 찾을 수 있다. SARIMA는 더 일반적인 SARIMAX 모델의 특수한 경우이므로 여기서 `optimize_SARIMAX`를 사용할 수 있다는 점에 유의하자. 이 함수는 다음 리스팅에 나와 있다.

리스팅 11.1 **AIC를 최소화하는 p, q, P, Q의 값을 찾는 함수**

```python
from typing import Union
from tqdm import tqdm_notebook
from statsmodels.tsa.statespace.sarimax import SARIMAX

def optimize_SARIMAX(endog: Union[pd.Series, list], exog: Union[pd.Series,
➥ list], order_list: list, d: int, D: int, s: int) -> pd.DataFrame:

    results = []

    for order in tqdm_notebook(order_list):
        try:
            model = SARIMAX(
                endog,
                exog,
                order=(order[0], d, order[1]),
                seasonal_order=(order[2], D, order[3], s),
                simple_differencing=False).fit(disp=False)
        except:
            continue

        aic = model.aic
        results.append([order, model.aic])

    result_df = pd.DataFrame(results)
```

```
      result_df.columns = ['(p,q,P,Q)', 'AIC']

      #오름차순으로 정렬, AIC가 낮을수록 좋음
      result_df = result_df.sort_values(by='AIC', ascending=True).reset_index(drop=True)

      return result_df
```

함수가 정의되었으므로 이제 p, q, P, Q에 대해 시도할 값의 범위를 결정할 수 있다. 그런 다음 고유한 매개변수 조합의 목록을 생성한다. 여기서 사용한 것과 다른 범위의 값으로 자유롭게 테스트해보자. 다만 범위가 클수록 optimize_SARIMAX 함수를 실행하는 데 시간이 더 오래 걸린다는 점만 기억하자.

```
ps = range(0, 5, 1)
qs = range(0, 5, 1)
Ps = range(0, 5, 1)
Qs = range(0, 5, 1)

order_list = list(product(ps, qs, Ps, Qs))

d = 1
D = 1
s = 12
```

이제 optimize_SARIMA 함수를 실행할 수 있다. 이 예제에서는 4개의 매개변수 각각에 대한 5개의 가능한 값이 있으므로 625개의 고유한 조합을 테스트한다.

```
SARIMA_result_df = optimize_SARIMAX(train, None, order_list, d, D, s)
SARIMA_result_df
```

함수가 종료되면 $p = 2$, $q = 3$, $P = 1$, $Q = 3$에서 AIC가 가장 낮음을 알 수 있다. 따라서 최적의 모델은 SARIMA$(2,1,3)(1,1,3)_{12}$ 모델이다.

11.3.2 잔차 분석 수행하기

이제 최적의 모델을 얻었으므로 잔차를 분석하여 모델을 사용할 수 있는지 여부를 결정해야 한다. 이는 잔차에 따라 달라지는데, 잔차가 백색소음과 흡사해야 한다. 흡사하다면, 해당 모델을 예측에 사용할 수 있다.

모델을 피팅하고 `plot_diagnostics` 메서드를 사용하여 잔차를 정성적으로 분석할 수 있다.

```
SARIMA_model = SARIMAX(train, order=(2,1,3),
➥ seasonal_order=(1,1,3,12), simple_differencing=False)
SARIMA_model_fit = SARIMA_model.fit(disp=False)

SARIMA_model_fit.plot_diagnostics(figsize=(10,8));
```

결과는 그림 11.4에 표시되어 있으며, 이 정성적 분석을 통해 잔차가 백색소음과 매우 유사하다는 결론을 내릴 수 있다.

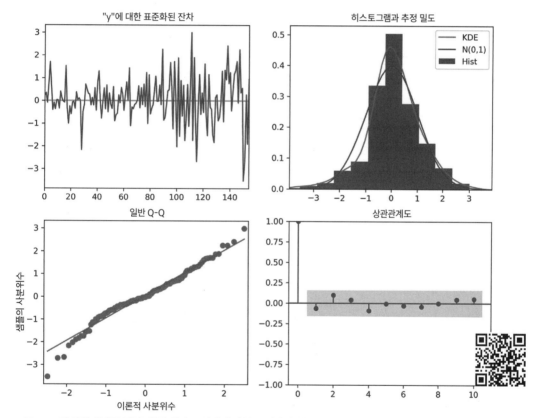

그림 11.4 잔차의 시각적 진단. 왼쪽 상단 도식에서 잔차는 시간에 따른 추세가 없으며 분산이 일정해 보인다. 오른쪽 상단에서 잔차의 분포는 정규분포에 매우 가깝다. 이는 왼쪽 하단의 Q-Q 도식으로 더욱 뒷받침되는데, 이 도식은 $y = x$ 직선에 상당히 겹쳐지는 직선을 표시한다. 마지막으로 오른쪽 하단의 상관관계도는 백색소음과 마찬가지로 지연 0 이후에 유의한 계수가 없음을 보여준다.

다음 단계는 잔차가 독립적이고 상관관계가 없는지 여부를 결정하는 융-박스 테스트를 수행하는 것이다. 융-박스 테스트의 귀무가설은 잔차가 백색소음과 마찬가지로 상관관계가 없다는 것이다. 테스트에서 0.05보다 큰 p-값을 반환하면 귀무가설은 기각할 수 없어 잔차가 독립적이며, 따라서 백색소음과 같다는 결론을 내릴 수 있다.

```
residuals = SARIMA_model_fit.resid

lbvalue, pvalue = acorr_ljungbox(residuals, np.arange(1, 11, 1))

print(pvalue)
```

이 경우 모든 p-값이 0.05 이상이기 때문에 귀무가설을 기각하지 않으며 잔차가 독립적이고 상관관계가 없다는 결론을 내릴 수 있다. 즉 이 모델을 예측에 사용할 수 있다는 결론을 내릴 수 있다.

11.4 예측을 수행하고, 모델 성능 평가하기

예측에 사용할 수 있는 모델을 만들었으므로 이제 36개월의 테스트 집합에 대해 12개월의 롤링 예측을 수행해보자. 적은 수의 데이터 요소로 테스트하면 왜곡된 결과가 나올 수 있으므로, 이렇게 하면 모델의 성능을 더 잘 평가할 수 있다. 단순한 계절별 예측을 베이스라인 모델로 삼아 지난 12개월의 데이터를 가져와서 다음 12개월에 대한 예측으로 사용하겠다.

먼저 rolling_forecast 함수를 전체 테스트 집합에 대해 12개월의 윈도우로 롤링 예측을 수행하도록 정의하겠다. 이 함수는 다음 리스팅에 나와 있다.

리스팅 11.2 **어떤 기간에 대해 롤링 예측을 수행하는 함수**

```
def rolling_forecast(df: pd.DataFrame, train_len: int, horizon: int,
↪ window: int, method: str) -> list:

    total_len = train_len + horizon
    end_idx = train_len

    if method == 'last_season':
        pred_last_season = []

        for i in range(train_len, total_len, window):
            last_season = df['y'][i-window:i].values
            pred_last_season.extend(last_season)
```

```
        return pred_last_season

    elif method == 'SARIMA':
        pred_SARIMA = []

        for i in range(train_len, total_len, window):
            model = SARIMAX(df['y'][:i], order=(2,1,3),
➥ seasonal_order=(1,1,3,12), simple_differencing=False)
            res = model.fit(disp=False)
            predictions = res.get_prediction(0, i + window - 1)
            oos_pred = predictions.predicted_mean.iloc[-window:]
            pred_SARIMA.extend(oos_pred)

        return pred_SARIMA
```

다음으로, 실젯값뿐만 아니라 예측값도 담을 수 있는 DataFrame을 만들자. 일단은 단순히 테스트 집합의 복사본이다.

```
pred_df = df[168:]
```

이제 rolling_forecast 함수에 사용할 매개변수를 정의하자. 데이터 집합에는 204개의 행이 있고, 테스트 집합에는 36개의 데이터 요소가 있으므로 훈련 집합의 길이는 204 - 36 = 168이다. 테스트 집합에는 36개월의 데이터가 포함되어 있으므로 기간은 36개월이다. 마지막으로, 한 번에 12개월을 예측하므로 윈도우는 12개월이다.

이러한 값들을 활용하여 베이스라인인 단순한 계절적 방법의 예측값을 얻을 수 있다. 지난 12개월 동안 관찰된 데이터를 가져와서 다음 12개월 동안의 예측으로 사용하기만 하면 된다.

```
TRAIN_LEN = 168
HORIZON = 36
WINDOW = 12

pred_df['last_season'] = rolling_forecast(df, TRAIN_LEN, HORIZON, WINDOW, 'last_season')
```

다음으로 SARIMA 모델에 의한 예측을 계산해보자.

```
pred_df['SARIMA'] = rolling_forecast(df, TRAIN_LEN, HORIZON, WINDOW, 'SARIMA')
```

이 시점에서 `pred_df`에는 실젯값, 단순한 계절적 방법의 예측, SARIMA 모델의 예측이 포함된다. 이를 사용하여 실젯값과 비교하여 예측을 시각화할 수 있다. 명확성을 위해 테스트 기간에만 집중하고자 x-축을 제한하겠다. 결과 도식은 그림 11.5에 나와 있다.

```
fig, ax = plt.subplots()

ax.plot(df.y)
ax.plot(pred_df.y, 'b-', label='actual')
ax.plot(pred_df.last_season, 'r:', label='naive seasonal')
ax.plot(pred_df.SARIMA, 'k--', label='SARIMA')
ax.set_xlabel('Date')
ax.set_ylabel('Number of anti-diabetic drug prescriptions')
ax.axvspan(168, 204, color='#808080', alpha=0.2)

ax.legend(loc=2)

plt.xticks(np.arange(6, 203, 12), np.arange(1992, 2009, 1))
plt.xlim(120, 204)

fig.autofmt_xdate()
plt.tight_layout()
```

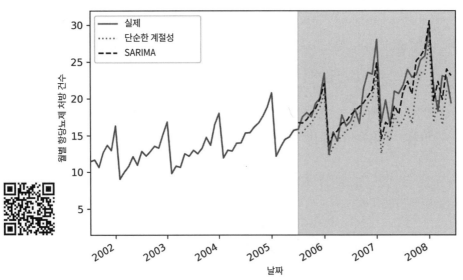

그림 11.5 호주의 항당뇨제 처방 건수 예측. 베이스라인에 의한 예측은 점선으로 표시되어 있고, SARIMA 모델의 예측은 파선으로 표시되어 있다.

그림 11.5에서 SARIMA 모델(파선)의 예측이 단순한 계절성 예측(점선)보다 실젯값에 더 가까운 것을 볼 수 있다. 따라서 SARIMA 모델이 베이스라인보다 더 나은 성능을 보일 것이라고 직관적으로 예상할 수 있다.

성능을 정량적으로 평가하기 위해 평균절대백분율오차를 사용한다. MAPE는 백분율 오차를 반환하므로 해석하기 쉽다.

```python
def mape(y_true, y_pred):
    return np.mean(np.abs((y_true - y_pred) / y_true)) * 100

mape_naive_seasonal = mape(pred_df.y, pred_df.last_season)
mape_SARIMA = mape(pred_df.y, pred_df.SARIMA)

print(mape_naive_seasonal, mape_SARIMA)
```

그러면 베이스라인의 경우 12.69%, SARIMA 모델의 경우 7.90%의 MAPE가 출력된다. 반드시 필요한 것은 아니지만, 그림 11.6과 같이 각 모델의 MAPE를 막대형 차트에 그려서 멋진 시각화를 만들 수도 있다.

```python
fig, ax = plt.subplots()

x = ['naive seasonal', 'SARIMA(2,1,3)(1,1,3,12)']
y = [mape_naive_seasonal, mape_SARIMA]

ax.bar(x, y, width=0.4)
ax.set_xlabel('Models')
ax.set_ylabel('MAPE (%)')
ax.set_ylim(0, 15)

for index, value in enumerate(y):
    plt.text(x=index, y=value + 1, s=str(round(value,2)), ha='center')

plt.tight_layout()
```

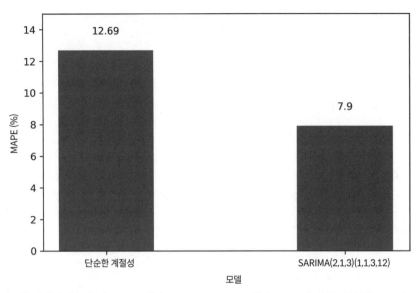

그림 11.6 단순한 계절적 예측과 SARIMA 모델의 MAPE. SARIMA 모델의 MAPE가 베이스라인의 MAPE보다 낮으므로, 항당뇨제 처방 건수를 예측하는 데 SARIMA 모델을 사용해야 한다는 결론을 내릴 수 있다.

SARIMA 모델이 가장 낮은 MAPE를 달성하므로, 호주의 월별 항당뇨제 처방 건수를 예측하는 데 SARIMA$(2,1,3)(1,1,3)_{12}$ 모델을 사용해야 한다는 결론을 내릴 수 있다.

11.5 다음 단계

이번 캡스톤 프로젝트를 완료한 것을 축하한다. 스스로 완성할 수 있었기를 바라며, 이제 통계적 모델을 사용한 시계열 예측에 대한 기술과 지식에 자신감이 생겼기를 바란다.

물론 연습이 만렙을 만든다는 말이 있듯이, 다른 시계열 데이터 집합을 찾아서 모델링과 예측을 연습해보길 적극 권장한다. 이렇게 하면 직관을 키우고 기술을 연마하는 데 도움이 될 것이다.

다음은 딥러닝 모델을 사용하여 고차원의 복잡한 시계열을 모델링하고 예측하는 3부를 시작하겠다.

딥러닝을 활용하여
대규모 예측하기

통계적 모델은 특히 데이터 집합이 크고, 많은 특징과 비선형 관계가 있는 경우 한계가 있다. 이러한 경우 딥러닝이 시계열 예측을 위한 완벽한 도구가 될 수 있다. 3부에서는 대규모 데이터 집합으로 작업하고 장단기 메모리, 합성곱 신경망, 자기회귀 심층 신경망autoregressive deep neural network과 같은 다양한 딥러닝 아키텍처를 적용하여 시계열의 미래를 예측해본다. 이번에도 여러분의 실력을 테스트할 수 있는 캡스톤 프로젝트로 3부를 마무리하겠다.

딥러닝은 기계 학습의 하위 집합이므로 그라디언트 부스트 트리gradient-boosted tree와 같은 더 전통적인 기계 학습 알고리즘을 시계열 예측에 사용할 수 있다. 기계 학습으로 시계열을 예측하려면 데이터 윈도잉이 필요하고 이 개념을 여러 번 적용할 것이지만, 책의 범위를 벗어나므로 이에 대해 자세히 다루지 않는다.

PART 3

Large-scale forecasting with deep learning

CHAPTER 12

시계열 예측을 위한 딥러닝 소개하기

이 장의 주요 내용

- 예측에 딥러닝 사용하기
- 다양한 유형의 딥러닝 모델 살펴보기
- 시계열 예측에 딥러닝 적용할 준비하기

2부에서는 통계적 모델을 사용한 시계열 예측에 대한 것을 마무리했다. 이러한 모델은 데이터 집합이 작고(일반적으로 10,000개 미만의 데이터 요소) 계절적 기간이 월별, 분기별, 연간인 경우에 특히 효과적이다. 일별 계절성이 있거나 데이터 집합이 매우 큰 경우(데이터 요소가 10,000개 이상)에서는 이러한 통계적 모델은 매우 느려지고 성능이 저하된다.

따라서 **딥러닝**deep learning으로 눈을 돌리게 된다. 딥러닝은 모델 구축의 중점을 신경망 아키텍처에 둔 기계 학습의 하위 분야다. 딥러닝은 더 많은 데이터를 사용할수록 성능이 향상되는 경향이 있어 고차원 시계열을 예측하는 데 적합하다는 장점이 있다.

3부에서는 다양한 모델 아키텍처를 살펴볼 것인데, 마치고 나면 거의 모든 시계열 예측 문제를 해결할 수 있는 여러 가지 도구를 갖추게 될 것이다. 딥러닝에 어느 정도 익숙하다고 가정하고 진행하므로 **활성화 함수**activation function, **손실 함수**loss function, **배치**batch, **계층**layer, **에포크**epoch와 같은 주제는 알고 있어야 한다는 점에 유의하자. 이 책은 딥러닝에 대한 입문서라기보다는 시계열 예측에 딥러닝을 적용하는 데 초점을 맞추고 있다. 물론 각 모델 아키텍처에 대해 자세히 설명하며, 특정 상황에서 특정 아키텍처가 다른 아키텍처보다 더 잘 작동하는 이유를 직관적으로 파악할 수 있을 것이다. 3부에서는 다양한 딥러닝 모델을 구축하기 위해 텐서플로TensorFlow, 더 구체적으로는 케라스Keras를 사용한다.

특히 이번 장에서는 딥러닝 사용을 정당화하는 조건을 파악하고 단일 단계 모델, 다중 단계 모델, 다중 출력 모델과 같은 다양한 유형의 모델을 살펴보겠다. 이번 장에서는 초기 설정을 다루고, 다음 장에서는 초기 설정을 기반으로 딥러닝 모델을 적용해보겠다. 마지막으로 데이터를 탐색하고, 특징 엔지니어링을 수행하고, 데이터를 훈련 집합, 검증 집합, 테스트 집합으로 분할하는 방법을 살펴본다.

12.1 시계열 예측에 딥러닝을 사용해야 하는 경우

딥러닝은 복잡한 대규모 데이터 집합이 있을 때 빛을 발한다. 이러한 상황에서 딥러닝은 사용 가능한 모든 데이터를 활용하여 각 특징과 대상 간의 관계를 추론할 수 있으며, 일반적으로 좋은 예측 결과도 얻을 수 있다.

시계열의 경우, 데이터 요소가 10,000개 이상이면 데이터 집합이 큰 것으로 간주한다. 물론 이것은 딱히 정해진 한계가 아니라 근사치이므로 데이터 요소가 8,000개라도 딥러닝을 사용할 수 있다. 데이터 집합의 크기가 크면 SARIMAX 모델에 약간의 변화가 있더라도 피팅하는 데 시간이 오래 걸리며, 일반적으로 모델 선택 단계에서 많은 모델을 피팅해야 하기 때문에 모델 선택에 적합하지 않다.

데이터에 여러 가지 계절적 기간이 있는 경우 SARIMAX 모델을 사용할 수 없다. 예를 들어 시간별 기온을 예측해야 한다고 가정해보자. 밤에는 기온이 낮보다 낮고 낮에는 기온이 높은 경향이 있으므로 일별 계절성이 있다고 가정하는 것이 합리적이지만, 겨울에는 기온이 낮고 여름에는 기온이 높기 때문에 연간 계절성도 존재한다. 이러한 경우 딥러닝을 사용하여 두 계절의 정보를 모두 활용해 예측할 수 있다. 실제 경험에 비추어 볼 때, 이러한 경우에 SARIMA 모델을 피팅하면 일반적으로 정규분포가 아닌 잔차가 발생하고 상관관계도 있으므로 모델을 전혀 사용할 수 없다.

결국 딥러닝은 통계적 모델을 피팅하는 데 너무 많은 시간이 걸리거나, 백색소음에 가깝지 않고 상관관계가 있는 잔차가 있을 때 사용한다. 이는 모델에서 고려할 수 없는 다른 계절적 기간이 존재하거나 단순히 특징과 대상 간에 비선형 관계가 있기 때문일 수도 있다. 이러한 경우 딥러닝 모델을 사용하여 이런 비선형 관계를 포착할 수 있으며, 훈련 속도가 매우 빠르다는 추가적인 이점도 있다.

12.2 다양한 유형의 딥러닝 모델 살펴보기

시계열 예측을 위해 구축할 수 있는 딥러닝 모델에는 단일 단계 모델, 다중 단계 모델, 다중 출력 모델, 이렇게 세 가지 주요 유형이 있다.

단일 단계 모델은 세 가지 중 가장 간단한 모델이다. 이 모델의 출력은 한 변수의 미래의 한 단계에 대한 예측을 나타내는 단일값이다. 따라서 이 모델은 그림 12.1에 표시된 것처럼 단순히 스칼라 scalar를 반환한다.

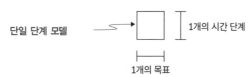

그림 12.1 단일 단계 모델은 미래의 1개의 시간 단계에 대해 하나의 대상의 값을 출력한다. 따라서 출력은 스칼라다.

> **단일 단계 모델**
>
> 단일 단계 모델single-step model은 다음 시간 단계에 대한 예측을 나타내는 단일값을 출력한다. 입력은 아무리 길어도 관계없지만 출력은 다음 시간 단계에 대한 단일 예측으로 유지된다.

다음으로 다중 단계 모델을 사용할 수 있는데, 이는 하나의 대상에 대한 값을 미래의 여러 시간 단계에 대한 값으로 출력하는 것을 뜻한다. 예를 들어 시간별 데이터가 주어지면 다음 24시간을 예측하고 싶을 수 있다. 이 경우 미래의 24개 시간 단계를 예측하므로 다중 단계 모델을 사용한다. 출력은 그림 12.2에 표시된 것처럼 24 × 1 행렬이다.

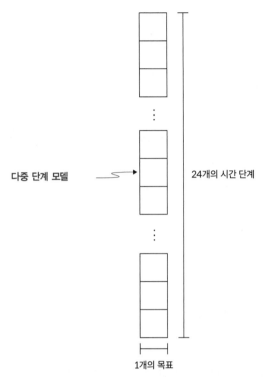

다중 단계 모델 ⟶ 24개의 시간 단계

1개의 목표

그림 12.2 다중 단계 모델은 하나의 변수에 대해 미래의 여러 시간 단계의 예측을 출력한다. 이번 예시에서는 24개의 시간 단계를 예측하여 24×1 출력 행렬을 생성한다.

> **다중 단계 모델**
>
> 다중 단계 모델multi-step model에서 모델의 출력은 미래의 여러 시간 단계에 대한 예측을 나타내는 일련의 값이다. 예를 들어 모델이 향후 6시간, 24시간, 12개월을 예측하는 경우 다중 단계 모델이다.

마지막으로 다중 출력 모델은 둘 이상의 대상에 대한 예측을 생성한다. 예를 들어 온도와 습도를 모두 예측하려는 경우, 다중 출력 모델을 사용한다. 이 모델은 원하는 만큼 많은 시간 단계를 출력할 수 있다. 그림 12.3에는 다음 24개 시간 단계 동안 두 가지 특징에 대한 예측을 반환하는 다중 출력 모델이 나와 있다. 이 경우 출력은 24 × 2 행렬이다.

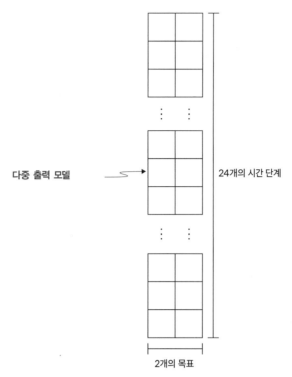

다중 출력 모델 →

24개의 시간 단계

2개의 목표

그림 12.3 다중 출력 모델은 미래의 하나 이상의 시간 단계 동안 둘 이상의 대상에 대해 예측을 수행한다. 여기에서는 모델이 다음 24개 시간 단계 동안 두 대상에 대한 예측을 출력한다.

다중 출력 모델

다중 출력 모델multi-output model은 둘 이상의 대상에 대한 예측을 생성한다. 예를 들어 온도와 풍속을 예측하는 경우 다중 출력 모델이다.

이러한 각 모델들은 서로 다른 아키텍처를 가질 수 있다. 예를 들어 CNN을 단일 단계 모델 또는 다중 단계 모델 또는 다중 출력 모델로 만들 수 있다. 다음 장에서는 다양한 모델 아키텍처를 구현하면서 세 가지 모델 유형 모두에 적용하겠다.

이로써 이후 5개의 장에서 구현할 다양한 딥러닝 모델의 초기 설정을 수행하는 단계에 도달하게 될 것이다.

12.3 예측을 위한 딥러닝 적용 준비하기

여기부터 17장까지는 UCI 기계 학습 리포지터리에서 제공되는 metro interstate traffic volume 데이터 집합을 사용하겠다. 원본 데이터 집합은 2012년부터 2018년까지 미네소타주 미니애폴리스와 세인트 폴 사이의 I-94 도로에서 시간당 서쪽 방향 교통량을 기록했다. 시계열 예측에 딥러닝을 적용하는 방법을 학습하고자 데이터 집합을 단축하고 결측값을 제거하기 위해 정리했다. 이번 장에서는 정리 단계를 다루지는 않지만, 이번 장의 깃허브 리포지터리에 있는 전처리 코드를 참조할 수 있다. 주요 예측 목표는 시간별 교통량을 예측하는 것이다. 다중 출력 모델의 경우 시간별 온도도 예측할 것이다. 다음 몇 장의 초기 설정에서는 데이터를 로드하고, 특징 선택을 수행하고, 훈련 집합, 검증 집합, 테스트 집합으로 분할하겠다.

이번 3부에서는 텐서플로, 더 구체적으로는 케라스를 사용한다. 이 글을 쓰는 시점에 최신 stable 버전은 2.6.0으로, 이번 장과 다음 장에서 사용할 것이다.

> **CAUTION** 이번 장의 전체 소스 코드는 깃허브에서 확인할 수 있다.
> https://github.com/jpub-dongdong9/TimeSeriesForecastingInPython/tree/master/CH12

12.3.1 데이터 탐색 수행하기

먼저 pandas를 사용하여 데이터를 로딩하겠다.

```
df = pd.read_csv('../data/metro_interstate_traffic_volume_preprocessed.csv')
df.head()
```

앞서 언급했듯이, 이 데이터 집합은 UCI 기계 학습 리포지터리에서 사용할 수 있는 원본 데이터 집합의 단축 및 정리된 버전이다. 이 경우 데이터 집합은 2016년 9월 29일 오후 5시에 시작하여 2018년 9월 30일 오후 11시에 끝난다. df.shape를 사용하면 총 6개의 특징과 17,551개의 행이 있음을 알 수 있다.

특징으로는 날짜, 시간, 온도, 비와 눈의 양, 구름의 범위, 교통량이 포함된다. 표 12.1은 각 열에 대해 자세히 설명한다.

표 12.1 metro interstate traffic volume 데이터 집합의 변수들

특징	설명
date_time	데이터의 날짜 및 시간으로, CST 표준 시간대로 기록된다. 형식은 YYYY-MM-DD HH:MM:SS다.
temp	시간 단계로 기록된 평균 온도로, 켈빈(Kelvin)으로 표시한다.
rain_1h	한 시간 동안 발생한 비의 양. 밀리미터 단위로 표시한다.
snow_1h	한 시간 동안 발생한 눈의 양. 밀리미터로 표시한다.
clouds_all	한 시간 동안 구름이 덮인 비율
traffic_volume	한 시간 동안 I-94에서 서쪽으로 보고된 교통량이다.

이제 시간 경과에 따른 교통량의 변화를 시각화해보자. 데이터 집합이 17,000개 이상의 데이터를 포함하는 매우 큰 규모이므로 대략 2주 분량의 데이터에 해당하는 처음 400개 데이터 요소만 도식화하겠다. 결과는 그림 12.4에 나와 있다.

```
fig, ax = plt.subplots()

ax.plot(df['traffic_volume'])
ax.set_xlabel('Time')
ax.set_ylabel('Traffic volume')

plt.xticks(np.arange(7, 400, 24), ['Friday', 'Saturday', 'Sunday',
➥ 'Monday', 'Tuesday', 'Wednesday', 'Thursday', 'Friday', 'Saturday',
➥ 'Sunday', 'Monday', 'Tuesday', 'Wednesday', 'Thursday', 'Friday',
➥ 'Saturday', 'Sunday'])
plt.xlim(0, 400)

fig.autofmt_xdate()
plt.tight_layout()
```

그림 12.4에서는 하루의 시작과 끝에서 교통량이 더 적기 때문에 명확한 일별 계절성을 알 수 있다. 또한 주말에는 교통량이 더 적은 것을 볼 수 있다. 추세에 관해서는 2주간의 데이터만으로는 합리적인 결론을 내리기에 부족할 수 있지만, 그림에서는 시간이 지남에 따라 규모가 증가하지도 감소하지도 않는 것으로 보인다.

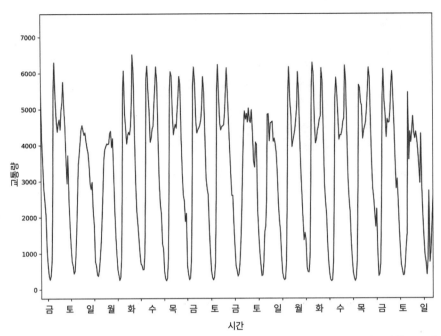

그림 12.4 **2016년 9월 29일 오후 5시부터 미네소타주 미니애폴리스와 세인트폴 사이의 I-94 서쪽 방향 교통량으로, 하루의 시작과 끝에서 교통량이 감소하는 등 뚜렷한 일별 계절성을 확인할 수 있다.**

다중 출력 모델의 대상이 될 시간별 기온을 도식화할 수도 있다. 여기에서는 연간 및 일별 계절성을 모두 볼 수 있다. 연간 계절성은 연중 계절에 따른 것이고, 일별 계절성은 기온이 밤에는 더 낮고 낮에는 더 높은 경향이 있다는 사실에 따른 것이다.

먼저 전체 데이터 집합에 대한 시간별 기온을 시각화하여 연간 계절성을 식별할 수 있는지 확인해 보자. 결과는 그림 12.5에 나와 있다.

```
fig, ax = plt.subplots()

ax.plot(df['temp'])
ax.set_xlabel('Time')
ax.set_ylabel('Temperature (K)')

plt.xticks([2239, 10999], [2017, 2018])

fig.autofmt_xdate()
plt.tight_layout()
```

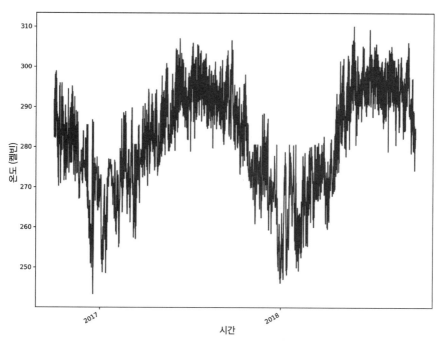

그림 12.5 **2016년 9월 29일부터 2018년 9월 30일까지의 시간별 온도(켈빈 단위). 노이즈가 있으나 연간 계절적 패턴을 볼 수 있다.**

그림 12.5에서 시간당 기온의 연간 계절적 패턴을 볼 수 있는데, 연말과 연초(미네소타의 겨울)에는 기온이 낮고 연중(여름)에는 기온이 높기 때문이다. 따라서 예상대로 기온에는 연간 계절성이 있다.

이제 기온의 일별 계절성을 관찰할 수 있는지 확인해보자. 결과는 그림 12.6에 나와 있다.

```
fig, ax = plt.subplots()

ax.plot(df['temp'])
ax.set_xlabel('Time')
ax.set_ylabel('Temperature (K)')

plt.xticks(np.arange(7, 400, 24), ['Friday', 'Saturday', 'Sunday',
➥ 'Monday', 'Tuesday', 'Wednesday', 'Thursday', 'Friday', 'Saturday',
➥ 'Sunday', 'Monday', 'Tuesday', 'Wednesday', 'Thursday', 'Friday',
➥ 'Saturday', 'Sunday'])
plt.xlim(0, 400)

fig.autofmt_xdate()
plt.tight_layout()
```

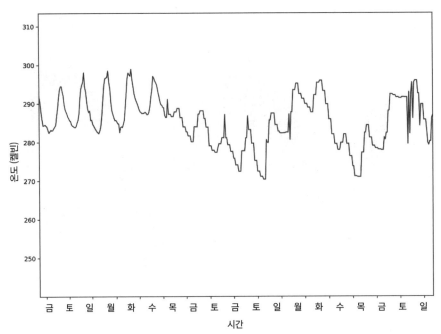

그림 12.6 2016년 9월 29일 오후 5시에 시작되는 시간별 기온(켈빈 단위). 약간 노이즈가 있기는 하지만 실제로 하루의 시작과 끝에 기온이 낮고 한낮에 최고조에 이르는 것을 볼 수 있다. 이는 일별 계절성을 시사한다.

그림 12.6을 보면 기온이 실제로 하루의 시작과 끝이 낮고 한낮에 최고조에 달한다는 것을 알 수 있다. 이는 그림 12.4의 교통량에서 관찰한 것과 마찬가지로 일별 계절성을 시사한다.

12.3.2 특징 엔지니어링과 데이터 분할

데이터 탐색이 완료되었으므로 이제 **특징 엔지니어링**feature engineering과 데이터 분할로 넘어가겠다. 이 절에서는 각 특징을 연구하고 모델이 교통량과 시간별 온도를 예측하는 데 도움이 될 수 있는 새로운 특징을 만들 것이다. 마지막으로 데이터를 분할하고 나중에 사용할 수 있도록 각 집합을 CSV 파일로 저장한다.

데이터 집합의 특징을 연구하는 가장 좋은 방법은 pandas의 describe 메서드를 사용하는 것이다. 이 메서드는 각 특징에 대한 레코드 수를 반환하므로 각 특징의 결측값, 평균, 표준 편차, 사분위수, 최댓값과 최솟값을 빠르게 식별할 수 있다.

```
df.describe().transpose()
```
◀── │ tranpose 메서드로 전치하여 각 특징을 행으로 배치한다.

출력에서 rain_1h는 데이터 집합 대부분이 0으로, 세 번째 사분위까지 여전히 0이다. rain_1h 값의 75% 이상이 0이므로 교통량을 예측할 수 있는데, 큰 영향을 주는 변수가 아닐 가능성이 높다. 따라서 이 특징은 제거한다.

snow_1h를 보면 전체 데이터 집합에서 이 변수가 0인 것을 알 수 있다. 이는 최솟값과 최댓값이 모두 0이기 때문에 쉽게 관찰할 수 있다. 따라서 시간에 따른 교통량의 변화를 예측하는 데 사용할 수 없다. 이 특징도 데이터 집합에서 제거한다.

```
cols_to_drop = ['rain_1h', 'snow_1h']
df = df.drop(cols_to_drop, axis=1)
```

이제 딥러닝 모델에 사용할 수 있는 특징으로서 시간을 인코딩하는 흥미로운 문제에 도달했다. 현재 date_time 특징은 datetime 문자열이기 때문에 모델에서 사용할 수 없다. 따라서 이를 숫자값으로 변환해야 한다.

이를 위한 간단한 방법은 날짜를 초 단위로 표현하는 것이다. datetime 라이브러리의 timestamp 메서드를 사용하면 된다.

```
timestamp_s =
➥ pd.to_datetime(df['date_time']).map(datetime.datetime.timestamp)
```

안타깝게도 그림 12.7과 같이 각 날짜를 단순히 초 단위로 표현했으므로 아직 끝나지 않았다. 이렇게 하면 초 단위가 시간에 따라 선형적으로 증가하기 때문에 시간의 주기적 특성을 잃게 되기 때문이다.

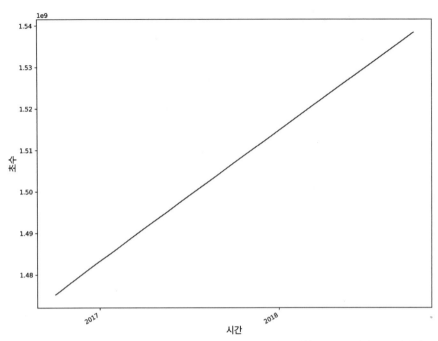

그림 12.7 데이터 집합의 각 날짜를 표현하는 초 단위. 초 단위는 시간에 따라 선형적으로 증가하므로 시간의 주기적 속성을 잃게 된다.

따라서 시간의 주기적 동작을 복구하기 위한 변환을 적용해야 한다. 이를 위한 간단한 방법은 사인 변환을 적용하는 것이다. 우리는 사인 함수가 -1과 1 사이의 경계에서 주기적이라는 것을 알고 있다. 이를 통해 시간의 주기적 속성을 일부 회복할 수 있다.

```
day = 24 * 60 * 60            ◀── 타임스탬프는 초 단위이므로 사인 변환을 적용하기 전에 하루의 초 수를 계산해야 한다.

df['day_sin'] = (np.sin(timestamp_s * (2*np.pi/day))).values   ◀──   사인 변환을 적용한다. 사인
                                                                     함수에서 라디안(radian)을
                                                                     사용한다는 점에 유의하자.
```

단일 사인 변환을 사용하면 초로 변환할 때 손실된 주기적 속성을 일부 되찾을 수 있다. 그러나 이 시점에서 오후 12시는 오전 12시에 해당하고 오후 5시는 오전 5시에 해당하므로 오전과 오후를 구분하고 싶을 때는 바람직하지 않다. 따라서 코사인 변환을 적용한다. 코사인은 사인 함수와 위상이 맞지 않는다는 것을 알고 있다. 이를 통해 오전 5시와 오후 5시를 구분하여 하루의 주기적인 시간 특성을 표현할 수 있다. 이제 DataFrame에서 date_time 열을 제거할 수 있다.

```
df['day_cos'] = (np.cos(timestamp_s * (2*np.pi/day))).values   ◀──   초 단위인 타임스탬프에
df = df.drop(['date_time'], axis=1)   ◀── date_time 열을 제거한다.      코사인 변환을 적용한다.
```

day_sin 및 day_cos의 샘플을 도식화하여 이러한 변환이 적절한지를 빠르게 확인할 수 있다. 결과는 그림 12.8에 나와 있다.

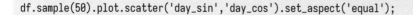

```
df.sample(50).plot.scatter('day_sin','day_cos').set_aspect('equal');
```

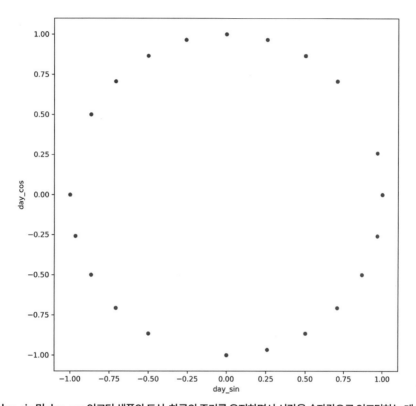

그림 12.8 day_sin 및 day_cos 인코딩 샘플의 도식. 하루의 주기를 유지하면서 시간을 숫자값으로 인코딩하는 데 성공했다.

그림 12.8에서 점들이 시계처럼 원을 형성하고 있는 것을 볼 수 있다. 따라서 각 타임스탬프를 시계의 점으로 표현하여 하루의 주기적 특성을 유지하는 숫자값을 갖게 되었으므로, 딥러닝 모델에 사용할 수 있게 되었다. 기온과 교통량 모두에 대해 일별 계절성을 관찰했기 때문에 유용할 것이다.

특징 엔지니어링이 완료되었으므로 이제 데이터를 훈련 집합, 검증 집합, 테스트 집합으로 분할할 수 있다. 훈련 집합은 모델을 피팅하는 데 사용되는 데이터 샘플이다. 검증 집합은 테스트 집합과 비슷한데, 모델을 훈련하는 동안 하이퍼파라미터를 조정하고 성능을 개선하기 위해 사용한다. 테스트 집합은 모델의 훈련 절차와 완전히 분리되어 있으며 모델의 성능을 편견 없이 평가하는 데 사용된다.

여기서는 훈련 집합, 검증 집합, 테스트 집합을 70:20:10으로 간단하게 분할하여 사용한다. 데이터의 10%는 테스트 집합으로서 적어 보이지만, 데이터 집합에 17,000개 이상의 데이터 요소가 있으므로 테스트 집합은 1,000개 이상으로 충분하다.

```
n = len(df)

#데이터 분할 70:20:10 (훈련:검증:테스트 집합)
train_df = df[0:int(n*0.7)]        ←──── 첫 70%는 훈련 집합에 사용된다.
val_df = df[int(n*0.7):int(n*0.9)]  ←──── 다음 20%는 검증 집합에 사용된다.
test_df = df[int(n*0.9):]          ←──── 나머지 10%는 테스트 집합으로 이동한다.
```

데이터를 저장하기 전에 모든 값이 0과 1 사이가 되도록 규모를 변환해야 한다. 이렇게 하면 딥러닝 모델을 훈련하는 데 필요한 시간이 줄어들고 성능이 향상된다. 데이터 스케일링(규모 조정)을 위해 `sklearn`의 `MinMaxScaler`를 사용하겠다.

데이터 누수를 방지하기 위해 `scaler`를 훈련 집합에만 피팅한다. 이렇게 하면 훈련 데이터만 있고 미래에 대한 데이터는 없는 것처럼 시뮬레이션할 수 있다. 이에 따라 모델 평가는 편향되지 않은 상태로 유지된다.

```
from sklearn.preprocessing import MinMaxScaler

scaler = MinMaxScaler()
scaler.fit(train_df)     ←──── 훈련 집합에만 피팅한다.

train_df[train_df.columns] = scaler.transform(train_df[train_df.columns])
val_df[val_df.columns] = scaler.transform(val_df[val_df.columns])
test_df[test_df.columns] = scaler.transform(test_df[test_df.columns])
```

데이터를 정규화하지 않고 스케일링하는 이유를 알고 있어야 한다. 스케일링과 정규화는 종종 같은 뜻으로 사용되기 때문에 데이터 과학자에게는 혼란스러운 용어가 될 수 있다. 간단히 말해, 데이터의 배율을 조정하면 데이터의 규모에만 영향을 미치고 분포에는 영향을 미치지 않는다. 따라서 단순히 값을 특정 범위로 강제 조정하는 것이다. 이 경우 값을 0과 1 사이로 강제한다.

반면에 데이터를 정규화하면 데이터의 분포와 규모에 영향을 미친다. 따라서 데이터를 정규화하면 데이터가 정규분포나 가우스 분포를 갖도록 강제할 수 있다. 원래의 범위도 변경되며 각 값의 빈도를 도식화하면 전형적인 종형 곡선bell curve이 생성된다.

데이터 정규화는 사용하는 모델에 데이터가 정규분포여야 하는 경우에만 사용한다. 예를 들어 **선형 판별 분석**linear discriminant analysis, LDA은 정규분포의 가정 아래 도출한 것이므로, LDA를 사용하기 전에 데이터를 정규화하는 것이 좋다. 하지만 딥러닝의 경우 어떠한 가정도 하지 않으므로 정규화가 필요하지 않다.

마지막으로 다음 장에서 사용할 수 있도록 각 집합을 CSV 파일로 저장한다.

```
train_df.to_csv('../data/train.csv')
val_df.to_csv('../data/val.csv')
test_df.to_csv('../data/test.csv')
```

12.4 다음 단계

이번 장에서는 예측에 딥러닝을 사용하는 방법을 살펴보고 세 가지 주요 유형의 딥러닝 모델을 살펴보았다. 또한 사용할 데이터를 탐색하고 특징 엔지니어링을 수행하여, 다음 장에서 딥러닝 모델을 적용해 교통량을 예측할 때 사용할 수 있도록 데이터를 준비했다.

다음 장에서는 더 복잡한 딥러닝 아키텍처의 벤치마크 역할을 할 베이스라인 모델을 구현하는 것부터 시작하겠다. 또한 구축할 수 있는 가장 간단한 모델인 선형 모델을 구현한 다음, 하나 이상의 숨겨진 계층이 있는 심층 신경망을 구현할 것이다. 베이스라인, 선형 모델, 심층 신경망은 단일 단계 모델, 다중 단계 모델, 다중 출력 모델로 구현할 것이다. 다음 장에서는 드디어 딥러닝을 사용하여 모델링과 예측을 시작할 예정이니 기대해도 좋다.

12.5 연습

12장부터 18장까지의 딥러닝 연습에 사용할 몇 가지 데이터를 준비했다. 이 데이터는 아오티중신 관측소에서 베이징의 대기질을 예측하는 딥러닝 모델을 개발하는 데 사용된다.

단변량 모델링의 경우에는 최종적으로 이산화질소(NO_2)의 농도를 예측할 것이다. 다변량 모델링의 경우에는 이산화질소 농도와 온도를 예측할 것이다.

CAUTION 대기 오염 물질의 농도를 예측하는 것은 기침, 천명wheezing, 염증, 폐 기능 저하 등 건강에 부정적인 영향을 미칠 수도 있기 때문에 중요한 문제다. 더운 공기는 상승하는 경향이 있어 대류 효과를 일으키고 오염 물질을 지상에서 더 높은 고도로 이동시키기 때문에 온도도 중요한 역할을 한다. 정확한 모델을 통해 대기 오염을 더 잘 관리할 수 있고, 사람들에게는 올바른 예방 조치를 취하게끔 더 잘 알릴 수 있다.

원본 데이터 집합은 UCI 기계 학습 리포지터리UC Irvine Machine Learning Repository에서 확인할 수 있다 (https://archive.ics.uci.edu/dataset/501/beijing+multi+site+air+quality+data). 누락된 데이터를 처리하고 작업하기 쉽도록 전처리되고 정리되었다(전처리 단계는 깃허브에서 확인할 수 있다). 데이터는 깃허브에서 CSV 파일로 찾을 수 있다(https://github.com/jpub-dongdong9/TimeSeriesForecastingInPython/tree/master/CH12).

이번 연습의 목적은 딥러닝을 위한 데이터를 준비하는 것이다. 다음 단계를 따라가보자.

1. 데이터를 로딩한다.

2. 대상을 도식화해본다.

3. 불필요한 열을 제거한다.

4. 일별 계절성이 있는지 확인하고 그에 따라 시간을 인코딩한다.

5. 데이터를 훈련 집합, 검증 집합, 테스트 집합으로 분할한다.

6. `MinMaxScaler`를 사용하여 데이터를 스케일링한다.

7. 나중에 사용할 훈련 집합, 검증 집합, 테스트 집합을 파일로 저장한다.

요약

- 예측을 위한 딥러닝은 다음과 같은 경우에 사용된다.
  - 데이터 집합이 큰 경우(데이터 요소가 10,000개 이상)
  - SARIMAX 모델의 파생 모델을 피팅하는 데 시간이 오래 걸리는 경우
  - 통계적 모델의 잔차가 어느 정도 상관관계를 보이는 경우
  - 계절성이 두 가지 이상 있는 경우

- 예측에는 세 가지 유형의 모델이 있다.
  - 단일 단계 모델: 하나의 변수에 대해 한 단계의 미래를 예측한다.
  - 다중 단계 모델: 하나의 변수에 대해 여러 단계의 미래를 예측한다.
  - 다중 출력 모델: 여러 변수에 대해 여러 단계의 미래를 예측한다.

13

딥러닝을 위해 데이터 윈도잉하고 베이스라인 모델 만들기

이 장의 주요 내용

- 데이터 윈도잉하기
- 딥러닝을 위한 베이스라인 모델 구현하기

앞 장에서는 딥러닝의 이상적인 상황과 딥러닝 모델의 세 가지 주요 유형인 단일 단계, 다중 단계, 다중 출력에 대해 간략하게 설명하며 예측을 위한 딥러닝을 소개했다. 그런 다음 데이터 탐색과 특징 엔지니어링을 진행하여 쓸모없는 특징을 제거하고 교통량을 예측하는 데 도움이 되는 새로운 기능을 만들었다. 설정이 완료되었으므로 이제 목표 변수인 교통량을 예측하기 위해 딥러닝을 구현할 준비가 되었다.

이번 장에서는 데이터 윈도우를 생성하는 재사용 가능한 클래스를 만들겠다. 이 단계는 이 책에서 딥러닝에 관해 설명하는 부분 중 가장 복잡하면서도 가장 유용한 주제일 것이다. 예측에 딥러닝을 적용하려면 적절한 시간 윈도우를 만들고 입력과 레이블을 지정해야 한다. 이 작업이 완료되면 다른 모델을 구현하는 것이 매우 쉬워지고, 이 프레임워크를 다른 상황과 데이터 집합에 재사용할 수 있다는 것을 알게 될 것이다.

데이터 윈도우를 만드는 방법을 알게 되면 베이스라인 모델, 선형 모델, 심층 신경망을 구현하는 단계로 넘어가겠다. 이렇게 하면 모델의 성능을 측정할 수 있으며, 다음 장에서 더 복잡한 아키텍처로 넘어갈 수 있다.

13.1 데이터 윈도우 만들기

먼저 딥러닝 모델에 공급할 데이터를 적절한 형식으로 만들 수 있는 **DataWindow** 클래스를 만들어보자. 또한 이 클래스에 도식화 메서드를 추가하여 예측값과 실젯값을 시각화해보자.

다만 코드를 살펴보고 **DataWindow** 클래스를 빌드하기 전에 딥러닝을 위해 데이터 윈도잉을 수행해야 하는 이유를 먼저 이해해야 한다. 딥러닝 모델에는 데이터에 피팅하는 특정 방법이 있는데, 다음 절에서 살펴보겠다. 그런 다음 **DataWindow** 클래스를 구현해본다.

13.1.1 시계열 예측을 위한 딥러닝 모델을 훈련하는 방법 살펴보기

이 책의 전반부에서는 SARIMAX와 같은 통계적 모델을 훈련 집합에 피팅하고 예측을 수행했다. 실제로는 여러 고유한 차수 조합 $(p,d,q)(P,D,Q)_m$에 맞춰 사전 정의된 함수들의 집합을 피팅하고 어떤 차수 조합이 가장 잘 맞는지 알아내는 과정이었다.

딥러닝 모델의 경우 이와 같은 과정을 시도해볼 사전 정의된 함수 집합이 없다. 대신, 신경망이 입력을 받을 때 가능하면 최상의 예측을 생성할 수 있는 자체 함수를 도출하도록 한다. 이를 위해 **데이터 윈도잉**data windowing이라고 하는 작업을 수행한다. 이는 시계열에서 일련의 데이터 요소를 정의하고 어떤 것이 입력이고 어떤 것이 레이블인지 정의하는 절차다. 이렇게 하면 딥러닝 모델이 입력에 맞춰 예측을 생성하고, 레이블과 비교하고, 예측의 정확도를 개선할 수 없을 때까지 이 과정을 반복하도록 할 수 있다.

데이터 윈도잉의 예를 살펴보자. 우리의 데이터 윈도우는 24시간의 데이터를 사용하여 다음 24시간을 예측한다. 왜 24시간의 데이터만 사용하여 예측을 생성하는지 궁금할 것이다. 결국 딥러닝은 많은 데이터를 필요로 하며 대규모 데이터 집합을 사용한다. 핵심은 데이터 윈도우에 있다. 단일 윈도우에는 24개의 시간 단계가 입력되어 24개의 시간 단계의 출력을 생성한다. 하지만 전체 훈련 집합은 여러 개의 윈도우로 분리되어 있어 그림 13.1에 표시된 것처럼 입력값과 레이블을 포함하는 윈도우가 많다.

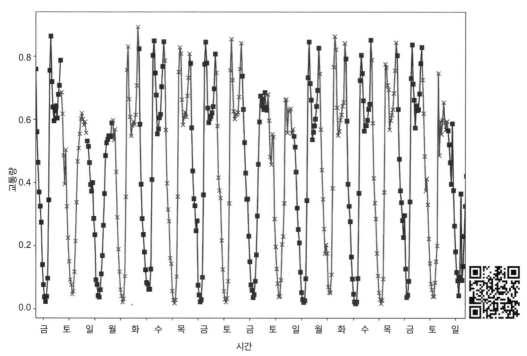

그림 13.1 훈련 집합의 데이터 윈도우 시각화. 입력값은 사각형으로 표시되고 레이블은 가위표로 표시된다. 각 데이터 윈도우는 사각형으로 표시된 24개의 시간 단계와 십자가로 표시된 24개의 레이블로 구성된다.

그림 13.1에서 교통량에 대한 훈련 집합 중 첫 400개의 시간 단계를 볼 수 있다. 각 데이터 윈도우는 24개의 시간 단계로 된 입력값과 24개의 시간 단계로 된 레이블로 구성되어(그림 13.2 참조), 총 48개의 시간 단계로 이루어져 있다. 이렇듯 훈련 집합으로 많은 데이터 윈도우를 생성할 수 있어 실제로는 많은 양의 데이터를 활용하고 있다.

그림 13.2에서 볼 수 있듯이 데이터 윈도우의 총 길이는 각 배열의 길이를 합한 값이다. 이 경우 24개의 시간 단계만큼의 입력값과 24개의 시간 단계만큼의 레이블이 있으므로 데이터 윈도우의 총 길이는 48개의 시간 단계다.

	입력				레이블				
$t = 0$	$t = 1$	$t = ...$	$t = 22$	$t = 23$	$t = 24$	$t = 25$	$t = ...$	$t = 46$	$t = 47$

데이터 윈도우

그림 13.2 데이터 윈도우의 예시. 데이터 윈도우에는 24개의 시간 단계만큼의 입력값과 24개의 시간 단계만큼의 출력값이 있다. 그러면 모델은 24시간의 입력을 사용하여 24시간의 예측을 생성한다. 데이터 윈도우의 총 길이는 입력과 레이블의 길이를 합한 값이다. 이 경우 총 길이는 48개의 시간 단계다.

그림 13.2에서 24~47번째 시간 단계가 레이블이므로 많은 훈련 데이터가 낭비되고 있다고 생각할수 있다. 이 레이블들은 입력으로 사용되지 않을까? 물론 사용된다. 다음 절에서 구현할 DataWindow 클래스는 입력이 $t = 0$에서 시작하는 데이터 윈도우를 생성한다. 그런 다음 다른 데이터 윈도우 집합을 생성하는데 이번에는 $t = 1$에서 시작한다. 그런 다음에는 $t = 2$에서 시작한다. 그림 13.3에표시된 것처럼 훈련 집합에 연속적으로 24개의 시간 단계를 레이블로 지정할 수 없을 때까지 반복한다.

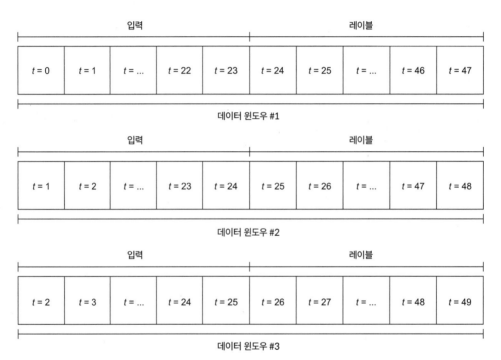

그림 13.3 DataWindow 클래스에 의해 생성된 서로 다른 데이터 윈도우를 시각화하기. 시작점을 하나의 시간 단계만큼 반복적으로 이동하여 딥러닝 모델에 맞춰 최대한 많은 훈련 데이터를 사용한다는 점을 알 수 있다.

연산 효율을 높이기 위해 딥러닝 모델은 **배치**batch로 훈련한다. 배치란 그림 13.4에 표시된 것처럼 훈련을 위해 모델에 공급되는 데이터 윈도우의 모음이다.

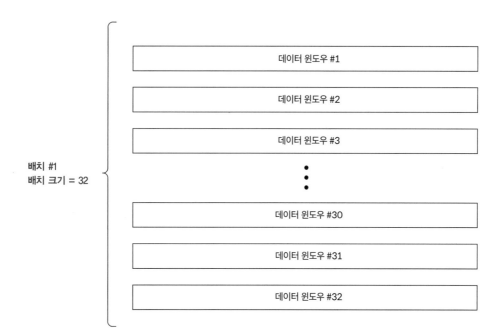

그림 13.4 배치는 딥러닝 모델을 훈련하는 데 사용되는 데이터 윈도우의 모음이다.

그림 13.4는 크기가 32인 배치의 예를 보여준다. 즉 32개의 데이터 윈도우가 그룹화되어 모델 훈련에 사용된다. 물론 이것은 하나의 배치일 뿐으로 `DataWindow` 클래스는 주어진 훈련 집합에서 가능한 한 많은 배치를 생성한다. 이번 예시의 경우 훈련 집합은 12,285개의 행으로 구성되어 있다. 각배치가 32개의 데이터 윈도우로 구성된다면 12285/32 = 384개의 배치가 생성된다.

384개의 모든 배치에 대해 모델을 한 번 훈련하는 것을 하나의 **에포크**라고 한다. 하나의 에포크로는 정확한 모델을 만들 수 없는 경우가 많으므로 예측 정확도가 더 이상 개선되지 않을 때까지 필요한 만큼의 에포크에 걸쳐 훈련한다.

딥러닝을 위한 데이터 윈도우에서 마지막으로 중요한 개념은 **셔플링**shuffling이다. 이 책의 첫 장에서 시계열 데이터는 셔플할 수 없다고 언급했다. 시계열 데이터에는 순서가 있고 그 순서는 반드시 지켜져야 하는데, 왜 여기서 데이터를 셔플링할까?

여기서 셔플은 데이터 윈도우 내부가 아닌 배치 수준에서 발생하며, 시계열 자체의 순서는 각 데이터 윈도우 내에서 유지된다. 각 데이터 윈도우는 다른 모든 데이터 윈도우와 독립적이다. 따라서 그림 13.5에 표시된 것처럼 배치 내에서 데이터 윈도우를 섞어도 시계열의 순서는 그대로 유지할 수 있다. 데이터 셔플이 필수적인 것은 아니지만 더 견고한 모델을 만드는 데 도움이 될 수 있으므로 권장된다.

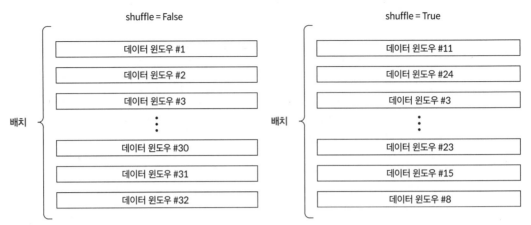

그림 13.5 데이터 윈도우를 일괄적으로 셔플하기. 각 데이터 윈도우는 다른 모든 데이터 윈도우와 독립적이므로 배치 내에서 데이터 윈도우를 셔플하는 것은 안전한다. 시계열의 순서는 각 데이터 윈도우 내에서 유지된다는 점에 유의하자.

이제 데이터 윈도우의 내부 동작과 딥러닝 모델의 훈련에 사용하는 방법을 이해했으므로 DataWindow 클래스를 구현해보자.

13.1.2 DataWindow 클래스 구현하기

이제 DataWindow 클래스를 구현할 준비가 되었다. 이 클래스는 유연성이 뛰어나 다양한 시나리오에 딥러닝을 적용할 때 사용할 수 있다는 장점이 있다. 전체 코드는 깃허브에서 확인할 수 있다. https://github.com/jpub-dongdong9/TimeSeriesForecastingInPython/tree/master/CH13%26CH14

이 클래스는 입력의 너비, 레이블의 너비, 이동shift을 기반으로 한다. 입력의 너비는 단순히 예측을 위해 모델에 입력되는 시간 단계의 개수다. 예를 들어 데이터 집합에 시간별 데이터가 있다고 가정할 때, 예측을 위해 모델에 24시간의 데이터를 입력한다면 입력의 너비는 24가 된다. 12시간의 데이터만 입력하면 입력 너비는 12가 된다.

레이블 너비는 예측의 시간 단계 수와 동일하다. 하나의 시간 단계만 예측하는 경우 레이블 너비는 1이다. 하루 동안의 데이터(시간별 데이터로 구성)를 예측하는 경우 레이블 너비는 24다.

마지막으로, 이동은 입력과 예측을 구분하는 시간 단계의 수다. 다음 시간 단계를 예측하는 경우 이동의 너비는 1이다. 다음 24시간(시간별 데이터 사용)을 예측하는 경우 이동의 너비는 24다.

이러한 매개변수를 더 잘 이해하기 위해 몇 가지 데이터 윈도우를 시각화해보자. 그림 13.6은 하나의 데이터 요소가 주어졌을 때 모델이 다음 데이터 요소를 예측하는 데이터 윈도우를 보여준다.

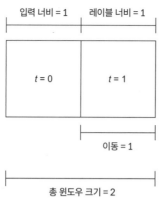

입력 너비 = 1　레이블 너비 = 1

$t = 0$　$t = 1$

이동 = 1

총 윈도우 크기 = 2

그림 13.6 하나의 데이터 요소가 주어졌을 때 모델이 미래의 1개 시간 단계를 예측하는 데이터 윈도우. 모델은 하나의 데이터 요소만 입력으로 사용하므로 입력 너비는 1이다. 모델은 하나의 시간 단계에 대해서만 예측을 출력하므로 레이블 너비도 1이다. 모델은 다음 시간 단계를 예측하므로 이동도 1이다. 따라서 총 윈도우 크기는 이동과 입력의 합계이므로 2가 된다.

이제 다음 24시간을 예측하기 위해 24시간의 데이터를 모델에 공급하는 상황을 고려해보자. 이 상황의 데이터 윈도우는 그림 13.7에 나와 있다. 이제 입력 너비, 레이블 너비, 이동의 개념을 이해했으므로 리스팅 13.1과 같이 DataWindow 클래스를 생성하고 초기화 함수를 정의할 수 있다. 이 함수는 훈련 집합, 검증 집합, 테스트 집합도 입력받는데, 각 집합에 해당하는 데이터 윈도우는 전체 데이터 집합에서 파생된다. 마지막으로 목표 열을 지정한다.

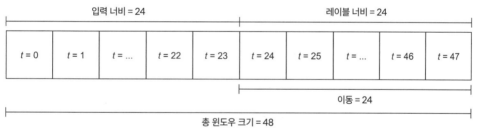

입력 너비 = 24　레이블 너비 = 24

$t = 0$　$t = 1$　$t = ...$　$t = 22$　$t = 23$　$t = 24$　$t = 25$　$t = ...$　$t = 46$　$t = 47$

이동 = 24

총 윈도우 크기 = 48

그림 13.7 모델이 지난 24시간의 데이터를 사용하여 다음 24시간을 예측하는 데이터 윈도우. 입력 너비는 24이고 레이블 너비도 24다. 입력과 예측을 구분하는 시간 단계가 24개이므로 시프트도 24개다. 따라서 총 윈도우 크기는 48개의 시간 단계가 된다.

다음 리스팅은 공식 텐서플로 문서 웹사이트의 코드를 재사용한 것이다(https://www.tensorflow.org/tutorials/structured_data/time_series). 커뮤니티에서는 이 데이터 윈도우를 만드는 방법을 딥러닝 모델로 시계열 데이터를 예측하는 가장 쉽고 좋은 방법으로 간주하고 있다. 또한 텐서플로의 기본 함수 timeseries_dataset_from_array의 기능을 확장하여 어떠한 예측 시나리오에도 딥러닝 모델을 적용할 수 있는 좋은 방법이다. 데이터 윈도잉 기법의 전체 구현은 리스팅 13.3에 나와 있다. 모든 코드는 아파치Apache 2.0 라이선스의 조건에 따라 재사용되었으며(https://www.apache.org/licenses/LICENSE-2.0), 이 책의 깃허브 리포지터리에서 참조할 수 있다(https://github.com/jpub-dongdong9/TimeSeriesForecastingInPython). 이 책에 나오는 예제는 문서의 코드를 기반으로 만들어졌기 때문에 이 책 외의 다른 시나리오에서도 재사용 가능하다.

리스팅 13.1 DataWindow의 초기화 함수 정의하기

```
class DataWindow():
    def __init__(self, input_width, label_width, shift,
                 train_df=train_df, val_df=val_df, test_df=test_df,
                 label_columns=None):

        self.train_df = train_df
        self.val_df = val_df
        self.test_df = test_df

        self.label_columns = label_columns          ◀── 예측하고자 하는 열의 이름
        if label_columns is not None:
            self.label_columns_indices = {name: i for i, name in
 ➜ enumerate(label_columns)}     ◀── 레이블 열의 이름과 색인으로 사전을 만든다. 이 사전은 도식화에 사용된다.
        self.column_indices = {name: i for i, name in
 ➜ enumerate(train_df.columns)}     ◀── 각 열의 이름과 인덱스로 사전을 만든다. 이는 대상 변수에서 특징을 분리할 때
                                          사용된다.

        self.input_width = input_width
        self.label_width = label_width
        self.shift = shift

        self.total_window_size = input_width + shift          slice 함수는 수열을 슬라이스하는 방법을 지정하는
                                                              slice 객체를 반환한다. 이 경우 입력 슬라이스는 0에서
        self.input_slice = slice(0, input_width)     ◀──     시작하여 input_width에 도달하면 끝난다.
        self.input_indices =                                 입력에 인덱스를 할당한다. 이는 도식화에
 ➜ np.arange(self.total_window_size)[self.input_slice]  ◀──  유용하다.

        self.label_start = self.total_window_size - self.label_width          레이블이 시작되는
        self.labels_slice = slice(self.label_start, None)     ◀──             인덱스를 가져온다.
        self.label_indices =                            입력에 적용된 것과 동일한   이 경우 전체 윈도우
 ➜ np.arange(self.total_window_size)[self.labels_slice]  시간 단계가 레이블에      크기에서 레이블의
                                                        적용된다.               너비를 뺀 값이다.
```

리스팅 13.1에서 초기화 함수가 기본적으로 변수를 할당하고 입력과 레이블의 인덱스를 관리하는 것을 볼 수 있다. 다음 단계는 입력과 레이블로 윈도우를 분할하여 모델이 입력을 기반으로 예측하고 레이블에 대한 오차를 측정할 수 있도록 하는 것이다. DataWindow 클래스 내에 다음과 같은 split_to_inputs_labels 함수가 정의되어 있다.

```
def split_to_inputs_labels(self, features):          입력을 얻기 위해 __init__에 정의된 input_slice를
    inputs = features[:, self.input_slice, :]    ◄──   사용하여 윈도우를 슬라이스한다.
    labels = features[:, self.labels_slice, :]   ◄──   레이블을 얻기 위해 __init__에 정의된 labels_slice를
    if self.label_columns is not None:    ◄──          사용하여 윈도우를 슬라이스한다.
        labels = tf.stack(                             목표가 두 개 이상이면 레이블을 쌓는다.
            [labels[:,:,self.column_indices[name]] for name in self.label_columns],
            axis=-1
        )
    inputs.set_shape([None, self.input_width, None])   ◄──   모양은 [배치, 시간, 특징]으로 이루어진다. 이
    labels.set_shape([None, self.label_width, None])          시점에서는 시간 차원만 지정하고 배치 및 특징
                                                              차원은 나중에 정의한다.
    return inputs, labels
```

split_to_inputs_labels 함수는 그림 13.8과 같이 큰 데이터 윈도우를 입력과 레이블, 두 개의 윈도우로 분리한다.

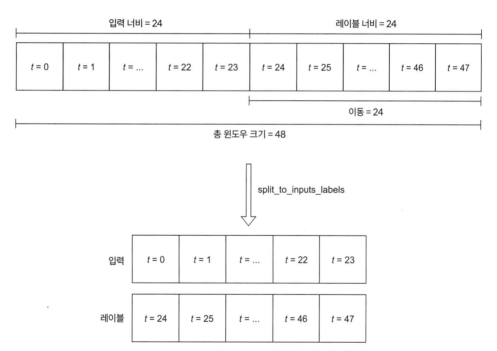

그림 13.8 split_to_inputs_labels 함수는 큰 데이터 윈도우를 입력과 레이블, 두 개의 윈도우로 간단히 분리한다.

다음으로 입력 데이터, 예측값, 실젯값을 도식화하는 함수를 정의해보자(리스팅 13.2). 많은 시간 윈도우로 작업할 것이지만 세 개의 시간 윈도우에 대한 도식만 표시할 것인데, 개수는 매개변수로 쉽게 변경할 수 있다. 또한 기본 레이블은 traffic_volume이지만, 원하는 열을 지정할 수 있다. 다시 말하지만 이 함수는 DataWindow 클래스에 포함되어야 한다.

리스팅 13.2 데이터 윈도우의 샘플을 도식화하는 메서드

```python
def plot(self, model=None, plot_col='traffic_volume', max_subplots=3):
    inputs, labels = self.sample_batch

    plt.figure(figsize=(12, 8))
    plot_col_index = self.column_indices[plot_col]
    max_n = min(max_subplots, len(inputs))

    for n in range(max_n):
        plt.subplot(3, 1, n+1)
        plt.ylabel(f'{plot_col} [scaled]')
        plt.plot(self.input_indices, inputs[n, :, plot_col_index],
                 label='Inputs', marker='.', zorder=-10)    ◀──── 입력을 도식화한다. 입력은
                                                                  파란색 점선으로 표시된다.
        if self.label_columns:
            label_col_index = self.label_columns_indices.get(plot_col, None)
        else:
            label_col_index = plot_col_index

        if label_col_index is None:
            continue

        plt.scatter(self.label_indices, labels[n, :, label_col_index],
                    edgecolors='k', marker='s', label='Labels',
  ↪ c='green', s=64)    ◀──────────────── 레이블 또는 실젯값을 도식화한다. 녹색 사각형으로 표시된다.
        if model is not None:
            predictions = model(inputs)
            plt.scatter(self.label_indices, predictions[n, :, label_col_index],
                        marker='X', edgecolors='k', label='Predictions',
                        c='red', s=64)    ◀──── 예측을 도식화한다. 빨간색 십자가로 표시된다.

        if n == 0:
            plt.legend()

    plt.xlabel('Time (h)')
```

DataWindow 클래스 제작이 거의 끝났다. 마지막으로 중요한 로직은 딥러닝 모델에 공급할 수 있도록 데이터 집합을 텐서로 구성하는 것이다. 텐서플로에는 배열이 주어지면 슬라이딩 윈도우의 데이터 집합을 생성하는 timeseries_dataset_from_array라는 매우 편리한 함수가 있다.

```
def make_dataset(self, data):
    data = np.array(data, dtype=np.float32)
    ds = tf.keras.preprocessing.timeseries_dataset_from_array(
        data=data,
        targets=None,
        sequence_length=self.total_window_size,
        sequence_stride=1,
        shuffle=True,
        batch_size=32
    )
    ds = ds.map(self.split_to_inputs_labels)
    return ds
```

데이터를 전달한다. 여기에는 훈련 집합, 검증 집합, 테스트 집합이 포함된다.

targets은 split_to_input_labels 함수에 의해 처리되므로 None으로 설정한다.

배열의 총 길이를 정의하며, 이는 전체 윈도우의 길이와 같다.

각 배열을 구분할 시간 단계의 개수를 정의한다. 이 경우 배열이 연속적이기를 원하므로 sequence_stride=1이다.

배열을 셔플한다. 데이터는 여전히 시간순으로 정렬된다는 점에 유의하자. 단순히 배열의 순서를 섞어 모델을 더 강력하게 만들 뿐이다.

하나의 배치 내 배열의 개수를 정의한다.

배열을 일괄적으로 섞는다는 점을 기억하자. 즉 각 배열 내에서 데이터는 시간순으로 정렬된다. 그러나 32개의 배열로 구성된 배치에서는 모델을 더 견고하게 만들고 과적합의 가능성을 줄이기 위해 배열을 섞어야 한다.

훈련 집합, 검증 집합, 테스트 집합에 make_dataset 함수를 적용하기 위한 몇 가지 속성을 정의하여 DataWindow 클래스를 마무리하자. 또한 도식화 목적으로 클래스 내에 캐시할 샘플 배치도 만들자.

```
@property
def train(self):
    return self.make_dataset(self.train_df)


@property
def val(self):
    return self.make_dataset(self.val_df)


@property
def test(self):
    return self.make_dataset(self.test_df)


@property
def sample_batch(self):
    result = getattr(self, '_sample_batch', None)
    if result is None:
        result = next(iter(self.train))
        self._sample_batch = result
    return result
```

도식화 목적으로 데이터의 샘플 배치를 가져온다. 샘플 배치가 존재하지 않으면 샘플 배치를 추출하여 캐시한다.

이제 DataWindow 클래스가 완성되었다. 모든 메서드와 속성을 포함하는 전체 클래스는 리스팅 13.3에 나와 있다.

리스팅 13.3 완전한 DataWindow 클래스

```
class DataWindow():
    def __init__(self, input_width, label_width, shift,
                 train_df=train_df, val_df=val_df, test_df=test_df,
                 label_columns=None):

        self.train_df = train_df
        self.val_df = val_df
        self.test_df = test_df

        self.label_columns = label_columns
        if label_columns is not None:
            self.label_columns_indices = {name: i for i, name in enumerate(label_columns)}
        self.column_indices = {name: i for i, name in enumerate(train_df.columns)}

        self.input_width = input_width
        self.label_width = label_width
        self.shift = shift

        self.total_window_size = input_width + shift

        self.input_slice = slice(0, input_width)
        self.input_indices = np.arange(self.total_window_size)[self.input_slice]

        self.label_start = self.total_window_size - self.label_width
        self.labels_slice = slice(self.label_start, None)
        self.label_indices = np.arange(self.total_window_size)[self.labels_slice]

    def split_to_inputs_labels(self, features):
        inputs = features[:, self.input_slice, :]
        labels = features[:, self.labels_slice, :]
        if self.label_columns is not None:
            labels = tf.stack(
                [labels[:,:,self.column_indices[name]] for name in self.label_columns],
                axis=-1
            )
        inputs.set_shape([None, self.input_width, None])
        labels.set_shape([None, self.label_width, None])

        return inputs, labels

    def plot(self, model=None, plot_col='traffic_volume', max_subplots=3):
        inputs, labels = self.sample_batch
```

```
        plt.figure(figsize=(12, 8))
        plot_col_index = self.column_indices[plot_col]
        max_n = min(max_subplots, len(inputs))

        for n in range(max_n):
            plt.subplot(3, 1, n+1)
            plt.ylabel(f'{plot_col} [scaled]')
            plt.plot(self.input_indices, inputs[n, :, plot_col_index],
                     label='Inputs', marker='.', zorder=-10)

            if self.label_columns:
                label_col_index = self.label_columns_indices.get(plot_col, None)
            else:
                label_col_index = plot_col_index

            if label_col_index is None:
                continue

            plt.scatter(self.label_indices, labels[n, :, label_col_index],
                        edgecolors='k', marker='s', label='Labels', c='green', s=64)
            if model is not None:
                predictions = model(inputs)
                plt.scatter(self.label_indices, predictions[n, :, label_col_index],
                            marker='X', edgecolors='k', label='Predictions',
                            c='red', s=64)

            if n == 0:
                plt.legend()

        plt.xlabel('Time (h)')

def make_dataset(self, data):
    data = np.array(data, dtype=np.float32)
    ds = tf.keras.preprocessing.timeseries_dataset_from_array(
        data=data,
        targets=None,
        sequence_length=self.total_window_size,
        sequence_stride=1,
        shuffle=True,
        batch_size=32
    )

    ds = ds.map(self.split_to_inputs_labels)
    return ds

@property
def train(self):
    return self.make_dataset(self.train_df)
```

```
        @property
        def val(self):
            return self.make_dataset(self.val_df)
        @property
        def test(self):
            return self.make_dataset(self.test_df)

        @property
        def sample_batch(self):
            result = getattr(self, '_sample_batch', None)
            if result is None:
                result = next(iter(self.train))
                self._sample_batch = result
            return result
```

현재로서는 DataWindow 클래스가 약간 추상적으로 보일 수 있지만 곧 베이스라인 모델을 적용할 때 사용할 것이다. 이 책의 딥러닝 부분의 모든 장에서 이 클래스를 사용할 것이므로, 점차 이 코드에 익숙해질 것이고, 다양한 딥러닝 아키텍처를 테스트하는 것이 얼마나 쉬운지 알게 될 것이다.

13.2 베이스라인 모델 적용하기

DataWindow 클래스가 완성되었으므로 사용할 준비가 되었다. 베이스라인 모델을 단일 단계, 다중 단계, 다중 출력 모델로 적용해보겠다. 올바른 데이터 윈도우가 있다면 구현이 비슷하고 매우 간단하다는 것을 알 수 있을 것이다.

베이스라인은 더 복잡한 모델을 평가하기 위한 벤치마크로 사용된다는 점을 기억하자. 모델이 다른 모델에 비해 더 낮다면 성능이 우수한 것으로 판정할 수 있으므로, 베이스라인을 구축하는 것은 모델링에서 중요한 단계다.

13.2.1 단일 단계 베이스라인 모델

먼저 **단일 단계 모델**을 베이스라인으로 구현해보겠다. 단일 단계 모델에서 입력은 하나의 시간 단계이고 출력은 다음 시간 단계에 대한 예측이다.

첫 번째 단계는 데이터 윈도우를 생성하는 것이다. 단일 단계 모델을 정의하고 있고 다음 시간 단계를 예측하는 것이므로 입력 너비는 1, 레이블 너비는 1, 이동도 1이다. 목표 변수는 교통량이다.

```
single_step_window = DataWindow(input_width=1, label_width=1, shift=1,
➥ label_columns=['traffic_volume'])
```

도식화를 위해 더 넓은 윈도우를 정의하여 모델의 많은 예측을 시각화할 수 있도록 하자. 그렇지 않으면 하나의 입력 데이터 요소와 하나의 출력 예측만 시각화할 수 있어 흥미롭지 않을 것이다.

```
wide_window = DataWindow(input_width=24, label_width=24, shift=1,
➥ label_columns=['traffic_volume'])
```

이 상황에서 우리가 할 수 있는 가장 간단한 예측은 마지막으로 측정된 값이다. 이에 의한 예측은 단순히 입력된 데이터 요소와 같다. 이것을 Baseline 클래스에 구현한다. 다음 리스팅에서 볼 수 있듯이 Baseline 클래스는 다중 출력 모델에도 사용할 수 있다. 여기서는 단일 단계 모델에만 초점을 맞추겠다.

리스팅 13.4 **입력 데이터를 예측으로 반환하는 클래스**

```
class Baseline(Model):
    def __init__(self, label_index=None):
        super().__init__()
        self.label_index = label_index

    def call(self, inputs):
        if self.label_index is None:          ◀── 대상을 지정하지 않으면 모든 열을 반환한다. 이는 모든 열을 예측해야
            return inputs                          하는 다중 출력 모델에서 유용하다.

        elif isinstance(self.label_index, list):  ◀── 대상 목록을 지정하면 지정된 열만 반환한다.
            tensors = []                               이 역시 다중 출력 모델에 사용된다.
            for index in self.label_index:
                result = inputs[:, :, index]
                result = result[:, :, tf.newaxis]
                tensors.append(result)
            return tf.concat(tensors, axis=-1)

        result = inputs[:, :, self.label_index]   ◀── 지정된 목표 변수에 대한 입력을 반환한다.
        return result[:,:,tf.newaxis]
```

클래스가 정의되었으므로 이제 모델을 초기화하고 컴파일하여 예측을 생성할 수 있다. 이를 위해 대상 열의 인덱스인 traffic_volume을 찾아서 Baseline에 전달한다. 텐서플로에는 **손실 함수**와 평가 지표를 제공해야 한다는 점에 유의하자. 이번 경우뿐만 아니라 딥러닝에 대한 장 전체에서 평균

제곱오차를 손실 함수로 사용할 것이다. 이 함수는 큰 오차에 불이익을 주고 일반적으로 잘 피팅된 모델을 도출한다. 평가 지표로는 해석하기 쉽도록 평균절대오차를 사용하자.

```
column_indices = {name: i for i, name in enumerate(train_df.columns)}   ◀──  훈련 집합의 각 열의
                                                                            이름과 인덱스가 포함된
                                                                            사전을 생성한다.
baseline_last = Baseline(label_index=column_indices['traffic_volume'])  ◀──  Baseline 클래스에서 목표
                                                                            열의 인덱스를 전달한다.
baseline_last.compile(loss=MeanSquaredError(), metrics=[MeanAbsoluteError()])  ◀──
                                                                            모델을 컴파일하여 예측을
                                                                            생성한다.
```

이제 검증 집합과 테스트 집합에서 베이스라인의 성능을 평가해보자. 텐서플로로 구축된 모델에는 예측을 실젯값과 비교하고 오차 지표를 계산할 수 있는 **evaluate** 메서드가 편리하게도 함께 제공된다.

```
val_performance = {}     ◀──┐  검증 집합에 모델의 MAE를 보관할 사전을 생성한다.
performance = {}         ◀──┘  테스트 집합에 모델의 MAE를 보관할 사전을 생성한다.

val_performance['Baseline - Last'] =
➥ baseline_last.evaluate(single_step_window.val)    ◀──  베이스라인의 MAE를 검증 집합에 저장한다.
performance['Baseline - Last'] =
➥ baseline_last.evaluate(single_step_window.test, verbose=0)   ◀──  테스트 집합에 베이스라인의
                                                                    MAE를 저장한다.
```

이제 마지막으로 측정된 값으로 예측하는 베이스라인을 성공적으로 구축하고 이를 평가했다. DataWindow 클래스의 **plot** 메서드를 사용하여 예측을 시각화할 수 있다. 두 개 이상의 데이터 요소를 보려면 **wide_window**를 사용해야 한다는 것을 잊지 말자.

```
wide_window.plot(baseline_last)
```

그림 13.9에서 레이블은 사각형이고 예측은 십자가다. 각 시간 단계의 십자가는 단순히 마지막으로 측정된 값으로, 예상대로 작동하는 베이스라인이 있다는 것을 뜻한다. 데이터 윈도우가 초기화될 때마다 캐시된 샘플 배치가 변경되므로 그림 13.9와 다를 수 있다.

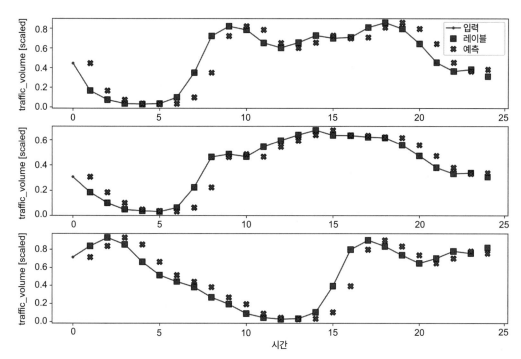

그림 13.9 **샘플 배치 중 세 개의 배열에 대한 단일 단계 베이스라인 모델에 의한 예측. 각 시간 단계의 예측은 마지막으로 측정된 값으로, 베이스라인이 예상대로 작동한다는 것을 뜻한다.**

테스트 집합에서 베이스라인의 MAE를 인쇄해볼 수도 있다.

```
print(performance['Baseline - Last'][1])
```

그러면 0.081의 MAE가 반환된다. 더 복잡한 모델은 베이스라인보다 더 나은 성능을 보여야 하고, 그 결과 MAE는 더 작아진다.

13.2.2 다중 단계 베이스라인 모델

이전 절에서는 단순히 마지막으로 측정된 값으로 예측하는 단일 단계 베이스라인 모델을 구축했다. **다중 단계 모델**의 경우 하나 이상의 미래 시간 단계를 예측한다. 이 예제에서는 24시간이 입력된 데이터의 다음 24시간 동안의 교통량을 예측하겠다.

다시 말하지만, 첫 번째 단계는 적절한 데이터 윈도우를 생성하는 것이다. 24시간을 입력하고 미래의 24개 시간 단계를 예측하고자 하므로 입력 너비는 24, 레이블 너비는 24, 이동 너비도 24다.

```
multi_window = DataWindow(input_width=24, label_width=24, shift=24,
➥ label_columns=['traffic_volume'])
```

데이터 윈도우가 생성되었으므로 이제 베이스라인 모델을 구현하는 데 집중할 수 있다. 이 상황에서는 두 가지 합리적인 베이스라인이 있다.

- 다음 24개 시간 단계에 대해 마지막으로 측정된 값으로 예측한다.
- 다음 24개 시간 단계에 대해 마지막 24개 시간 단계로 예측한다.

이를 염두에 둔 상태에서, 다음 24개 시간 단계 동안 마지막으로 측정된 값을 단순히 반복하는 첫 번째 베이스라인을 구현해보자.

마지막으로 측정된 값으로 예측하기

마지막으로 측정된 값으로 예측하기 위해 단순히 입력을 받아 입력 배열의 마지막 값을 24개의 시간 단계에 걸쳐 반복하는 MultiStepLastBaseline 클래스를 정의하겠다. 이것이 모델의 예측으로서 동작한다.

```
class MultiStepLastBaseline(Model):
    def __init__(self, label_index=None):
        super().__init__()
        self.label_index = label_index          대상이 지정되지 않으면 다음 24개 시간
                                                 단계 동안 모든 열의 마지막으로 측정된
                                                 값을 반환한다.
    def call(self, inputs):
        if self.label_index is None:                        다음 24개 시간
            return tf.tile(inputs[:, -1:, :], [1, 24, 1])  ◄── 단계에 걸쳐 대상 열의
        return tf.tile(inputs[:, -1:, self.label_index:], [1, 24, 1])  ◄── 마지막으로 측정된 값을
                                                             반환한다.
```

다음으로 클래스를 초기화하고 대상 열을 지정하자. 그런 다음 이전 절과 동일한 과정을 반복하여 모델을 컴파일하고 검증 집합과 테스트 집합에 대해 평가한다.

```
ms_baseline_last =
➥ MultiStepLastBaseline(label_index=column_indices['traffic_volume'])

ms_baseline_last.compile(loss=MeanSquaredError(),
➥ metrics=[MeanAbsoluteError()])

ms_val_performance = {}
ms_performance = {}
```

```
ms_val_performance['Baseline - Last'] =
↪ ms_baseline_last.evaluate(multi_window.val)
ms_performance['Baseline - Last'] =
↪ ms_baseline_last.evaluate(multi_window.test, verbose=0)
```

이제 DataWindow의 plot 메서드를 사용하여 예측을 시각화할 수 있다. 결과는 그림 13.10에 나와 있다.

```
multi_window.plot(ms_baseline_last)
```

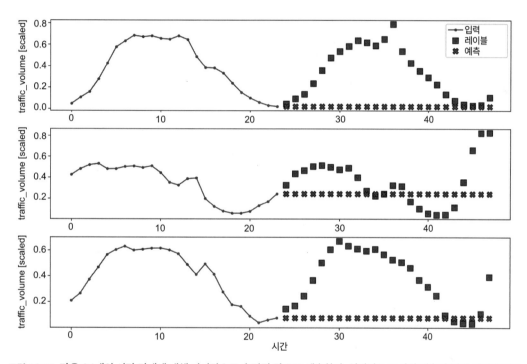

그림 13.10 다음 24개의 시간 단계에 대해 마지막으로 측정된 값으로 예측한다. 십자가로 표시된 예측이 입력 배열의 마지막 값과 일치하므로 베이스라인이 예상대로 작동하는 것을 볼 수 있다.

이번에도 베이스라인의 MAE를 인쇄해볼 수 있다. 그림 13.10에서 레이블과 예측 사이에 큰 불일치가 있었으므로 상당히 높을 것으로 예상할 수 있다.

```
print(ms_performance['Baseline - Last'][1])
```

이렇게 하면 MAE가 0.347이 된다. 이제 입력 배열을 반복하면 더 나은 베이스라인을 만들 수 있는지 확인해보자.

입력 배열 반복하기

단순히 입력 배열을 반환하는 다중 단계 모델에 대한 두 번째 베이스라인을 구현해보자. 즉 다음 24시간 동안의 예측은 단순히 마지막으로 측정된 24시간 동안의 데이터가 된다. 이는 Repeat-Baseline 클래스를 통해 구현된다.

```
class RepeatBaseline(Model):
    def __init__(self, label_index=None):
        super().__init__()
        self.label_index = label_index

    def call(self, inputs):
        return inputs[:, :, self.label_index:]    ◀── 주어진 대상 열에 대한 입력
                                                       배열을 반환한다.
```

이제 베이스라인 모델을 초기화하고 예측을 생성할 수 있다. 손실 함수와 평가 지표는 동일하게 유지된다.

```
ms_baseline_repeat =
➥ RepeatBaseline(label_index=column_indices['traffic_volume'])

ms_baseline_repeat.compile(loss=MeanSquaredError(),
➥ metrics=[MeanAbsoluteError()])

ms_val_performance['Baseline - Repeat'] =
➥ ms_baseline_repeat.evaluate(multi_window.val)
ms_performance['Baseline - Repeat'] =
➥ ms_baseline_repeat.evaluate(multi_window.test, verbose=0)
```

이제 예측을 시각화해볼 수 있다. 결과는 그림 13.11에 나와 있다.

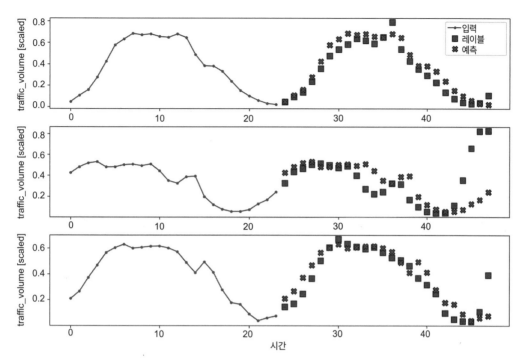

그림 13.11 **입력 배열을 예측 결과로 반복하기. 예측(십자가로 표시됨)이 입력 배열과 정확하게 일치하는 것을 볼 수 있다. 또한 많은 예측이 레이블과 겹치는 것을 알 수 있는데, 이는 이 베이스라인이 상당히 잘 수행된다는 것을 나타낸다.**

이 베이스라인은 성능이 좋다. 이는 이전 장에서 일별 계절성을 확인했기 때문에 예상할 수 있는 결과다. 이 베이스라인은 마지막으로 측정된 계절로 예측하는 것과 같다.

테스트 집합에 대해 MAE를 출력하여 단순히 마지막으로 측정된 값을 예측하는 것보다 실제로 더 나은 베이스라인을 가지고 있는지 확인할 수 있다.

```
print(ms_performance['Baseline - Repeat'][1])
```

이렇게 하면 0.341의 MAE가 나오는데, 이는 마지막으로 측정된 값으로 예측하여 얻은 MAE보다 낮다. 따라서 더 나은 베이스라인을 성공적으로 구축했다.

13.2.3 다중 출력 베이스라인 모델

마지막으로 다룰 모델 유형은 **다중 출력 모델**이다. 하나의 입력 데이터 요소를 사용하여 다음 시간 단계의 교통량과 온도를 예측하고자 한다. 기본적으로 교통량과 온도 모두에 단일 단계 모델을 적용하여 다중 출력 모델을 만드는 것이다.

다시 데이터 윈도우를 정의하는 것부터 시작하겠지만, 여기서는 훈련용과 시각화용, 두 개의 윈도우를 정의한다. 모델은 하나의 데이터 포인트를 가져와 하나의 예측을 출력하므로, 여러 시간 단계에 걸쳐 많은 예측을 시각화하기 위해서는 넓은 데이터 윈도우를 초기화해야 한다.

```
mo_single_step_window = DataWindow(input_width=1, label_width=1, shift=1,
 ➥ label_columns=['temp','traffic_volume'])          ◀── 다중 출력 모델에 대한
mo_wide_window = DataWindow(input_width=24, label_width=24, shift=1,          두 가지 목표인 temp와
 ➥ label_columns=['temp','traffic_volume'])                                  traffic_volume을 모두
                                                                             전달한 것을 확인할 수 있다.
```

그런 다음 단일 단계 모델에 대해 정의했던 Baseline 클래스를 사용한다. 이 클래스는 대상 목록에 대해 마지막으로 측정된 값을 출력한다는 점을 기억하자.

리스팅 13.5 입력 데이터를 예측으로 반환하는 클래스

```
class Baseline(Model):
    def __init__(self, label_index=None):
        super().__init__()
        self.label_index = label_index

    def call(self, inputs):                           ◀── 대상을 지정하지 않으면 모든 열을 반환한다. 이는 모든 열을 예측해야
        if self.label_index is None:                      하는 다중 출력 모델에서 유용하다.
            return inputs

        elif isinstance(self.label_index, list):      ◀── 대상 목록을 지정하면 지정된 열만 반환한다.
            tensors = []                                  이 역시 다중 출력 모델에 사용할 수 있다.
            for index in self.label_index:
                result = inputs[:, :, index]
                result = result[:, :, tf.newaxis]
                tensors.append(result)
            return tf.concat(tensors, axis=-1)

        result = inputs[:, :, self.label_index]       ◀── 지정된 대상 변수에 대한 입력을 반환한다.
        return result[:,:,tf.newaxis]
```

다중 출력 모델의 경우, 각 변수에 대해 마지막으로 측정된 값을 예측값으로 출력하기 위해 temp 및 traffic_volume 열의 인덱스를 전달하기만 하면 된다.

```
print(column_indices['traffic_volume'])     ◀── 2를 출력한다.
print(column_indices['temp'])               ◀── 0을 출력한다.

mo_baseline_last = Baseline(label_index=[0, 2])
```

두 개의 목표 변수로 베이스라인을 초기화했으므로 이제 모델을 컴파일하고 평가할 수 있다.

```
mo_val_performance = {}
mo_performance = {}

mo_val_performance['Baseline - Last'] =
➥ mo_baseline_last.evaluate(mo_wide_window.val)
mo_performance['Baseline - Last'] =
➥ mo_baseline_last.evaluate(mo_wide_window.test, verbose=0)
```

마지막으로, 예측값을 실젯값과 비교하여 시각화할 수 있다. 기본적으로 plot 메서드는 그림 13.12 와 같이 교통량을 y-축에 표시하고 대상 중 하나를 빠르게 표시할 수 있다.

```
mo_wide_window.plot(mo_baseline_last)
```

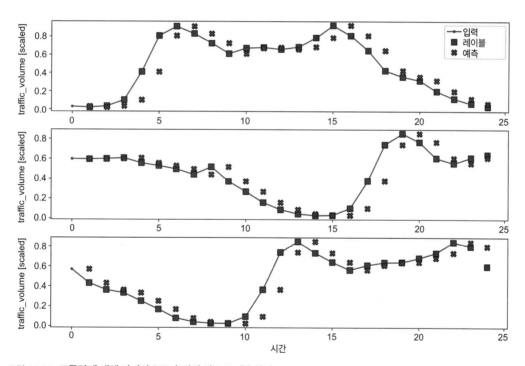

그림 13.12 교통량에 대해 마지막으로 측정된 값으로 예측하기

그림 13.12는 단일 단계 베이스라인 모델을 구축할 때 이미 이러한 결과를 보았으므로 놀랍지는 않다. 다중 출력 모델의 특징은 온도에 대한 예측도 포함하고 있다는 것이다. plot 메서드에서 대상을

지정할 수 있으므로 온도에 대한 예측을 시각화할 수도 있다. 결과는 그림 13.13에 나와 있다.

```
mo_wide_window.plot(model=mo_baseline_last, plot_col='temp')
```

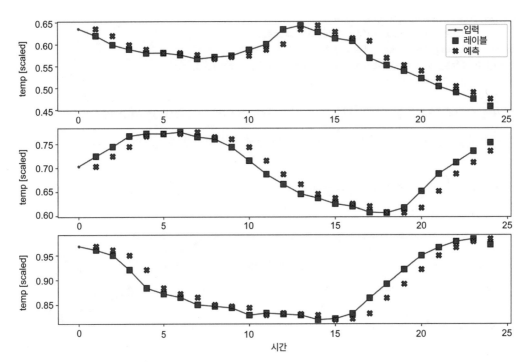

그림 13.13 온도에 대해 마지막으로 측정된 값으로 예측하기. 예측(십자가)은 이전 데이터 포인트와 동일하므로 베이스라인 모델이 예상대로 작동하고 있다.

베이스라인 모델의 MAE를 출력할 수 있다.

```
print(mo_performance['Baseline - Last'])
```

테스트 집합에서 0.047의 MAE를 얻었다. 다음 장에서는 더 복잡한 모델을 구축하고 데이터에 피팅하여 훈련할 것이므로 더 낮은 MAE를 얻을 수 있을 것이다.

13.3 다음 단계

이번 장에서는 모든 유형의 모델을 바르게 구축할 수 있는 데이터 윈도우를 만드는 중요한 단계를 다루었다. 그런 다음 각 모델 유형에 대한 베이스라인 모델을 구축하여 이후 장에서 더 복잡한 모델을 구축할 때 비교할 수 있는 벤치마크를 확보했다.

물론 베이스라인 모델을 구축하는 것만으로 딥러닝을 바로 적용할 수 있는 것은 아니다. 다음 장에서는 선형 모델과 심층 신경망을 구현하고 이러한 모델이 단순한 베이스라인보다 성능이 더 뛰어난지 살펴볼 것이다.

13.4 연습

이전 장에서는 연습으로 딥러닝 모델링을 위한 대기 오염 데이터 집합을 준비했다. 이제 훈련 집합, 검증 집합, 테스트 집합을 사용하여 베이스라인 모델을 구축하고 평가해보자.

각 모델 유형에 대해 설명된 단계를 따르자. 단일 단계 모델과 다중 단계 모델의 목표는 NO_2 농도이고, 다중 출력 모델의 목표는 NO_2 농도와 온도라는 점을 기억하자. 모든 답은 깃허브에서 확인할 수 있다. https://github.com/jpub-dongdong9/TimeSeriesForecastingInPython/tree/master/CH13%26CH14

1. 단일 단계 모델의 경우

    a. 마지막으로 측정된 값으로 예측하는 베이스라인 모델을 구축한다.

    b. 도식화한다.

    c. 평균절대오차를 사용하여 성능을 평가하고 비교할 수 있도록 사전에 저장한다.

2. 다중 단계 모델의 경우

    a. 24시간 동안 마지막으로 측정된 값으로 예측하는 베이스라인을 구축한다.

    b. 지난 24시간을 반복하는 베이스라인 모델을 구축한다.

    c. 두 모델의 예측을 도식화한다.

    d. MAE를 사용하여 두 모델을 평가하고 성능을 저장한다.

3. 다중 출력 모델의 경우

    a. 마지막으로 측정된 값으로 예측하는 베이스라인 모델을 구축한다.

b. 도식화한다.

c. MAE를 사용하여 성능을 평가하고 비교할 수 있도록 사전에 저장한다.

요약

- 데이터 윈도잉은 딥러닝에서 데이터를 모델에 적합한 입력 및 레이블로 만드는 데 필수다.
- DataWindow 클래스는 어떤 상황에서도 쉽게 사용할 수 있으며 원하는 대로 확장할 수 있다. 여러분의 프로젝트에 활용하자.
- 딥러닝 모델에는 손실 함수와 평가 지표가 필요하다. 우리의 경우 손실 함수로 평균제곱오차를 선택했는데, 이는 큰 오차에 불이익을 주고 더 잘 피팅된 모델을 도출하는 경향이 있기 때문이다. 평가 지표는 평균절대오차로, 해석이 쉽기 때문에 선택했다.

14

딥러닝 첫걸음

지난 장에서는 단일 단계 모델, 다중 단계 모델, 다중 출력 모델을 구축하기 위한 데이터 윈도우를 빠르게 생성할 수 있는 DataWindow 클래스를 구현했다. 이 중요한 구성요소를 구현한 다음, 이번 장에서 구축하기 시작할 더 복잡한 모델의 벤치마크 역할을 할 베이스라인 모델을 개발했다.

구체적으로는 선형 모델과 심층 신경망을 구현할 것이다. 선형 모델은 신경망의 특수한 경우로 숨겨진 계층이 없다. 이 모델은 대상에 대한 예측을 수행하기 위해 각 입력 변수에 대한 가중치를 간단히 계산한다. 반면에 심층 신경망에는 하나 이상의 숨겨진 계층이 있어 특징과 대상 간의 비선형 관계를 모델링할 수 있으므로 일반적으로 더 나은 예측 결과를 얻을 수 있다.

이번 장에서는 13장에서 시작한 작업을 이어간다. 선형 모델과 심층 신경망의 성능을 13장의 베이스라인 모델과 비교할 수 있도록 지난 장과 동일한 노트북이나 파이썬 스크립트로 코딩을 계속하는 것이 좋다. 또한 이전과 동일한 데이터 집합으로 계속 작업할 것이며, 목표 변수는 단일 단계 모델과 다중 단계 모델에서 교통량으로 유지한다. 다중 출력 모델의 경우 온도와 교통량으로 목표를 유지하겠다.

14.1 선형 모델 구현하기

선형 모델linear model은 딥러닝에서 구현할 수 있는 가장 간단한 아키텍처다. 사실 이 모델에는 숨겨진 계층이 없기 때문에 딥러닝이 전혀 아니라고 주장할 수도 있다. 각 입력 특징에 가중치를 부여하고 이를 결합하여 기존의 선형 회귀와 마찬가지로 대상에 대한 예측을 출력하기만 한다.

단일 단계 모델을 예로 들어 보겠다. 데이터 집합에 온도, 구름량, 교통량과 함께 하루 중 시간을 숫자값으로 인코딩하는 **day_sin**과 **day_cos** 같은 특징이 있다고 가정해보자. 선형 모델은 모든 특징을 각각에 대한 가중치를 감안하여 합산하고, 다음 시간 단계에 대한 예측을 출력하기만 하면 된다. 이 과정은 그림 14.1에 설명되어 있다.

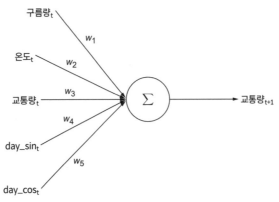

그림 14.1 단일 단계 모델로서 선형 모델의 예시. 시간 t의 각 특징에 가중치($w_1 \sim w_5$)를 할당한다. 그런 다음 이 가중치를 합산하여 다음 시간 단계인 t+1의 교통량에 대한 출력을 계산한다. 이는 선형 회귀와 유사하다.

그림 14.1의 모델은 수학적으로 수식 14.1로 표현할 수 있으며, 여기서 x_1은 구름량, x_2는 온도, x_3은 교통량, x_4는 **day_sin**, x_5는 **day_cos**다.

$$\text{traffic volume}_{t+1} = w_1 x_{1,t} + w_2 x_{2,t} + w_3 x_{3,t} + w_4 x_{4,t} + w_5 x_{5,t}$$

수식 14.1

수식 14.1은 간단한 다변량 선형 회귀로서 쉽게 이해할 수 있다. 훈련 중에 모델은 다음 시간 단계의 교통량에 대한 예측값과 실젯값 사이의 평균제곱오차를 최소화하기 위해 w_1부터 w_5까지의 계수에 대해 여러 가지 값을 시도한다.

이제 딥러닝에서 선형 모델의 개념을 이해했으므로 이를 단일 단계 모델, 다중 단계 모델, 다중 출력 모델로 구현해보자.

단일 단계 선형 모델은 그림 14.1과 수식 14.1에 설명된 것과 똑같기 때문에 구현하기 가장 간단한 모델 중 하나다. 모든 입력을 가져와서 각각에 가중치를 할당하고 합산하여 예측을 생성하기만 하면 된다. 교통량을 목표로 설정했다는 점을 기억하자.

지난 장과 동일한 노트북이나 파이썬 스크립트에서 작업하고 있다고 가정하면, 훈련을 위해 `sin-gle_step_window`에, 도식화를 위해 `wide_window`에 액세스할 수 있어야 한다. 베이스라인의 성능은 `val_performance`와 `performance`에 저장된다는 점도 기억하자.

베이스라인 모델과 달리 선형 모델은 실제로 훈련이 필요하다. 따라서 다음 리스팅처럼 훈련을 위해 모델을 구성한 다음, 데이터에 모델을 피팅하는 `compile_and_fit` 함수를 정의하겠다.

> **CAUTION** 이번 장의 소스 코드는 깃허브에서 확인할 수 있다.
> https://github.com/jpub-dongdong9/TimeSeriesForecastingInPython/tree/master/CH13%26CH14

13장과 마찬가지로 다음 코드는 공식 텐서플로 문서에 강조 표시된 용어와 모범 사례를 따른다. 텐서플로로 구축한 모든 모델은 훈련 전에 컴파일해야 한다. 또한 모델 훈련의 출력을 변수 기록_{variable history}에 할당하는 작업은 텐서플로로 작업할 때 매우 일반적이다. 이 코드는 Apache 2.0 라이선스 조건 내에서 재사용하고 있다.

이 함수는 DataWindow 클래스에서 모델과 데이터 윈도우를 입력받는다. patience는 검증 손실(손실 함수에 의한 검증 결과)이 개선되지 않을 경우 모델 훈련을 중단해야 하는 에포크 회수이며, max_epochs는 모델 훈련을 위한 최대 에포크 회수를 설정한다.

리스팅 14.1 딥러닝 모델을 구성하고 데이터에 피팅하는 함수

```
def compile_and_fit(model, window, patience=3, max_epochs=50):
    early_stopping = EarlyStopping(monitor='val_loss',
                                    patience=patience,
                                    mode='min')

    model.compile(loss=MeanSquaredError(),
                  optimizer=Adam(),
                  metrics=[MeanAbsoluteError()])

    history = model.fit(window.train,
                        epochs=max_epochs,
                        validation_data=window.val,
                        callbacks=[early_stopping])

    return history
```

검증 손실을 추적하여 조기에 중지할지 여부를 결정한다.

patience 매개변수에 설정된 대로 3번의 연속 에포크 후에도 검증 손실이 감소하지 않는다면 조기에 중지한다.

손실 함수로 MSE가 사용된다.

MAE는 오차 지표로 사용된다. 이를 통해 모델의 성능을 비교한다. MAE가 낮을수록 더 나은 모델임을 뜻한다.

max_epochs 매개변수에 의해 설정된 대로 모델이 최대 50번의 에포크까지 훈련할 수 있다.

모델이 훈련 집합에 대해 피팅한다.

검증 집합을 사용하여 검증 손실을 계산한다.

early_stopping이 콜백으로 전달된다. 3번의 연속 에포크 후에도 검증 손실이 감소하지 않으면 모델의 훈련을 중지한다. 이렇게 해서 과적합을 방지할 수 있다.

이 코드는 딥러닝 관련 장 전체에서 재사용하므로 어떤 일이 일어나는지 이해해야 한다. `compile_and_fit` 함수는 딥러닝 모델, DataWindow 클래스의 데이터 윈도우, patience 매개변수, `max_epochs` 매개변수를 입력받는다. patience 매개변수는 `early_stopping` 함수에 사용되며, 이 함수는 `monitor` 매개변수에 지정한 검증 손실이 개선되지 않을 경우 모델 훈련을 중지할 수 있도록 한다. 이렇게 하면 쓸데없는 훈련 시간과 과적합을 방지할 수 있다.

그런 다음 모델을 컴파일한다. 케라스에서는 손실 함수, 옵티마이저optimizer, 평가 지표를 지정하여 모델을 설정하기만 한다. 여기서는 MSE를 손실 함수로 사용할 것인데, 오차가 제곱되어 예측값과 실젯값의 차이가 클 경우 모델이 크게 페널티를 받기 때문이다. 빠르고 효율적인 Adam 옵티마이저를 사용하겠다. 마지막으로, 이전 장에서 베이스라인 모델을 평가하는 데 사용했고 해석하기도 쉽기 때문에 모델의 성능을 비교하기 위한 평가 지표로 MAE를 사용하겠다.

그런 다음 `max_epochs` 매개변수로 설정한 대로 최대 50개의 에포크에 해당하는 훈련 데이터에 모델을 피팅한다. 모델 검증은 검증 집합에서 수행하며, `early_stopping`을 콜백으로 전달한다. 이렇게 하면 케라스는 3번의 연속 에포크 후에도 검증 손실이 감소하지 않는다고 판단하여 조기 중지를 적용할 것이다.

`compile_and_fit`이 준비되었으므로 이제 실제로 선형 모델을 구축할 수 있다. 여기서는 서로 다른 계층을 쌓을 수 있는 케라스의 Sequential 모델을 사용한다. 선형 모델을 구축하고 있으므로 딥러닝에서 가장 기본적인 계층인 Dense 계층 하나만 사용한다. 모델은 다음 시간 단계의 교통량 예측이라는 하나의 값만 출력해야 하므로 units를 1로 지정하겠다.

```
linear = Sequential([
    Dense(units=1)
])
```

확실히 케라스를 사용하면 모델을 매우 쉽게 구축할 수 있다. 이 단계가 완료되면 `compile_and_fit`을 사용하여 모델을 훈련하고 성능을 저장하여 나중에 베이스라인과 비교해볼 수 있다.

```
history = compile_and_fit(linear, single_step_window)

val_performance['Linear'] = linear.evaluate(single_step_window.val)
performance['Linear'] = linear.evaluate(single_step_window.test, verbose=0)
```

wide_window의 plot 메서드를 사용하여 선형 모델의 예측을 시각화해볼 수도 있다. 결과는 그림 14.2에 나와 있다.

```
wide_window.plot(linear)
```

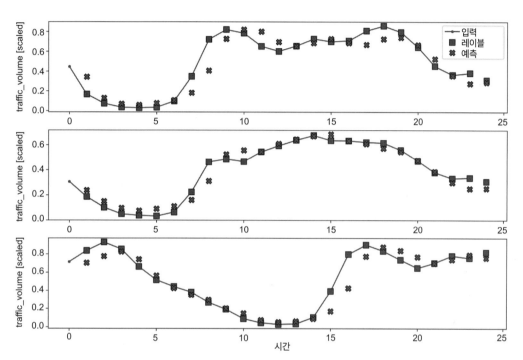

그림 14.2 선형 모델을 단일 단계 모델로 사용한 교통량 예측. 예측(십자가로 표시)은 상당히 정확하며, 일부 예측은 실젯값 (사각형으로 표시)과 일치한다.

예측값과 실젯값이 일부 일치하는 것을 관찰할 수 있으므로 이 모델은 상당히 좋은 예측을 수행한다. 모델의 성능을 베이스라인과 비교하는 것은 이번 장의 마지막 부분에서 살펴보겠다. 지금은 다중 단계 선형 모델과 다중 출력 선형 모델을 구현해보자.

14.1.2 다중 단계 선형 모델 구현하기

단일 단계 선형 모델을 구축했으므로 이제 이를 다중 단계 선형 모델로 확장할 수 있다. 다중 단계의 경우 24시간의 데이터를 입력 윈도우로 사용하여 다음 24시간의 데이터를 예측하고자 한다고 가정해보자. 우리의 목표는 여전히 교통량이다.

이 모델은 단일 단계 선형 모델과 매우 유사하지만 이번에는 24시간의 입력 데이터를 사용하여 24
시간의 예측을 출력한다. 다중 단계 선형 모델은 그림 14.3에 설명되어 있다. 그림에서 볼 수 있듯
이, 이 모델은 각 특징의 24시간을 입력받아 단일 계층에 결합한 다음, 다음 24시간 동안의 예측
을 포함하는 텐서를 출력한다.

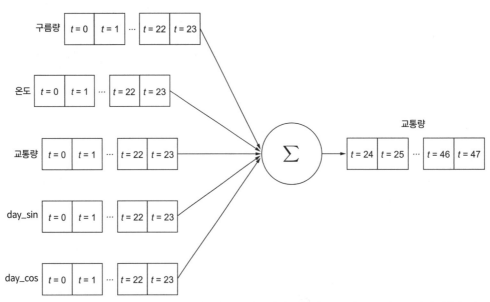

그림 14.3 다중 단계 선형 모델. 각 특징의 24시간을 입력받아 단일 계층에 결합한 다음, 다음 24시간 동안의 예측을 바로
출력한다.

모델에는 단 하나의 Dense 계층만 포함하므로 모델을 구현하기 쉽다. 가중치를 0으로 초기화할 수
도 있는데, 그럴 경우 훈련 절차가 약간 더 빨라진다. 그런 다음 모델을 컴파일하고 피팅한 뒤 평가
지표를 ms_val_performance와 ms_performance에 저장한다.

```
ms_linear = Sequential([
    Dense(1, kernel_initializer=tf.initializers.zeros     ◀── 가중치를 0으로 초기화하면
])                                                            훈련 속도가 약간 빨라진다.

history = compile_and_fit(ms_linear, multi_window)

ms_val_performance['Linear'] = ms_linear.evaluate(multi_window.val)
ms_performance['Linear'] = ms_linear.evaluate(multi_window.test, verbose=0)
```

방금 다중 단계 선형 모델을 구축했다. 코드가 단일 단계 선형 모델과 거의 동일하기 때문에 아무런 감흥도 없을 수 있다. 이는 `DataWindow` 클래스를 빌드하고 데이터를 적절하게 윈도우 처리했기 때문이다. 이 단계가 완료되면 모델 구축이 매우 쉬워진다.

다음으로는 다중 출력 선형 모델을 구현해보자.

14.1.3 다중 출력 선형 모델 구현하기

다중 출력 선형 모델은 교통량과 온도에 대한 예측을 반환한다. 입력은 현재 시간 단계이고, 예측은 다음 시간 단계에 대한 것이다.

모델의 아키텍처는 그림 14.4에 나와 있다. 다중 출력 선형 모델이 $t = 0$의 모든 특징을 취하여 단일 계층에 결합하고 다음 시간 단계의 온도와 교통량을 모두 출력하는 것을 볼 수 있다.

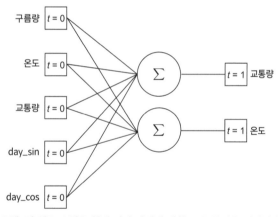

그림 14.4 **다중 출력 선형 모델. 이 경우 모델은 현재 시간 단계에 대한 모든 특징을 입력받아 다음 시간 단계의 온도와 교통량에 대한 예측을 생성한다.**

지금까지는 교통량만 예측했기 때문에 대상이 하나뿐이므로 `Dense(units=1)` 계층을 사용했다. 이번에는 두 개의 대상에 대해 예측을 출력해야 하므로 계층은 `Dense(units=2)`가 된다. 이전과 마찬가지로 모델을 훈련하고 그 성능을 저장하여 나중에 베이스라인과 심층 신경망과 비교해보겠다.

```
mo_linear = Sequential([
    Dense(units=2)  ◀── 출력 계층에서 예측하는 대상의 수와 동일하게
])                       units를 설정한다.

history = compile_and_fit(mo_linear, mo_single_step_window)
```

```
mo_val_performance['Linear'] =
↪ mo_linear.evaluate(mo_single_step_window.val)
mo_performance['Linear'] = mo_linear.evaluate(mo_single_step_window.test,
↪ verbose=0)
```

적절한 데이터 윈도우를 입력으로 사용하면 케라스에서 딥러닝 모델을 구축하는 것이 얼마나 쉬운지 다시 한번 확인할 수 있었다.

단일 단계, 다중 단계, 다중 출력 선형 모델을 완성했으므로 이제 더 복잡한 아키텍처인 심층 신경망을 구현해보겠다.

14.2 심층 신경망 구현하기

세 가지 유형의 선형 모델을 구현했으니 이제 **심층 신경망**deep neural network, DNN으로 넘어갈 차례다. 신경망에 숨겨진 계층을 추가하면 더 나은 결과를 얻을 수 있다는 것이 경험을 통해 입증되었다. 또한 데이터의 비선형 관계를 포착하기 위해 비선형 활성화 함수를 도입할 것이다.

선형 모델에는 숨겨진 계층이 없고, 입력 계층과 출력 계층만 있다. 심층 신경망에서는 입력 계층과 출력 계층 사이에 **숨겨진 계층**hidden layer이라고 하는 계층을 더 추가한다. 이 아키텍처의 차이는 그림 14.5에 강조 표시되어 있다.

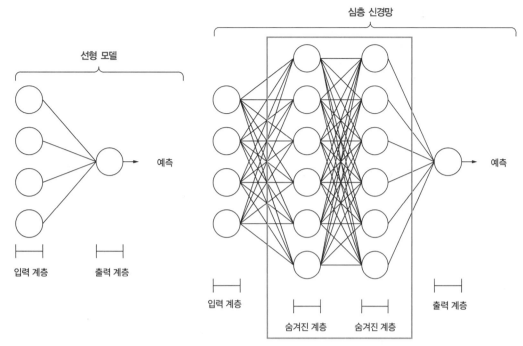

그림 14.5 **선형 모델과 심층 신경망 비교. 선형 모델에서 입력 계층은 예측을 반환하는 출력 계층에 직접 연결된다. 따라서 선형 관계만 도출된다. 심층 신경망에는 숨겨진 계층이 포함되어 있다. 이러한 계층을 통해 입력과 예측 간의 비선형 관계를 모델링할 수 있으며, 일반적으로 더 나은 모델을 생성할 수 있다.**

네트워크에 계층을 추가한 이면의 아이디어는 모델에 더 많은 학습 기회를 제공하면 모델이 보이지 않는 데이터에 대해 더 잘 일반화되고 성능도 향상될 것이라는 점이다. 물론 계층이 추가되면 모델은 더 오랜 시간 동안 훈련해야 하고 따라서 더 잘 학습되었다고 볼 수 있다.

숨겨진 계층의 각 원은 뉴런을 나타내며, 각 뉴런에는 활성화 함수가 있다. 뉴런의 수는 케라스의 `Dense` 계층에서 인수로 전달되는 `units` 수와 같다. 일반적으로 units 또는 neurons의 수를 2의 거듭제곱으로 설정하는 것이 계산 효율이 더 높은데, CPU와 GPU상의 계산이 2의 거듭제곱인 배치 크기로 이루어지기 때문이다.

DNN을 구현하기 전에 숨겨진 계층의 각 뉴런에 대한 **활성화 함수**activation function를 설정해야 한다. 활성화 함수는 입력에 따라 각 뉴런의 출력을 정의한다. 따라서 비선형 관계를 모델링하려면 비선형 활성화 함수를 사용해야 한다.

활성화 함수는 신경망의 각 뉴런에 있으며 입력 데이터로부터 출력을 생성하는 역할을 담당한다.

선형 활성화 함수를 사용하는 경우 모델은 선형 관계만 모델링한다. 따라서 데이터의 비선형 관계를 모델링하려면 비선형 활성화 함수를 사용해야 한다. 비선형 활성화 함수의 예로는 ReLU, softmax, tanh가 있다.

여기서는 정류된 선형 유닛Rectified Linear Unit, ReLU 활성화 함수를 사용하겠다. 이 비선형 활성화 함수는 기본적으로 수식 14.2에 정의된 대로 입력이 양수인 경우에는 그대로 반환하고, 0 이하인 경우에는 0을 반환한다.

$$f(x) = x^+ = \max(0, x)$$
수식 14.2

이 활성화 함수는 더 나은 경사 전파gradient propagation, 더 효율적인 계산, 경사 소실 문제 감소, 빠른 학습 속도, 비선형성, 희소성 등 많은 이점을 제공한다. 이러한 이유로 현재 딥러닝에서 가장 널리 사용되는 활성화 함수가 되었다. 숨겨진 계층인 Dense 계층이 있을 때마다 이 함수를 사용하겠다.

이제 케라스에서 심층 신경망을 구현할 준비가 되었다.

4.2.1 단일 단계 모델로 심층 신경망 구현하기

이제 다시 단일 단계 모델로 돌아갈 것인데, 이번에는 심층 신경망을 구현한다. DNN은 현재 시간 단계의 특징을 가져와 다음 시간 단계의 교통량에 대한 예측을 출력할 것이다.

심층 신경망을 구축하기 위해 Dense 계층을 쌓을 것이므로 이 모델에서는 여전히 Sequential 모델을 사용한다. 이 경우 각각 64개의 뉴런이 있는 두 개의 숨겨진 계층을 사용한다. 앞서 언급했듯이 활성화 함수는 ReLU로 지정하겠다. 마지막 계층은 출력 계층으로, 이 경우 교통량에 대한 예측을 나타내는 하나의 값만 반환한다.

```
dense = Sequential([
    Dense(units=64, activation='relu'),      ◀   64개의 뉴런이 있는 첫 번째 숨겨진 계층이다. 활성화 함수를
    Dense(units=64, activation='relu'),            ReLU로 지정한다.
    Dense(units=1)       ◀   하나의 값만 출력하므로 출력 계층에는 뉴런이 하나만 있다.
])
```

모델이 정의되었으므로 이제 모델을 컴파일하고, 훈련하고, 성능을 기록하여 베이스라인 모델 및 선형 모델과 비교할 수 있다.

```
history = compile_and_fit(dense, single_step_window)

val_performance['Dense'] = dense.evaluate(single_step_window.val)
performance['Dense'] = dense.evaluate(single_step_window.test, verbose=0)
```

물론 그림 14.6과 같이 plot 메서드를 사용하여 모델의 예측을 살펴볼 수 있다. 심층 신경망은 상당히 정확한 예측을 하고 있는 것으로 보인다.

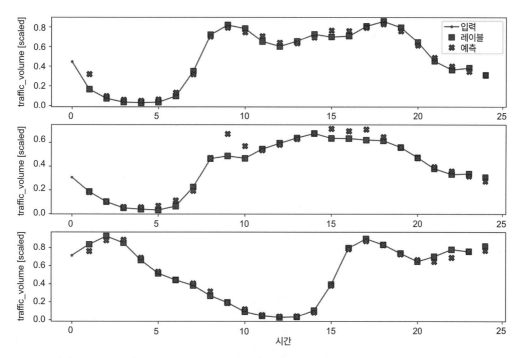

그림 14.6 단일 단계 모델로서 심층 신경망을 사용하여 교통량 예측하기. 여기에서는 더 많은 예측값(십자가로 표시)이 실젯값(사각형으로 표시)과 겹치는 것으로 보여 모델이 매우 정확한 예측을 하고 있음을 알 수 있다.

13장에서 구축한 선형 모델 및 베이스라인과 DNN의 MAE를 비교해보자. 결과는 그림 14.7에 나와 있다.

```
mae_val = [v[1] for v in val_performance.values()]
mae_test = [v[1] for v in performance.values()]
```

```
x = np.arange(len(performance))

fig, ax = plt.subplots()
ax.bar(x - 0.15, mae_val, width=0.25, color='black', edgecolor='black',
➥ label='Validation')
ax.bar(x + 0.15, mae_test, width=0.25, color='white', edgecolor='black',
➥ hatch='/', label='Test')
ax.set_ylabel('Mean absolute error')
ax.set_xlabel('Models')

for index, value in enumerate(mae_val):
    plt.text(x=index - 0.15, y=value+0.0025, s=str(round(value, 3)),
➥ ha='center')

for index, value in enumerate(mae_test):
    plt.text(x=index + 0.15, y=value+0.0025, s=str(round(value, 3)),
➥ ha='center')

plt.ylim(0, 0.1)
plt.xticks(ticks=x, labels=performance.keys())
plt.legend(loc='best')
plt.tight_layout()
```

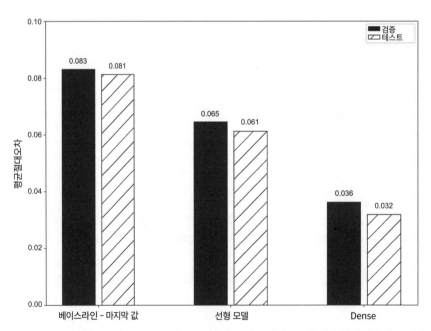

그림 14.7 지금까지의 모든 단일 단계 모델에 대한 MAE. 선형 모델은 마지막으로 측정된 값만 예측하는 베이스라인보다 성능이 더 우수하다. Dense 모델은 MAE가 가장 낮으므로 두 모델보다 성능이 뛰어나다.

그림 14.7에서 MAE는 베이스라인에서 가장 높다. 선형 모델을 사용하면 감소하고 심층 신경망을 사용하면 다시 감소한다. 따라서 두 모델 모두 베이스라인을 능가하는 성능을 보였으며 심층 신경망의 성능이 가장 우수했다.

14.2.2 다중 단계 모델로 심층 신경망 구현하기

이제 심층 신경망을 다중 단계 모델로 구현해보자. 이 경우 지난 24시간 동안 기록된 데이터를 기반으로 다음 24시간 동안의 교통량을 예측하고자 한다.

여기에서도 각각 64개의 뉴런이 있는 두 개의 숨겨진 계층을 사용하고 ReLU 활성화 함수를 사용한다. 데이터 윈도우가 24시간의 입력을 받으므로 모델도 24시간의 예측을 출력할 것인데, 출력 계층은 교통량만 예측하기 때문에 뉴런이 하나만 있다.

```
ms_dense = Sequential([
    Dense(64, activation='relu'),
    Dense(64, activation='relu'),
    Dense(1, kernel_initializer=tf.initializers.zeros),
])
```

그런 다음 모델을 컴파일하고, 훈련하고, 선형 모델 및 베이스라인 모델과 비교하기 위해 성능을 저장한다.

```
history = compile_and_fit(ms_dense, multi_window)

ms_val_performance['Dense'] = ms_dense.evaluate(multi_window.val)
ms_performance['Dense'] = ms_dense.evaluate(multi_window.test, verbose=0)
```

이렇게 다중 단계 심층 신경망 모델을 구축했다. 다중 단계 모델 중 어떤 모델이 가장 우수한 성능을 보였는지 확인해보자. 결과는 그림 14.8에 나와 있다.

```
ms_mae_val = [v[1] for v in ms_val_performance.values()]
ms_mae_test = [v[1] for v in ms_performance.values()]

x = np.arange(len(ms_performance))

fig, ax = plt.subplots()
ax.bar(x - 0.15, ms_mae_val, width=0.25, color='black', edgecolor='black',
```

```
→ label='Validation')
ax.bar(x + 0.15, ms_mae_test, width=0.25, color='white', edgecolor='black',
→ hatch='/', label='Test')
ax.set_ylabel('Mean absolute error')
ax.set_xlabel('Models')

for index, value in enumerate(ms_mae_val):
    plt.text(x=index - 0.15, y=value+0.0025, s=str(round(value, 3)),
→ ha='center')

for index, value in enumerate(ms_mae_test):
    plt.text(x=index + 0.15, y=value+0.0025, s=str(round(value, 3)),
→ ha='center')

plt.ylim(0, 0.4)
plt.xticks(ticks=x, labels=ms_performance.keys())
plt.legend(loc='best')
plt.tight_layout()
```

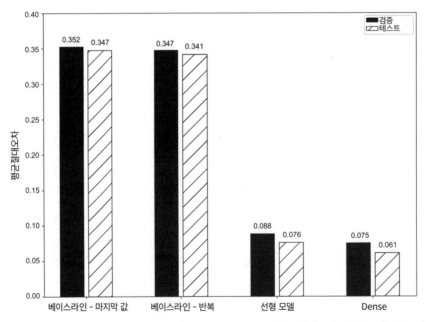

그림 14.8 지금까지의 모든 다중 단계 모델에 대한 MAE. 선형 모델이 두 베이스라인보다 더 나은 성능을 보인다. Dense 모델은 모든 모델보다 성능이 뛰어나다.

그림 14.8에서는 선형 모델과 심층 신경망이 모두 13장의 다중 단계 작업에 대해 구축한 두 베이스 라인보다 성능이 우수하다는 것을 알 수 있다. 이번에도 심층 신경망의 MAE가 가장 낮으므로 현 재로서는 가장 성능이 좋은 모델이다.

14.2.3 다중 출력 모델로서 심층 신경망 구현하기

마지막으로 다중 출력 모델로서 심층 신경망을 구현해보자. 이 경우, 현재 시간 단계의 기능을 사용하여 다음 시간 단계의 교통량과 온도를 모두 예측한다.

이전에 구현한 DNN의 경우, 각각 64개의 뉴런으로 구성된 두 개의 숨겨진 계층을 사용했다. 이번에는 두 개의 대상을 예측하기 때문에 출력 계층에 두 개의 뉴런이나 `units`가 있다.

```python
mo_dense = Sequential([
    Dense(units=64, activation='relu'),
    Dense(units=64, activation='relu'),
    Dense(units=2)   ◀—— 두 개의 목표를 예측하기 때문에 출력 계층에 두 개의
])                         뉴런이 있다.
```

다음으로 모델을 컴파일 및 피팅하고 비교를 위해 성능을 저장한다.

```python
history = compile_and_fit(mo_dense, mo_single_step_window)

mo_val_performance['Dense'] = mo_dense.evaluate(mo_single_step_window.val)
mo_performance['Dense'] = mo_dense.evaluate(mo_single_step_window.test, verbose=0)
```

다중 출력 작업에서 어떤 모델이 가장 우수한 성능을 보였는지 살펴보자. 보고된 MAE는 두 대상에 대한 평균값이다.

```python
mo_mae_val = [v[1] for v in mo_val_performance.values()]
mo_mae_test = [v[1] for v in mo_performance.values()]

x = np.arange(len(mo_performance))

fig, ax = plt.subplots()
ax.bar(x - 0.15, mo_mae_val, width=0.25, color='black', edgecolor='black',
➥ label='Validation')
ax.bar(x + 0.15, mo_mae_test, width=0.25, color='white', edgecolor='black',
➥ hatch='/', label='Test')
ax.set_ylabel('Mean absolute error')
ax.set_xlabel('Models')

for index, value in enumerate(mo_mae_val):
    plt.text(x=index - 0.15, y=value+0.0025, s=str(round(value, 3)), ha='center')

for index, value in enumerate(mo_mae_test):
```

```
    plt.text(x=index + 0.15, y=value+0.0025, s=str(round(value, 3)), ha='center')

plt.ylim(0, 0.06)
plt.xticks(ticks=x, labels=mo_performance.keys())
plt.legend(loc='best')
plt.tight_layout()
```

그림 14.9에서 볼 수 있듯이 모든 모델이 베이스라인보다 성능이 뛰어나며, 딥러닝 모델의 성능이 가장 우수하다.

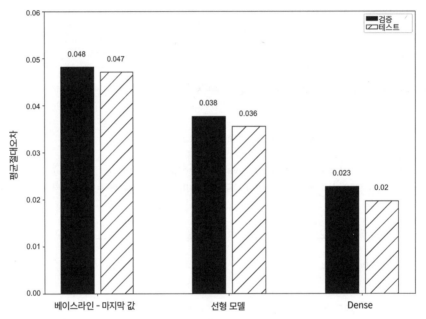

그림 14.9 지금까지 구축된 모든 다중 출력 모델의 MAE. 다시 말하지만 베이스라인 모델의 MAE가 가장 높고 심층 신경망 모델이 가장 낮은 오차 지표를 달성했다.

14.3 다음 단계

이번 장에서는 선형 모델과 심층 신경망을 모두 구현하고 단일 단계, 다중 단계, 다중 출력 예측을 모두 수행했다. 모든 경우에서 심층 신경망이 다른 모델보다 우수한 성능을 보였다. 일반적으로 DNN은 특징과 대상 간의 비선형 관계를 매핑할 수 있어 더 정확한 예측을 이끌어낸다.

이번 장에서는 시계열 예측에서 딥러닝으로 달성할 수 있는 것의 표면적인 부분만 살펴보았을 뿐이다. 다음 장에서는 더 복잡한 아키텍처인 장단기 메모리에 대해 살펴보겠다. 이 아키텍처는 일련의 데이터를 처리하는 데 널리 사용된다. 시계열은 시간 단계가 동일한 점들의 연속이므로 시계열 예측에 LSTM을 적용하는 것은 합리적이다. LSTM이 DNN보다 성능이 뛰어난지 테스트해보자.

14.4 연습

이전 장에서 연습으로 NO_2의 농도와 온도를 예측하는 베이스라인 모델을 구축했다. 이제 선형 모델과 심층 신경망을 구축해보자. 이 연습에 대한 답은 깃허브에서 확인할 수 있다.

https://github.com/jpub-dongdong9/TimeSeriesForecastingInPython/tree/master/CH13%26CH14

1. 단일 단계 모델의 경우

    a. 선형 모델을 구축한다.

    b. 예측을 도식화한다.

    c. 평균절대오차를 사용하여 성능을 측정하고 저장한다.

    d. 심층 신경망을 구축한다.

    e. 예측 결과를 도식화한다.

    f. MAE를 사용하여 성능을 측정하고 저장한다.

    g. 어떤 모델이 가장 성능이 좋은가?

2. 다중 단계 모델의 경우

    a. 선형 모델을 작성한다.

    b. 예측을 도식화한다.

    c. MAE를 사용하여 성능을 측정하고 저장한다.

    d. DNN을 구축한다.

    e. 예측을 도식화한다.

    f. MAE를 사용하여 성능을 측정하고 저장한다.

    g. 어떤 모델이 가장 성능이 좋은가?

3. 다중 출력 모델의 경우

    a. 선형 모델을 구축한다.

    b. 예측을 도식화한다.

c. MAE를 사용하여 성능을 측정하고 저장한다.

d. DNN을 구축한다.

e. 예측을 도식화한다.

f. MAE를 사용하여 성능을 측정하고 저장한다.

g. 어떤 모델이 가장 성능이 좋은가?

언제든지 심층 신경망으로 직접 실험을 실행해보자. 계층을 추가하고, 뉴런의 수를 변경하고, 이러한 변경이 모델의 성능에 어떤 영향을 미치는지 확인해보자.

요약

- 선형 모델은 딥러닝 중 가장 단순한 아키텍처다. 선형 모델에는 활성화 함수가 없는 입력 계층과 출력 계층이 있다.
- 선형 모델은 특징과 대상 간의 선형 관계만 도출할 수 있다.
- 심층 신경망에는 입력 계층과 출력 계층 사이에 있는 숨겨진 계층이 있다. 일반적으로 계층을 더 추가하면 데이터를 훈련하고 학습하는 데 더 많은 시간을 할애해야 하지만 모델의 성능은 향상된다.
- 데이터의 비선형 관계를 모델링하려면 네트워크에서 비선형 활성화 함수를 사용해야 한다. 비선형 활성화 함수의 예로는 ReLU, softmax, tanh, sigmoid 등이 있다.
- 숨겨진 계층의 뉴런 개수는 일반적으로 계산 효율을 높이기 위해 2의 거듭제곱으로 설정한다.
- 정류 선형 단위는 규모에 따른 차이가 없고 효율적인 모델 훈련을 가능하게 하는, 널리 사용되는 비선형 활성화 함수다.

LSTM으로 과거 기억하기

이 장의 주요 내용

- 장단기 메모리 아키텍처 살펴보기
- 케라스로 LSTM 구현하기

14장에서는 선형 신경망 모델과 심층 신경망 모델을 모두 구현하여 딥러닝의 첫 번째 모델을 구축했다. 데이터 집합의 경우 두 모델 모두 13장에서 구축한 베이스라인보다 성능이 뛰어났으며, 심층 신경망이 단일 단계, 다중 단계, 다중 출력 작업에 가장 적합한 모델이라는 것을 확인했다.

이제 **순환 신경망**recurrent neural network, RNN의 특정 사례인 **장단기 메모리**long short-term memory, LSTM라는 고급 아키텍처를 살펴보겠다. 이 유형의 신경망은 순서가 중요한 데이터 배열을 처리하는 데 사용된다. RNN과 LSTM의 일반적인 응용 분야 중 하나는 자연어 처리다. 문장의 단어에는 순서가 있으며, 그 순서를 바꾸면 문장의 뜻이 완전히 달라질 수 있다. 따라서 텍스트 분류나 텍스트 생성 알고리즘의 배후에는 이러한 아키텍처가 있는 경우가 많다.

데이터의 순서가 중요한 또 다른 상황은 시계열이다. 시계열은 시간상 동일한 간격을 차지하는 데이터들의 연속이며 순서를 변경할 수 없다는 것을 알고 있다. 오전 9시에 관측된 데이터 요소는 오전 10시에 관측된 데이터 요소보다 앞에, 오전 8시에 관측된 데이터 요소보다 뒤에 있어야 한다. 따라서 시계열을 예측하는 데 LSTM 아키텍처를 적용하는 것은 합리적이다.

이번 장에서는 먼저 순환 신경망의 일반적인 아키텍처를 살펴본 다음, LSTM 아키텍처에 대해 자세히 알아보고 그 고유한 특징과 내부 작동 방식을 살펴보겠다. 그런 다음 케라스를 사용하여 단일 단계, 다중 단계, 다중 출력 모델을 생성하는 LSTM을 구현해본다. 마지막으로 베이스라인부터 심층 신경망에 이르기까지 우리가 구축한 모든 모델과 LSTM의 성능을 비교해본다.

15.1 순환 신경망 살펴보기

순환 신경망은 데이터 배열 처리에 특히 적합한 딥러닝 아키텍처다. 이는 유사한 아키텍처를 공유하는 일련의 네트워크들을 뜻하며, **LSTM**과 **게이트 순환 유닛**Gated Recurrent Unit, GRU은 RNN의 하위 유형이다. 이번 장에서는 LSTM 아키텍처에만 초점을 맞추겠다.

RNN의 내부 동작을 이해하기 위해 RNN을 간단히 설명하는 그림 15.1부터 시작하겠다. 심층 신경망과 마찬가지로 x_t로 표시되는 입력과 y_t로 표시되는 출력이 있다. 여기서 x_t는 배열의 요소다. 입력이 RNN에 전달되면 RNN은 h_t로 표시된 숨겨진 상태를 계산하는데, 이 숨겨진 상태가 메모리 역할을 한다. 이 숨겨진 상태는 배열의 각 요소를 계산하고 RNN에 입력으로 다시 피드백된다. 이렇게 되면 네트워크는 배열의 이전 요소에 대해 계산한 과거 정보를 효과적으로 사용하여 배열의 다음 요소에 대한 출력을 생성한다.

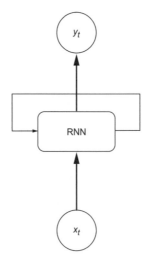

그림 15.1 RNN의 간략한 그림. 네트워크에서 루프되어 배열의 다음 입력과 결합되는 숨겨진 상태 h_t를 계산한다. 이것이 RNN이 배열의 과거 요소에서 얻은 정보를 보관하고 이를 사용하여 배열의 다음 요소를 처리하는 방식이다.

그림 15.2는 RNN의 확장된 그림을 보여준다. 숨겨진 상태가 먼저 t = 0에서 계산된 다음, 배열의 각

요소에서 처리될 때 어떻게 업데이트되고 전달되는지 알 수 있다. 이러한 방식으로 RNN이 메모리 개념을 효과적으로 활용하여 과거 정보를 사용하고 새로운 출력을 생성한다.

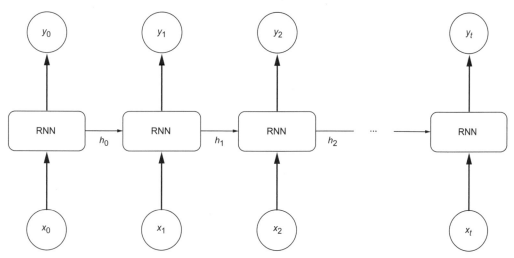

그림 15.2 **RNN의 확장된 그림. 숨겨진 상태가 어떻게 업데이트되고 배열의 다음 요소에 입력으로 전달되는지 확인할 수 있다.**

순환 신경망

순환 신경망은 특히 데이터 배열을 처리하는 데 적합하다. 이 네트워크는 배열의 다음 요소를 처리할 때 피드백되는 숨겨진 상태를 사용하여 과거 정보를 입력으로 활용할 수 있다. 이것이 바로 메모리 개념을 활용하는 방식이다.

그러나 RNN은 단기 기억에 취약하여 배열의 초기 요소에서 얻은 정보가 배열 후반으로 갈수록 더 이상 영향을 미치지 못한다.

그런데 우리가 살펴본 기본 RNN에는 기울기 소멸 문제vanishing gradient로 인한 단기 기억short-term memory으로 어려움을 겪는다는 단점이 있다. 기울기gradient는 단순히 네트워크에 가중치를 변경하는 방법을 알려주는 함수다. 기울기의 변화가 크면 가중치도 큰 폭으로 변화한다. 반면에 기울기의 변화가 작으면 가중치는 크게 변하지 않는다. 기울기 소멸 문제는 경사 변화가 매우 작아져 때로는 0에 가까워질 때 발생하는 현상을 말한다. 이는 네트워크의 가중치가 업데이트되지 않아 네트워크가 학습을 멈춘다는 것을 뜻한다.

즉 단기 기억은 RNN이 배열에서 멀리 떨어진 과거 정보를 잊어버리는 것으로, 예측에 어려움을 유발한다. 예를 들어 24시간 분량의 시간별 데이터를 처리하는 RNN의 경우 9시, 10시, 11시의 요소는 12시의 출력에 여전히 영향을 미칠 수 있지만, 초기 데이터 요소의 기울기가 매우 작기 때문에 9시 이전의 요소는 네트워크의 학습에 전혀 기여하지 못할 수도 있다.

따라서 네트워크에서 중요한 과거 정보를 유지할 수 있는 방법을 찾아야 한다. 이를 위해 셀cell 상태를 사용하여 과거 정보를 메모리에 오랫동안 유지하는 부가적 방법으로 활용하는 장단기 메모리 아키텍처를 소개한다.

15.2 LSTM 아키텍처 살펴보기

LSTM 아키텍처는 과거 정보가 네트워크 학습에 더 이상 영향을 미치지 않는 기울기 소멸 문제를 피하기 위해 RNN 아키텍처에 셀 상태를 추가한다. 이를 통해 네트워크는 과거 정보를 더 오랫동안 메모리에 보관할 수 있다.

LSTM 아키텍처는 그림 15.3에 표시되어 있으며, 기본 RNN 아키텍처보다 더 복잡한데, C로 표시된 셀 상태가 추가된 것을 볼 수 있다. 이 셀 상태는 네트워크가 과거 정보를 네트워크에 더 오래 보관할 수 있도록 해서 기울기 소멸 문제를 해결한다. 이는 LSTM 아키텍처의 고유한 특징이다. 처리 중인 배열의 요소는 여전히 x_t로 표시되며, 숨겨진 상태도 계산되어 h_t로 표시된다. 이 경우 셀 상태 C_t와 숨겨진 h_t는 모두 배열의 다음 요소로 전달되어, 처리 중인 배열의 다음 요소에 대한 입력으로 과거 정보가 사용되도록 한다.

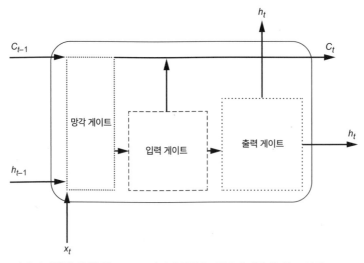

그림 15.3 **LSTM 뉴런의 아키텍처.** 셀 상태는 C로 표시되며 입력은 x이고 숨겨진 상태는 h이다.

또한 **망각 게이트**forget gate, **입력 게이트**input gate, **출력 게이트**output gate의 세 가지 게이트가 있음을 알수 있다. 각 게이트는 LSTM에서 고유한 기능을 수행하므로 각 게이트에 대해 자세히 살펴보겠다.

장단기 메모리

장단기 메모리LSTM는 RNN의 하위 유형인 딥러닝 아키텍처다. LSTM은 셀 상태를 추가하여 단기 기억 문제를 해결한다. 이를 통해 과거 정보가 네트워크를 통해 더 오랜 기간 동안 흐르도록 하므로 네트워크가 배열의 초깃값에 대한 정보를 계속 전달할 수 있다.

LSTM은 세 개의 게이트로 구성된다.

- 망각 게이트는 과거 단계의 어떤 정보가 여전히 관련성이 있는지 결정한다.
- 입력 게이트는 현재 단계의 어떤 정보가 관련성이 있는지 결정한다.
- 출력 게이트는 배열의 다음 요소로 전달할 정보나 결과적으로 출력 계층으로 전달할 정보를 결정한다.

15.2.1 망각 게이트

망각 게이트는 LSTM 셀의 첫 번째 게이트다. 이 게이트의 역할은 배열의 과것값과 현잿값 중 어떤 정보를 네트워크에서 잊어버리거나 유지해야 하는지 결정하는 것이다.

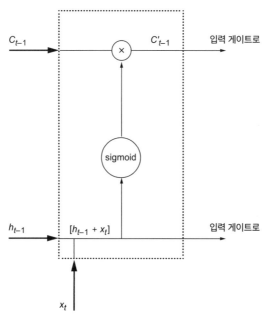

그림 15.4 LSTM 셀의 망각 게이트. 배열의 현재 요소인 x_t와 과거 정보인 h_{t-1}이 먼저 결합된다. 이 두 요소는 복제되어 하나는 입력 게이트로 전송되고 다른 하나는 시그모이드 활성화 함수를 거친다. 시그모이드는 0과 1 사이의 값을 출력하며, 출력값이 0에 가까우면 정보를 잊어버려야 함을 뜻한다. 1에 가까우면 정보가 유지된다. 그런 다음 점별 곱셈을 사용하여 출력을 과거 셀 상태와 결합하여 업데이트된 셀 상태 C'_{t-1}을 생성한다.

그림 15.4를 보면 다양한 입력이 어떻게 망각 게이트를 통과하는지 알 수 있다. 먼저, 과거 숨겨진 상태 h_{t-1}과 배열 중 x_t의 현잿값이 망각 게이트에 공급된다. 과거 숨겨진 상태는 과것값의 정보를 전달한다는 점을 기억하자. 그런 다음 h_{t-1}과 x_t가 결합되어 복제된다. 복사본 하나는 다음 절에서 살펴볼 입력 게이트로 바로 이동한다. 다른 복사본은 수식 15.1로 표현되고 그림 15.5에 표시된 시그모이드sigmoid 활성화 함수를 통해 전송된다.

$$f(x) = \frac{1}{1 - e^{-x}}$$

수식 15.1

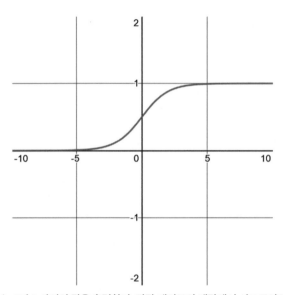

그림 15.5 **시그모이드 함수는 0과 1 사이의 값을 출력한다. 망각 게이트의 맥락에서 시그모이드 함수의 출력이 0에 가까우면 출력은 잊혀진 정보다. 출력이 1에 가까우면 유지해야 하는 정보다.**

시그모이드 함수는 어떤 정보를 보관할지 또는 잊어버릴지를 결정한다. 그런 다음 이 출력은 점별 곱셈pointwise multiplication을 사용하여 이전 셀 상태 C_{t-1}과 결합한다. 이렇게 하면 C'_{t-1}이라고 하는 업데이트된 셀 상태로 생성된다.

이 작업이 완료되면 입력 게이트에 업데이트된 셀 상태 C'_{t-1}과 과거 숨겨진 상태와 배열의 현재 요소 간 조합의 복사본 $[h_{t-1} + x_t]$, 두 가지가 전달된다.

정보가 망각 게이트를 통과하면 입력 게이트로 이동한다. 이 단계는 네트워크가 배열의 현재 요소에서 어떤 정보가 관련성이 있는지 결정하는 단계다. 여기서 셀 상태가 다시 업데이트되어 최종 셀 상태가 된다.

그림 15.6을 사용하여 입력 게이트를 확대해보자. 과거 숨겨진 상태와 망각 게이트에서 나온 배열의 현재 요소 $[h_{t-1} + x_t]$ 간의 조합이 입력 게이트에 전달되고 다시 복제된다. 한 복사본은 입력 게이트를 통해 출력 게이트로 나가는데, 이는 다음 절에서 살펴볼 것이다. 또 다른 복사본은 시그모이드 활성화 함수에 전달되어 정보가 유지될지 또는 잊혀질지를 결정한다. 또 다른 복사본은 그림 15.7에 표시된 쌍곡 탄젠트hyperbolic tangent, tanh 함수를 통해 전송된다.

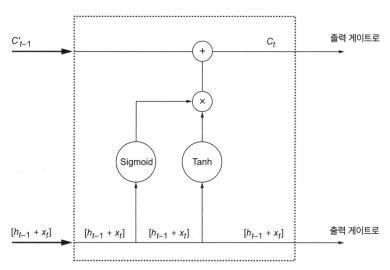

그림 15.6 **LSTM의 입력 게이트. 과거의 숨겨진 상태와 배열의 현재 요소는 다시 복제되어 시그모이드 활성화 함수와 쌍곡 탄젠트 활성화 함수에 전송된다. 다시 말하지만 시그모이드는 어떤 정보를 유지하거나 삭제할지 결정하고, 쌍곡 탄젠트 함수는 네트워크의 계산이 효율적으로 유지되도록 하기 위해 네트워크를 조절한다. 두 연산의 결과는 점별 곱셈을 사용하여 결합되고, 그 결과는 점별 덧셈을 사용하여 셀 상태를 업데이트하는 데 사용되어 최종 셀 상태 C_t가 생성된다. 이 최종 셀 상태는 출력 게이트로 전송된다. 동시에, 출력 게이트에 동일한 조합 $[h_{t-1} + x_t]$도 전달된다.**

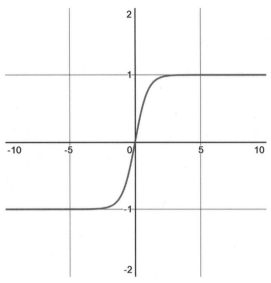

그림 15.7 쌍곡 탄젠트 함수는 -1에서 1 사이의 값을 출력한다. LSTM의 맥락에서 이 함수는 네트워크를 조절하여 값이 너무 커지지 않도록 하고, 계산이 효율적으로 유지되도록 하는 역할을 한다.

시그모이드 함수와 tanh 함수의 출력은 점별 곱셈을 사용하여 결합되고, 그 결과는 점별 덧셈을 사용하여 망각 게이트에서 나오는 업데이트된 셀 상태 C'_{t-1}과 결합된다. 이 연산은 최종 셀 상태 C_t를 생성한다.

따라서 입력 게이트에서 배열의 현재 요소의 정보를 네트워크의 긴 메모리에 추가하는 것이다. 이렇게 새로 업데이트된 셀 상태는 출력 게이트로 전송된다.

15.2.3 출력 게이트

정보가 망각 게이트에서 입력 게이트로 전달되었고, 이제 출력 게이트에 도착했다. 이 출력 게이트에서 셀 상태 C_t로 표시되는 네트워크의 메모리에 포함된 과거 정보가 최종적으로 배열의 현재 요소를 처리하는 데 사용된다. 또한 출력 게이트는 네트워크가 결과를 출력 계층으로 출력하거나 배열의 다음 요소를 처리하기 위해 전송할 새로운 정보를 계산하는 곳이기도 하다.

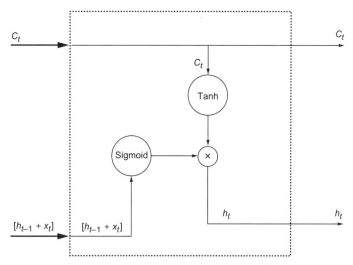

그림 15.8 **LSTM의 출력 게이트.** 배열의 과거 숨겨진 상태와 현재 요소 $[h_{t-1} + x_t]$가 시그모이드 함수를 통과하여 정보가 유지될지 또는 폐기될지 결정한다. 셀 상태는 tanh 함수를 통과한 뒤 점별 곱셈을 사용하여 시그모이드의 출력과 결합된다. 이 단계는 과거 정보를 사용하여 배열의 현재 요소를 처리하는 단계다. 그런 다음 새로운 숨겨진 상태 h_t를 출력하여 다음 LSTM 뉴런이나 출력 계층으로 전달한다. 셀 상태도 출력된다.

그림 15.8에서는 배열의 과거 숨겨진 상태와 현재 요소가 시그모이드 함수를 통해 전송된다. 이와 동시에 셀 상태는 tanh 함수를 통과한다. 그런 다음 tanh 함수와 시그모이드 함수의 결괏값을 점별 곱셈을 사용하여 결합하여 업데이트된 숨겨진 상태 h_t를 생성한다. 이 단계는 셀 상태 C_t로 표시되는 과거 정보를 사용하여 배열의 현재 요소의 정보를 처리하는 단계다.

그런 다음 현재 숨겨진 상태가 출력 게이트로 전송된다. 이 정보는 네트워크의 출력 계층으로 전송되거나 배열의 다음 요소를 처리하는 다음 LSTM 뉴런으로 전송된다. 셀 상태 C_t에도 동일하게 적용된다.

요약하면 망각 게이트는 과거의 어떤 정보를 보관할지 또는 버릴지를 결정한다. 입력 게이트는 네트워크 메모리를 업데이트하기 위해 현재 단계에서 어떤 정보를 유지할지 또는 버릴지를 결정한다. 마지막으로 출력 게이트는 네트워크 메모리에 저장된 과거 정보를 사용하여 배열의 현재 요소를 처리한다.

LSTM 아키텍처의 내부 작동 방식을 살펴보았으므로 이제 고속도로 교통 데이터 집합에 대해 이를 구현할 수 있다.

15.3 LSTM 아키텍처 구현하기

이제 12장부터 작업해온 주간 교통량 데이터 집합에 대한 LSTM 아키텍처를 구현하겠다. 이 시나리오의 주요 목표는 교통량이라는 점을 기억하자. 다중 출력 모델의 경우 목표는 교통량과 온도다.

단일 단계 모델, 다중 단계 모델, 다중 출력 모델로서 LSTM을 구현하겠다. 단일 단계 모델은 다음 시간 단계의 교통량만 예측하고, 다중 단계 모델은 다음 24시간 동안의 교통량을 예측하며, 다중 출력 모델은 다음 시간 단계의 온도와 교통량을 예측한다.

노트북이나 파이썬 스크립트에 `DataWindow` 클래스와 `compile_and_fit` 함수(13장과 14장에 나와 있음)가 있는지 확인하자. 이 코드들을 사용하여 데이터 윈도우를 만들고 LSTM 모델을 훈련할 것이다.

또 다른 전제 조건은 훈련 집합, 검증 집합, 테스트 집합을 로딩하는 것으로 지금 바로 진행해보자.

```
train_df = pd.read_csv('../data/train.csv', index_col=0)
val_df = pd.read_csv('../data/val.csv', index_col=0)
test_df = pd.read_csv('../data/test.csv', index_col=0)
```

> **CAUTION** 이번 장의 소스 코드는 깃허브에서 언제든지 참조할 수 있다.
> https://github.com/jpub-dongdong9/TimeSeriesForecastingInPython/tree/master/CH15

15.3.1 단일 단계 모델로서 LSTM 구현하기

먼저 LSTM 아키텍처를 단일 단계 모델로 구현해보자. 이 경우 24시간의 데이터를 입력으로 사용하여 다음 시간 단계를 예측한다. 이렇게 하면 LSTM이 처리할 수 있는 시간 배열이 있는 것으로, 과거 정보를 활용하여 미래를 예측하는 것이다.

먼저 모델을 훈련할 데이터 윈도우를 만들어야 한다. 이 윈도우는 24시간의 데이터를 입력으로 사용하는 넓은 윈도우가 될 것이다. 도식화를 위해 `label_width`도 24로 설정하는데, 예측값을 24개의 시간 단계에 걸쳐 실젯값과 비교할 수 있다. 이 모델은 단일 단계 모델이므로 24시간 동안 롤링 예측과 마찬가지로 한 번에 하나의 시간 단계만 예측한다는 점에 유의하자.

```
wide_window = DataWindow(input_width=24, label_width=24, shift=1,
 ➥ label_columns=['traffic_volume'])
```

그런 다음 케라스에서 LSTM 모델을 정의해야 한다. 여기서도 Sequential 모델을 사용해 네트워크에 서로 다른 계층을 쌓을 수 있다. 케라스는 편리하게도 LSTM을 구현한 LSTM 계층을 제공한다. 앞서 살펴본 숨겨진 상태와 셀 상태의 형태로 배열의 과거 정보를 사용하도록 케라스에 신호를 보내야 하므로, return_sequences를 True로 설정하겠다. 마지막으로, 교통량만 예측하기 때문에 units가 1인 단순한 Dense 계층으로 출력 계층을 정의한다.

```
lstm_model = Sequential([
    LSTM(32, return_sequences=True),    ◀──  return_sequences를 True로 설정하여
    Dense(units=1)                           네트워크에서 과거 정보를 사용하도록 설정한다.
])
```

이렇게 간단하다. 이제 compile_and_fit 함수를 사용하여 모델을 훈련하고, 검증 집합과 테스트 집합에 대한 성능을 저장할 수 있다.

```
history = compile_and_fit(lstm_model, wide_window)

val_performance = {}
performance = {}

val_performance['LSTM'] = lstm_model.evaluate(wide_window.val)
performance['LSTM'] = lstm_model.evaluate(wide_window.test, verbose=0)
```

선택사항으로, 데이터 윈도우의 plot 메서드를 사용하여 세 개의 샘플링된 배열에 대한 모델의 예측을 시각화해볼 수 있다. 결과는 그림 15.9에 나와 있다.

```
wide_window.plot(lstm_model)
```

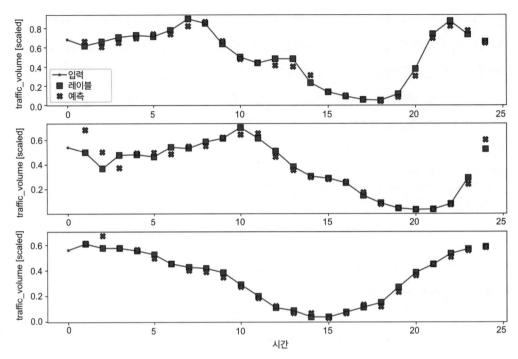

그림 15.9 단일 단계 모델로 LSTM을 사용하여 교통량 예측하기. 많은 예측(십자가로 표시)이 레이블(사각형으로 표시)과 겹치는 것을 볼 수 있는데, 이는 정확한 예측을 하는 성능이 우수한 모델임을 나타낸다.

그림 15.9는 정확한 예측을 생성하는 성능이 우수한 모델을 보유하고 있음을 보여준다. 물론 이 시각화는 24시간 동안 3개의 샘플링된 배열만 보여주므로, 전체 검증 집합과 테스트 집합에 대한 모델의 성능을 시각화하여 지금까지 구축한 이전 모델과 비교해보자.

그림 15.10은 검증 집합과 테스트 집합에서 모두 가장 낮은 MAE를 보인 LSTM이 모든 모델 중 가장 정확한 예측을 생성했음을 뜻하기 때문에 승리 모델임을 보여준다.

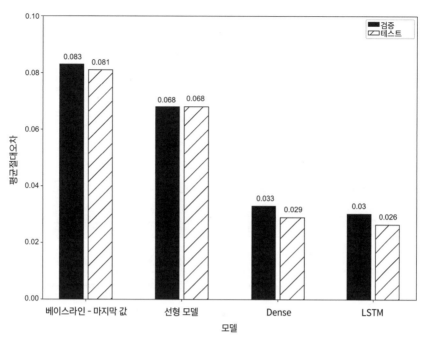

그림 15.10 지금까지 구축한 모든 단일 단계 모델의 평균절대오차. 현재로서는 검증 집합과 테스트 집합 모두에서 MAE가 가장 낮은 LSTM이 승리했다.

15.3.2 다중 단계 모델로서 LSTM 구현하기

이제 LSTM 아키텍처를 다중 단계 모델로 구현해보자. 이 경우 24시간의 입력 원도우를 사용하여 향후 24시간 동안의 교통량을 예측한다.

먼저 모델에 입력할 시간 원도우를 정의한다. 24시간의 데이터를 입력하고 예측으로 24시간의 데이터에 대해 평가해야 하므로 `input_width`와 `label_width`는 모두 24다. 이번에는 이동도 24로 지정하여, 모델이 한 번에 다음 24시간 동안의 예측을 출력하도록 지정한다.

```
multi_window = DataWindow(input_width=24, label_width=24, shift=24,
➥ label_columns=['traffic_volume'])
```

다음으로 케라스에서 모델을 정의하자. 14장에서 다중 단계 모델과 단일 단계 모델을 정의하는 과정이 완전히 동일했던 것을 기억할 것이다. 이번에도 마찬가지다. `Sequential` 모델과 함께 LSTM 계층과 `units`가 1인 Dense 출력 계층을 사용한다.

```
ms_lstm_model = Sequential([
    LSTM(32, return_sequences=True),
    Dense(1, kernel_initializer=tf.initializers.zeros),
])
```

정의가 완료되면 모델을 훈련하고 비교를 위해 평가 지표를 저장한다. 이제 이 작업 절차에 익숙해졌을 것이다.

```
history = compile_and_fit(ms_lstm_model, multi_window)

ms_val_performance = {}
ms_performance = {}

ms_val_performance['LSTM'] = ms_lstm_model.evaluate(multi_window.val)
ms_performance['LSTM'] = ms_lstm_model.evaluate(multi_window.test, verbose=0)
```

그림 15.11과 같이 plot 메서드를 사용하여 모델의 예측을 시각화할 수 있다.

```
multi_window.plot(ms_lstm_model)
```

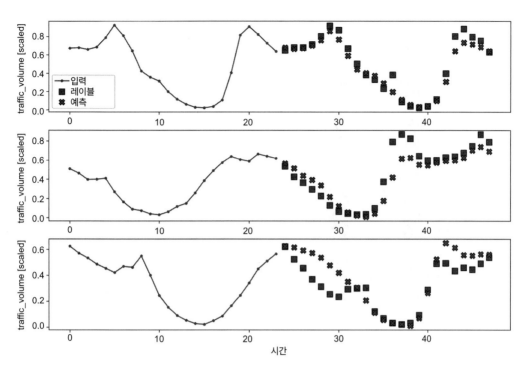

그림 15.11 다중 단계 LSTM 모델을 사용하여 향후 24시간 동안의 교통량 예측하기. 예측과 레이블 사이에 약간의 불일치가 있음을 알 수 있다. 물론 이러한 시각적 검사만으로는 모델의 성능을 평가하기에 충분하지 않다.

그림 15.11을 보면 대부분의 예측이 실젯값과 겹치기 때문에 배열의 최상위에 대한 예측이 매우 우수하다는 것을 알 수 있다. 그러나 아래쪽 두 배열은 출력과 레이블 사이에는 약간의 불일치가 있다. 이 모델의 MAE를 우리가 구축한 다른 다중 단계 모델과 비교해보자.

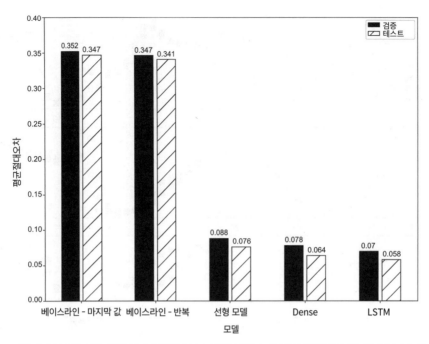

그림 15.12 지금까지 구축한 모든 다중 단계 모델의 MAE. 검증 집합과 테스트 집합에서 모두 가장 낮은 MAE를 달성한 LSTM이 승리한 모델이다.

그림 15.12에서 볼 수 있듯이 LSTM은 검증 집합과 테스트 집합에서 모두 가장 낮은 MAE를 달성했기 때문에 지금까지 가장 정확한 모델이다.

15.3.3 다중 출력 모델로서 LSTM 구현하기

마지막으로 다중 출력 모델로서 LSTM을 구현해보자. 여기에서도 24시간의 입력 데이터를 사용하여 네트워크가 일련의 데이터 요소를 처리하고, 과거 정보를 사용하여 예측을 생성할 수 있도록 하겠다. 예측은 다음 시간 단계의 교통량과 온도 모두에 대한 것이다.

이 상황에서 데이터 윈도우는 24개의 시간 단계 입력과 24개의 시간 단계 레이블로 구성된다. 다음 시간 단계에 대한 예측만 생성하고자 하므로 shift는 1이다. 따라서 우리 모델은 24개 시간 단계에 걸쳐 한 번에 하나의 시간 단계씩 예측을 생성하는 롤링 예측을 수행할 것이다. 대상 열로서 temp 및 traffic_volume을 지정한다.

```
mo_wide_window = DataWindow(input_width=24, label_width=24, shift=1,
↪ label_columns=['temp','traffic_volume'])
```

다음 단계는 LSTM 모델을 정의하는 것이다. 이전과 마찬가지로 대상이 두 개이므로 Sequential 모델을 사용하여 LSTM 계층과 units가 2인 Dense 출력 계층을 쌓는다.

```
mo_lstm_model = Sequential([
    LSTM(32, return_sequences=True),
    Dense(units = 2)    ◀── 온도와 교통량이라는 두 가지 목표가
])                          있으므로 units는 2다.
```

그런 다음 모델을 훈련시키고 비교를 위해 성능 지표를 저장한다.

```
history = compile_and_fit(mo_lstm_model, mo_wide_window)

mo_val_performance = {}
mo_performance = {}

mo_val_performance['LSTM'] = mo_lstm_model.evaluate(mo_wide_window.val)
mo_performance['LSTM'] = mo_lstm_model.evaluate(mo_wide_window.test, verbose=0)
```

이제 교통량(그림 15.13)과 온도(그림 15.14)에 대한 예측을 시각화할 수 있다. 두 그림 모두 레이블(사각형으로 표시)과 겹치는 예측(십자가로 표시)이 많다는 것을 알 수 있다. 이는 정확한 예측을 생성하는 성능이 우수한 모델이라는 것을 뜻한다.

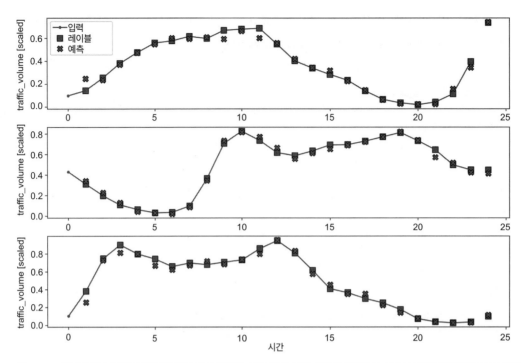

그림 15.13 다중 출력 모델인 LSTM을 사용하여 교통량 예측하기. 많은 예측(십자가로 표시)이 레이블(사각형으로 표시)과 겹쳐 교통량을 매우 정확하게 예측하고 있음을 알 수 있다.

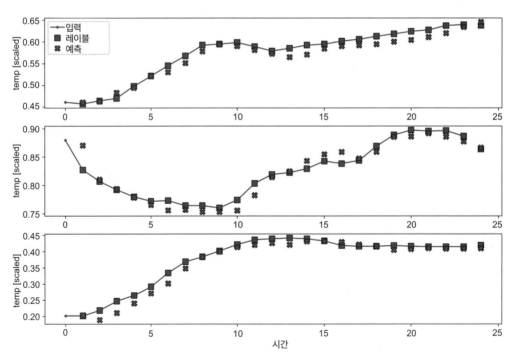

그림 15.14 다중 출력 모델인 LSTM을 사용하여 온도 예측하기. 다시 한번 예측(십자가로 표시)과 레이블(사각형으로 표시) 간에 겹치는 경우가 많은 것을 볼 수 있으며, 이는 예측이 정확함을 뜻한다.

지금까지 구축한 다른 다중 출력 모델과 LSTM 모델의 성능을 비교해보자. 그림 15.15는 검증 집합과 테스트 집합에서 가장 낮은 MAE를 달성한 LSTM이 승리한 모델임을 다시 한번 보여준다. 즉두 목표에서 모두 지금까지 가장 정확한 예측을 생성했다.

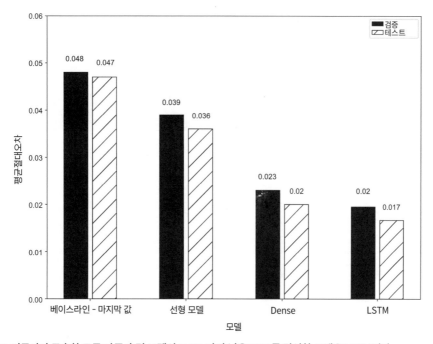

그림 15.15 지금까지 구축한 모든 다중 출력 모델의 MAE. 가장 낮은 MAE를 달성한 모델은 LSTM이다.

15.4 다음 단계

이번 장에서는 장단기 메모리 아키텍처에 대해 살펴보았다. LSTM이 RNN의 하위 유형이라는 것을 배웠고, 숨겨진 상태만 사용하는 기본 RNN에서 발생하는 단기 기억 문제를 극복하기 위해 셀 상태를 사용하는 방법을 살펴보았다.

또한 LSTM의 세 가지 게이트에 대해서도 공부했다. 망각 게이트는 과거와 현재의 어떤 정보를 보관해야 하는지 결정하고, 입력 게이트는 배열의 현재 요소에서 관련 정보를 결정하며, 출력 게이트는 메모리에 저장된 정보를 사용하여 예측을 생성한다.

그런 다음 LSTM을 단일 단계 모델, 다중 단계 모델, 다중 출력 모델로 구현했다. 모든 경우에서 지금까지 구축된 모든 모델 중 LSTM이 가장 낮은 MAE를 달성하여 승리한 모델이었다.

다음 장에서 살펴볼 딥러닝 아키텍처는 합성곱 신경망CNN이다. CNN은 특히 컴퓨터 비전 분야에서 사진을 분석하는 데 매우 널리 사용되는 아키텍처이기 때문에 한 번쯤 들어보았을 것이다. CNN은 LSTM보다 훈련 속도가 빠르고, 노이즈에 강하며, 좋은 특징 추출기다. 다음 장에서 시계열 예측에 적용해보겠다.

15.5 연습

앞 장에서는 대기질을 예측하기 위해 선형 모델과 심층 신경망을 구축했다. 이제 LSTM 모델을 사용해 성능 향상이 있는지 확인해보자. 이 연습에 대한 해답은 깃허브에서 찾을 수 있다.

https://github.com/jpub-dongdong9/TimeSeriesForecastingInPython/tree/master/CH15

1. 단일 단계 모델의 경우

   a. LSTM 모델을 구축한다.

   b. 예측을 도식화한다.

   c. MAE를 사용하여 평가하고 MAE를 저장한다.

   d. 가장 성능이 좋은 모델인가?

2. 다중 단계 모델의 경우

   a. LSTM 모델을 구축한다.

   b. 예측을 도식화한다.

   c. MAE를 사용하여 평가하고 MAE를 저장한다.

   d. 가장 성능이 좋은 모델인가?

3. 다중 출력 모델의 경우

   a. LSTM 모델을 구축한다.

   b. 예측을 도식화한다.

   c. MAE를 사용하여 평가하고 MAE를 저장한다.

   d. 가장 성능이 좋은 모델인가?

언제가 되었든 다음 아이디어를 실험해보자.

- LSTM 계층을 더 추가한다.

- LSTM 계층의 units 수를 변경한다.

- return_sequences를 False로 설정한다.

- 출력 Dense 계층에서 다른 이니셜라이저로 실험해본다.

- 원하는 만큼 실험을 실행한 뒤, 오차 지표에 어떤 영향을 미치는지 확인한다.

요약

- 순환 신경망은 시계열과 같은 데이터 배열을 처리하는 데 특히 적합한 딥러닝 아키텍처다.

- RNN은 숨겨진 상태를 사용하여 정보를 메모리에 저장한다. 하지만 이는 기울기 소멸 문제로 인해 단기 기억에 불과하다.

- 장단기 메모리는 단기 기억 문제를 해결하는 RNN의 한 유형이다. 셀 상태를 사용하여 정보를 더 오랫동안 저장함으로써 네트워크에 긴 메모리를 제공한다.

- LSTM은 세 개의 게이트로 구성된다.

  ◦ 망각 게이트는 과거와 현재에서 어떤 정보를 보관해야 하는지 결정한다.

  ◦ 입력 게이트는 현재에서 어떤 정보를 보관해야 하는지 결정한다.

  ◦ 출력 게이트는 메모리에 저장된 정보를 사용하여 배열의 현재 요소를 처리한다.

16

CHAPTER

CNN으로 시계열 필터링하기

. . . .

이 장의 주요 내용

■ **CNN 아키텍처 살펴보기**

■ **케라스로 CNN 구현하기**

■ **CNN과 LSTM 결합하기**

. . . .

15장에서는 특히 데이터 배열을 잘 처리하는 순환 신경망의 일종인 장단기 메모리 네트워크를 살펴보고 구현해보았다. 이 구현은 단일 단계 모델, 다중 단계 모델, 다중 출력 모델에서 최고 성능을 발휘하는 아키텍처다.

이제 **합성곱 신경망**convolutional neural network, CNN에 대해 알아보겠다. CNN은 주로 컴퓨터 비전 분야에 적용되며, 이 아키텍처는 이미지 분류 및 이미지 분할을 위한 많은 알고리즘의 기반이 된다.

물론 이 아키텍처는 시계열 분석에도 사용할 수 있다. CNN은 노이즈에 강하며 **합성곱**convolution 연산을 통해 시계열의 노이즈를 효과적으로 필터링할 수 있다. 이를 통해 네트워크는 비정상적인 값을 포함하지 않는 견고한 특징 집합을 생성할 수 있다. 또한 CNN은 연산을 병렬화할 수 있기 때문에 일반적으로 LSTM보다 훈련 속도가 빠르다.

이번 장에서는 먼저 CNN 아키텍처를 살펴보고 네트워크가 어떻게 시계열을 필터링하고 고유한 특징 집합을 생성하는지 그 방법을 이해한다. 그런 다음 케라스를 사용하여 예측을 생성하는 CNN을 구현해본다. 또한 CNN 아키텍처와 LSTM 아키텍처를 결합하여 딥러닝 모델의 성능을 더욱 향상시킬 수 있는지 살펴본다.

16.1 CNN 살펴보기

CNN은 합성곱 연산을 사용하는 딥러닝 아키텍처다. 합성곱 연산을 통해 네트워크는 축소된 특징 집합을 생성할 수 있다. 이는 네트워크를 정규화하고 과적합을 방지하며 입력을 효과적으로 필터링하는 방법이다. 물론 이를 이해하려면 먼저 합성곱 연산과 입력에 미치는 영향을 이해해야 한다.

수학적으로 합성곱은 두 함수에 대한 연산으로, 한 함수의 모양이 다른 함수에 의해 어떻게 변경되는지를 표현하는 세 번째 함수를 생성하는 연산이다. CNN에서 이 연산은 입력과 **커널**kernel(**필터**filter라고도 함) 사이에서 발생한다. 커널은 단순히 특징 행렬 위에 배치되는 행렬이다. 그림 16.1에서 커널은 시간 축을 따라 미끄러져 가면서 커널과 특징 사이의 점곱dot product을 취한다. 이렇게 하면 특징 집합이 줄어들어 정규화와 함께 이상한 값의 필터링이 이루어진다.

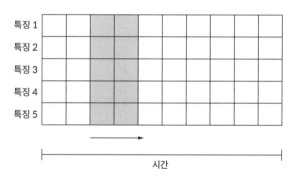

그림 16.1 **커널과 특징 맵 시각화하기. 커널은 특징 맵 위에 적용되는 밝은 회색 행렬이다. 각 행은 데이터 집합의 특징에 해당하며 길이는 시간 축이다.**

합성곱 연산을 더 잘 이해하기 위해 그림 16.2와 같이 하나의 특징과 하나의 커널만 있는 간단한 예제를 살펴보겠다. 간단하게 한 행의 특징만 고려했다. 가로축은 시간 차원으로 유지된다는 점에 유의하자. 커널은 합성곱 연산을 수행하는 데 사용되는 더 작은 벡터다. 커널과 특징 벡터 내부에서 기록한 값은 예시를 위한 임의의 값이다. 커널의 값은 최적화되어 있으며 네트워크가 학습됨에 따라 변경된다.

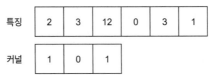

그림 16.2 한 행의 특징과 하나의 커널에 대한 간단한 예

합성곱 연산과 그 결과를 그림 16.3에서 시각화할 수 있다. 먼저 커널을 특징 벡터의 시작 부분에 정렬하고 커널과 커널에 정렬된 특징 벡터의 값 사이에서 내적을 취한다. 이 작업이 완료되면 커널이 한 시간 단계만큼 오른쪽으로 이동하는데, 이를 한 시간 단계의 **보폭**stride이라고도 한다. 다시 커널과 특징 벡터 사이에서 내적을 구하는데, 이때 커널과 정렬된 값만 사용한다. 커널은 다시 한 시간 단계 오른쪽으로 이동하고 커널이 특징 벡터의 끝에 도달할 때까지 이 과정이 반복된다. 이는 커널의 모든 값이 정렬된 특징값으로 더 이상 커널을 이동할 수 없을 때까지 반복한다.

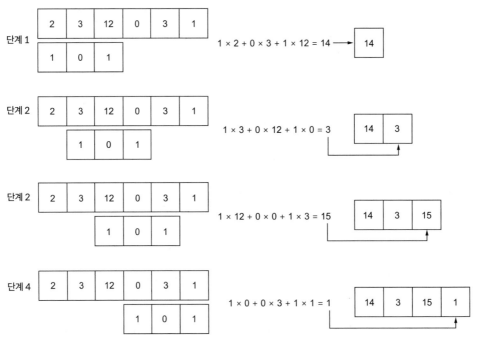

그림 16.3 전체 합성곱 연산. 연산은 1단계에서 특징 벡터의 시작 부분에 커널이 정렬된 상태에서 시작된다. 1단계의 중간 수식에 표시된 대로 내적이 계산되어 출력 벡터의 첫 번째 값이 생성된다. 2단계에서는 커널이 한 시간 단계 오른쪽으로 이동하고 다시 내적을 계산하여 출력 벡터의 두 번째 값을 얻는다. 이 과정은 커널이 특징 벡터의 끝에 도달할 때까지 두 번 더 반복된다.

그림 16.3에서 길이 6의 특징 벡터와 길이 3의 커널을 사용하면 길이 4의 출력 벡터를 얻을 수 있다는 것을 알 수 있다. 따라서 일반적으로 합성곱의 출력 벡터 길이는 수식 16.1과 같다.

$$\text{output length} = \text{input length} - \text{kernel length} + 1 \qquad \text{수식 16.1}$$

커널이 한쪽 방향(오른쪽)으로만 움직이기 때문에 이것은 **1D 합성곱**1D convolution이라는 점에 유의하자. 다행히 케라스는 **Conv1D** 계층을 제공하므로 파이썬에서 쉽게 구현할 수 있다. 이는 커널이 시간 차원에서만 움직일 수 있기 때문에 주로 시계열 예측에 사용된다. 이미지 처리에서는 2D 또는 3D 합성곱을 자주 볼 수 있지만, 이는 이 책의 범위를 벗어난다.

합성곱 계층convolution layer은 특징 집합의 길이를 줄이고, 많은 합성곱을 수행하면 특징 공간이 계속 줄어든다. 이로 인해 네트워크의 계층 수는 제한되고 그 과정에서 너무 많은 정보를 잃을 수 있기 때문에 문제가 될 수 있다. 이를 방지하기 위한 일반적인 기법은 **패딩**padding이다. 패딩은 간단히 말해, 특징 벡터의 앞뒤에 값을 추가하여 출력 길이를 입력 길이와 동일하게 유지하는 것을 뜻한다. 패딩값은 대개 0이다. 합성곱의 출력이 입력과 동일한 길이인 그림 16.4에서 이를 직접 확인할 수 있다.

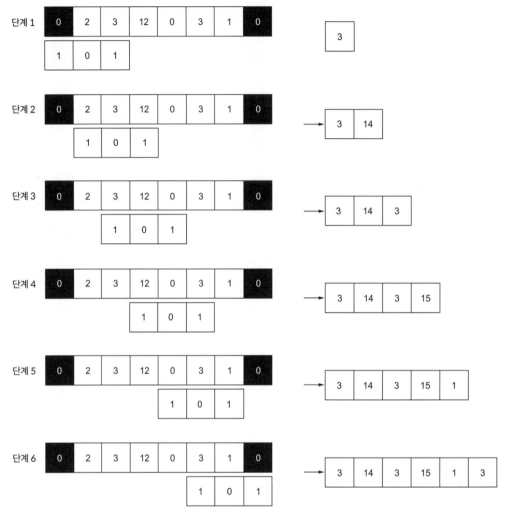

그림 16.4 패딩이 있는 합성곱. 여기서는 검은색 사각형으로 표시된 것처럼 원본 입력 벡터에 값이 0인 패딩을 추가했다. 이에 따라 합성곱의 출력은 원본 특징 벡터와 마찬가지로 길이가 6이다.

이제 패딩이 출력의 크기를 일정하게 유지하면서 더 많은 합성곱 계층을 쌓을 수 있게 하고, 네트워크가 더 오랜 시간 동안 특징을 처리할 수 있게 하는 방법을 알 수 있을 것이다. 패딩에 0을 사용하는 이유는 0과의 곱셈은 무시되기 때문이다. 따라서 패딩값으로 0을 사용하는 것이 일반적으로 좋은 초기 옵션이다.

CNN은 합성곱 연산을 사용하는 딥러닝 아키텍처다. 이를 통해 네트워크는 특징 공간을 줄여 입력을 효과적으로 필터링하고 과적합을 방지할 수 있다.

합성곱은 커널을 사용하여 수행되며, 커널은 모델 피팅 중에 훈련되기도 한다. 커널의 보폭에 따라 합성곱의 각 단계에서 이동하는 단계 수가 결정된다. 시계열 예측에서는 1D 합성곱만 사용된다.

특징 공간이 너무 빨리 줄어드는 것을 방지하기 위해 입력 벡터의 앞뒤에 0을 추가하는 패딩을 사용할 수 있다. 이렇게 하면 출력 차원이 원래 특징 벡터와 동일하게 유지되어 더 많은 합성곱 계층을 쌓을 수 있으므로 네트워크가 더 오랜 시간 동안 특징을 처리할 수 있다.

이제 CNN의 내부 동작을 이해했으므로 케라스로 구현하고, 지금까지 구축했던 모델보다 더 정확한 예측을 생성할 수 있는지 확인해보겠다.

16.2 CNN 구현하기

이전 장과 마찬가지로 CNN 아키텍처를 단일 단계 모델, 다중 단계 모델, 다중 출력 모델로 구현한다. 단일 단계 모델은 다음 시간 단계의 교통량만 예측하고, 다중 단계 모델은 다음 24시간 동안의 교통량을 예측하며, 다중 출력 모델은 다음 시간 단계의 온도와 교통량을 예측한다.

노트북이나 파이썬 스크립트에 `DataWindow` 클래스와 `compile_and_fit` 함수(13장부터 15장까지)가 있는지 확인하자. 데이터 윈도우를 만들고 CNN 모델을 훈련하는 데 이 두 코드를 모두 사용할 것이다.

CAUTION 이번 장의 소스 코드는 깃허브에서 확인할 수 있다.
https://github.com/jpub-dongdong9/TimeSeriesForecastingInPython/tree/master/CH16

이번 장에서는 CNN 아키텍처와 LSTM 아키텍처도 조합해볼 것이다. 합성곱 계층으로 시계열을 필터링한 다음, 필터링된 배열을 LSTM으로 처리하면 예측의 정확도가 향상되는지 알아보는 것은 흥미로울 것이다. 따라서 CNN만 구현하는 경우와 CNN과 LSTM의 조합을 구현하는 경우를 모두 구현해보자.

물론 그다음의 전제 조건은 훈련 집합, 검증 집합, 테스트 집합을 로딩하는 것으로, 지금 바로 실행해보자.

```
train_df = pd.read_csv('../data/train.csv', index_col=0)
val_df = pd.read_csv('../data/val.csv', index_col=0)
test_df = pd.read_csv('../data/test.csv', index_col=0)
```

마지막으로, CNN 구현에서 세 개의 시간 단계를 커널 길이로 사용한다. 이는 임의의 값으로, 이번 장의 연습에서 다양한 커널 길이를 실험하고 모델 성능에 어떤 영향을 미치는지 확인해볼 수 있다. 그런데 커널의 길이는 1보다 커야 한다. 그렇지 않을 경우, 단순히 특징 공간에 스칼라를 곱하는 것이므로 필터링이 되지 않는다.

16.2.1 CNN을 단일 단계 모델로서 구현하기

CNN을 단일 단계 모델로 구현하는 것부터 시작하겠다. 단일 단계 모델은 마지막으로 측정된 특징을 사용하여 다음 시간 단계의 교통량에 대한 예측을 출력한다는 점을 기억하자.

그런데 CNN 모델에서 합성곱을 실행하므로 CNN 모델에 하나의 시간 단계만 입력해서는 의미가 없다. 대신 세 개의 입력값을 사용하여 다음 시간 단계에 대한 예측을 생성하자. 이렇게 하면 합성곱 연산을 실행할 수 있는 데이터 배열을 확보할 수 있다. 또한 입력 배열의 길이는 최소한 커널의 길이와 같아야 하는데, 이 경우 3이다. 수식 16.1에서 입력 길이, 커널 길이, 출력 길이 간의 관계를 표현했으니 기억해두자.

$$\text{output length} = \text{input length} - \text{kernel length} + 1$$

이 수식에서 어떤 길이값도 0이 될 수 없는데, 그 이유는 처리 중이거나 출력되는 데이터가 없다는 것을 뜻하기 때문이다. 길이가 0이 될 수 없다는 조건을 충족시키기 위해서는 입력 길이가 커널 길이보다 크거나 같아야 한다. 따라서 입력 배열에는 최소 3개의 시간 단계가 있어야 한다.

이에 따라 모델을 훈련하는 데 사용할 데이터 윈도우를 정의할 수 있다.

```
KERNEL_WIDTH = 3

conv_window = DataWindow(input_width=KERNEL_WIDTH, label_width=1, shift=1,
➥ label_columns=['traffic_volume'])
```

도식화를 위해 모델로 24시간에 대한 예측을 해야 한다. 이를 위해 24개의 시간 단계에 걸쳐 한 번에 하나의 시간 단계씩 롤링 예측한다. 따라서 `label_width`가 24인 또 다른 데이터 윈도우를 정의해야 한다. 모델은 다음 시간 단계만 예측하므로 시프트는 1로 유지한다. 입력 길이는 수식 16.1을 수식 16.2로 재배열하여 구할 수 있다.

$$\text{output length} = \text{input length} - \text{kernel length} + 1$$
$$\text{input length} = \text{output length} + \text{kernel length} - 1$$

수식 16.2

이제 24개의 시간 단계 배열에 대해 예측을 생성하는 데 필요한 입력 길이를 간단히 계산할 수 있다. 이 경우 입력 길이는 24 + 3 - 1 = 26이다. 이렇게 하면 패딩을 사용하지 않아도 된다. 나중에 연습에서는 출력 길이를 맞추기 위해 더 긴 입력 배열 대신 패딩을 사용해볼 것이다.

이제 모델의 예측을 도식화하기 위한 데이터 윈도우를 정의할 수 있다.

```
LABEL_WIDTH = 24
INPUT_WIDTH = LABEL_WIDTH + KERNEL_WIDTH- 1      ◀── 수식 16.2에서 가져옴

wide_conv_window = DataWindow(input_width=INPUT_WIDTH,
↪ label_width=LABEL_WIDTH, shift=1, label_columns=['traffic_volume'])
```

모든 데이터 윈도우가 준비되었으므로 CNN 모델을 정의할 수 있다. 여기에서도 케라스의 Sequential 모델을 사용하여 여러 계층을 쌓아 올린다. 그런 다음 시계열로 작업하고 커널이 시간 차원으로만 이동하므로 Conv1D 계층을 사용한다. `filters` 매개변수는 Dense 계층의 `units` 매개변수와 동일하며, 합성곱 계층의 뉴런 수를 나타낸다. `kernel_size`를 커널의 너비인 3으로 설정하겠다. 케라스가 자동으로 입력에 적합한 모양을 취하므로 다른 차원들을 설정할 필요가 없다. 그런 다음 CNN의 출력을 Dense 계층으로 전달한다. 이렇게 하면 모델이 이전에 합성곱 단계에서 필터링되었던 축소된 특징 집합으로 훈련하게 된다. 다음 시간 단계의 교통량만 예측하기 때문에 최종적으로 하나의 `units`로만 구성된 Dense 계층으로 예측을 출력한다.

```
cnn_model = Sequential([            ┌─ filters 매개변수는 Dense 계층의 units 매개변수와
    Conv1D(filters=32,      ◀───────┘  동일하며, 합성곱 계층의 뉴런 수를 정의한다.
        kernel_size=(KERNEL_WIDTH,),     ┌─ 커널의 너비는 지정되지만 케라스는 입력의 모양에 따라
        activation='relu'),   ◀─────────┘  자동으로 다른 차원들을 조정한다.
    Dense(units=32, activation='relu'),
```

```
    Dense(units=1)
])
```

다음으로 모델을 컴파일하고 피팅한 뒤, 나중에 비교할 수 있도록 성능 지표를 저장한다.

```
history = compile_and_fit(cnn_model, conv_window)

val_performance = {}
performance = {}

val_performance['CNN'] = cnn_model.evaluate(conv_window.val)
performance['CNN'] = cnn_model.evaluate(conv_window.test, verbose=0)
```

데이터 윈도우의 plot 메서드를 사용하여 레이블에 대한 예측을 시각화할 수 있다. 결과는 그림 16.5에 나와 있다.

```
wide_conv_window.plot(cnn_model)
```

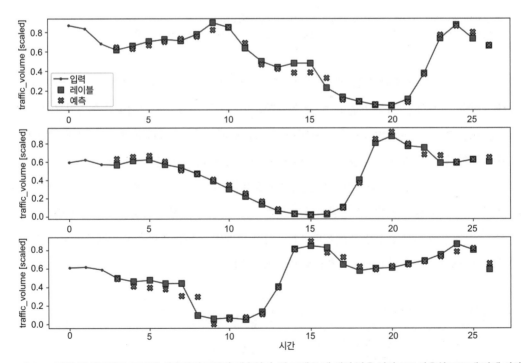

그림 16.5 단일 단계 모델로 CNN을 사용하여 교통량 예측하기. 이 모델은 세 개의 값을 입력으로 사용하므로 네 번째 시간 단계에 대해서만 예측을 할 수 있다. 다시 말하지만, 많은 예측(십자가로 표시됨)이 레이블(사각형으로 표시됨)과 겹치는데, 이는 모델이 상당히 정확하다는 것을 뜻한다.

그림 16.5에서 볼 수 있듯이 많은 예측이 레이블과 겹치는데, 이는 예측이 상당히 정확하다는 것을 뜻한다. 물론 이 모델의 성능을 제대로 평가하려면 이 모델의 성능 지표를 다른 모델의 지표와 비교해야 한다.

그전에 CNN과 LSTM 아키텍처를 단일 모델로 결합해보자. 이전 장에서 LSTM 아키텍처가 지금까지 가장 우수한 성능의 모델이었음을 확인했다. 따라서 입력 배열을 LSTM에 공급하기 전에 필터링하면 성능이 향상될 수 있다는 것은 합리적인 가설이다.

따라서 Conv1D 계층에 두 개의 LSTM 계층을 추가하겠다. 이것은 임의적인 선택이므로 나중에 실험해보기 바란다. 모델을 구축하는 좋은 방법은 하나뿐인 경우가 거의 없으므로 가능한 방법을 실험해봐야 한다.

```python
cnn_lstm_model = Sequential([
    Conv1D(filters=32,
           kernel_size=(KERNEL_WIDTH,),
           activation='relu'),
    LSTM(32, return_sequences=True),
    LSTM(32, return_sequences=True),
    Dense(1)
])
```

그런 다음 모델을 피팅하고 평가 지표를 저장한다.

```python
history = compile_and_fit(cnn_lstm_model, conv_window)

val_performance['CNN + LSTM'] = cnn_lstm_model.evaluate(conv_window.val)
    performance['CNN + LSTM'] = cnn_lstm_model.evaluate(conv_window.test, verbose=0)
```

두 모델을 모두 빌드하고 평가해보았으므로 그림 16.6에서 새로 빌드된 모델의 MAE를 볼 수 있다. 그림에서 볼 수 있듯이 CNN 모델은 LSTM보다 더 나은 성능을 보여주지 못했으며, CNN과 LSTM을 조합하면 CNN 단독 모델보다 약간 더 높은 MAE를 얻었다.

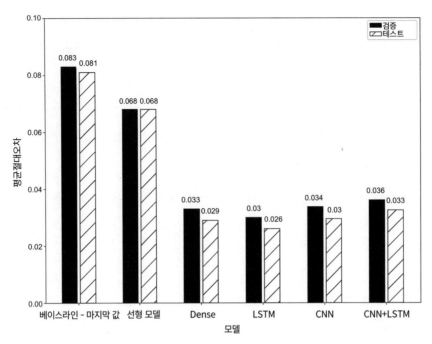

그림 16.6 **지금까지 구축된 모든 단일 단계 모델의 MAE. CNN이 LSTM 성능에 비해 낮지 않음을 알 수 있다. CNN과 LSTM을 결합해도 도움이 되지 않았으며, 심지어 결합한 모델의 성능은 CNN보다 조금 더 나빴다.**

이러한 결과는 입력 배열의 길이로 설명할 수 있다. 모델에는 세 개의 값으로 구성된 입력 배열만 주어지는데, 이는 CNN이 예측에 의미 있는 특징을 추출하기에 충분하지 않을 수 있다. CNN이 베이스라인 모델과 선형 모델보다 낮기는 하지만, 현재로서는 LSTM이 가장 성능이 좋은 단일 단계 모델이다.

16.2.2 CNN을 다중 단계 모델로서 구현하기

이제 다중 단계 모델로 넘어가겠다. 여기서는 마지막으로 측정된 24시간을 사용하여 다음 24시간 동안의 교통량을 예측한다.

합성곱을 사용하면 특징들의 개수가 줄어들지만 여전히 모델은 한 번에 24개의 예측을 수행해야 한다. 따라서 수식 16.2를 재사용하고 길이가 26인 입력 배열을 모델에 공급하여 길이 24의 출력을 얻을 수 있도록 하자. 물론 이것은 커널 길이를 3으로 유지한다는 것을 뜻한다. 따라서 다중 단계 모델에 대한 데이터 윈도우를 정의할 수 있다.

```
KERNEL_WIDTH = 3
LABEL_WIDTH = 24
```

```
INPUT_WIDTH = LABEL_WIDTH + KERNEL_WIDTH - 1

multi_window = DataWindow(input_width=INPUT_WIDTH, label_width=LABEL_WIDTH,
↳ shift=24, label_columns=['traffic_volume'])
```

다음으로 CNN 모델을 정의하자. 여기서는 교통량만 예측하기 때문에 Conv1D 계층을 쌓은 다음 32개의 뉴런이 있는 Dense 계층, 그리고 하나의 유닛이 있는 Dense 계층을 쌓은 Sequential 모델을 사용한다.

```
ms_cnn_model = Sequential([
    Conv1D(32, activation='relu', kernel_size=(KERNEL_WIDTH)),
    Dense(units=32, activation='relu'),
    Dense(1, kernel_initializer=tf.initializers.zeros),
])
```

그런 다음 모델을 훈련하고 나중에 비교할 수 있도록 성능 지표를 저장할 수 있다.

```
history = compile_and_fit(ms_cnn_model, multi_window)

ms_val_performance = {}
ms_performance = {}

ms_val_performance['CNN'] = ms_cnn_model.evaluate(multi_window.val)
ms_performance['CNN'] = ms_cnn_model.evaluate(multi_window.test, verbose=0)
```

선택사항으로, multi_window.plot(ms_cnn_model)을 사용하여 모델의 예측을 시각화할 수 있다. 지금은 이 과정을 건너뛰고 이전과 같이 CNN 아키텍처와 LSTM 아키텍처를 결합해보자. 여기서는 간단히 중간 Dense 계층을 LSTM 계층으로 대체하겠다. 모델이 정의되면 모델을 피팅한 뒤 성능 지표를 저장한다.

```
ms_cnn_lstm_model = Sequential([
    Conv1D(32, activation='relu', kernel_size=(KERNEL_WIDTH)),
    LSTM(32, return_sequences=True),
    Dense(1, kernel_initializer=tf.initializers.zeros),
])

history = compile_and_fit(ms_cnn_lstm_model, multi_window)
ms_val_performance['CNN + LSTM'] =
↳ ms_cnn_lstm_model.evaluate(multi_window.val)
```

```
ms_performance['CNN + LSTM'] =
➥ ms_cnn_lstm_model.evaluate(multi_window.test, verbose=0)
```

훈련된 두 개의 새로운 모델을 통해 지금까지 구축된 모든 다중 단계 모델과 비교하여 성능을 평가할 수 있다. 그림 16.7에서 볼 수 있듯이 CNN 모델은 LSTM 모델에 비해 성능이 향상되지 않았다. 그러나 두 모델을 결합한 결과 모든 다중 단계 모델 중 가장 낮은 MAE를 기록했으며, 이는 가장 정확한 예측을 생성한다는 것을 뜻한다. 따라서 LSTM 모델이 퇴출되고 새로운 우승 모델이 탄생했다.

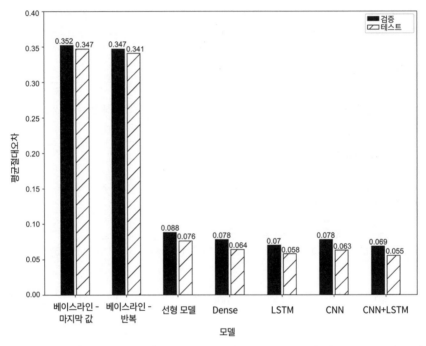

그림 16.7 지금까지 구축된 모든 다중 단계 모델의 MAE. CNN 모델은 MAE가 더 높기 때문에 LSTM 모델보다 좋지 않다. 그러나 CNN과 LSTM을 결합하면 가장 낮은 MAE를 얻을 수 있다.

16.2.3 CNN을 다중 출력 모델로서 구현하기

마지막으로 CNN 아키텍처를 다중 출력 모델로 구현해보자. 이 경우 다음 시간 단계에 대한 온도와 교통량을 예측하고자 한다.

길이 3의 입력 배열을 제공하는 것만으로는 CNN 모델이 의미 있는 특징을 추출하기에 충분하지 않다는 것을 확인했으므로 다중 단계 모델과 동일한 입력 길이를 사용할 것이다. 하지만 이번에는

24개 시간 단계에 걸쳐 한 번에 한 시간 단계씩 예측할 것이다.

데이터 윈도우를 다음과 같이 정의하겠다.

```
KERNEL_WIDTH = 3
LABEL_WIDTH = 24
INPUT_WIDTH = LABEL_WIDTH + KERNEL_WIDTH - 1

wide_mo_conv_window = DataWindow(input_width=INPUT_WIDTH, label_width=24,
➥ shift=1, label_columns=['temp', 'traffic_volume'])
```

이제 케라스로 모델을 구축하는 데 익숙해졌을 것이므로 다중 출력 모델로 CNN 아키텍처를 정의하는 것은 간단할 것이다. 여기서는 Conv1D 계층을 쌓은 다음, Dense 계층을 쌓아 네트워크가 필터링된 특징 집합을 학습할 수 있도록 하는 Sequential 모델을 사용하겠다. 출력 계층에는 온도와 교통량을 모두 예측하기 때문에 두 개의 뉴런이 있다. 다음으로 모델을 피팅하고 성능 지표를 저장한다.

```
mo_cnn_model = Sequential([
    Conv1D(filters=32, kernel_size=(KERNEL_WIDTH,), activation='relu'),
    Dense(units=32, activation='relu'),
    Dense(units=2)
])

history = compile_and_fit(mo_cnn_model, wide_mo_conv_window)

mo_val_performance = {}
mo_performance = {}

mo_val_performance['CNN'] = mo_cnn_model.evaluate(wide_mo_conv_window.val)
mo_performance['CNN'] = mo_cnn_model.evaluate(wide_mo_conv_window.test, verbose=0)
```

이전에 했던 것처럼 CNN 아키텍처와 LSTM 아키텍처를 결합할 수도 있다. 중간 Dense 계층을 LSTM 계층으로 대체하고 모델을 피팅하고 지표를 저장하기만 하면 된다.

```
mo_cnn_lstm_model = Sequential([
    Conv1D(filters=32, kernel_size=(KERNEL_WIDTH,), activation='relu'),
    LSTM(32, return_sequences=True),
    Dense(units=2)
])
```

```
history = compile_and_fit(mo_cnn_lstm_model, wide_mo_conv_window)

mo_val_performance['CNN + LSTM'] =
➥ mo_cnn_model.evaluate(wide_mo_conv_window.val)
mo_performance['CNN + LSTM'] =
➥ mo_cnn_model.evaluate(wide_mo_conv_window.test, verbose=0)
```

평소와 마찬가지로 그림 16.8에서 새 모델의 성능을 이전 다중 출력 모델과 비교해보자. CNN, CNN과 LSTM의 조합이 LSTM에 비해 개선되지 않았음을 알 수 있다. 실제로 세 모델 모두 동일한 MAE를 달성했다.

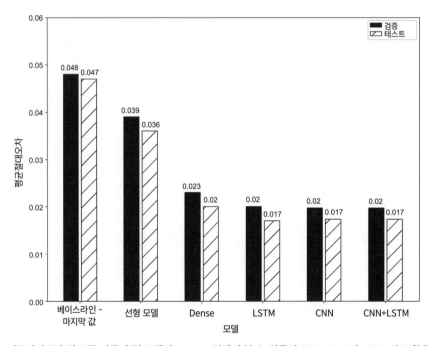

그림 16.8 지금까지 구축된 모든 다중 출력 모델의 MAE. 그림에서 볼 수 있듯이 CNN, CNN과 LSTM의 조합은 LSTM 모델보다 개선된 결과를 가져오지 못했다.

딥러닝 모델은 블랙박스와 같아서 해석하기 어렵기 때문에 모든 동작을 설명하기는 쉽지 않다. 따라서 딥러닝 모델은 성능이 매우 뛰어날 수 있으나, 설명이 어렵다는 단점이 있다. 신경망 모델을 해석하는 방법이 존재하지만 이 책에서는 다루지 않겠다. 자세한 내용을 알아보려면 크리스토프 몰나르Christoph Molnar의 책, 《Interpretable Machine Learning, Second Edition》을 참조하자(https://christophm.github.io/interpretable-ml-book/).

16.3 다음 단계

이번 장에서는 CNN의 아키텍처를 살펴봤다. 합성곱 연산이 네트워크에서 어떻게 사용되는지, 그리고 커널을 사용하여 입력 배열을 효과적으로 필터링하는 방법을 관찰했다. 그런 다음 CNN 아키텍처를 구현하고 이를 LSTM 아키텍처와 결합하여 두 가지 새로운 단일 단계 모델, 다중 단계 모델, 다중 출력 모델을 생성했다.

단일 단계 모델의 경우 CNN을 사용해도 결과가 개선되지 않았다. 오히려 LSTM만 사용했을 때보다 성능이 더 나빴다. 다중 단계 모델의 경우 약간의 성능 향상이 관찰되었으며, CNN과 LSTM을 조합했을 때 가장 성능이 좋은 다중 단계 모델을 얻을 수 있었다. 다중 출력 모델의 경우에는 CNN, LSTM, CNN과 LSTM의 조합이 모두 동일한 수준의 성능을 기록했다. 따라서 CNN이 반드시 가장 성능이 좋은 모델이 되는 것은 아니라는 것을 알 수 있다. 즉, 어떤 상황에서는 CNN이 최고의 성능을 보일 수도 있고, 어떨 때는 아니고, 어떨 때는 별 차이를 보이지 않을 수 있다.

CNN 아키텍처를 딥러닝으로 모델링할 때 활용할 도구 중 하나로 고려해야 한다. 하지만 모델은 데이터 집합과 예측 목표에 따라 성능이 달라진다. 따라서 핵심은 `DataWindow` 클래스에서 수행한 것처럼 데이터를 올바르게 윈도우 처리하고, 훈련 집합, 검증 집합, 테스트 집합을 일정하게 유지하고, 베이스라인 모델에 대해 MAE를 사용하여 모든 모델을 평가하는 테스트 방법론을 따르는 데 있다.

마지막으로 살펴볼 딥러닝 아키텍처는 다중 단계 모델에 관한 것이다. 지금까지 모든 다중 단계 모델은 향후 24시간 동안의 예측을 한 번에 출력했다. 한편으로는 점진적으로 다음 24시간을 예측하고 과거 예측을 다시 모델에 입력하여 다음 예측을 출력하는 것도 가능하다. 이는 특히 LSTM 아키텍처를 통해 이루어지며, 그 결과 자기회귀 $LSTM_{ARLSTM}$이 탄생한다. 이 내용은 다음 장에서 다룬다.

16.4 연습

이전 장의 연습에서는 LSTM 모델을 구축했다. 이제 CNN, CNN과 LSTM의 조합으로 성능을 향상시킬 수 있는지 실험해보자. 이 연습에 대한 해답은 깃허브에서 확인할 수 있다.

https://github.com/jpub-dongdong9/TimeSeriesForecastingInPython/tree/master/CH16

1. 단일 단계 모델의 경우

a. CNN 모델을 구축한다. 커널 너비를 3으로 설정한다.

b. 예측을 도식화한다.

c. 평균절대오차를 사용하여 모델을 평가하고 MAE를 저장한다.

d. CNN + LSTM 모델을 구축한다.

e. 예측 결과를 도식화한다.

f. MAE를 사용하여 모델을 평가하고 MAE를 저장한다.

g. 어떤 모델이 가장 성능이 좋은가?

2. 다중 단계 모델의 경우

a. CNN 모델을 구축한다. 커널 너비를 3으로 설정한다.

b. 예측을 도식화한다.

c. MAE를 사용하여 모델을 평가하고 MAE를 저장한다.

d. CNN + LSTM 모델을 구축한다.

e. 예측 결과를 도식화한다.

f. MAE를 사용하여 모델을 평가하고 MAE를 저장한다.

g. 어떤 모델이 가장 성능이 좋은가?

3. 다중 출력 모델

a. CNN 모델을 구축한다. 커널 너비를 3으로 설정한다.

b. 예측을 도식화한다.

c. MAE를 사용하여 모델을 평가하고 MAE를 저장한다.

d. CNN + LSTM 모델을 구축한다.

e. 예측 결과를 도식화한다.

f. MAE를 사용하여 모델을 평가하고 MAE를 저장한다.

g. 어떤 모델이 가장 성능이 좋은가?

언제나 그렇듯이 실험할 기회다. 다음과 같이 탐색해볼 수 있다.

- 계층을 더 추가한다.
- units 수를 변경한다.

- 입력 길이를 늘리는 대신 배열에 패딩을 추가한다. 이 작업은 Conv1D 계층에 `padding="same"` 매개변수를 사용하여 수행한다. 이 경우 입력 배열의 길이는 24여야 한다.

- 다른 계층 이니셜라이저를 사용한다.

요약

- CNN은 합성곱 연산을 사용하는 딥러닝 아키텍처다.

- 합성곱 연산은 커널과 특징 공간 사이에서 수행된다. 간단히 말해 커널과 특징 벡터 사이의 내적이다.

- 합성곱 연산을 실행하면 입력 배열보다 짧은 출력 배열이 생성된다. 따라서 합성곱을 많이 실행하면 출력 길이가 빠르게 감소할 수 있다. 이를 방지하기 위해 패딩을 사용할 수 있다.

- 시계열 예측에서 합성곱은 하나의 차원, 즉 시간적 차원에서만 수행된다.

- CNN은 우리의 도구 상자에 있는 또 다른 모델일 뿐이며, 언제나 가장 성능이 좋은 모델은 아닐 수 있다. DataWindow를 사용하여 데이터를 올바르게 윈도잉하고, 각 데이터 집합을 일정하게 유지하고, 베이스라인 모델을 구축하고, 동일한 오차 지표로 모든 모델을 평가하여 테스트 방법론의 유효성을 유지해야 한다.

17
CHAPTER

예측으로 더 많은 예측하기

이 장의 주요 내용

- 자기회귀 LSTM 아키텍처 살펴보기
- ARLSTM의 주의사항 알아보기
- ARLSTM 구현하기

16장에서는 합성곱 신경망을 살펴보고 구축했다. 그리고 이를 LSTM 아키텍처와 결합하여 LSTM 모델보다 더 나은 성능을 낼 수 있는지 테스트해보았다. CNN 모델은 단일 단계 모델에서는 성능이 떨어지고, 다중 단계 모델에서는 성능이 가장 좋았으며, 다중 출력 모델에서는 동일한 성능을 보여 결과가 엇갈렸다.

이제 다중 단계 모델이 한 번에 전체 예측 배열을 출력하므로 다중 단계 모델에 집중하겠다. 이 모델의 동작을 수정하여 과거 예측을 사용해 새로운 예측을 수행하면서 예측 배열을 점진적으로 출력하도록 할 것이다. 이렇게 하면 모델이 롤링 예측을 생성하면서도 자체 예측을 사용하여 출력에 정보를 제공한다.

이 아키텍처는 일반적으로 LSTM과 함께 사용되며, **자기회귀 LSTM**autoregressive LSTM, ARLSTM이라고 한다. 이번 장에서는 먼저 ARLSTM 모델의 일반적인 아키텍처를 살펴본 다음 케라스에서 이를 구축하여 최고 성능의 새로운 다중 단계 모델을 구축할 수 있을지 살펴본다.

17.1 ARLSTM 아키텍처 살펴보기

우리는 다음 24시간 동안의 교통량에 대한 예측을 모두 출력하는 다양한 다중 단계 모델을 구축했다. 각 모델은 한 번에 전체 예측 배열을 생성했으며, 이는 모델에서 24개의 값을 즉시 얻을 수 있음을 뜻한다.

설명을 위해 LSTM 계층만 있는 간단한 모델을 고려해보자. 그림 17.1은 지금까지 구축한 다중 단계 모델의 일반적인 아키텍처를 보여준다. 각 모델에는 입력이 들어오고, LSTM, Dense, Conv1D 중 하나의 계층을 통과한 뒤, 24개의 값 배열을 생성한다. 이러한 유형의 아키텍처는 24개의 값을 반드시 출력한다.

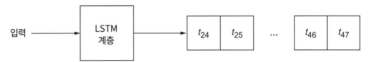

그림 17.1 LSTM 계층이 있는 싱글샷(single-shot) 다중 단계 모델 설명하기. 우리가 구축한 모든 다중 단계 모델은 일반적으로 이러한 아키텍처를 가지고 있다. LSTM 계층은 CNN 계층 또는 Dense 계층으로 쉽게 대체할 수 있다.

하지만 더 긴 배열을 원한다면 어떻게 해야 할까? 아니면 더 짧은 배열을 원한다면? 다음 8시간만 예측하거나 다음 48시간만 예측하려면 어떻게 해야 할까? 이 경우 데이터 윈도우를 다시 만들고 모델을 다시 훈련시켜야 하므로 상당한 작업이 필요할 수 있다.

대신 자기회귀 딥러닝 모델을 선택할 수도 있다. 그림 17.2에서 볼 수 있듯이, 각 예측은 다시 모델로 전송되어 다음 예측을 생성할 수 있다. 이 과정은 원하는 길이의 배열을 얻을 때까지 반복된다.

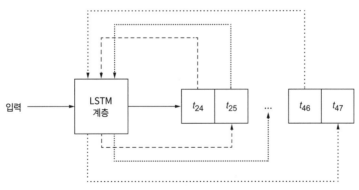

그림 17.2 자기회귀 LSTM 모델. 이 모델은 t_{24}에서 첫 번째 예측을 반환하고, 이 예측은 다시 모델로 전송되어 t_{25}에서 예측을 생성한다. 이 과정은 원하는 출력 길이를 얻을 때까지 반복된다. LSTM 계층이 표시되어 있지만 CNN 또는 Dense 계층으로 바꿔볼 수 있다.

자기회귀 딥러닝 아키텍처를 사용하면 배열 길이를 얼마나 쉽게 생성할 수 있는지 확인할 수 있다. 이 접근 방식은 새로운 모델을 재훈련할 필요 없이 시간, 일, 월과 같이 다양한 규모의 시계열을 예측할 수 있다는 추가적인 이점이 있다. 이 아키텍처는 구글 딥마인드Google DeepMind가 원시 오디오 배열을 생성하는 모델인 WaveNet(https://deepmind.com/blog/article/wavenet-generative-model-raw-audio)을 만들기 위해 구축한 아키텍처 유형에 해당한다. 시계열의 맥락에서 DeepAR(https://www.sciencedirect.com/science/article/pii/S0169207019301888)은 자기회귀 순환 신경망을 사용하는 최첨단 결과를 얻을 수 있는 방법론이다.

그럼에도 불구하고 자기회귀 딥러닝 모델에서는 오차의 누적을 반드시 주의해야 한다. 우리는 많은 시계열을 예측해왔으며, 예측과 실젯값 사이에는 항상 약간의 차이가 있다는 것을 알고 있다. 이러한 오차가 모델에 다시 입력되어 누적되고, 이로 인해 이후 예측이 이전 예측보다 더 큰 오차를 갖게 된다는 것을 뜻한다. 따라서 자기회귀 딥러닝 아키텍처는 강력해 보이지만 특정 문제에 대한 최선의 해법이 아닐 수도 있다. 따라서 엄격한 테스트 프로토콜을 사용해야 하는데, 이는 바로 13장 이후에 우리가 개발한 것 중 하나다.

그래도 이 모델을 시계열 예측 방법을 위한 도구 상자에 넣어두도록 하겠다. 다음 절에서는 다음 24시간 동안의 예측을 생성하는 자기회귀 LSTM 모델을 코딩해보자. 이 모델의 성능을 이전의 다중 단계 모델과 비교해본다.

17.2 자기회귀 LSTM 모델 구축하기

이제 케라스로 우리만의 자기회귀 딥러닝 모델을 코딩할 준비가 되었다. 특히, 실험 결과 LSTM 모델이 다중 단계 모델 중 가장 우수한 성능을 보인다는 것을 알 수 있었으므로 ARLSTM 모델을 코딩할 것이다. 즉 자기회귀적으로 만들어서 성능을 더 개선해보자.

언제나 그렇듯이, 노트북이나 파이썬 스크립트에서 `DataWindow` 클래스와 `compile_and_fit` 함수에 액세스할 수 있어야 한다. 이 두 함수는 13장에서 개발한 것과 동일한 버전이다.

CAUTION 이번 장의 소스 코드는 언제든지 깃허브에서 참조할 수 있다.
https://github.com/jpub-dongdong9/TimeSeriesForecastingInPython/tree/master/CH17

첫 번째 단계는 훈련 집합, 검증 집합, 테스트 집합을 로딩하는 것이다.

```
train_df = pd.read_csv('../data/train.csv', index_col=0)
val_df = pd.read_csv('../data/val.csv', index_col=0)
test_df = pd.read_csv('../data/test.csv', index_col=0)
```

다음으로 데이터 윈도우를 정의한다. 이 경우 LSTM 모델에 사용한 데이터 윈도우를 재사용한다. 입력과 레이블 배열에는 각각 24개의 시간 단계가 있다. 모델이 24개의 예측을 출력하도록 `shift` 를 24로 지정하자. 목표는 여전히 교통량이다.

```
multi_window = DataWindow(input_width=24, label_width=24, shift=24,
→ label_columns=['traffic_volume'])
```

이제 케라스의 `Model` 클래스를 상속하는 `AutoRegressive`라는 클래스로 모델을 감싸겠다. 이를 통해 입력과 출력에 액세스할 수 있다. 이렇게 하면 각 예측 단계에서 출력이 입력으로서 전달되도록 지정할 수 있다.

`AutoRegressive` 클래스에서 `__init__` 함수를 정의하는 것으로 시작하자. 이 함수는 세 개의 매개 변수를 받는다.

- `self`: `AutoRegressive` 클래스의 인스턴스를 참조한다.
- `units`: 계층에 있는 뉴런의 개수를 나타낸다.
- `out_steps`: 예측 배열의 길이를 나타낸다. 이 경우 24다.

그런 다음 세 가지 다른 케라스 계층, 즉 Dense 계층, RNN 계층, LSTMCell 계층을 사용한다. LSTM-Cell 계층은 LSTM 계층보다 저수준의 계층이다. 이를 통해 상태 및 예측과 같은 더 세분화된 정보에 액세스할 수 있으며, 이를 조작하여 모델에 출력을 입력으로서 공급할 수 있다. RNN 계층의 경우, 입력 데이터에 대해 LSTMCell 계층을 훈련하는 데 사용된다. 그런 다음, 그 출력이 Dense 계층을 통과하고 예측을 생성한다. 다음은 완전한 `__init__` 함수다.

```
class AutoRegressive(Model):
    def __init__(self, units, out_steps):      ◄── 계층의 뉴런 개수는 units으로 정의되며, 예측 배열의 길이는
        super().__init__()                          out_steps로 정의된다.
        self.out_steps = out_steps
        self.units = units
        self.lstm_cell = LSTMCell(units)       ◄── LSTMCell 계층은 상태 및 출력과 같은 더 세분화된 정보에
        self.lstm_rnn = RNN(self.lstm_cell, return_state=True)   액세스할 수 있는 저수준 클래스다.
```
◄── RNN 계층은 LSTMCell 계층을 감싸고 있어, 데이터에 대한 LSTM을 더 쉽게 훈련할 수 있다.

```
        self.dense = Dense(train_df.shape[1])    ◄─────┐  예측은 이 Dense 계층에서 나온다.
```

초기화가 완료되면 다음 단계는 첫 번째 예측을 출력하는 함수를 정의하는 것이다. 이 함수는 자기 회귀 모델이기 때문에 이번 예측이 다음 예측을 생성하기 위한 입력으로 다시 모델에 피드백된다. 따라서 자기회귀 루프에 들어가기 전에 첫 번째 예측을 포착할 수 있는 방법이 있어야 한다.

단일 단계 LSTM 모델을 복제하는 `warmup` 함수를 정의하겠다. 입력을 `lstm_rnn` 계층에 전달하고, Dense 계층에서 예측을 가져온 다음, 예측과 상태를 모두 반환한다.

```
def warmup(self, inputs):
    x, *state = self.lstm_rnn(inputs)    ◄────┐  입력을 LSTM 계층에 전달한 뒤, 반환된 출력은 Dense
    prediction = self.dense(x)    ◄─────────┐      계층으로 전송된다.

    return prediction, state          Dense 계층에서 예측을 가져온다.
```

이제 첫 번째 예측을 포착하는 방법이 생겼으므로, 루프를 실행하여 `out_steps`만큼의 길이인 예측 배열을 생성하는 `call` 함수를 정의할 수 있다. 이 함수는 케라스에 의해 암시적으로 호출되므로 함수의 이름을 `call`로 지정해야 하며, 다른 이름을 지정하면 오차가 발생할 수 있다는 점에 유의하자.

저수준 클래스인 `LSTMCell` 클래스를 사용하고 있으므로 이전 상태를 수동으로 전달해야 한다. 루프가 완료되면 예측을 쌓고 `transpose` 메서드를 사용하여 올바른 출력 모양을 갖도록 한다.

```
def call(self, inputs, training=None):
    predictions = []    ◄──────────────┐  모든 예측을 수집하기 위한 빈 목록을 초기화한다.
    prediction, state = self.warmup(inputs)    ◄───┐  warmup 함수에서 첫 번째 예측을 얻는다.

    predictions.append(prediction)    ◄──┐  첫 번째 예측을 예측 목록에 배치한다.

    for n in range(1, self.out_steps):
        x = prediction    ◄──────┐  예측이 다음 예측을 위한 입력이 된다.
        x, state = self.lstm_cell(x, states=state, training=training)

        prediction = self.dense(x)    ◄───┐  이전 예측을 입력으로 사용하여 새 예측을 생성한다.
        predictions.append(prediction)
                                        ┌  모든 예측을 스택한다. 이 시점에서 모양은 (시간, 배치, 특징)이다.
    predictions = tf.stack(predictions)    ◄─┤  이를 (배치, 시간, 특징)으로 변경해야 한다.
    predictions = tf.transpose(predictions, [1, 0, 2])    ◄──┐  transpose를 사용하여 (배치, 시간,
                                                                특징)과 같은 필요한 모양으로 변경한다.
```

```
    return predictions
```

전체 클래스는 다음 리스팅에 나와 있다. 이 코드는 공식 텐서플로 문서에 있는 구현을 재사용한다. 이것은 이번에도 Apache 2.0 라이선스 조건 내에서 재사용되었다. 이 코드 스니펫은 텐서플로의 모든 모범 사례를 따르기 때문에 수정하지 않았다.

리스팅 17.1 ARLSTM 모델을 구현하는 클래스 정의하기

```python
class AutoRegressive(Model):
    def __init__(self, units, out_steps):
        super().__init__()
        self.out_steps = out_steps
        self.units = units
        self.lstm_cell = LSTMCell(units)
        self.lstm_rnn = RNN(self.lstm_cell, return_state=True)
        self.dense = Dense(train_df.shape[1])

    def warmup(self, inputs):
        x, *state = self.lstm_rnn(inputs)
        prediction = self.dense(x)

        return prediction, state

    def call(self, inputs, training=None):
        predictions = []
        prediction, state = self.warmup(inputs)

        predictions.append(prediction)

        for n in range(1, self.out_steps):
            x = prediction
            x, state = self.lstm_cell(x, states=state, training=training)

            prediction = self.dense(x)
            predictions.append(prediction)

        predictions = tf.stack(predictions)
        predictions = tf.transpose(predictions, [1, 0, 2])

        return predictions
```

이렇게 자기회귀 LSTM 모델을 구현하는 `AutoRegressive` 클래스를 정의해보았다. 이제 이 클래스를 사용해 데이터에 대한 모델을 훈련할 수 있다. 다중 단계 모델의 목적은 다음 24시간을 예측하는 것이므로 32개의 units와 24개의 시간 단계의 출력 배열 길이로 초기화하자.

```
AR_LSTM = AutoRegressive(units=32, out_steps=24)
```

다음으로 모델을 컴파일하고, 훈련하고, 성능 지표를 저장한다.

```
history = compile_and_fit(AR_LSTM, multi_window)

ms_val_performance = {}
ms_performance = {}

ms_val_performance['AR - LSTM'] = AR_LSTM.evaluate(multi_window.val)
ms_performance['AR - LSTM'] = AR_LSTM.evaluate(multi_window.test, verbose=0)
```

DataWindow 클래스의 plot 메서드를 사용하여 실젯값에 대한 모델의 예측을 시각화할 수 있다.

```
multi_window.plot(AR_LSTM)
```

그림 17.3에서 많은 예측이 실젯값과 매우 가깝고 때로는 겹치기도 한다. 이는 상당히 정확한 모델임을 나타낸다.

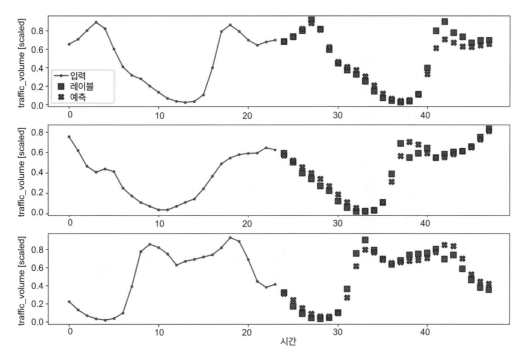

그림 17.3 ARLSTM 모델을 사용하여 향후 24시간 동안의 교통량 예측하기. 많은 예측값(십자가로 표시)이 실젯값(사각형으로 표시)과 겹치는데, 이는 상당히 정확한 모델임을 뜻한다.

이 시각적 검사만으로는 새로운 최고 성능의 모델을 얻었는지를 판단하기에 충분하지 않으므로 이전의 모든 다중 단계 모델과 비교하여 해당 모델의 MAE를 표시해보자. 결과는 그림 17.4에 표시되어 있으며, 자기회귀 LSTM 모델이 검증 집합에서 0.063, 테스트 집합에서 0.049의 MAE를 달성했음을 보여준다. 이는 CNN, CNN + LSTM 모델, 단순 LSTM 모델보다 더 좋은 점수다. 따라서 ARLSTM 모델이 가장 성능이 좋은 다중 단계 모델이 되었다.

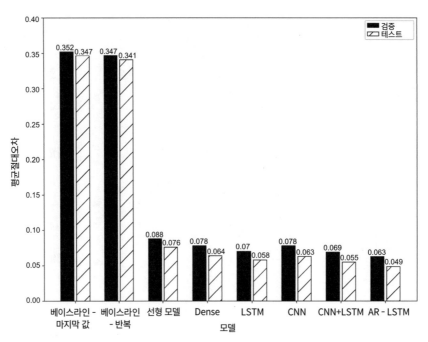

그림 17.4 **검증 집합 및 테스트 집합에 대한 모든 다중 단계 모델의 MAE. ARLSTM 모델은 CNN, CNN + LSTM 모델, 단순 LSTM 모델보다 낮은 MAE를 달성한다.**

각 모델의 성능은 해결해야 하는 문제에 따라 달라진다는 점을 항상 염두에 두어야 한다. 여기서 중요한 점은 ARLSTM이 항상 최고의 모델이라는 것이 아니라, 이 상황에서 가장 성능이 좋은 모델 이라는 것이다. 다른 문제에 대해서는 다른 모델이 챔피언 모델일 수도 있다. 13장부터 모든 연습을 완료했다면 이미 이런 일이 일어나고 있었다는 것을 확인했을 것이다. 13장부터 구축한 각 모델은 시계열 예측 문제를 해결할 가능성을 극대화하는 데 도움이 되는 도구 상자의 도구 중 하나라는 점을 명심해야 한다.

17.3 다음 단계

이번 장은 LSTM 아키텍처와 데이터 윈도잉과 같이 이미 다룬 개념을 기반으로 했기 때문에 다소 짧다.

자기회귀 LSTM 모델은 예제에서 단순 LSTM 다중 단계 모델보다 성능이 뛰어났으며, CNN 모델보 다 성능이 더 좋았다. 다시 한번 강조하지만, ARLSTM 모델이 언제나 CNN 모델이나 단순 LSTM 모델보다 성능이 뛰어나다는 뜻은 아니다. 각 문제는 고유하며, 다른 아키텍처가 다른 문제에 대해 최상의 성능을 낼 수도 있다. 가능하다면 최상의 해법을 찾아보기 위해 각 문제에 맞게 조정하고 테스트해볼 수 있는 다양한 모델을 보유하게 되었다는 점이 중요하다.

이것으로 이 책의 딥러닝 부분은 거의 마무리되었다. 다음 장에서는 시계열 예측을 위한 딥러닝 방법에 대한 지식을 캡스톤 프로젝트에 적용해보겠다. 이전과 마찬가지로 문제와 데이터 집합이 제공되며, 문제를 해결하기 위한 예측 모델을 만들어야 한다.

17.4 연습

13장 이후의 연습에서는 세 가지 유형의 모델(단일 단계, 다중 단계, 다중 출력)을 모두 사용하여 베이징의 대기질을 예측하는 여러 모델을 구축해보았다. 이제 ARLSTM 모델을 사용하여 마지막 다중 단계 모델을 구축해보자. 해답은 깃허브에서 찾을 수 있다.

https://github.com/jpub-dongdong9/TimeSeriesForecastingInPython/tree/master/CH17

1. 다중 단계 모델의 경우

    a. ARLSTM 모델을 구축한다.

    b. 예측을 도식화한다.

    c. 평균절대오차를 사용하여 모델을 평가하고 비교를 위해 MAE를 저장한다.

    d. ARLSTM 모델이 챔피언 모델인가?

더 자유롭게 실험해보자. 예를 들어 units 수를 변경하여 모델 성능에 어떤 영향을 미치는지 확인해볼 수도 있다.

요약

- 딥러닝의 자기회귀 아키텍처는 WaveNet과 DeepAR 같은 최첨단 모델을 탄생시켰다.
- 자기회귀 딥러닝 모델은 일련의 예측을 생성하지만, 각 예측은 모델에 입력으로서 다시 피드백된다.
- 자기회귀 딥러닝 모델과 관련하여 주의해야 할 점은 배열의 길이가 길어질수록 오차가 누적된다는 것이다. 따라서 초기의 잘못된 예측은 이후의 예측에 큰 영향을 미칠 수 있다.

18

CHAPTER

캡스톤 프로젝트:
가정의 전력 소비량 예측하기

이 장의 주요 내용

■ 가정의 전력 소비량을 예측하는 딥러닝 모델 개발하기

■ 다양한 다중 단계 딥러닝 모델 비교하기

■ 평균절대오차 평가하고 챔피언 모델 선정하기

여기까지 온 것을 축하한다. 12장부터 17장까지는 시계열 예측을 위한 딥러닝에 대해 자세히 살펴 봤다. 일반적으로 10,000개 이상의 데이터 요소와 많은 기능을 포함하는 대규모 데이터 집합이 있 는 경우, 통계적 모델이 비효율적이거나 사용할 수 없게 된다는 점을 배웠다. 그런 경우에 예측 모 델을 생성하기 위해서는, 계산 효율을 유지하면서 사용 가능한 모든 정보를 활용할 수 있는 딥러닝 모델을 사용해야 한다.

6장에서 ARMA(p,q) 모델로 시계열 모델링을 시작할 때 새로운 예측 절차를 설계해야 했던 것처 럼, 딥러닝 기법으로 모델링하기 위해서는 새로운 모델링 절차가 필요하다. 이를 사용하기 위해 Da-taWindow 클래스를 활용하여 데이터 윈도우를 만들어보자. 이 클래스는 그림 18.1과 같이 데이터 형식을 적절히 지정하여 모델에 대한 입력 및 레이블 집합을 생성할 수 있으므로 딥러닝을 사용하 는 모델링에서 중요한 역할을 한다.

입력					레이블				
$t = 0$	$t = 1$	$t = ...$	$t = 22$	$t = 23$	$t = 24$	$t = 25$	$t = ...$	$t = 46$	$t = 47$

데이터 윈도우

그림 18.1 데이터 윈도우의 예시. 이 데이터 윈도우에는 입력으로 24개의 시간 단계와 출력으로 24개의 시간 단계를 지정한다. 그리고 모델은 24시간의 입력을 사용하여 24시간의 예측을 생성한다. 데이터 윈도우의 전체 길이는 입력과 레이블의 길이를 합한 값이다. 이번 예시의 경우, 전체 길이는 48개의 시간 단계다.

이 데이터 윈도잉 단계를 통해 간단한 선형 모델부터 심층 신경망, 장단기 메모리 네트워크, 합성곱 신경망에 이르기까지 다양한 모델을 생성할 수 있다. 또한 데이터 윈도잉은 다양한 시나리오에서 사용할 수 있으므로, 이를 활용하여 다음 시간 단계만 예측하는 단일 단계 모델, 일련의 미래 단계를 예측하는 다중 단계 모델, 둘 이상의 대상 변수를 예측하는 다중 출력 모델을 생성할 수 있다.

앞에서 딥러닝을 사용해보았으니 이제 캡스톤 프로젝트에서 모든 지식을 활용해볼 차례다. 이번 장에서는 딥러닝 모델을 사용하는 예측 프로젝트의 절차를 살펴보겠다. 먼저 프로젝트를 살펴보고 사용할 데이터를 설명한다. 그런 다음 **데이터 랭글링**data wrangling과 전처리 단계를 다룬다. 이러한 단계는 시계열 예측과 직접적인 관련이 없지만, 모든 기계 학습 프로젝트에서 중요한 단계다. 그런 다음 모델링 단계에 집중하여 일련의 딥러닝 모델들을 적용해보고 최고의 성능을 발휘하는 모델을 찾아본다.

18.1 캡스톤 프로젝트 이해하기

이 프로젝트에서는 한 가정의 전력 소비량을 추적한 데이터 집합을 사용한다. '개별 가정의 전력 소비량Individual household electric power consumption' 데이터 집합은 UC 어바인 기계 학습 리포지터리UC Irvine Machine Learning Repository에 공개되어 있으므로 누구나 사용할 수 있다.

https://archive.ics.uci.edu/dataset/235/individual+household+electric+power+consumption

전기 에너지 소비량을 예측하는 것은 전 세계에 공통적으로 필요한 작업이다. 개발도상국에서는 이러한 작업이 전력망 건설을 계획하는 데 도움이 될 수 있다. 이미 전력망이 발달한 국가에서는 에너지 소비량을 예측함으로써, 전력망이 충분한 에너지를 전달하여 모든 가정에 효율적으로 전력을 공급할 수 있는지 확인할 수 있다. 정확한 예측 모델을 통해 에너지 회사는 전력망의 부하를 더 잘 계획하여 피크 시간대에 충분한 에너지를 생산하거나 수요를 충족할 수 있는 충분한 에너지 비축량을 확보할 수 있다. 또한 과도한 전력을 생산한 후 저장하지 않고 공급하여, 전력망에 불균형을 유발하고 단전의 위험을 초래하는 상황을 피할 수 있다. 따라서 전기 에너지 소비량을 예측하는 것은 일상 생활에 큰 영향을 미치는 중요한 문제다.

예측 모델을 개발하기 위해 앞서 언급한 전력 소비 데이터 집합을 사용하는데, 여기에는 2006년 12월부터 2010년 11월까지 프랑스 소Sceaux에 있는 한 주택의 전력 소비량이 포함되어 있다. 이 데이터는 47개월에 걸쳐 매분마다 기록되어, 200만 개 이상의 데이터 요소를 저장하고 있다.

데이터 집합은 표 18.1에 나열된 총 9개의 열로 구성되어 있다. 주요 대상은 회로에서 사용되는 실제 전력을 나타내는 전 세계의 유효 전력active power으로, 가전제품에서 사용한다. 반면에 무효 전력reactive power은 회로의 소스와 부하 사이에서 순환하고 유용한 작업에 사용되지 않는다.

표 18.1 **데이터 집합의 열에 대한 설명**

열 이름	설명
Date	날짜(dd/mm/yyyy)
Time	시간(hh:mm:ss)
Global_active_power	전 세계 유효 전력(킬로와트)
Global_reactive_power	전 세계 무효 전력(킬로와트)
Voltage	전압(볼트)
Global_intensity	전류(암페어)
Sub_metering_1	식기세척기, 오븐, 전자레인지가 주방에서 소비하는 에너지(와트-시)
Sub_metering_2	세탁실에서 세탁기, 건조기, 냉장고, 조명이 소비하는 에너지(와트-시)
Sub_metering_3	온수기와 에어컨이 소비하는 에너지(와트-시)

이 데이터 집합에는 에너지 소비의 잠재적 예측 변수인 날씨 정보가 포함되어 있지 않다. 더운 여름날에는 에어컨이 더 오래 작동하므로 더 많은 전력이 필요할 것으로 예상할 수 있다. 추운 겨울철 집 난방에는 많은 양의 에너지가 필요하기 때문에 마찬가지로 많은 전력이 필요하다. 여기서는 날씨 데이터를 사용할 수 없지만 비즈니스 환경에서는 이러한 다른 유형의 데이터를 활용하여 데이터 집합을 보강하고 잠재적으로 더 나은 모델을 생성할 수 있다.

이제 문제와 데이터 집합에 대해 전반적으로 이해했으므로 이 프로젝트의 목표와 이를 달성하기 위해 취할 단계를 정의해보자.

캡스톤 프로젝트의 목표

이번 캡스톤 프로젝트의 목표는 다음 24시간 동안 전 세계의 유효 전력을 예측할 수 있는 모델을 만드는 것이다. 지식에 확신을 가지고 있다면 데이터 집합을 다운로드하여 직접 작업하고 이번 장에 제시된 과정과 비교해보는 것만으로 충분할 것이다.

그렇지 않은 경우, 수행해야 할 단계는 다음과 같다.

1. 데이터 랭글링 및 전처리. 이 단계는 선택사항이다. 시계열 예측과 직접 연결되지는 않지만 모든 기계 학습 프로젝트에서 중요한 단계다. 전처리가 필요 없는 깨끗한 데이터 집합이라면 이 단계를 건너뛰고 2단계부터 시작할 수도 있다.

    a. 결측값의 개수를 확인한다.

    b. 결측값을 추정한다.

    c. 각 변수를 숫자값으로 표현한다(모든 데이터는 원래 문자열로 저장됨).

    d. 날짜 및 시간 열을 결합하여 `DateTime` 개체로 만든다.

    e. 매분 샘플링된 데이터가 예측에 유용할지를 결정한다.

    f. 시간 단위로 데이터를 다시 샘플링한다.

    g. 불완전한 시간 단위를 제거한다.

2. 특징 엔지니어링

    a. 계절성을 식별한다.

    b. 사인 및 코사인 변환으로 시간을 인코딩한다.

    c. 데이터의 규모를 조정한다.

3. 데이터를 분할한다.

    a. 70:20:10으로 분할하여 훈련 집합, 검증 집합, 테스트 집합을 생성한다.

4. 딥러닝 모델링을 준비한다.

    a. `DataWindow` 클래스를 구현한다.

    b. `compile_and_fit` 함수를 정의한다.

    c. 열 인덱스와 열 이름으로 된 사전을 생성한다.

5. 딥러닝으로 모델링한다.

    a. 하나 이상의 베이스라인 모델을 훈련한다.

    b. 선형 모델을 훈련한다.

    c. 심층 신경망을 훈련한다.

    d. LSTM을 훈련한다.

    e. CNN을 훈련한다.

    f. LSTM과 CNN의 조합을 훈련한다.

    g. 자기회귀 LSTM을 훈련한다.

    h. 가장 성능이 좋은 모델을 선택한다.

이제 캡스톤 프로젝트를 성공적으로 완료하는 데 필요한 모든 단계를 마쳤다. 직접 해보면 숙달한 부분과 다시 봐야 할 부분을 파악할 수 있으므로 직접 해볼 것을 적극 권장한다. 언제든지 다음 절을 참조하여 각 단계에 대한 자세한 안내를 확인할 수 있다.

모든 답은 깃허브에서 확인할 수 있다.

https://github.com/jpub-dongdong9/TimeSeriesForecastingInPython/tree/master/CH18

데이터 파일이 너무 커서 리포지터리에 포함할 수 없으므로 데이터 집합을 별도로 다운로드해야 한다. 행운을 빈다.

18.2 데이터 랭글링 및 전처리하기

데이터 랭글링은 데이터를 모델링에서 쉽게 사용할 수 있는 형태로 변환하는 절차다. 이 단계에는 일반적으로 누락된 데이터를 탐색하고, 빈 값을 채우고, 데이터의 유형이 올바른지, 즉 숫자가 문자열이 아닌 숫자값인지 확인하는 작업이 포함된다. 이 단계는 복잡하지만, 기계 학습 프로젝트에서 가장 중요한 단계다. 예측 프로젝트를 시작할 때 데이터의 품질이 좋지 않으면 예측의 품질도 좋지 않기 때문이다. 시계열 예측에만 집중하고 싶다면 이번 절을 건너뛰어도 되지만, 데이터 집합에 익숙해지는 데 큰 도움이 될 것이므로 반드시 읽어보길 적극 권장한다.

> CAUTION 아직 다운로드하지 않았다면, UC 어바인 기계 학습 리포지터리에서 '개별 가정 전력 소비(Individual household electric power consumption)' 데이터 집합을 다운로드할 수 있다.
> https://archive.ics.uci.edu/ml/datasets/Individual+household+electric+power+consumption

이 데이터 랭글링을 수행하기 위해서는, 먼저 데이터 조작과 시각화에 유용한 라이브러리를 파이썬 스크립트나 주피터 노트북에서 임포트해야 한다.

```
import datetime

import numpy as np
import pandas as pd
import tensorflow as tf
import matplotlib.pyplot as plt

import warnings
warnings.filterwarnings('ignore')
```

필자는 numpy와 텐서플로를 사용할 때면 결과를 재현할 수 있도록 특정 시드를 지정하는 편을 선호한다. 시드를 지정하지 않으면 결과가 매번 달라질 수 있다. 필자와 다른 시드를 설정하면 여기에 표시된 것과 다른 결과가 나올 수 있다.

```
tf.random.set_seed(42)
np.random.seed(42)
```

다음 단계는 데이터 파일을 DataFrame에 로딩하는 것이다. 우리는 원시 텍스트 파일로 작업하고 있지만, 이번에도 pandas의 read_csv 메서드를 사용할 수 있다. 이번 예시의 경우, 구분 기호로서 세미콜론을 지정하기만 하면 된다.

```
df = pd.read_csv('../data/household_power_consumption.txt', sep=';')
```
◀── 이 메서드에 구분 기호만 지정하면 .txt 파일도 사용할 수 있다.

선택사항으로서 처음 다섯 행은 df.head()로, 마지막 다섯 행은 df.tail()로 표시해볼 수 있다. 이렇게 하면 데이터가 2006년 12월 16일 오후 5시 24분에 시작하여 2010년 11월 26일 오후 9시 2분에 종료되고 매분마다 수집되었음을 확인할 수 있다. 또한 df.shape를 사용하여 데이터의 모양을 표시할 수 있는데 2,075,529개의 행과 9개의 열이 있음을 알 수 있다.

18.2.1 누락된 데이터 처리하기

이제 누락된 값이 있는지 확인해보자. isna() 메서드와 sum() 메서드를 체이닝chaining하여 이 작업을 수행할 수 있다. 이 함수는 데이터 집합의 각 열에 대한 누락된 값의 합계를 반환한다.

```
df.isna().sum()
```

그림 18.2에 표시된 출력에서 Sub_metering_3 열에만 결측값이 있다. 실제로 데이터 문서에 따르면 약 1.25%의 값이 누락되어 있다.

```
Date                     0
Time                     0
Global_active_power      0
Global_reactive_power    0
Voltage                  0
Global_intensity         0
Sub_metering_1           0
Sub_metering_2           0
Sub_metering_3       25979
dtype: int64
```

그림 18.2 데이터 집합에서 누락된 값의 총 개수 출력. Sub_metering_3 열에만 결측값이 있는 것을 볼 수 있다.

누락된 값을 처리하기 위해 살펴볼 수 있는 두 가지 옵션이 있다. 첫째, 다른 특징에는 결측값이 없으므로 이 열을 삭제하면 된다. 둘째, 누락된 값을 특정값으로 채울 수 있다. 이 절차를 **대입**imputing 이라고 한다.

먼저 연속된 결측값이 많은지 확인한다. 연속된 값을 많이 대입하면 데이터에 존재하지 않는 추세가 생길 수 있으므로 연속된 값이 많은 경우에는 해당 열을 제거하는 것이 좋다. 그렇지 않고 결측값이 시간에 걸쳐 분산되어 있는 경우, 결측값을 채우는 것이 합리적이다. 다음 코드는 연속된 결측값 중 가장 긴 배열의 길이를 출력한다.

```
na_groups = df['Sub_metering_3'].notna().cumsum()[df['Sub_metering_3'].isna()]
len_consecutive_na = na_groups.groupby(na_groups).agg(len)

longest_na_gap = len_consecutive_na.max()
```

이 함수는 약 5일에 해당하는 7,226분 길이의 연속적인 누락 데이터를 출력한다. 이 경우 간격이 너무 커서 누락된 값으로 채울 수 없으므로 데이터 집합에서 이 열을 제거하는 편이 낫다.

```
df = df.drop(['Sub_metering_3'], axis=1)
```

데이터 집합에 더 이상 누락된 데이터가 없으므로 다음 단계로 넘어갈 수 있다.

18.2.2 데이터 변환

이제 데이터가 올바른 형_{type}인지 확인해보자. 데이터 집합이 센서 판독값의 모음이므로 숫자 데이터인지 확인해야 한다.

각 열이 어떤 객체의 유형인지를 보여주는 `df.dtypes`를 사용하여 각 열의 형을 출력할 수 있다. pandas에서 이는 데이터가 대부분 텍스트형이거나 숫자형 값과 숫자가 아닌 값이 혼합되어 있다는 것을 뜻한다.

pandas의 `to_numeric` 함수를 사용하여 각 열을 숫자값으로 변환할 수 있다. 이는 우리 모델이 숫자 데이터를 기대하므로 필수적이다. 날짜와 시간 열은 숫자값으로 변환하지 않고 나중에 처리할 것이다.

```
cols_to_convert = df.columns[2:]

df[cols_to_convert] = df[cols_to_convert].apply(pd.to_numeric, errors='coerce')
```

선택사항으로서 `df.dtypes`를 사용하여 각 열의 형을 다시 확인하여 값이 올바르게 변환되었는지 확인할 수 있다. 이렇게 하면 Global_active_power에서 Sub_metering_2에 이르는 모든 열이 예상대로 `float64`로 변환되었음을 확인할 수 있다.

18.2.3 데이터 리샘플링하기

다음 단계는 매분 샘플링된 데이터가 모델링에 적합한지 확인하는 것이다. 매분 샘플링된 데이터는 노이즈가 너무 커서 성능이 우수한 예측 모델을 구축하기 어려울 수도 있다.

이를 확인하기 위해 대상을 도식화하여 어떤 모습인지 간단히 확인한다. 결과 도식은 그림 18.3에 나와 있다.

```
fig, ax = plt.subplots(figsize=(13,6))

ax.plot(df['Global_active_power'])
ax.set_xlabel('Time')
ax.set_xlim(0, 2880)

fig.autofmt_xdate()
plt.tight_layout()
```

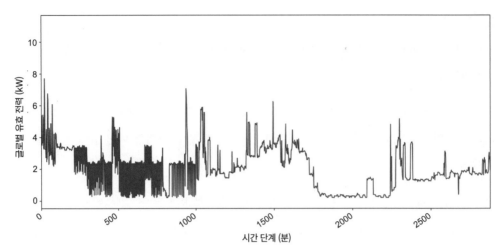

그림 18.3 매분 샘플링하여 기록한 글로벌 유효 전력의 처음 24시간 동안의 데이터. 데이터에 노이즈가 상당히 많다는 것을 알 수 있다.

그림 18.3은 데이터에 노이즈가 매우 심하고 매분마다 큰 진동이나 평평한 배열이 발생한다는 것을 보여준다. 이러한 패턴은 무작위로 움직이는 것처럼 보이기 때문에 딥러닝 모델을 사용하여 예측하기 어렵다. 또한 전력망의 변화는 짧은 시간 내에 일어날 수 없기 때문에 전력 소비량을 분 단위로 예측할 필요성에 의문을 가질 수도 있다.

따라서 데이터를 다시 샘플링해야 한다. 이 경우 시간 단계로 리샘플링해보자. 이렇게 하면 데이터를 평활화하고 기계 학습 모델로 예측하기 더 쉬운 패턴을 발견할 수도 있다.

이를 위해서는 `datetime` 데이터 타입이 필요하다. 날짜와 시간 열을 결합하여 `datetime` 데이터 타입이지만 동일한 정보를 포함하는 새로운 열을 만들 수 있다.

```
df.loc[:,'datetime'] = pd.to_datetime(df.Date.astype(str) + ' ' +
➥ df.Time.astype(str))          ◀── 이 단계는 시간이 오래 걸린다. 코드가 중단되는 것처럼 보이더라도
                                      걱정하지 말자.
df = df.drop(['Date', 'Time'], axis=1)
```

이제 데이터를 리샘플링할 수 있다. 이 경우 각 변수의 시간별 합계를 취한다. 이렇게 하면 매시간 가정에서 소비하는 총 전력을 알 수 있다.

```
hourly_df = df.resample('H', on='datetime').sum()
```

데이터는 2006년 12월 16일 오후 5시 24분에 시작하여 2010년 11월 26일 오후 9시 2분에 끝났다. 새로운 리샘플링을 적용하면 이제 시간당 각 열의 합계이므로 2006년 12월 16일 오후 5시에 시작하여 2010년 11월 26일 오후 9시에 끝나는 데이터를 갖게 된다. 그러나 데이터의 첫 번째와 마지막 행은 합계에서 60분 전체가 포함되지 않는다. 첫 번째 행은 오후 5시 24분부터 오후 5시 59분까지 35분 동안의 합계를 계산했다. 마지막 행은 오후 9시부터 오후 9시 2분까지의 합계를 계산했는데, 이는 2분에 불과하다. 따라서 데이터의 첫 번째 행과 마지막 행을 제거하여 한 시간 동안의 합계로만 작업하겠다.

```
hourly_df = hourly_df.drop(hourly_df.tail(1).index)
hourly_df = hourly_df.drop(hourly_df.head(1).index)
```

마지막으로, 이 과정을 통해 인덱스가 변경되었다. 필자는 개인적으로 인덱스는 정수로, 날짜는 하나의 열로 두는 것을 선호하여 `DataFrame`의 인덱스를 간단히 재설정하겠다.

```
hourly_df = hourly_df.reset_index()
```

선택사항으로서 `hourly_df.shape`를 사용하여 데이터의 모양을 확인할 수 있으며, 이제 34,949개의 데이터 행이 있는 것을 확인할 수 있다. 이는 원래의 200만 행에서 크게 줄어든 것이다. 그럼에도 불구하고 이 정도 크기의 데이터 집합도 딥러닝 방법에 적합하다.

데이터를 리샘플링하면 예측할 수 있는 식별 가능한 패턴이 생성되는지 확인하기 위해 대상을 다시 도식화해보자. 여기에서는 시간별로 샘플링된 전 세계 유효 전력의 첫 15일을 도식화하겠다.

```
fig, ax = plt.subplots(figsize=(13,6))

ax.plot(hourly_df['Global_active_power'])
ax.set_xlabel('Time')
ax.set_xlim(0, 336)

plt.xticks(np.arange(0, 360, 24), ['2006-12-17', '2006-12-18',
➥ '2006-12-19', '2006-12-20', '2006-12-21', '2006-12-22', '2006-12-23',
➥ '2006-12-24', '2006-12-25', '2006-12-26', '2006-12-27', '2006-12-28',
➥ '2006-12-29', '2006-12-30', '2006-12-31'])

fig.autofmt_xdate()
plt.tight_layout()
```

그림 18.4에서 볼 수 있듯이 이제 전 세계 유효 전력의 패턴이 더 부드러워졌다. 또한 이 책의 이전 예제에서 본 것만큼 명확하지는 않지만 일별 계절성도 식별할 수 있다.

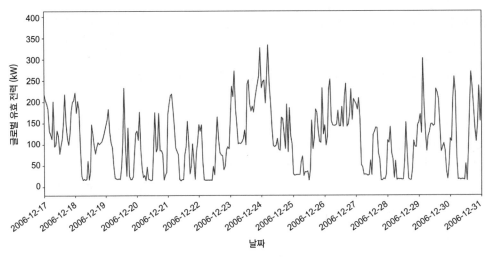

그림 18.4 **매시간 샘플링된 총 글로벌 유효 전력. 일별 계절성이 있는 더 부드러운 패턴을 갖게 되었다. 이제 딥러닝 모델로 예측할 준비가 되었다.**

데이터 랭글링이 완료되었으므로 데이터 집합을 CSV 파일로 저장하여 깔끔한 버전의 데이터를 확보할 수 있다. 이것이 다음 절의 시작 파일이 될 것이다.

```
hourly_df.to_csv('../data/clean_household_power_consumption.csv',
header=True, index=False)
```

18.3 특징 엔지니어링

이 시점에서 우리는 결측값이 없는 깨끗한 데이터 집합과 딥러닝 기법을 사용하여 예측하기 쉬운 평활화된 패턴을 갖게 되었다. 앞 절에서 잘 따라왔는지와 관계없이, 깨끗한 버전의 데이터를 로딩하고 특징 엔지니어링 작업을 시작할 수 있다.

```
hourly_df = pd.read_csv('../data/clean_household_power_consumption.csv')
```

18.3.1 불필요한 열 제거하기

특징 엔지니어링의 첫 번째 단계는 각 열에 대한 기본 통계를 표시하는 것이다. 이는 특히 크게 변하지 않는 변수가 있는지 감지하는 데 유용하다. 시간이 지나도 거의 일정한 변수는 대상을 예측하는 데 사용할 수 없으므로 이러한 변수는 제거해야 한다.

pandas에서 describe 메서드를 사용하여 각 열에 대한 설명을 얻을 수 있다.

```
hourly_df.describe().transpose()
```

그림 18.5에서 볼 수 있듯이 Sub_metering_1은 상숫값으로 전체 유효 전력의 변화를 설명하지 못하기 때문에 목표에 대한 좋은 예측 변수가 아닐 가능성이 높다. 이 열은 안전하게 제거하고 나머지는 그대로 유지하면 된다.

```
hourly_df = hourly_df.drop(['Sub_metering_1'], axis=1)
```

	count	mean	std	min	25%	50%	75%	max
Global_active_power	34949.0	64.002817	54.112103	0.0	19.974	45.868	93.738	393.632
Global_reactive_power	34949.0	7.253838	4.113238	0.0	4.558	6.324	8.884	46.460
Voltage	34949.0	14121.298311	2155.548246	0.0	14340.300	14454.060	14559.180	15114.120
Global_intensity	34949.0	271.331557	226.626113	0.0	88.400	196.600	391.600	1703.000
Sub_metering_1	34949.0	65.785430	210.107036	0.0	0.000	0.000	0.000	2902.000
Sub_metering_2	34949.0	76.139861	248.978569	0.0	0.000	19.000	39.000	2786.000

그림 18.5 데이터 집합의 각 열에 대한 설명. Sub_metering_1이 75%의 시간 동안 0의 값을 갖는다는 것을 알 수 있다. 이 변수는 시간이 지나도 크게 변하지 않으므로 특징 집합에서 제거할 수 있다.

18.3.2 계절적 기간 식별하기

한 가정의 글로벌 유효 전력이 목표이므로 계절적 요인이 있을 가능성이 있다. 밤에는 전력 사용량이 적을 것으로 예상할 수 있다. 마찬가지로 사람들이 주중에 퇴근하고 돌아올 때 소비량이 최고조에 달할 수 있다. 따라서 목표에 계절적 요인이 있다고 가정하는 것은 합리적이다.

목표를 도식화하여 기간을 시각적으로 탐색할 수 있는지 확인할 수 있다.

```
fig, ax = plt.subplots(figsize=(13,6))

ax.plot(hourly_df['Global_active_power'])
ax.set_xlabel('Time')
ax.set_xlim(0, 336)

plt.xticks(np.arange(0, 360, 24), ['2006-12-17', '2006-12-18',
➥ '2006-12-19', '2006-12-20', '2006-12-21', '2006-12-22', '2006-12-23',
➥ '2006-12-24', '2006-12-25', '2006-12-26', '2006-12-27', '2006-12-28',
➥ '2006-12-29', '2006-12-30', '2006-12-31'])

fig.autofmt_xdate()
plt.tight_layout()
```

그림 18.6에서 대상에 약간의 주기적 동작이 있음을 알 수 있지만 도식에서 계절적 기간을 파악하기는 어렵다. 일별 계절성에 대한 가설은 유효하므로, 데이터에 계절성이 존재하는지 확인해야 한다. 이를 확인하는 한 가지 방법은 푸리에 변환Fourier transform을 사용하는 것이다.

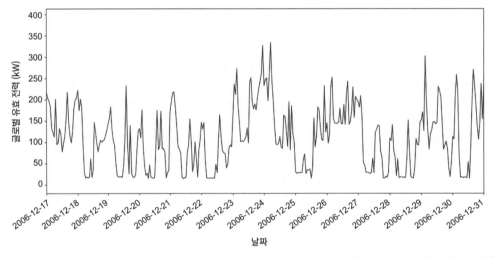

그림 18.6 첫 15일 동안의 전 세계 총 유효 전력. 주기적인 동작은 분명하지만, 도식만으로는 계절적 기간을 파악하기 어렵다.

자세히 설명하지 않겠으나, 푸리에 변환을 사용하면 기본적으로 신호의 빈도와 진폭을 시각화할 수 있다. 따라서 시계열을 신호로 취급하여 푸리에 변환을 적용하면 진폭이 큰 빈도들을 찾을 수 있다. 이러한 빈도들로 계절적 기간을 결정할 수 있다. 이 방법의 가장 큰 장점은 계절적 기간 자체와는 무관하다는 것이다. 연간, 주간, 일별 계절성, 테스트하려는 특정 기간 모두를 식별할 수 있다.

푸리에 변환에 대한 자세한 내용은 계절성 분석을 위한 푸리에 변환에 대해 친절하게 소개하는 Lakshay Akula의 '파이썬 및 SciPy를 사용하여 푸리에 변환으로 계절성 분석하기(Analyzing seasonality with Fourier transforms using Python & SciPy)' 블로그 게시물을 읽어 보길 권한다. http://mng.bz/7y2Q

지금은 주간 및 일별 계절성을 테스트해보자.

```
fft = tf.signal.rfft(hourly_df['Global_active_power'])   ◀─ 대상에 푸리에 변환을 적용한다.

f_per_dataset = np.arange(0, len(fft))   ◀─ 푸리에 변환에서 빈도의 개수를 구한다.

n_sample_h = len(hourly_df['Global_active_power'])   ◀─ 데이터 집합에 몇 시간이 포함되어 있는지
                                                        확인한다.

hours_per_week = 24 * 7   ◀─ 일주일을 시간 단계로 환산한다.
weeks_per_dataset = n_sample_h / hours_per_week   ◀─ 데이터 집합은 시간 단계로 주 단위로 환산한다.
f_per_week = f_per_dataset / weeks_per_dataset   ◀─ 데이터 집합에서 한 주의 빈도를 얻는다.

plt.step(f_per_week, np.abs(fft))   ◀─ 빈도와 진폭을 도식화한다.
plt.xscale('log')
plt.xticks([1, 7], ['1/week', '1/day'])   ◀─ 주간 및 일별 빈도에 레이블을 붙인다.
plt.xlabel('Frequency')
plt.tight_layout()
plt.show()
```

그림 18.7에서 주간 및 일별 빈도의 진폭을 확인할 수 있다. 주간 빈도는 눈에 띄는 피크를 보이지 않고 진폭이 매우 작다. 따라서 주간 계절성은 없다.

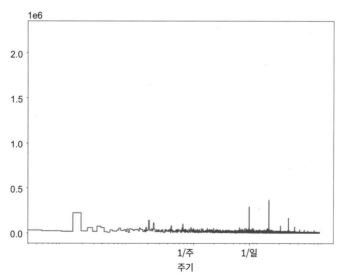

그림 18.7 대상의 주간 및 일별 계절성의 진폭. 주간 계절성의 진폭은 0에 가깝지만 일별 계절성의 경우 피크가 보이는 것을 볼 수 있다. 따라서 실제로 대상에 일별 계절성이 있다.

그런데 그림에서 일별 빈도를 보면 뚜렷한 피크가 있음을 알 수 있다. 이는 데이터에 실제로 일별 계절성이 있음을 알려준다. 따라서 일별 계절성은 유지하면서 시간을 표현하기 위해, 사인 및 코사인 변환을 사용하여 타임스탬프를 인코딩한다. 12장에서 딥러닝으로 모델링하기 위해 데이터를 준비할 때도 동일한 작업을 수행했다.

```
timestamp_s = pd.to_datetime(hourly_df.datetime).map(datetime.datetime.timestamp)

day = 24 * 60 * 60

hourly_df['day_sin'] = (np.sin(timestamp_s * (2*np.pi/day))).values
hourly_df['day_cos'] = (np.cos(timestamp_s * (2*np.pi/day))).values

hourly_df = hourly_df.drop(['datetime'], axis=1)
```

특징 엔지니어링을 완료했으며 데이터의 규모를 조장하고 훈련 집합, 검증 집합, 테스트 집합으로 분할할 준비가 되었다.

18.3.3 데이터를 분할하고 규모 조정하기

마지막 단계는 데이터 집합을 훈련 집합, 검증 집합, 테스트 집합으로 분할하고 데이터의 규모를 조정하는 것이다. 먼저 데이터를 분할한 뒤, 훈련 집합을 기준으로 데이터의 규모를 조정하면 검증 집합이나 테스트 집합으로 정보가 유출되어 오염되는 것을 방지할 수 있다. 그리고 데이터의 규모를 조정하면 훈련 시간이 단축되고 모델의 성능도 향상된다.

훈련 집합, 검증 집합, 테스트 집합에 대해 각각 70:20:10의 비율로 데이터를 분할하겠다.

```
n = len(hourly_df)

#데이터 분할 70:20:10 (훈련:검증:테스트 집합)
train_df = hourly_df[0:int(n*0.7)]
val_df = hourly_df[int(n*0.7):int(n*0.9)]
test_df = hourly_df[int(n*0.9):]
```

다음으로 스케일러를 훈련 집합에만 피팅한 뒤, 스케일러를 사용하여 각 개별 집합의 규모를 조정한다.

```
from sklearn.preprocessing import MinMaxScaler

scaler = MinMaxScaler()
scaler.fit(train_df)

train_df[train_df.columns] = scaler.transform(train_df[train_df.columns])
val_df[val_df.columns] = scaler.transform(val_df[val_df.columns])
test_df[test_df.columns] = scaler.transform(test_df[test_df.columns])
```

이제 각 집합을 저장하고 나중에 모델링에 사용할 수 있다.

```
train_df.to_csv('../data/ch18_train.csv', index=False, header=True)
val_df.to_csv('../data/ch18_val.csv', index=False, header=True)
test_df.to_csv('../data/ch18_test.csv', index=False, header=True)
```

이제 모델링 단계로 넘어갈 준비가 되었다.

18.4 딥러닝으로 모델링할 준비하기

지난 절에서는 딥러닝 모델의 훈련에 필요한 세 가지 데이터 집합을 생성했다. 이 프로젝트의 목표는 향후 24시간 동안의 전 세계 유효 전력 소비량을 예측하는 것이다. 즉 미래 24시간 동안 하나의 목표만 예측하기 때문에 단변량univariate 다중 단계 모델을 구축해야 한다.

선형 모델, 심층 신경망 모델, 장단기 메모리 모델, 합성곱 신경망 모델, CNN과 LSTM의 조합, 자기 회귀 LSTM을 구축한다. 마지막으로 평균절대오차를 사용하여 어떤 모델이 가장 좋은지 결정한다. 테스트 집합에서 가장 낮은 MAE를 달성하는 모델이 최고 성능을 발휘하는 모델이 된다.

13장과 마찬가지로 MAE를 평가 지표로 사용하고 평균제곱오차는 손실 함수로 사용한다는 점에 유의하자.

18.4.1 초기 설정

모델링으로 넘어가기 전에 먼저 필요한 라이브러리를 임포트하고, DataWindow 클래스와 모델을 훈련할 함수를 정의해야 한다.

먼저 모델링에 필요한 파이썬 라이브러리를 임포트하는 것으로 시작하자.

```
import numpy as np
import pandas as pd
import tensorflow as tf
import matplotlib.pyplot as plt

from tensorflow.keras import Model, Sequential

from tensorflow.keras.optimizers import Adam
from tensorflow.keras.callbacks import EarlyStopping
from tensorflow.keras.losses import MeanSquaredError
from tensorflow.keras.metrics import MeanAbsoluteError

from tensorflow.keras.layers import Dense, Conv1D, LSTM, Lambda, Reshape, RNN, LSTMCell

import warnings
warnings.filterwarnings('ignore')
```

이 글을 작성할 당시 최신 버전이었던 텐서플로 2.6이 설치되어 있는지 확인하자. 텐서플로 버전은 print(tf.__version__)을 사용하여 확인할 수 있다.

선택사항으로, 도식에 대한 매개변수를 설정할 수 있다. 이 경우, 필자는 도식의 크기를 지정하고 축에서 그리드를 제거했다.

```
plt.rcParams['figure.figsize'] = (10, 7.5)
plt.rcParams['axes.grid'] = False
```

그런 다음 random의 시드를 지정할 수 있다. 이렇게 하면 모델을 훈련할 때 일정한 결과를 얻을 수 있다. 딥러닝 모델의 초기화는 무작위로 이루어지므로 동일한 모델을 연속으로 두 번 훈련하면 성능이 약간 달라질 수 있다. 따라서 재현을 보장하기 위해 random의 시드를 설정한다.

```
tf.random.set_seed(42)
np.random.seed(42)
```

다음으로 훈련 집합, 검증 집합, 테스트 집합을 로딩하여 모델링할 수 있도록 준비한다.

```
train_df = pd.read_csv('../data/ch18_train.csv')
val_df = pd.read_csv('../data/ch18_val.csv')
test_df = pd.read_csv('../data/ch18_test.csv')
```

마지막으로, 열 이름과 해당 인덱스를 저장하는 사전을 만들자. 이 사전은 나중에 베이스라인 모델을 구축하고 데이터 윈도우를 만들 때 유용하다.

```
column_indices = {name: i for i, name in enumerate(train_df.columns)}
```

이제 다음 절인 DataWindow 클래스 정의하기로 넘어가보자.

18.4.2 DataWindow 클래스 정의하기

DataWindow 클래스를 사용하면 딥러닝 모델을 훈련하기 위한 데이터 윈도우를 빠르게 생성할 수 있다. 각 데이터 윈도우에는 입력 집합과 레이블 집합이 포함된다. 그다음으로, 입력을 사용하여 가능한 한 레이블에 가까운 예측을 생성하도록 모델을 훈련한다.

13장 전체에 걸쳐 DataWindow 클래스를 단계별로 구현했고, 그 이후로 계속 사용해왔으므로 바로 구현으로 넘어가겠다. 여기서 유일한 변경사항은 레이블에 대한 예측을 시각화할 때 도식에 넣을 기본 열의 이름이다.

리스팅 18.1 **데이터 윈도우를 만들기 위한 클래스 구현**

```
class DataWindow():
    def __init__(self, input_width, label_width, shift,
                 train_df=train_df, val_df=val_df, test_df=test_df,
                 label_columns=None):

        self.train_df = train_df
        self.val_df = val_df
        self.test_df = test_df
        self.label_columns = label_columns
        if label_columns is not None:
            self.label_columns_indices = {name: i for i, name in enumerate(label_columns)}
        self.column_indices = {name: i for i, name in enumerate(train_df.columns)}

        self.input_width = input_width
        self.label_width = label_width
        self.shift = shift

        self.total_window_size = input_width + shift

        self.input_slice = slice(0, input_width)
        self.input_indices = np.arange(self.total_window_size)[self.input_slice]
```

```
        self.label_start = self.total_window_size - self.label_width
        self.labels_slice = slice(self.label_start, None)
        self.label_indices = np.arange(self.total_window_size)[self.labels_slice]


    def split_to_inputs_labels(self, features):
        inputs = features[:, self.input_slice, :]
        labels = features[:, self.labels_slice, :]
        if self.label_columns is not None:
            labels = tf.stack(
                [labels[:,:,self.column_indices[name]] for name in self.label_columns],
                axis=-1
            )
        inputs.set_shape([None, self.input_width, None])
        labels.set_shape([None, self.label_width, None])


        return inputs, labels
```
대상의 기본 이름을 글로벌 유효 전력,
Global_active_power로 설정한다.
```
    def plot(self, model=None, plot_col='Global_active_power', max_subplots=3):  ◀
        inputs, labels = self.sample_batch

        plt.figure(figsize=(12, 8))
        plot_col_index = self.column_indices[plot_col]
        max_n = min(max_subplots, len(inputs))

        for n in range(max_n):
            plt.subplot(3, 1, n+1)
            plt.ylabel(f'{plot_col} [scaled]')
            plt.plot(self.input_indices, inputs[n, :, plot_col_index],
                     label='Inputs', marker='.', zorder=-10)

            if self.label_columns:
              label_col_index = self.label_columns_indices.get(plot_col, None)
            else:
              label_col_index = plot_col_index

            if label_col_index is None:
              continue

            plt.scatter(self.label_indices, labels[n, :, label_col_index],
                        edgecolors='k', marker='s', label='Labels', c='green', s=64)
            if model is not None:
              predictions = model(inputs)
              plt.scatter(self.label_indices, predictions[n, :, label_col_index],
                          marker='X', edgecolors='k', label='Predictions',
                          c='red', s=64)

            if n == 0:
              plt.legend()
```

```python
        plt.xlabel('Time (h)')

    def make_dataset(self, data):
        data = np.array(data, dtype=np.float32)
        ds = tf.keras.preprocessing.timeseries_dataset_from_array(
            data=data,
            targets=None,
            sequence_length=self.total_window_size,
            sequence_stride=1,
            shuffle=True,
            batch_size=32
        )

        ds = ds.map(self.split_to_inputs_labels)
        return ds

    @property
    def train(self):
        return self.make_dataset(self.train_df)

    @property
    def val(self):
        return self.make_dataset(self.val_df)

    @property
    def test(self):
        return self.make_dataset(self.test_df)

    @property
    def sample_batch(self):
        result = getattr(self, '_sample_batch', None)
        if result is None:
            result = next(iter(self.train))
            self._sample_batch = result
        return result
```

DataWindow 클래스를 정의했으므로 이제부터 개발할 다양한 모델을 컴파일하고 훈련하는 함수만 있으면 된다.

18.4.3 모델 훈련을 위한 유틸리티 함수

실험을 시작하기 전 마지막 단계는 훈련 과정을 자동화하는 함수를 빌드하는 것이다. 이것이 바로 13장부터 사용해온 compile_and_fit 함수다.

이 함수는 모델과 데이터 윈도우를 입력받는다. 그런 다음으로 조기 중지를 구현한다. 즉 검증 손실이 연속 3회 동안 변화하지 않으면 모델의 훈련을 중지한다. 이 함수에서 손실 함수는 MSE로, 평가 지표는 MAE로 지정한다.

```python
def compile_and_fit(model, window, patience=3, max_epochs=50):
    early_stopping = EarlyStopping(monitor='val_loss',
                                   patience=patience,
                                   mode='min')

    model.compile(loss=MeanSquaredError(),
                  optimizer=Adam(),
                  metrics=[MeanAbsoluteError()])

    history = model.fit(window.train,
                        epochs=max_epochs,
                        validation_data=window.val,
                        callbacks=[early_stopping])

    return history
```

이제 다음 24시간 동안의 글로벌 유효 전력을 예측하는 모델 개발을 시작하기 위해 필요한 모든 것을 갖추었다.

18.5 딥러닝으로 모델링하기

훈련 집합, 검증 집합, 테스트 집합은 물론 **DataWindow** 클래스와 모델을 훈련할 함수도 준비되었다. 딥러닝 모델 구축을 시작하기 위한 모든 준비가 완료되었다.

먼저 두 가지 베이스라인을 구현한 다음, 선형 모델, 심층 신경망, LSTM, CNN, CNN과 LSTM 조합, 자기회귀 LSTM 등 점점 복잡도가 증가하는 쪽으로 모델을 훈련할 것이다. 모든 모델이 훈련되면 테스트 집합의 MAE를 비교하여 가장 적합한 모델을 선택한다. MAE가 가장 낮은 모델이 추천 모델이 된다.

18.5.1 베이스라인 모델

모든 예측 프로젝트는 베이스라인 모델로 시작해야 한다. 베이스라인 모델은 더 정교한 모델의 벤치마크 역할을 하는데, 그 어떤 모델도 베이스라인 모델보다는 나을 것이다. 또한 베이스라인 모델을 구축하면 모델의 추가 복잡성이 실제로 상당한 이점을 만들어내는지 평가할 수 있다. 복잡한 모델이 베이스라인보다 훨씬 더 나은 성과를 내지 못할 수도 있으며, 이 경우 복잡한 모델을 구현하는 것을 정당화하기 어려울 수도 있다. 이번에는 마지막으로 측정된 값을 반복하는 모델과 지난 24시간의 데이터를 반복하는 모델, 두 가지 베이스라인 모델을 구축하겠다.

먼저, 사용할 데이터의 기간을 만드는 것부터 시작하겠다. 목표는 다음 24시간 동안의 글로벌 유효전력을 예측하는 것임을 기억하자. 따라서 레이블 배열의 길이는 24개 시간 단계이며, 이동shift도 24개 시간 단계가 된다. 입력 길이도 24로 지정한다.

```
multi_window = DataWindow(input_width=24, label_width=24, shift=24,
↪ label_columns=['Global_active_power'])
```

다음으로, 입력 배열의 마지막 확인된 값을 다음 24시간 동안에 대한 예측으로 반복하는 클래스를 구현해보겠다.

```
class MultiStepLastBaseline(Model):
    def __init__(self, label_index=None):
        super().__init__()
        self.label_index = label_index

    def call(self, inputs):
        if self.label_index is None:
            return tf.tile(inputs[:, -1:, :], [1, 24, 1])
        return tf.tile(inputs[:, -1:, self.label_index:], [1, 24, 1])
```

이제 이 베이스라인을 사용하여 예측을 생성하고 그 성능을 사전에 저장할 수 있다. 이 사전은 각 모델의 성능을 저장하여 마지막에 비교할 수 있도록 한다. 각 모델을 구축할 때 각 모델의 MAE는 표시하지 않는다. 모든 모델이 훈련된 후에 평가 지표를 비교할 것이다.

```
baseline_last = MultiStepLastBaseline(label_index=column_indices['Global_active_power'])

baseline_last.compile(loss=MeanSquaredError(), metrics=[MeanAbsoluteError()])

val_performance = {}
performance = {}

val_performance['Baseline - Last'] = baseline_last.evaluate(multi_window.val)
```

```
performance['Baseline - Last'] = baseline_last.evaluate(multi_window.test, verbose=0)
```

그림 18.8과 같이 `DataWindow` 클래스의 `plot` 메서드를 사용하여 예측을 시각화할 수 있다. 이 메서드는 `DataWindow` 클래스에 지정된 대로 그림에 세 개의 도식을 표시한다.

```
multi_window.plot(baseline_last)
```

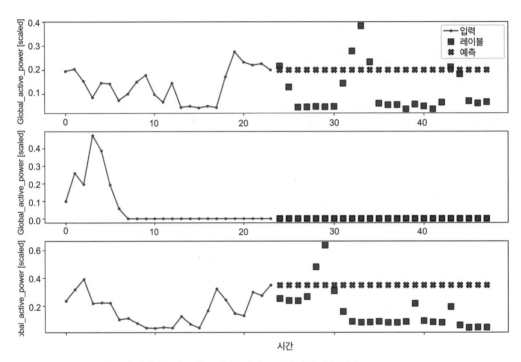

그림 18.8 마지막으로 측정된 입력값을 반복하는 베이스라인 모델에 의한 예측 결과

그림 18.8에는 작동 중인 베이스라인 모델이 있으며, 예측은 마지막 입력과 동일한 값을 가진 평평한 선에 해당한다. 도식을 만들 때 사용한 캐시된 샘플 배치가 동일하지 않을 수 있으므로 그림 18.8과 약간 다른 도식이 표시될 수 있다. 그러나 random의 시드가 동일하다면 모델의 지표는 여기에 표시된 것과 동일하다.

다음으로 입력 배열을 반복하는 베이스라인 모델을 구현해보자. 대상에서 일별 계절성을 확인했으므로 이는 마지막으로 측정된 계절을 예측하는 것과 동일하다.

```
class RepeatBaseline(Model):
    def __init__(self, label_index=None):
        super().__init__()
        self.label_index = label_index


    def call(self, inputs):
        return inputs[:, :, self.label_index:]
```

정의가 완료되면 예측을 생성하고 비교를 위해 베이스라인의 성능을 저장할 수 있다. 그림 18.9와 같이 생성된 예측을 시각화할 수도 있다.

```
baseline_repeat = RepeatBaseline(label_index=column_indices['Global_active_power'])

baseline_repeat.compile(loss=MeanSquaredError(), metrics=[MeanAbsoluteError()])

val_performance['Baseline - Repeat'] =
↪ baseline_repeat.evaluate(multi_window.val)
performance['Baseline - Repeat'] =
↪ baseline_repeat.evaluate(multi_window.test, verbose=0)
```

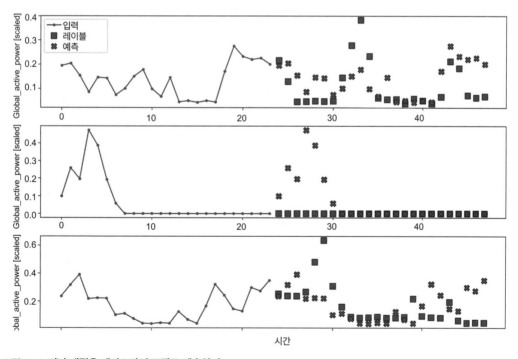

그림 18.9 지난 계절을 베이스라인 모델로 예측하기

그림 18.9에서 이 베이스라인 모델의 예측 결과가 입력 배열과 동일하다는 것을 알 수 있다. 모델을 구축하면서 각 모델의 MAE을 자유롭게 출력해볼 수 있다. 이번 장의 마지막에 막대형 차트로 표시하여 어떤 모델을 선택해야 하는지 결정할 수 있도록 해보자.

베이스라인 모델이 준비되었으므로 조금 더 복잡한 선형 모델로 넘어갈 수 있다.

18.5.2 선형 모델

우리가 만들 수 있는 가장 간단한 모델 중 하나는 선형 모델이다. 이 모델은 입력 계층과 출력 계층으로만 구성된다. 따라서 가능한 한 레이블에 가까운 예측을 생성하기 위해 일련의 가중치만 계산한다.

이 경우 하나의 대상만 예측하므로 뉴런이 하나만 있는 하나의 Dense 출력 계층으로 모델을 구축한다. 그런 다음 모델을 훈련하고 성능을 저장한다.

```
label_index = column_indices['Global_active_power']
num_features = train_df.shape[1]

linear = Sequential([
    Dense(1, kernel_initializer=tf.initializers.zeros)
])

history = compile_and_fit(linear, multi_window)

val_performance['Linear'] = linear.evaluate(multi_window.val)
performance['Linear'] = linear.evaluate(multi_window.test, verbose=0)
```

언제나 그렇듯이, 그림 18.10과 같이 plot 메서드를 사용하여 예측을 시각화할 수 있다.

```
multi_window.plot(linear)
```

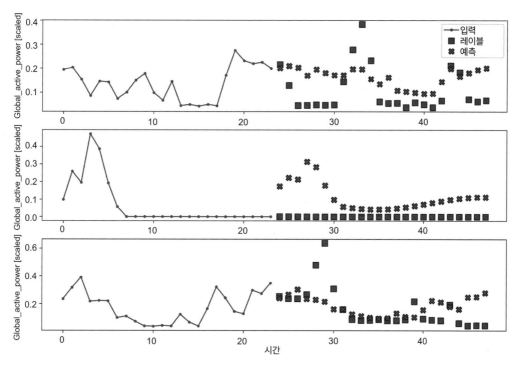

그림 18.10 **선형 모델에서 생성된 예측 결과**

이제 숨겨진 계층을 추가하고 심층 신경망을 구현해보자.

18.5.3 심층 신경망

이전 선형 모델에는 숨겨진 계층이 없었으며 단순히 입력 계층과 출력 계층만 있었다. 이제 데이터의 비선형 관계를 모델링하는 데 도움이 되는 숨겨진 계층을 추가하겠다.

여기서는 64개의 뉴런이 있는 Dense 계층을 두 개 쌓고 활성화 함수로 ReLU를 사용하겠다. 그런 다음 모델을 훈련하고 비교를 위해 성능을 저장한다.

```
dense = Sequential([
    Dense(64, activation='relu'),
    Dense(64, activation='relu'),
    Dense(1, kernel_initializer=tf.initializers.zeros),
])

history = compile_and_fit(dense, multi_window)

val_performance['Dense'] = dense.evaluate(multi_window.val)
```

```
performance['Dense'] = dense.evaluate(multi_window.test, verbose=0)
```

선택사항으로서 `multi_window.plot(dense)`를 사용하여 예측을 시각화할 수 있다.

다음으로 구현할 모델은 장단기 메모리 모델이다.

18.5.4 장단기 메모리 모델

장단기 메모리 모델의 가장 큰 장점은 과거의 정보를 메모리에 보관한다는 것이다. 따라서 시계열과 같은 데이터 배열을 처리하는 데 특히 적합하다. 이 모델을 활용하면 현재와 과거의 정보를 결합하여 예측을 생성할 수 있다.

입력 배열을 LSTM 계층에 전달하고, LSTM 계층을 하나의 뉴런이 있는 Dense 계층으로 구성된 출력 계층과 연결한다. 그런 후 모델을 훈련하고 마지막에 비교할 수 있도록 그 성능을 사전에 저장한다.

```
lstm_model = Sequential([
    LSTM(32, return_sequences=True),
    Dense(1, kernel_initializer=tf.initializers.zeros),
])

history = compile_and_fit(lstm_model, multi_window)

val_performance['LSTM'] = lstm_model.evaluate(multi_window.val)
performance['LSTM'] = lstm_model.evaluate(multi_window.test, verbose=0)
```

그림 18.11에 표시된 것처럼 LSTM의 예측을 시각화할 수 있다.

```
multi_window.plot(lstm_model)
```

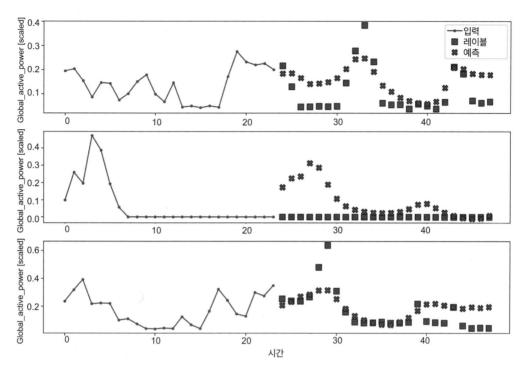

그림 18.11 LSTM 모델에서 생성된 예측 결과

이제 합성곱 신경망을 구현해보자.

18.5.5 합성곱 신경망

합성곱 신경망은 합성곱 함수를 사용하여 특징 공간을 줄인다. 이를 통해 시계열을 효과적으로 필터링하고 특징 선택을 수행한다. 또한 CNN은 연산을 병렬화할 수 있는 반면에 LSTM은 배열의 요소를 한 번에 하나씩 처리해야 하므로, CNN이 LSTM보다 훈련 속도가 더 빠르다.

합성곱 연산은 특징 공간을 줄이기 때문에 출력 배열에 24개의 시간 단계가 포함되도록 하려면 약간 더 긴 입력 배열을 제공해야 한다. 얼마나 더 길어야 하는지는 합성곱 연산을 수행하는 커널의 길이에 따라 달라진다. 이 경우 커널 길이 3을 사용한다. 이는 임의적인 선택이므로 다른 값으로 자유롭게 실험해볼 수 있고, 결과는 여기에 표시된 것과 다를 수 있다. 24개의 레이블이 필요하다고 가정하면 수식 18.1을 사용하여 입력 배열을 계산할 수 있다.

$$\text{input length} = \text{label length} + \text{kernel length} - 1 \qquad \text{수식 18.1}$$

이렇게 하면 CNN 모델을 위해 특별히 데이터 윈도우를 정의해야 한다. 새로운 데이터 윈도우를 정의해야 하기 때문에 도식화에 사용되는 샘플 배치가 지금까지 사용된 것과 다를 수 있다.

이제 CNN 모델에 대한 데이터 윈도우를 정의하는 데 필요한 모든 정보가 있다.

```
KERNEL_WIDTH = 3
LABEL_WIDTH = 24
INPUT_WIDTH = LABEL_WIDTH + KERNEL_WIDTH - 1

cnn_multi_window = DataWindow(input_width=INPUT_WIDTH,
➥ label_width=LABEL_WIDTH, shift=24,
➥ label_columns=['Global_active_power'])
```

다음으로, 입력 배열을 필터링하는 Conv1D 계층을 통해 입력을 전달한다. 그런 다음 출력 계층으로 이동하기 전에, 학습을 위해 32개의 뉴런이 있는 Dense 계층으로 공급된다. 항상 그렇듯이 모델을 훈련하고 비교를 위해 성능 지표를 저장한다.

```
cnn_model = Sequential([
    Conv1D(32, activation='relu', kernel_size=(KERNEL_WIDTH)),
    Dense(units=32, activation='relu'),
    Dense(1, kernel_initializer=tf.initializers.zeros),
])

history = compile_and_fit(cnn_model, cnn_multi_window)

val_performance['CNN'] = cnn_model.evaluate(cnn_multi_window.val)
performance['CNN'] = cnn_model.evaluate(cnn_multi_window.test, verbose=0)
```

이제 예측을 시각화할 수 있다.

```
cnn_multi_window.plot(cnn_model)
```

그림 18.12에서 입력 배열이 이전 방법들과 다르다는 것을 알 수 있다. CNN으로 작업할 때는 합성곱 커널 길이를 고려하여 데이터를 윈도잉해야 하기 때문이다. 훈련 집합, 검증 집합, 테스트 집합은 변경되지 않았으므로 모든 모델의 성능을 비교한 결과는 아직 유효하다.

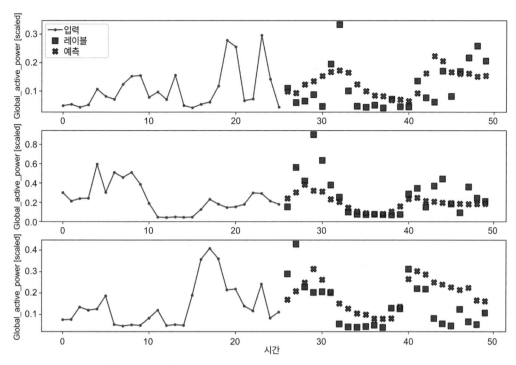

그림 18.12 **CNN 모델에 의해 생성된 예측**

이제 CNN 모델과 LSTM 모델을 결합해보자.

18.5.6 CNN과 LSTM 결합하기

 LSTM은 데이터 배열을 처리하는 데 적합한 반면, CNN은 데이터 배열을 필터링할 수 있다는 점을 알고 있다. 따라서 배열을 LSTM에 공급하기 전에 필터링하면 더 나은 성능의 모델을 얻을 수 있는지 테스트해서 흥미로운 결과를 확인할 수도 있다.

입력 배열을 Conv1D 계층에 공급하되, 이번에는 학습을 위해서 LSTM 계층을 사용한다. 그런 다음 정보를 출력 계층으로 보낸다. 모델을 훈련하고 그 성능을 저장한다.

```
cnn_lstm_model = Sequential([
    Conv1D(32, activation='relu', kernel_size=(KERNEL_WIDTH)),
    LSTM(32, return_sequences=True),
    Dense(1, kernel_initializer=tf.initializers.zeros),
])

history = compile_and_fit(cnn_lstm_model, cnn_multi_window)
```

```
val_performance['CNN + LSTM'] = cnn_lstm_model.evaluate(cnn_multi_window.val)
performance['CNN + LSTM'] = cnn_lstm_model.evaluate(cnn_multi_window.test, verbose=0)
```

예측 결과는 그림 18.13에 시각화되어 있다.

```
cnn_multi_window.plot(cnn_lstm_model)
```

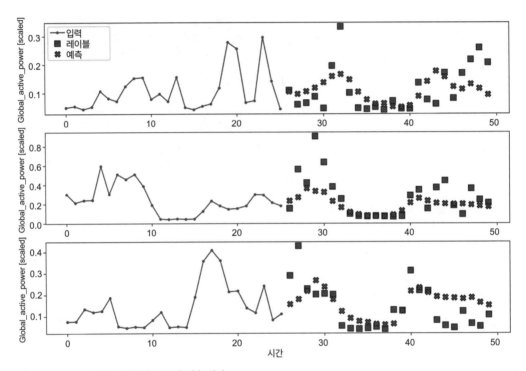

그림 18.13 LSTM 모델과 결합된 CNN의 예측 결과

마지막으로 자기회귀 LSTM 모델을 구현해보자.

18.5.7 자기회귀 LSTM 모델

마지막으로 구현할 모델은 자기회귀 LSTM$_{ARLSTM}$ 모델이다. 자기회귀 모델은 전체 출력 배열을 한 번에 생성하는 대신 한 번에 하나의 예측을 생성하고, 해당 예측을 입력으로 사용하여 다음 예측을 생성한다. 이러한 종류의 아키텍처는 최첨단 예측 모델이지만 주의해야 할 점이 있다. 모델이 매우 잘못된 첫 번째 예측을 생성하면 이 실수가 다음 예측으로 이어져 오차가 확대될 수 있다. 그럼에도 불구하고 이 모델이 우리 상황에서 잘 작동하는지 확인하기 위해 이 모델을 테스트해볼 가치가 있다.

첫 번째 단계는 ARLSTM 모델을 구현하는 클래스를 정의하는 것이다. 이것은 17장에서 사용한 것과 동일한 클래스다.

리스팅 18.2 **ARLSTM 모델을 구현하는 클래스**

```python
class AutoRegressive(Model):
    def __init__(self, units, out_steps):
        super().__init__()
        self.out_steps = out_steps
        self.units = units
        self.lstm_cell = LSTMCell(units)
        self.lstm_rnn = RNN(self.lstm_cell, return_state=True)
        self.dense = Dense(train_df.shape[1])

    def warmup(self, inputs):
        x, *state = self.lstm_rnn(inputs)
        prediction = self.dense(x)

        return prediction, state

    def call(self, inputs, training=None):
        predictions = []
        prediction, state = self.warmup(inputs)

        predictions.append(prediction)

        for n in range(1, self.out_steps):
            x = prediction
            x, state = self.lstm_cell(x, states=state, training=training)

            prediction = self.dense(x)
            predictions.append(prediction)

        predictions = tf.stack(predictions)
        predictions = tf.transpose(predictions, [1, 0, 2])

        return predictions
```

그런 다음 이 클래스를 사용하여 모델을 초기화할 수 있다. `multi_window`에 대해 모델을 훈련하고 비교를 위해 성능을 저장한다.

```python
AR_LSTM = AutoRegressive(units=32, out_steps=24)

history = compile_and_fit(AR_LSTM, multi_window)
```

```
val_performance['AR - LSTM'] = AR_LSTM.evaluate(multi_window.val)
performance['AR - LSTM'] = AR_LSTM.evaluate(multi_window.test, verbose=0)
```

이제 그림 18.14와 같이 자기회귀 LSTM 모델의 예측을 시각화할 수 있다.

```
multi_window.plot(AR_LSTM)
```

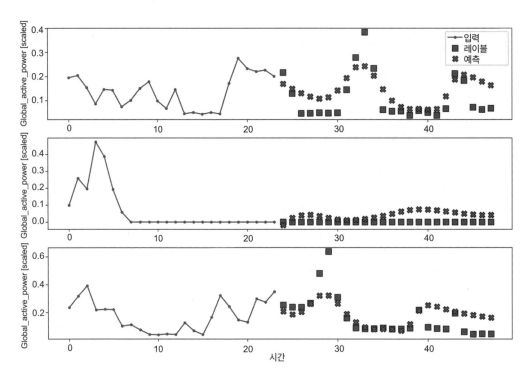

그림 18.14 자기회귀 LSTM 모델의 예측 결과

이제 다양한 모델을 구축했으므로 테스트 집합에 대한 MAE를 기준으로 가장 적합한 모델을 선택해보자.

18.5.8 최적의 모델 선택하기

이 프로젝트를 위해 선형 모델부터 ARLSTM 모델까지 다양한 모델을 구축해보았다. 이제 챔피언을 결정하기 위해 각 모델의 MAE를 시각화해보자.

검증 집합과 테스트 집합에서 MAE를 도식화하겠다. 결과는 그림 18.15에 나와 있다.

```
mae_val = [v[1] for v in val_performance.values()]
mae_test = [v[1] for v in performance.values()]

x = np.arange(len(performance))

fig, ax = plt.subplots()
ax.bar(x - 0.15, mae_val, width=0.25, color='black', edgecolor='black',
 ↳ label='Validation')
ax.bar(x + 0.15, mae_test, width=0.25, color='white', edgecolor='black',
 ↳ hatch='/', label='Test')
ax.set_ylabel('Mean absolute error')
ax.set_xlabel('Models')

for index, value in enumerate(mae_val):
    plt.text(x=index - 0.15, y=value+0.005, s=str(round(value, 3)), ha='center')

for index, value in enumerate(mae_test):
    plt.text(x=index + 0.15, y=value+0.0025, s=str(round(value, 3)), ha='center')
plt.ylim(0, 0.33)
plt.xticks(ticks=x, labels=performance.keys())
plt.legend(loc='best')
plt.tight_layout()
```

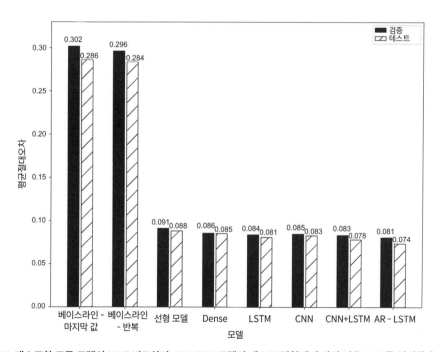

그림 18.15 테스트한 모든 모델의 MAE 비교하기. ARLSTM 모델이 테스트 집합에서 가장 낮은 MAE를 달성했다.

그림 18.15는 모든 모델이 베이스라인보다 훨씬 우수한 성능을 나타냈음을 보여준다. 또한, 테스트 집합에서 0.074의 MAE를 달성하여 모든 모델 중 가장 낮은 MAE를 기록했기 때문에 챔피언은 ARLSTM 모델이다. 따라서 향후 24시간 동안의 글로벌 유효 전력을 예측할 때 이 모델을 사용하는 것이 좋다.

18.6 다음 단계

이번 캡스톤 프로젝트를 완료한 것을 축하한다. 스스로 프로젝트를 성공적으로 완료했고 딥러닝 모델을 사용한 시계열 예측에 대한 지식을 얻었으므로 자신감이 생겼기를 바란다.

이번 프로젝트를 여러분만의 것으로 만들 것을 적극 권장한다. 이 프로젝트를 둘 이상의 대상을 예측하도록 수정하여 다변량 예측 문제로 전환할 수도 있고, 예측 기간을 변경할 수도 있다. 요컨대, 모델과 데이터를 변경하고 실험하면서 무엇을 더 얻을 수 있는지 스스로 확인해보자.

다음 장은 이 책의 마지막 부분으로, 예측 절차를 자동화한다. 최소한의 단계로 정확한 예측을 생성할 수 있는 라이브러리가 많이 있으며, 이러한 라이브러리는 업계에서 자주 사용되므로 시계열 예측에 꼭 필요한 도구다. 널리 사용되는 라이브러리 중 Prophet이라는 라이브러리를 살펴보겠다.

대규모 예측 자동화하기

지금까지는 수작업으로 모델을 구축해왔다. 이를 통해 일어나는 일을 세밀하게 제어할 수 있지만, 시간이 오래 걸릴 수 있다. 따라서 이제 자동 시계열 예측을 위한 몇 가지 도구를 살펴볼 때가 왔다. 이러한 도구는 사용하기 쉽고 빠른 실험을 가능하게 하여 업계에서 널리 사용되고 있다. 또한 최신 모델을 구현하고 모든 데이터 과학자가 쉽게 다룰 수 있게끔 하고 있다.

여기서는 자동 예측 도구의 생태계를 살펴보고, 자동 예측을 위해 가장 널리 사용되는 라이브러리 중 하나이자 최신 라이브러리들이 구문의 기반으로 삼고 있는 Prophet에 초점을 맞출 것이다. 즉 Prophet으로 작업하는 방법을 알고 있다면 다른 도구로 쉽게 작업할 수 있다.

이전과 마찬가지로 캡스톤 프로젝트로 마무리하겠다.

PART 4

Automating forecasting at scale

CHAPTER 19

Prophet으로 시계열 예측 자동화하기

이 장의 주요 내용

- 자동화된 예측을 위한 다양한 라이브러리 평가하기
- Prophet의 기능 살펴보기
- Prophet을 사용하여 예측하기

이 책 전체에 걸쳐 우리는 많은 수작업 단계를 포함하는 모델을 구축해보았다. 예를 들어 SARI-MAX 기반 모델을 만들기 위해 AIC에 따라 최적의 모델을 선택하는 함수와 롤링 예측을 수행하는 함수를 직접 개발해보았다. 이 책의 딥러닝 부분에서는 데이터 윈도우를 생성하는 클래스를 직접 구축하고 모든 딥러닝 모델을 정의해야 했는데, 케라스를 사용하면서 이 작업이 크게 간단해졌다.

수작업으로 모델을 구축하고 조정하면 예측 기법을 유연하고 완벽하게 제어할 수 있지만, 대부분의 예측 절차를 자동화하면 시계열을 더 쉽게 예측하고 실험을 가속화할 수 있다는 점에서 의미가 있다. 즉 자동화 도구는 예측을 빠르게 얻을 수 있도록 하며, 종종 최신 모델의 사용을 용이하게 하기 때문에 자동화 도구를 이해하는 것은 중요하다.

이번 장에서는 먼저 시계열 예측 절차를 자동화하는 다양한 라이브러리를 살펴보겠다. 그런 다음 가장 잘 알려져 있고 널리 사용되는 예측 라이브러리인 Prophet 라이브러리에 초점을 맞춰 살펴볼 것이다. 실제 데이터 집합을 사용하여 그 기능을 살펴본다. 마지막으로, 예측 프로젝트로 이번 장을 마무리하며, Prophet이 실제로 작동하는 모습을 살펴본다.

19.1 자동화된 예측 라이브러리들에 대한 개관

데이터 과학 커뮤니티와 기업들은 예측 절차를 자동화하고 더 쉽게 만들기 위해 많은 라이브러리를 개발해왔다. 가장 인기 있는 몇 가지 라이브러리와 해당 웹사이트는 다음과 같다.

- **pmdarima**: http://alkaline-ml.com/pmdarima/modules/classes.html
- **Prophet**: https://facebook.github.io/prophet
- **NeuralProphet**: https://neuralprophet.com/
- **PyTorch Forecasting**: https://pytorch-forecasting.readthedocs.io/en/stable

이 목록이 결코 완전한 목록은 아니다. 필자는 이러한 라이브러리들에 대해 공정성을 유지하겠다. 여러분은 데이터 과학자로서 어떤 라이브러리가 어떤 상황에서 적합한지 평가할 수 있는 지식과 역량을 갖추고 있을 것이다.

pmdarima 라이브러리는 R에서 널리 사용되는 auto.arima 라이브러리를 파이썬으로 구현한 것이다. pmdarima는 기본적으로 ARMA, ARIMA, SARIMA 모델과 같이 우리가 사용해온 많은 통계적 모델을 일반화하는 래퍼다. 이 라이브러리의 가장 큰 장점은 사용하기 쉬운 인터페이스를 제공함으로써 통계적 모델을 사용해서 예측할 때 필요한 모든 도구나 작업을 자동으로 쓸 수 있도록 했다는 점이다. 이러한 도구로는 정상성 테스트를 위한 ADF_{augmented Dickey-Fuller} 테스트나 AIC를 최소화하기 위한 p, q, P, Q 차수를 선택하는 기능 등이 있다. 또한 작은 표준 데이터 집합도 함께 제공하고 있어, 초심자가 간단한 시계열에서 다양한 모델을 테스트해보기를 원할 때 유용하다. 이 패키지는 커뮤니티에 의해 구축되고 유지 관리되지만, 가장 중요한 점은 이 글을 쓰는 시점에도 여전히 활발하게 유지 관리되고 있다는 점이다.

Prophet은 메타 오픈소스_{Meta Open Source}의 오픈소스 패키지로, 메타에서 빌드하고 유지 관리한다. 이 라이브러리는 대규모 비즈니스 예측을 위해 특별히 구축되었다. 정확한 예측을 신속하게 생성해야 한다는 페이스북_{Facebook} 내부의 필요성에서 시작되었으며, 이후 라이브러리를 무료로 제공했다. Prophet은 비선형 데이터를 분석하는 최근 시장 추세에 적합하고, 여러 계절적 요인의 효과를 결합할 수 있어, 업계에서 가장 잘 알려진 예측 라이브러리다. 이번 장의 나머지 부분과 다음 장에서는 전적으로 이 라이브러리에 초점을 맞출 것이며, 다음 절에서 더 자세히 살펴보겠다.

NeuralProphet은 Prophet 라이브러리를 기반으로 구축되어 시계열 예측을 위한 하이브리드 모델 사용을 자동화한다. 이 글을 쓰는 시점에서는 아직 베타 단계에 있는 다소 새로운 프로젝트다. 이 라이브러리는 여러 대학과 페이스북이 협력하여 구축했다. 이 패키지는 정확한 예측을 생성하기 위해 ARIMA와 같은 고전적인 모델과 신경망을 조합했다. 이 패키지는 백엔드에서 PyTorch를 사용하고 있어 숙련된 사용자는 라이브러리의 기능을 쉽게 확장할 수 있다. 가장 중요한 점은 Prophet과 유사한 API를 사용하므로, Prophet으로 작업하는 방법을 익히면 NeuralProphet으로 원활하게 전환할 수 있다는 점이다. 자세한 내용은 논문, <NeuralProphet: 대규모의 설명 가능한 예측 (NeuralProphet: Explainable Forecasting at Scale)>에서 확인할 수 있다(https://arxiv.org/abs/2111.15397). 이 논문은 NeuralProphet의 내부 기능 및 성능 벤치마크에 대한 자세한 내용을 제공하는데, 이해하기 어렵지 않다.

마지막으로 PyTorch Forecasting은 시계열 예측을 위한 최첨단 딥러닝 모델을 쉽게 사용할 수 있게 해준다. 물론 PyTorch를 사용하며, DeepAR, N-Beats, LSTM 등과 같은 모델을 사용할 수 있는 간단한 인터페이스를 제공한다. 이 패키지는 커뮤니티에 의해 구축되었으며, 글을 쓰는 현재에도 활발하게 유지 관리되고 있다.

CAUTION DeepAR에 대한 자세한 내용은 데이비드 살리나스David Salinas, 발렌틴 플렁커트Valentin Flunkert, 얀 가스하우스Jan Gasthaus, 팀 야누쇼브스키Tim Januschowski의 <DeepAR: 자기회귀 순환 네트워크를 사용한 확률적 예측(DeepAR: Probabilistic forecasting with autoregressive recurrent networks)>이라는 국제 예측 저널(International Journal of Forecasting) 36:3 (2020)에 실린 논문을 참고하자(http://mng.bz/z4Kr). N-BEATS에 대한 자세한 내용은 보리스 N. 오레슈킨Boris N. Oreshkin, 드미트리 카르포프Dmitri Carpov, 니콜라스 차파도스Nicolas Chapados, 요슈아 벤지오Yoshua Bengio의 <N-BEATS: 해석 가능한 시계열 예측을 위한 신경 기반 확장 분석(N-BEATS: Neural basis expansion analysis for interpretable time series forecasting)>이라는 arXiv:1905.10437 (2019)에 실린 논문을 참고하자(https://arxiv.org/abs/1905.10437).

이제 자동화된 예측 라이브러리의 생태계에 대해 대략적으로 이해할 수 있을 것이다. 자동화된 시계열 예측을 위한 더 많은 라이브러리가 있고, 위 목록에 모든 라이브러리를 담고 있지 않다는 점에 유의하자.

필자가 소개한 각 라이브러리의 사용법을 일일이 배울 필요는 없다. 이 글은 사용 가능한 다양한 도구에 대한 개요다. 시계열 예측 문제마다 다른 도구들을 필요로 할 수 있지만, 일반적으로 라이브러리 중 하나를 사용하는 방법을 알면 새로운 라이브러리를 사용하기가 더 쉬워진다. 따라서 이 책의 나머지 부분에서는 Prophet 라이브러리에 초점을 맞추겠다.

앞서 언급했듯이 Prophet은 업계에서 잘 알려져 있고 널리 사용되는 라이브러리이며, 시계열 예측을 하는 사람이라면 누구나 Prophet을 접하게 될 것이다. 다음 절에서는 예측에 사용하기에 앞서 패키지를 더 자세히 살펴보고 장점, 제한사항, 기능에 대해 알아보겠다.

19.2 Prophet 살펴보기

Prophet은 메타에서 만든 오픈소스 라이브러리로 연간, 월간, 주간, 일별 등 여러 계절적 주기의 비선형 추세를 고려한 예측 절차를 구현한다. 이 패키지는 파이썬과 함께 사용할 수 있으며, 최소한의 수작업으로 빠르게 예측할 수 있다. 우리와 같은 고급 사용자들은 모델을 미세 조정하여 최상의 결과를 얻을 수 있다.

내부적으로 Prophet은 일반적인 가산additive 모델로서 구현되어 있는데, 수식 표현은 각 시계열 $y(t)$가 추세 $g(t)$, 계절적 구성요소 $s(t)$, 공휴일 효과 $h(t)$, 정규분포되어 있는 오차 항 ϵ_t의 선형 조합이다. 수학적으로 이는 수식 19.1로 표현된다.

$$y(t) = g(t) + s(t) + h(t) + \epsilon_t$$

수식 19.1

추세 구성요소는 시계열의 비주기적 장기 변화를 모델링한다. 계절적 구성요소는 연간, 월간, 주간, 일별 등의 주기적 변화를 모델링한다. 공휴일 효과는 불규칙적으로 발생하며 잠재적으로 하루 이상에 걸쳐 발생한다. 마지막 항인 오차 항은 앞의 세 가지 구성요소로 설명할 수 없는 값의 변화를 나타낸다.

미랫값이 과것값에 의존하는 ARIMA(p,d,q) 모델과 달리 이 모델은 데이터의 시간 의존성을 고려하지 않는다는 점에 유의하자. 결과적으로 이 모델은 기본 프로세스를 찾기보다는 데이터에 곡선을 피팅하는 것에 더 가깝다. 이런 방법을 사용하면 예측 정보가 다소 손실될 수 있지만, 여러 계절과 변화하는 추세를 수용할 수 있기 때문에 매우 유연하다는 장점이 있다. 또한 이상값outlier과 누락된 데이터에 강하여 비즈니스 상황에서 분명한 이점이 있다.

여러 계절적 기간을 포함하는 것은 인간의 행동이 여러 주기의 계절성을 지닌 시계열을 생성한다고 관찰하여 얻은 영감의 결과다. 예를 들어 주 5일 근무제는 매주 반복되는 패턴을 생성할 수 있고, 방학은 매년 반복되는 패턴을 생성할 수 있다. 따라서 여러 계절적 기간을 고려하기 위해 Prophet은 푸리에 급수Fourier series를 사용하여 여러 주기적 효과를 모델링한다. 구체적으로 계절적 구성요소 $s(t)$는 수식 19.2로 표현되며, 여기서 P는 계절적 기간의 길이(일 단위)이고 N은 푸리에 급수의 항 개수다.

$$s(t) = \sum_{n=1}^{N} \left(a_n \cos\left(\frac{2\pi n t}{P}\right) + b_n \sin\left(\frac{2\pi n t}{P}\right) \right)$$

수식 19.2

수식 19.2에서 연간 계절성이 있는 경우 1년에는 365.25일이 있으므로 $P = 365.25$가 된다. 주간 계절성의 경우 $P = 7$이다. N은 계절적 구성요소를 추정하는 데 사용하려는 매개변수의 개수다. 계절성을 모델링하기 위해 추정하는 매개변수 N의 수에 따라 계절적 구성요소에 대한 민감도를 조정할 수 있다는 추가적인 이점이 있다. 이에 대해서는 19.4절에서 Prophet의 다양한 기능을 살펴볼 때 알아보겠다. 기본적으로 Prophet은 연간 계절성을 모델링할 때 10개의 항을 사용하고, 주간 계절성을 모델링할 때는 3개의 항을 사용한다.

마지막으로, 이 모델을 사용하면 공휴일의 영향도 고려할 수 있다. 공휴일은 시계열에 분명한 영향을 미칠 수 있는 불규칙한 이벤트다. 예를 들어 미국의 블랙 프라이데이와 같은 이벤트는 매장 방문자 수나 이커머스 웹사이트의 매출을 크게 증가시킬 수 있다. 마찬가지로 발렌타인데이는 초콜릿과 꽃의 판매 증가를 나타내는 강력한 지표일 수 있다. 따라서 시계열에서 공휴일의 영향을 모델링하기 위해 Prophet을 사용하면 특정 국가에 대한 공휴일 목록을 정의할 수 있다. 그런 다음 공휴일 효과가 모두 독립적이라고 가정하여 모델에 통합한다. 데이터 요소가 공휴일 날짜에 해당하는 경우, 해당 시점의 시계열 변화를 나타내는 매개변수 K_i를 계산한다. 변화가 클수록 공휴일 효과가 더 크다.

CAUTION Prophet의 내부 작동 방식에 대한 자세한 내용은 공식 논문인 숀 J. 테일러Sean J. Taylor와 벤자민 르담Benjamin Letham의 <대규모로 예측하기 (Forecasting at Scale)>, PeerJ Preprints 5:e3190v2 (2017)(https://peerj.com/preprints/3190/)를 읽어보길 바란다. 여기에는 수식과 테스트 결과 등 라이브러리에 대한 자세한 설명이 포함되어 있으며, 읽기 어렵지 않다.

Prophet의 유연성은 신속하고 정확한 예측을 가능하게 하는 매력적인 장점이다. 그러나 모든 경우에 적합한 솔루션으로 간주해서는 안 된다. 문서 자체에 따르면 Prophet은 과거 여러 번의 계절 데이터를 포함하고 계절적 효과가 강한 시계열에서 가장 잘 작동한다고 명시되어 있다. 따라서 Prophet이 이상적인 선택이 아닌 상황도 있을 수 있다. 우리는 예측을 생성하기 위한 다양한 통계적 모델과 딥러닝 모델을 갖추고 있으므로 이에 대한 보완이 될 수 있다.

이제 Prophet에 대해 더 자세히 알아보고 그 기능을 살펴보자.

19.3 Prophet을 사용하여 기본적 예측해보기

Prophet의 기능을 살펴보기 위해 1981년부터 1990년까지 호주 멜버른에서 기록한 일일 최저 기온의 과거 데이터가 포함된 데이터 집합을 사용하겠다. 이 데이터 집합은 날씨를 예측하는 것 외에도 장기적인 기후 추세를 파악하는 데(예를 들어 일일 최저 기온이 시간이 지남에 따라 증가하고 있는지 확인하는 데) 도움이 될 수 있다. 예측 기간은 1년 또는 365일이다. 따라서 향후 1년간의 일별 최저기온을 예측하는 모델을 구축하고자 한다.

CAUTION 이번 장의 소스 코드는 언제든지 깃허브에서 확인할 수 있다.
https://github.com/jpub-dongdong9/TimeSeriesForecastingInPython/tree/master/CH19

Prophet은 다른 파이썬 패키지처럼 설치가 쉽다. 그런 다음 pandas나 numpy를 사용할 때와 동일한 구문을 사용하여 주피터 노트북이나 파이썬 스크립트에서 임포트할 수 있다.

```
import numpy as np
import pandas as pd
import matplotlib.pyplot as plt
from prophet import Prophet
```

윈도우에 Prophet 설치 시 참고사항

윈도우를 사용하는 경우에는 데이터 과학 작업을 수행하기 위해 아나콘다를 사용하기를 적극 권장하지만, 처음에 아나콘다를 통해 Prophet을 설치하려고 하면 오류가 발생할 수 있다. 패키지가 윈도우에서 올바르게 작동하기 위해서는 컴파일러가 설치되어 있어야 하기 때문이다.

아나콘다를 사용하는 경우, 아나콘다 프롬프트에서 다음 명령을 실행하면 Prophet을 성공적으로 설치할 수 있다.

```
conda install libpython m2w64-toolchain -c msys2
conda install numpy cython matplotlib scipy pandas -c conda-forge
conda install -c conda-forge pystan
conda install -c conda-forge prophet
```

다음 단계는 물론 CSV 파일을 로딩하는 것이다.

```
df = pd.read_csv('../data/daily_min_temp.csv')
```

이제 시계열을 그릴 수 있다.

```
fig, ax = plt.subplots()

ax.plot(df['Temp'])
ax.set_xlabel('Date')
ax.set_ylabel('Minimum temperature (deg C)')

plt.xticks(np.arange(0, 3649, 365), np.arange(1981, 1991, 1))

fig.autofmt_xdate()
plt.tight_layout()
```

결과는 그림 19.1에 나와 있다. 일반적으로 여름에는 기온이 높고 겨울에는 기온이 낮기 때문에 예상대로 연간 계절성이 뚜렷하게 나타난다. 따라서 10번의 계절 데이터가 포함된 상당히 큰 데이터 집합을 갖게 되었는데, 이는 과거의 계절에 대한 데이터가 많고 강력한 계절 효과가 있어 Prophet을 사용하기에 완벽한 시나리오다.

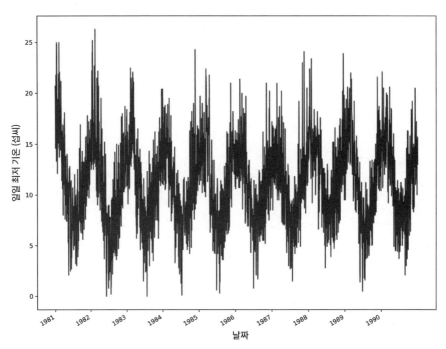

그림 19.1 1981년부터 1991년까지 멜버른에서 기록된 일일 최저 기온. 예상대로 여름에는 더 덥고 겨울에는 더 춥기 때문에 연간 계절성이 있다.

이제 Prophet을 사용한 예측으로 넘어가보자. 몇 가지 수작업 단계만 거치면 Prophet을 사용하여 얼마나 빠르게 정확한 예측을 얻을 수 있는지 확인할 수 있다.

첫 번째 단계는 열 이름을 바꾸는 것이다. Prophet은 두 개의 열이 있는 `DataFrame`을 필요로 한다. ds라는 이름의 날짜 열과 y라는 이름의 값 열이다. 날짜 열은 pandas가 허용하는 형식(일반적으로 YYYY-MM-DD 또는 YYYY-MM-DD HH:MM:SS)이어야 한다. y 열에는 예측할 값이 포함되며, 해당 값은 부동 소수점이든 정수이든 숫자여야 한다. 이번의 경우 데이터 집합에 이미 적절한 형식의 열이 두 개 있으므로 이름만 바꾸면 된다.

```
df.columns = ['ds', 'y']
```

다음으로, 데이터를 훈련 집합과 테스트 집합으로 분할하겠다. 테스트 집합은 1년을 나타내므로 마지막 365일을 유지한다. 그런 다음 처음 9년 동안의 데이터는 훈련 집합으로 사용한다.

```
train = df[:-365]
test = df[-365:]
```

Prophet은 sklearn API와 흡사해서 Prophet 클래스의 인스턴스를 생성하여 모델을 초기화하고, fit 메서드를 사용하여 모델을 훈련하고, predict 메서드를 실행하여 예측을 생성한다. 따라서 먼저 Prophet 클래스의 인스턴스를 생성하여 Prophet 모델을 초기화해보자. 이번 장에서는 Prophet의 명명 규칙을 사용하여 코딩할 것이다.

```
m = Prophet()
```

초기화가 완료되면 모델을 훈련 집합에 피팅한다.

```
m.fit(train);
```

이제 두 줄의 코드만으로 예측을 생성할 준비가 된 모델이 생겼다.

다음 단계는 Prophet의 예측을 담을 DataFrame을 만드는 것이다. make_future_dataframe 메서드를 사용하여 예측 기간을 일 단위로 지정한다. 이번에는 테스트 집합에서 관찰된 실젯값과 비교할 수 있도록 365일로 지정한다.

```
future = m.make_future_dataframe(periods=365)
```

이제 predict 메서드를 사용하여 예측을 생성하기만 하면 된다.

```
forecast = m.predict(future)
```

단 네 줄의 코드를 사용하여 모델을 훈련시키고 예측을 얻었다는 사실에 잠시 시간을 내어 감사하자. 자동화된 예측 라이브러리의 주요 이점 중 하나가 바로 빠르게 실험하고 나중에 모델을 미세 조정하여 당면한 작업에 맞게 조정할 수 있다는 점이다.

하지만 모델을 평가하고 성능을 측정해야 하므로, 아직 작업이 끝나지 않았다. 그림 19.2에 표시된 것처럼 forecast DataFrame에는 많은 정보가 포함된 많은 열이 있다.

	ds	trend	yhat_lower	trend_lower	trend_upper	additive_terms	additive_terms_lower	additive_terms_upper	weekly
3656	1990-12-27	11.406616	11.234023	11.317184	11.505689	3.043416	3.043416	3.043416	-0.026441
3656	1990-12-28	11.406528	11.168300	11.316559	11.505902	3.120759	3.120759	3.120759	-0.009965
3647	1990-12-29	11.406441	11.235604	11.315997	11.506198	3.144845	3.144845	3.144845	-0.048854
3648	1990-12-30	11.406353	11.122686	11.315449	11.506547	3.069314	3.069314	3.069314	-0.188713
3649	1990-12-31	11.406265	11.540265	11.314879	11.506889	3.366551	3.366551	3.366551	0.043655

그림 19.2 예측의 다양한 구성요소를 포함하는 forecast DataFrame. additive_terms와 trend를 더하면 예측값 yhat을 얻을 수 있는데, DataFrame에 열이 너무 많아 그림에서 숨겨두었다. 또한 additive_terms는 weekly와 yearly의 합계로, 주간과 연간 계절성이 모두 있음을 나타낸다.

우리는 이 네 개의 열, 즉 ds, yhat, yhat_lower, yhat_upper에만 관심이 있다. ds 열에는 간단한 예측의 데이터 스탬프가 있다. yhat 열에는 예측값이 포함된다. Prophet이 실젯값에는 y를, 예측값에는 yhat을 사용하는 것에서 명명 규칙을 알 수 있다. 다음으로 yhat_lower와 yhat_upper는 예측의 80% 신뢰 구간의 하한 및 상한을 나타낸다. 즉 예측값이 yhat_lower와 yhat_upper 사이에 속할 확률이 80%이고, yhat은 우리가 얻을 것으로 예상하는 값이다.

이제 test에 forecast를 합쳐, 실젯값과 예측값을 모두 포함하는 단일 `DataFrame`을 만들자.

```
test[['yhat', 'yhat_lower', 'yhat_upper']] = forecast[['yhat',
➥ 'yhat_lower', 'yhat_upper']]
```

모델을 사용해보기 전에, 특정 벤치마크와 비교했을 때만 더 나은 모델이 될 수 있으므로 베이스라인을 구현해보자. 여기서는 훈련 집합의 마지막 연도를 내년 예측으로 반복하는, 단순히 이미 관측된 계절로 예측하는 방법을 적용해보겠다.

```
test['baseline'] = train['y'][-365:].values
```

모델을 쉽게 평가하기 위한 모든 것을 설정했다. 해석하기 쉽게 평균절대오차를 사용하자. 평균절대백분율오차는 0에 가까운 값이기 때문에 MAPE를 사용하면 모델이 과대 평가될 수 있어 이 상황에서는 적합하지 않다.

```
from sklearn.metrics import mean_absolute_error

prophet_mae = mean_absolute_error(test['y'], test['yhat'])
baseline_mae = mean_absolute_error(test['y'], test['baseline'])
```

이렇게 하면 베이스라인의 MAE가 2.87로 반환되는 반면, Prophet 모델에서 달성한 MAE는 1.94
이다. 따라서 Prophet을 사용하면 더 낮은 MAE를 얻을 수 있으며, 이는 실제로 베이스라인보다 더
우수하다는 것을 뜻한다. 즉 우리 모델은 일일 최저기온을 관측값보다 평균적으로 섭씨 1.94도 정
도 높거나 낮게 예측한다.

선택사항으로 예측값과 Prophet의 신뢰 구간을 도식화할 수 있다. 결과는 그림 19.3에 나와 있다.

```python
fig, ax = plt.subplots()

ax.plot(train['y'])
ax.plot(test['y'], 'b-', label='Actual')
ax.plot(test['yhat'], color='darkorange', ls='--', lw=3, label='Predictions')
ax.plot(test['baseline'], 'k:', label='Baseline')

ax.set_xlabel('Date')
ax.set_ylabel('Minimum temperature (deg C)')

ax.axvspan(3285, 3649, color='#808080', alpha=0.1)

ax.legend(loc='best')

plt.xticks(
    [3224, 3254, 3285, 3316, 3344, 3375, 3405, 3436, 3466, 3497, 3528,
➥ 3558, 3589, 3619],
    ['Nov', 'Dec', 'Jan 1990', 'Feb', 'Mar', 'Apr', 'May', 'Jun', 'Jul',
➥ 'Aug', 'Sep', 'Oct', 'Nov', 'Dec'])
plt.fill_between(x=test.index, y1=test['yhat_lower'], y2=test['yhat_upper'],
➥ color='lightblue')
plt.xlim(3200, 3649)

fig.autofmt_xdate()
plt.tight_layout()
```

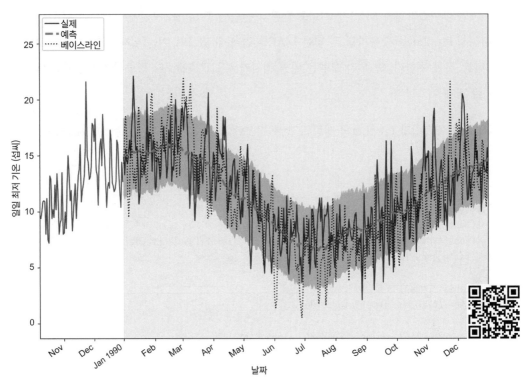

그림 19.3 **1990년의 일일 최저 기온 예측. 파선으로 표시된 Prophet의 예측이 베이스라인보다 더 매끄러운 것을 볼 수 있다. 이는 Prophet의 곡선 맞춤 속성을 명확하게 보여준다.**

그림 19.3에서 파선으로 표시된 예측은 데이터의 노이즈가 심한 변동을 필터링한 것처럼 보이는 부드러운 곡선을 나타내고 있다. 이로써 Prophet 예측이 곡선 맞춤curve-fitting 절차에 가깝다는 점을 알 수 있다.

Prophet을 사용하면 아주 적은 코드로도 정확한 예측을 생성할 수 있다. 하지만 이제 겨우 Prophet의 기능 중 표면적인 부분만 확인했을 뿐이다. 이제까지는 Prophet을 사용하는 기본적인 작업 절차에 불과하다. 다음 절에서는 시각화 기법, 미세 조정 절차, 교차 검증, 평가 방법과 같은 고급 Prophet 기능에 대해 살펴보겠다.

19.4 Prophet의 고급 기능 살펴보기

이제 Prophet의 고급 기능을 살펴보겠다. 이러한 고급 기능은 시각화, 성능 진단, 하이퍼파라미터 튜닝의 세 가지 카테고리로 구분할 수 있다. 이전 절과 동일한 데이터 집합으로 작업할 것이므로,

이전과 동일한 주피터 노트북 또는 파이썬 스크립트에서 작업할 것을 적극 권장한다.

19.4.1 시각화 기능

Prophet은 모델의 예측이나 다양한 구성요소를 빠르게 시각화할 수 있는 다양한 방법을 제공한다.

우선, plot 메서드를 사용하여 예측의 도식을 빠르게 생성할 수 있다. 결과는 그림 19.4에 나와 있다.

```
fig1 = m.plot(forecast)
```

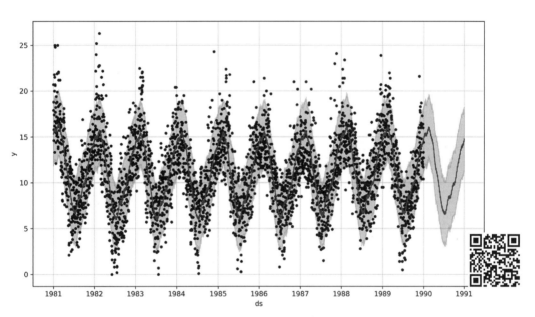

그림 19.4 Prophet을 사용하여 예측을 도식화하는 모습. 검은색 점은 훈련 데이터를 나타내고 연속된 실선은 모델의 예측을 나타낸다. 선을 둘러싼 음영 표시는 80% 신뢰 구간을 나타낸다.

또한 plot_components 메서드를 사용하여 모델에 사용된 다양한 구성요소를 표시할 수도 있다.

```
fig2 = m.plot_components(forecast)
```

결과는 그림 19.5에 나와 있다. 위쪽 도식은 추세 구성요소와 예측 기간 동안 추세의 불확실성을 보여준다. 자세히 살펴보면 시간이 지남에 따라 추세가 변화하는 것을 볼 수 있으며, 6가지 추세가 있음을 알 수 있다. 이에 대해서는 나중에 자세히 살펴보겠다.

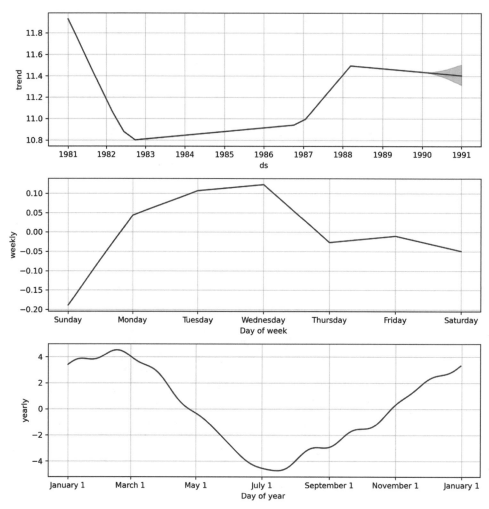

그림 19.5 모델의 구성요소 표시. 여기서는 추세 구성요소와 함께 두 개의 서로 다른 계절적 구성요소(하나는 주 단위, 다른 하나는 연 단위)를 확인할 수 있다.

그림 19.5 하단의 두 개 도식은 주 단위와 연 단위의 두 가지 서로 다른 계절적 구성요소를 보여준다. 호주는 남반구이기 때문에 여름철(12월~2월)이 겨울철(6월~8월)보다 기온이 더 높으므로 연간 계절성은 당연한 결과다. 그러나 주간 계절 요소는 다소 이상하다. 모델이 더 나은 예측을 생성하는 데 도움이 될 수 있지만 일일 최저 기온의 주간 계절성을 설명할 수 있는 기상 현상이 있는지 의구심이 든다. 즉 이 구성요소가 모델이 더 잘 맞고 더 나은 예측을 달성하는 데 도움이 될 수 있지만, 그 존재를 설명하기는 어렵다.

또 Prophet을 사용하여 계절적 구성요소만 도식화할 수 있다. 구체적으로는, `plot_weekly` 메서드를 사용하여 주간 계절성을 도식화하거나 `plot_yearly` 메서드를 사용하여 연간 계절성을 도식화할 수 있다. 후자의 결과는 그림 19.6에 나와 있다.

```
from prophet.plot import plot_yearly, plot_weekly

fig4 = plot_yearly(m)
```

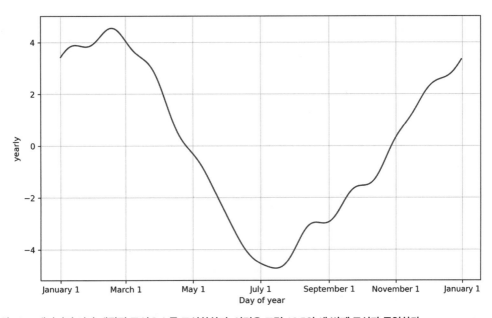

그림 19.6 데이터의 연간 계절적 구성요소를 도식화하기. 이것은 그림 19.5의 세 번째 도식과 동일하다.

그림 19.5의 세 번째 도식과 동일한 도식이므로 데이터의 연간 계절적 구성요소를 알아볼 수 있을 것이다. 그런데 이 방법을 사용하면, 계절적 구성요소가 모델에 영향을 어떻게 미치는지 추정하기 위해 푸리에 급수의 항의 개수를 조정해보는 과정을 시각화할 수 있다. Prophet은 푸리에 급수에서 10개의 항을 사용하여 연간 계절성을 추정한다는 것을 기억하자. 이제 추정에 20개의 항을 사용하는 경우의 계절적 구성요소를 시각화해보자.

```
m2 = Prophet(yearly_seasonality=20).fit(train)

fig6 = plot_yearly(m2)
```

그림 19.7에서 연간 계절적 구성요소는 그림 19.6보다 더 많은 변동을 나타내는데, 이는 더 민감하다는 것을 뜻한다. 이 매개변수를 통해 푸리에 급수의 항의 개수를 조정할 때, 너무 많은 항을 사용하면 과대적합이 발생하고 너무 적은 항을 사용하면 과소적합이 발생할 수 있다. 이 매개변수는 거의 변경되지 않지만, Prophet이 이러한 미세 조정 기능을 제공한다는 점이 흥미롭다.

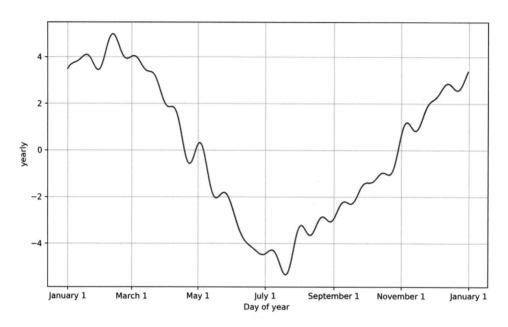

그림 19.7 **20개의 항을 사용하여 데이터의 연간 계절적 구성요소 추정하기. 그림 19.6과 비교하면, 이 계절적 구성요소 도식은 시간에 따른 변동이 더 많이 나타나 더 민감해보인다. 이는 잠재적으로 과적합으로 이어질 수 있다.**

마지막으로, 그림 19.5에서 시간이 지남에 따라 추세가 변화하는 것을 확인했으며, 6개의 고유한 추세를 식별할 수 있었다. Prophet은 이러한 추세 변화 지점changepoint을 식별할 수 있다. add_changepoints_to_plot 메서드를 사용하여 시각화할 수 있다.

```
from prophet.plot import add_changepoints_to_plot

fig3 = m.plot(forecast)
a = add_changepoints_to_plot(fig3.gca(), m, forecast)
```

결과는 그림 19.8에 나와 있다. Prophet이 추세가 변화하는 시점을 식별하는 것을 확인할 수 있다.

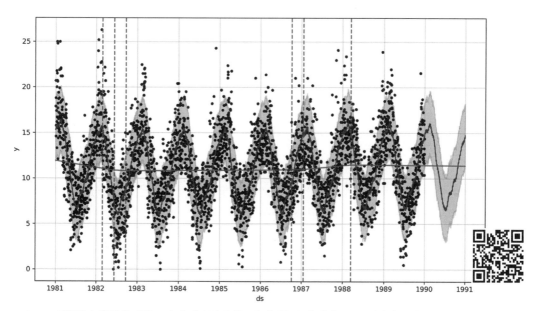

그림 19.8 **모델의 추세 변화 지점 표시.** 추세가 변경되는 각 지점은 수직 파선으로 표시된다. 그림 19.5의 상단 도식에 있는 6개의 서로 다른 추세 기울기와 일치하는 6개의 수직 파선이 있음을 알 수 있다.

지금까지 Prophet의 가장 중요한 시각화 기능에 대해 살펴보았으므로 이제 교차 검증 기능을 사용하여 모델을 더 자세히 진단해보자.

19.4.2 교차 검증과 성능 지표

Prophet에는 교차 검증 기능이 제공되므로, 데이터 집합의 여러 기간에 걸쳐 예측하고 안정적인 모델을 확보하는 데 도움이 된다. 이는 롤링 예측 절차와 유사하다.

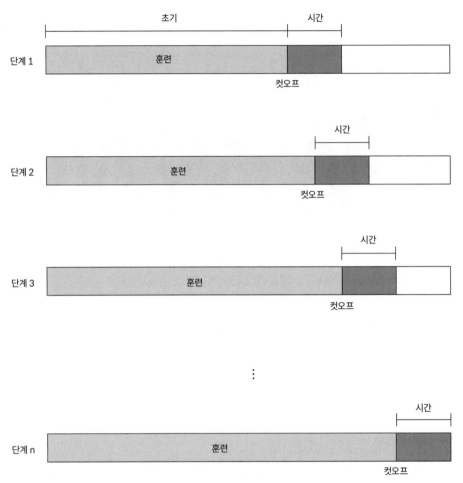

그림 19.9 **Prophet**의 교차 검증 절차에 대한 설명. 전체 직사각형은 훈련 집합을 나타내며, 집합의 초기 하위 집합을 모델에 피팅하기 위해 구분한다. 특정 컷오프 날짜가 되면, 모델은 설정된 기간에 대해 예측을 생성한다. 다음 단계로서 훈련 집합의 하위 집합에 더 많은 데이터를 추가하고 모델을 피팅한 뒤 다른 기간에 대해 예측을 수행한다. 훈련 집합의 길이를 초과할 때까지 이 과정을 반복한다.

시계열의 경우, 데이터의 순서는 동일하게 유지되어야 한다는 점을 기억하자. 따라서 교차 검증은 훈련 데이터의 하위 집합에 대해 모델을 훈련하고 특정 기간에 대해 예측하여 수행한다. 그림 19.9 는 훈련 집합 내에서 하위 집합을 정의하는 것으로 시작하여 이를 사용해 모델을 피팅하고 예측을 생성하는 과정을 보여준다. 그런 다음 초기 하위 집합에 더 많은 데이터를 추가하고 다른 기간에 대해 예측한다. 이 과정을 전체 훈련 집합이 사용될 때까지 반복한다.

롤링 예측과 비슷하다고 느낄 수 있지만, 이번에는 이 기법을 교차 검증에 사용하여 안정적인 모델을 확보한다. 안정적인 모델이란 예측 기간을 일정하게 유지하면서 각 예측 기간에 평가 지표가 상당히 일정한 모델을 말한다. 즉 1월부터 365일을 예측하든 7월부터 365일을 예측하든 모델의 성능은 일정해야 한다.

Prophet의 `cross_validation` 함수를 사용하려면 훈련 데이터에 피팅한 Prophet 모델이 필요하다. 다음으로는 교차 검증 절차에서 훈련 집합의 초기 길이를 `initial`에 지정해야 한다. 다음 매개변수는 기간으로 표시되는 각 컷오프cutoff 날짜를 구분하는 시간 길이로 `period`에 지정한다. 마지막으로, 예측의 기간을 `horizon`에 지정해야 한다. 이 세 가지 매개변수는 `pandas.Timedelta` 클래스(https://pandas.pydata.org/docs/reference/api/pandas.Timedelta.html)와 호환되는 단위로 값을 지정해야 한다. 즉 가장 큰 단위는 일day이고 가장 작은 단위는 나노초nanosecond다. 시간hour, 분minute, 초second, 밀리초millisecond 등 그 사이의 모든 단위도 사용할 수 있다.

기본적으로, Prophet는 `horizon`을 사용하여 `initial`과 `period`의 길이를 결정한다. `initial` 길이는 `horizon` 길이의 3배로 설정하고 `period`는 `horizon` 길이의 절반으로 설정한다. 물론 필요에 따라 이 동작을 조정할 수 있다.

초기 훈련 기간을 2년의 데이터를 나타내는 730일로 시작해보자. 예측 기간은 365일이고, 각 컷오프 날짜는 대략 반년인 180일 간격으로 구분한다. 훈련 집합의 크기를 고려할 때 교차 검증 절차는 13단계로 구성된다. 절차의 출력은 그림 19.10과 같이 데이터 스탬프, 예측값, 상한 및 하한, 실젯값, 마감일을 포함하는 `DataFrame`이다.

```
from prophet.diagnostics import import cross_validation

df_cv = cross_validation(m, initial='730 days', period='180 days',
↪ horizon='365 days')          ◀━━  초기 훈련 집합에는 2년의 데이터가 있다. 각 컷오프 날짜는 180일, 즉 반년
                                    간격으로 구분된다. 예측 기간은 1년인 365일이다.
df_cv.head()
```

	ds	yhat	yhat_lower	yhat_upper	y	cutoff
0	1983-02-02	15.156298	11.393460	18.821358	17.3	1983-02-01
1	1983-02-03	14.818082	11.443539	18.180941	13.0	1983-02-01
2	1983-02-04	15.212860	11.629483	18.580597	16.0	1983-02-01
3	1983-02-05	15.203778	11.808610	18.677870	14.9	1983-02-01
4	1983-02-06	15.250535	11.780555	18.771718	16.2	1983-02-01

그림 19.10 교차 검증 중인 DataFrame의 처음 다섯 행. 예측, 상한 및 하한, 마감일을 볼 수 있다.

교차 검증이 완료되면 performance_metrics 함수를 사용하여 여러 예측 기간에 걸쳐 모델의 성능을 평가할 수 있다. 교차 검증 결과인 df_cv를 전달하고 rolling_window 매개변수를 설정한다. 이 매개변수는 오차 지표를 계산할 데이터의 부분을 지정한다. 0으로 설정하면 각 평가 지표를 각 예측 지점에서 계산한다. 1로 설정하면 예측 기간 전체에 걸쳐 평가 지표의 평균으로 계산한다. 여기서는 0으로 설정하겠다.

```
from prophet.diagnostics import performance_metrics

df_perf = performance_metrics(df_cv, rolling_window=0)

df_perf.head()
```

이 절차의 출력은 그림 19.11에 나와 있다. Prophet이 MAPE가 0에 가까운 값임을 자동으로 감지하고, MAPE가 평가 지표로 적합하지 않다고 판단하여 MAPE는 포함되지 않았다.

	horizon	mse	rmse	mae	mdape	coverage
0	1 days	6.350924	2.520104	2.070329	0.147237	0.846154
1	2 days	4.685452	2.164590	1.745606	1.139852	0.846154
2	3 days	10.049956	3.170167	2.661797	0.147149	0.769231
3	4 days	8.686183	2.947233	2.377724	0.195119	0.769231
4	5 days	8.250061	2.872292	2.569552	0.196067	0.692308

그림 19.11 평가 중인 DataFrame의 처음 다섯 행. 서로 다른 기간에 걸쳐 서로 다른 성능 지표를 볼 수 있으므로 기간에 따라 성능이 어떻게 달라지는지 시각화할 수 있다.

마지막으로, 기간에 따른 평가 지표의 변화를 시각화할 수 있다. 이를 통해 모델이 시간이 지남에 따라 예측할수록 오차가 증가하는지 아니면 상대적으로 안정적으로 유지되는지 확인할 수 있다. 다시 한번 모델을 처음 평가할 때 사용했던 방법인 MAE를 사용하겠다.

```
from prophet.plot import plot_cross_validation_metric

fig7 = plot_cross_validation_metric(df_cv, metric='mae')
```

결과는 그림 19.12에 나와 있다. 이상적으로는 그림 19.12와 같이 상당히 평평한 선이 표시되는데, 이는 시간이 지나더라도 예측의 오차가 증가하지 않는다는 것을 뜻한다. 오차가 증가하면 예측 기간을 수정하기로 결정하거나, 오차가 다소 증가해도 비즈니스적으로 괜찮을지 결정해야 한다.

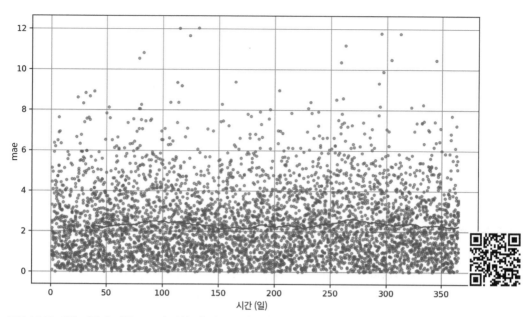

그림 19.12 **예측 기간에 따른 MAE의 변화. 각 점은 13개 예측 기간 중 하나의 절대 오차를 나타내며 실선은 시간 경과에 따른 평균을 나타낸다. 선이 상당히 평탄하다는 것은 시간이 지남에 따라 예측의 오차가 증가하지 않는 안정적인 모델을 가지고 있음을 뜻한다.**

이제 Prophet의 교차 검증 기능을 살펴보았으니, 다음으로는 하이퍼파라미터 튜닝을 살펴보겠다. 이 두 가지를 결합하면 문제에 대한 최적의 모델을 찾는 강력한 방법이 될 것이다.

19.4.3 하이퍼파라미터 튜닝

Prophet에서 하이퍼파라미터 튜닝과 교차 검증을 결합하여 데이터에 가장 적합한 매개변수 조합을 자동으로 식별하는 강력한 절차를 설계할 수 있다.

Prophet에는 고급 사용자가 더 나은 예측을 생성하기 위해 미세 조정할 수 있는 많은 매개변수가 있다. 일반적으로 changepoint_prior_scale, seasonality_prior_scale, holidays_prior_scale, seasonality_mode, 네 가지 매개변수를 조정할 수 있다. 다른 매개변수도 기술적으로 변경할 수 있지만, 위 매개변수들과 중복되는 형태인 경우가 많다.

* changepoint_prior_scale: changepoint_prior_scale 매개변수는 Prophet에서 가장 영향력이 큰 매개변수라고 할 수 있다. 이 매개변수는 추세의 유연성, 특히 추세 전환점에서 추세가 얼마나 변화하는지를 결정한다. 매개변수가 너무 작으면 추세에 적합하지 않게 되고 데이터에서 관찰되는 분산이 노이즈로 처리된다. 너무 높게 설정하면 추세가 노이즈 변동에 과도하게 적합

하게 된다. [0.001, 0.01, 0.1, 0.5] 범위만 사용해도 잘 피팅된 모델을 만들 수 있다.

- seasonality_prior_scale: seasonality_prior_scale 매개변수는 계절성의 유연성을 설정한다. 값이 클수록 계절적 구성요소가 작은 변동에도 잘 맞고, 값이 작을수록 계절적 구성요소 곡선이 부드러워진다. 일반적으로 [0.01, 0.1, 1.0, 10.0] 범위를 사용하면 좋은 모델을 찾을 수 있다.

- holidays_prior_scale: holidays_prior_scale 매개변수는 공휴일 효과의 유연성을 설정하며 seasonality_prior_scale과 동일한 방식으로 동작한다. 동일한 범위인 [0.01, 0.1, 1.0, 10.0]을 사용하여 조정할 수 있다.

- seasonality_mode: seasonality_mode 매개변수는 additive 또는 multiplicative일 수 있다. 기본값은 덧셈이지만 시간이 지남에 따라 계절적 변동이 커지는 것을 확인하면 곱셈으로 설정할 수 있다. 이는 시계열을 도식화하여 관찰할 수 있지만, 확실하지 않은 경우 하이퍼파라미터 튜닝 절차에 포함할 수도 있다. 우리가 지금 다루고 있던 데이터 집합의 과거 일일 최저 기온 데이터는 시간이 지나도 연간 변동이 크지 않기 때문에 가산additive 계절성의 좋은 예다. 승산 multiplicative 계절성의 예는 그림 19.13에 나와 있다.

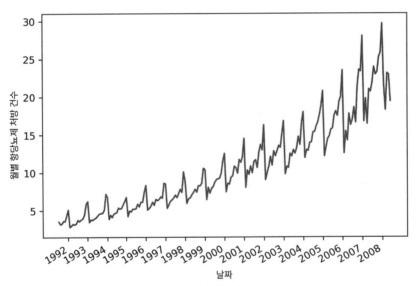

그림 19.13 승산 계절성의 예시. 이 예시는 11장의 캡스톤 프로젝트에서 가져온 것으로, 호주의 월별 항당뇨제 처방 건수를 예측했었다. 우리는 연간 계절성을 볼 수 있을 뿐만 아니라 시간이 지남에 따라 변동이 더 커지는 것을 발견할 수 있다.

하이퍼파라미터 튜닝과 교차 검증을 결합하여 일일 최저 기온을 예측하는 데 가장 적합한 모델 매개변수를 찾아보자. 이 예제에서는 공휴일 효과는 없고 계절적 구성요소는 덧셈되므로 changepoint_prior_scale과 seasonality_prior_scale만 사용한다.

먼저 각 매개변수에 대해 시도할 값의 범위를 정의하고 매개변수의 고유한 조합 목록을 생성한다. 그런 다음 각 고유한 매개변수 조합에 대해 모델을 훈련시키고 교차 검증을 수행한다. 그런 다음 처리 속도를 높이기 위해 rolling_window를 1로 설정하여 모델을 평가하고, 전체 예측 기간 동안 평가 지표의 평균을 구한다. 마지막으로 최적의 매개변수 조합을 찾기 위해 매개변수 조합과 관련 MAE를 저장한다. 가장 낮은 MAE를 가진 조합을 가장 좋은 것으로 간주할 수 있다. 이 프로젝트 초기부터 사용해온 MAE를 계속 사용한다.

```python
from itertools import product

param_grid = {
    'changepoint_prior_scale': [0.001, 0.01, 0.1, 0.5],
    'seasonality_prior_scale': [0.01, 0.1, 1.0, 10.0]
}

all_params = [dict(zip(param_grid.keys(), v)) for v in
➥ product(*param_grid.values())]      ◀──── 고유한 매개변수 조합 목록을 만든다.

maes = []

for params in all_params:    ◀──── 각 고유한 조합에 대해 다음 세 단계를 수행한다.
    m = Prophet(**params).fit(train)    ◀──── 모델을 피팅한다.
    df_cv = cross_validation(m, initial='730 days', period='180 days',
➥ horizon='365 days', parallel='processes')    ◀──── 교차 검증을 수행한다. 병렬화를 사용하면
                                                      처리 속도를 높일 수 있다.
    df_p = performance_metrics(df_cv, rolling_window=1)    ◀──
    maes.append(df_p['mae'].values[0])    rolling_window를 1로 설정하여 모델을
                                          평가한다. 전체 예측 기간에 대한 성능의
                                          평균을 구한다.
tuning_results = pd.DataFrame(all_params)    ◀──
tuning_results['mae'] = maes              결과를 DataFrame에 정리한다.
```

이제 가장 낮은 MAE를 달성하는 매개변수를 찾는다.

```python
best_params = all_params[np.argmin(maes)]
```

이 경우, changepoint_prior_scale과 seasonality_prior_scale을 모두 0.01로 설정해야 한다.

이것으로 Prophet의 고급 기능에 대한 탐색을 마치겠다. 지금까지는 탐색을 주 목적으로 진행했고, 이제부터는 교차 검증 및 하이퍼파라미터 튜닝과 같은 Prophet의 고급 기능을 사용하여 예측 절

차를 자동화하도록 설계하고 구현함으로써 배운 내용을 공고히 하겠다.

19.5 Prophet으로 견고한 예측 절차 구현하기

Prophet의 고급 기능을 살펴보았으므로, 이제 Prophet으로 강력하고 자동화된 예측 절차를 설계해보자. 지금부터 구축할 단계적인 시스템을 통해 특정 문제에 대해 Prophet이 구축할 수 있는 최상의 모델을 자동으로 찾을 수 있다.

최고의 Prophet 모델을 찾는다고 해서 모든 문제에 대한 최적의 솔루션이 되는 것은 아니다. 이 절차는 단순히 Prophet을 사용할 때 가능한 최상의 결과를 식별할 뿐이다. 예측 문제에 대한 최상의 솔루션을 찾기 위해서는 베이스라인 모델과 함께 다른 딥러닝이나 통계적 기법을 사용하여 다양한 모델을 테스트해보는 것이 좋다.

그림 19.14는 최적의 Prophet 모델을 얻기 위해 Prophet을 사용한 예측 절차를 보여준다. 먼저 열의 이름과 형식이 Prophet에 맞게 올바르게 지정되었는지 확인한다. 그런 다음 교차 검증과 하이퍼파라미터 튜닝을 결합하여 최상의 매개변수 조합을 얻고, 모델을 피팅하고, 테스트 집합에 대해 평가한다. 이는 매우 간단한 과정으로, 예상할 수 있는 일이다. Prophet이 많은 작업을 대신 수행하므로 신속하게 실험하고 모델을 만들 수 있다.

이 절차를 또 다른 예측 프로젝트에 적용해보자. 이번에는 월간 데이터를 사용하고, Prophet은 이를 특별한 방식으로 처리한다. 또한 공휴일 효과의 영향을 받을 수 있는 데이터이므로, 아직 탐색해보지 않은 Prophet의 기능을 사용해볼 수 있다.

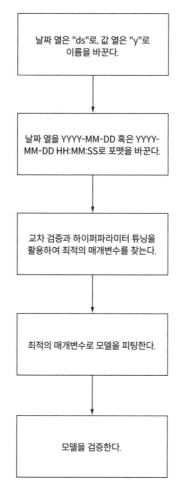

날짜 열은 "ds"로, 값 열은 "y"로
이름을 바꾼다.

날짜 열을 YYYY-MM-DD 혹은 YYYY-
MM-DD HH:MM:SS로 포맷을 바꾼다.

교차 검증과 하이퍼파라미터 튜닝을
활용하여 최적의 매개변수를 찾는다.

최적의 매개변수로 모델을 피팅한다.

모델을 검증한다.

그림 19.14 Prophet을 사용한 예측 절차. 먼저, 데이터 집합이 Prophet에 적합한 열 이름을 보유하고 있는지 확인하고, 날짜가 날짜스탬프(datestamp) 또는 타임스탬프(timestamp)로 올바르게 표현되었는지 확인한다. 그런 다음 하이퍼파라미터 튜닝과 교차 검증을 결합하여 모델에 대한 최적의 매개변수를 찾는다. 마지막으로 최적의 매개변수를 사용하여 모델을 피팅하고 테스트 집합에 대해 평가한다.

19.5.1 예측 프로젝트: 구글에서 'chocolate' 검색의 인기도 예측하기

이번 프로젝트에서는 구글에서 'chocolate'이라는 검색어의 인기도를 예측해보자. 검색어의 인기도를 예측하면 마케팅 팀이 특정 키워드에 대한 입찰을 더 잘 최적화할 수 있고, 이는 광고의 클릭당 비용에 영향을 미쳐 궁극적으로 마케팅 캠페인의 전체 투자 수익률에 영향을 미친다. 또한 소비자 행동에 대한 인사이트를 얻을 수도 있다. 예를 들어 다음 달에 초콜릿을 검색하는 사람들이 급증할 가능성이 높다는 것을 알 수 있다면 초콜릿 가게에서 할인을 제공하고 수요를 충족할 수 있는 충분한 공급을 확보하는 것이 합리적일 수 있다.

이 프로젝트의 데이터는 구글 트렌드Google Trends(https://trends.google.com/trends/explore?date=all&geo=US&q=chocolate)에서 직접 가져온 것으로, 2004년부터 현재까지 미국에서 'chocolate'이라는 키워드의 월별 인기도를 보여준다. 이번 장은 2021년 말 이전에 작성되었으므로 지금 링크를 방문한다고 해서 완전히 동일한 데이터 집합을 볼 수 있는 것은 아니다. 여기에 제시된 작업을 재현할 수 있도록 필자가 사용한 데이터셋을 깃허브에 CSV 파일로 포함해두었다.

데이터를 로딩하는 것으로 이 프로젝트를 시작하겠다.

```
df = pd.read_csv('../data/monthly_chocolate_search_usa.csv')
```

데이터 집합에는 2014년 1월부터 2021년 12월까지의 215개 행의 데이터가 포함되어 있다. 데이터 집합에는 연도와 월이 포함된 열과 'chocolate' 검색의 측정된 인기도가 포함된 열 두 개가 있다. 시간 경과에 따른 키워드 검색의 변화를 도식화할 수 있으며, 그 결과는 그림 19.15에 나와 있다. 이 도식은 매년 정점을 반복하는 강한 계절적 데이터를 보여준다. 또한 시간이 지남에 따라 데이터가 증가하는 뚜렷한 추세를 확인할 수 있다.

```
fig, ax = plt.subplots()

ax.plot(df['chocolate'])
ax.set_xlabel('Date')
ax.set_ylabel('Proportion of searches using the keyword "chocolate"')

plt.xticks(np.arange(0, 215, 12), np.arange(2004, 2022, 1))

fig.autofmt_xdate()
plt.tight_layout()
```

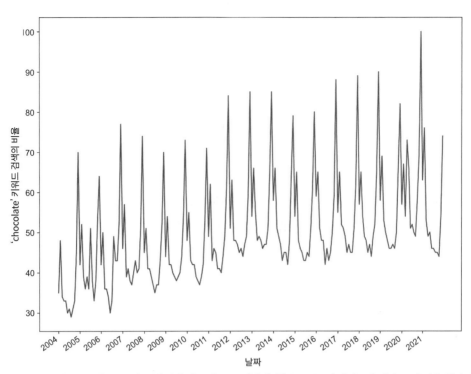

그림 19.15 2004년 1월부터 2021년 12월까지 미국 내 구글 검색에서 'chocolate' 키워드의 인기도. 이 값은 해당 검색어가 가장 인기 있었던 기간에 대한 비율로 표시되며, 2020년 12월의 값은 100이다. 따라서 특정 월의 값이 50이면 2020년 12월을 기준으로 'chocolate' 키워드의 검색 빈도가 절반으로 감소했음을 뜻한다.

이 데이터 집합에는 Prophet으로 모델링하기에 매우 흥미로운 두 가지 요소가 있다. 첫째, 공휴일 효과가 작용할 가능성이 높다는 점이다. 예를 들어 크리스마스는 미국의 공휴일이며, 크리스마스에 초콜릿을 제공하는 것은 매우 일반적이다. 다음으로 월별 데이터라는 점이다. Prophet을 사용하여 월별 데이터를 모델링할 수 있지만, 좋은 결과를 얻으려면 약간의 조정을 수행해야 한다. Prophet으로 일 단위 데이터 혹은 일 단위 이하 단위(시, 분, 초 등)의 데이터는 별도의 처리 없이 작업할 수 있지만, 월별 데이터는 약간의 추가 처리가 필요하다.

그림 19.14의 앞부분에 표시된 Prophet을 사용한 예측 절차에 이어, Prophet의 명명 규칙에 따라 열의 이름을 바꾸는 것으로 시작하자. Prophet은 날짜 열의 이름을 ds로 지정하고 값 열의 이름을 y로 지정해야 한다는 점을 기억하자.

```
df.columns = ['ds', 'y']
```

이제 날짜의 형식이 올바른지 확인하자. 이 경우 연도와 월만 있고 Prophet이 날짜스탬프에 대해 기대하는 YYYY-MM-DD 형식을 따르지 않았다. 따라서 날짜 열에 일자를 추가한다. 이때 월말에만 얻을 수 있는 월별 데이터가 있으므로 날짜스탬프에 월의 마지막 날을 추가한다.

```
from pandas.tseries.offsets import MonthEnd

df['ds'] = pd.to_datetime(df['ds']) + MonthEnd(1)
```

하이퍼파라미터 튜닝을 시작하기 전에 먼저 데이터를 훈련 집합과 테스트 집합으로 분할하고, 훈련 집합에 대해서만 하이퍼파라미터 튜닝을 수행하여 데이터 유출을 방지할 수 있도록 하겠다. 이번 예시의 경우, 테스트 집합에 마지막 12개월을 할당한다.

```
train = df[:-12]
test = df[-12:]
```

이제 다음 단계로 넘어가서 하이퍼파라미터 튜닝과 교차 검증을 결합하여 모델에 대한 최적의 매개변수 조합을 찾겠다. 이전과 마찬가지로 조정하려는 각 매개변수에 대한 값의 범위를 정의하고 각각의 고유한 값 조합이 포함된 목록을 작성한다.

```
param_grid = {
    'changepoint_prior_scale': [0.001, 0.01, 0.1, 0.5],
    'seasonality_prior_scale': [0.01, 0.1, 1.0, 10.0]
}

params = [dict(zip(param_grid.keys(), v)) for v in product(*param_grid.values())]
```

CAUTION 여기서는 시간 절약을 위해 holidays_prior_scale에 대해 최적화하지 않지만, 값 범위 [0.01, 0.1, 1.0, 10.0] 내에서 조정 가능한 매개변수로 자유롭게 추가해보자.

다음으로, 최적의 매개변수 조합을 결정할 때 사용할 평가 지표를 담을 목록을 만들어보자. 피팅 과정에서 큰 오차에는 불이익을 주므로 MSE를 사용하겠다.

```
mses = []
```

이제 월별 데이터로 작업하기 때문에 자체적으로 컷오프 날짜를 정의해야 한다. 컷오프 날짜는 그림 19.16에 표시된 것처럼 교차 검증 중 훈련 및 테스트 기간을 정의한다. 따라서 월별 데이터로 작업할 때는 교차 검증 절차 중 각 단계의 초기 훈련 기간과 예측 기간을 지정하기 위한 자체 컷오프 날짜 목록을 정의해야 한다. 이렇게 Prophet을 사용하여 월별 데이터로 작업할 수 있다.

그림 19.16 컷오프 날짜는 교차 검증 중 훈련 기간과 예측 기간 사이의 경계를 설정한다. 컷오프 날짜 목록을 정의하여 교차 검증 중 각 단계를 위한 초기 훈련 기간과 예측 기간을 지정할 수 있다.

여기서는 초기 훈련 기간을 데이터의 첫 5년으로 설정하겠다. 따라서 첫 번째 컷오프 날짜는 2008-12-31이 된다. 마지막 컷오프 날짜는 훈련 집합의 마지막 행으로 설정할 수 있으며, 각 컷오프 날짜를 12개월 단위로 분리하여 1년 전체를 예측하는 모델을 만들어보자.[1]

```
cutoffs = pd.date_range(start='2008-12-31', end='2019-12-31', freq='12M')
```

첫 번째 컷오프 날짜는 2008-12-31이며, 교차 검증의 첫 번째 단계에서 5년의 초기 훈련 데이터를 제공한다. 각 컷오프는 훈련 집합이 끝날 때까지 12개월 간격으로 구분되므로 예측 기간은 1년이 된다.

이 단계가 완료되면 교차 검증을 사용하여 각 매개변수 조합을 테스트하고 해당 MSE를 DataFrame에 저장할 수 있다. 간단한 add_country_holidays 메서드를 사용하여 공휴일 효과를 추가하고, 이번에는 미국으로 국가를 지정하겠다.

```
for param in params:
    m = Prophet(**param)
    m.add_country_holidays(country_name='US')
    m.fit(train)

    df_cv = cross_validation(model=m, horizon='365 days', cutoffs=cutoffs)
    df_p = performance_metrics(df_cv, rolling_window=1)
    mses.append(df_p['mse'].values[0])

tuning_results = pd.DataFrame(params)
tuning_results['mse'] = mses
```

미국의 공휴일 날짜를 추가한다.

하이퍼파라미터 튜닝에 대한 전체 코드는 다음 리스팅에 나와 있다.

---

1 옮긴이 Prophet 최신 버전에서는 컷오프 날짜 목록의 마지막 날짜가 훈련 집합의 마지막 날짜에서 예측 기간(horizon)을 뺀 날짜 보다 커서는 안 된다.

```
param_grid = {
    'changepoint_prior_scale': [0.001, 0.01, 0.1, 0.5],
    'seasonality_prior_scale': [0.01, 0.1, 1.0, 10.0]
}

params = [dict(zip(param_grid.keys(), v)) for v in product(*param_grid.values())]

mses = []

cutoffs = pd.date_range(start='2008-12-31', end='2019-12-31', freq='12M')

for param in params:
    m = Prophet(**param)
    m.add_country_holidays(country_name='US')
    m.fit(train)

    df_cv = cross_validation(model=m, horizon='365 days', cutoffs=cutoffs)
    df_p = performance_metrics(df_cv, rolling_window=1)
    mses.append(df_p['mse'].values[0])

tuning_results = pd.DataFrame(params)
tuning_results['mse'] = mses
```

이 과정이 끝나면 최적의 매개변수 조합을 도출할 수 있다.

```
best_params = params[np.argmin(mses)]
```

그 결과, changepoint_prior_scale은 0.01로 설정해야 하고, seasonality_prior_scale은 0.01로 설정해야 한다.

이제 각 매개변수에 대한 최적의 값을 얻었으므로 전체 훈련 집합에 모델을 피팅하고, 나중에 테스트 집합에 대해 평가할 수 있다.

```
m = Prophet(**best_params)
m.add_country_holidays(country_name='US')
m.fit(train);
```

다음 단계는 테스트 집합과 동일한 기간에 대한 모델의 예측을 구하고, 이를 테스트 집합과 병합하여 더 쉽게 평가하고 도식화할 수 있도록 하는 것이다.

```
future = m.make_future_dataframe(periods=12, freq='M')
forecast = m.predict(future)
test[['yhat', 'yhat_lower', 'yhat_upper']] = forecast[['yhat',
➥ 'yhat_lower', 'yhat_upper']]
```

모델을 평가하기 전에 벤치마크가 있어야 하므로, 지난 계절 데이터를 그대로 베이스라인 모델의 예측으로 사용하겠다.

```
test['baseline'] = train['y'][-12:].values
```

이제 Prophet에서 모델을 평가할 준비가 되었다. 해석하기 쉽도록 MAE를 사용하자.

```
prophet_mae = mean_absolute_error(test['y'], test['yhat'])
baseline_mae = mean_absolute_error(test['y'], test['baseline'])
```

Prophet은 7.42의 MAE를 달성하고 베이스라인은 10.92의 MAE를 얻는다. Prophet의 MAE가 더 낮으므로 이 모델이 베이스라인보다 더 우수하다.

선택사항으로서 그림 19.17과 같이 예측을 도식화할 수 있다. 이 도식은 Prophet 모델의 신뢰 구간도 보여준다.

```
fig, ax = plt.subplots()

ax.plot(train['y'])
ax.plot(test['y'], 'b-', label='Actual')
ax.plot(test['baseline'], 'k:', label='Baseline')
ax.plot(test['yhat'], color='darkorange', ls='--', lw=3, label='Predictions')

ax.set_xlabel('Date')
ax.set_ylabel('Proportion of searches using the keyword "chocolate"')

ax.axvspan(204, 215, color='#808080', alpha=0.1)

ax.legend(loc='best')

plt.xticks(np.arange(0, 215, 12), np.arange(2004, 2022, 1))
plt.fill_between(x=test.index, y1=test['yhat_lower'],
➥ y2=test['yhat_upper'], color='lightblue')    ◀──  Prophet 모델의 80% 신뢰
plt.xlim(180, 215)                                    구간을 도식화한다.
```

```
fig.autofmt_xdate()
plt.tight_layout()
```

그림 19.17에서 파선으로 표시된 Prophet의 예측이 점선으로 표시된 베이스라인 모델의 예측보다 실젯값에 더 가깝다는 것을 알 수 있다. 이는 Prophet의 MAE가 더 낮다는 뜻으로 해석된다.

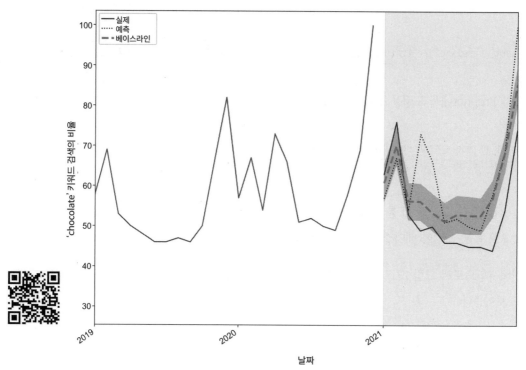

그림 19.17 미국 구글에서 'chocolate' 검색의 인기도 예측. 파선으로 표시된 Prophet의 예측은 점선으로 표시된 베이스라인 모델보다 실젯값에 훨씬 더 가깝다.

그림 19.18과 같이 모델의 구성요소를 도식화하여 Prophet이 데이터를 어떻게 모델링했는지 더 자세히 알아볼 수 있다.

```
prophet_components_fig = m.plot_components(forecast)
```

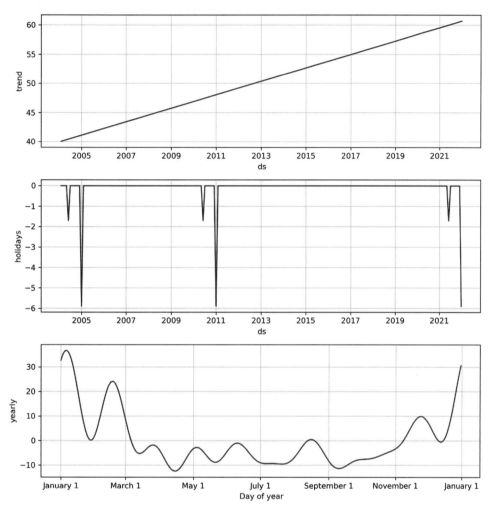

그림 19.18 Prophet 모델의 구성요소. 예상대로 추세 구성요소는 시간이 지남에 따라 증가한다. 또한 음의 신호를 나타내는 공휴일 구성요소도 볼 수 있다. 이는 흥미로운 부분으로, Prophet이 'chocolate'이 인기 검색어가 아닌 시기를 결정하기 위해 공휴일 여부를 사용했다는 것을 뜻하기 때문이다. 마지막으로, 1월에 정점을 찍은 연간 계절적 구성요소가 있다.

그림 19.18에서는 데이터를 처음 도식화할 때 언급했던 것처럼 첫 번째 도식의 추세 구성요소가 시간이 지남에 따라 증가하는 것을 볼 수 있다. 두 번째 도식은 공휴일 효과를 보여주는데, 음의 최저점이 있다는 점이 흥미롭다. Prophet은 'chocolate' 검색이 감소할 것으로 보이는 시기를 결정할 때 공휴일 목록을 사용했다는 것을 의미하는데, 공휴일이 초콜릿의 인기 있는 시기와 관련 있다고 생각했던 첫 번째 직관과 상반되는 결과다. 마지막으로 세 번째 도식은 크리스마스, 새해, 발렌타인데이에 해당하는 연말과 연초에 정점이 발생하는 연간 계절성을 보여준다.

19.5.2 실험: SARIMA가 더 나을 수도 있을까?

이전 절에서는 미국에서 'chocolate' 키워드와 관련된 구글 검색의 인기도를 예측하기 위해 Prophet을 사용했다. 우리 모델은 베이스라인보다 더 나은 성능을 달성했지만, 이 상황에서 SARIMA 모델이 Prophet과 어떻게 비교되는지 보는 것도 흥미로울 것이다. 이번 절은 선택사항이지만, 통계적 모델을 사용하여 모델링 기술을 다시 한번 살펴볼 수 있는 좋은 기회이고, 상당히 재미있는 실험이 될 것이다.

필요한 라이브러리를 임포트하는 것으로 시작하자.

```
from statsmodels.stats.diagnostic import acorr_ljungbox
from statsmodels.tsa.statespace.sarimax import SARIMAX
from statsmodels.tsa.stattools import adfuller
from tqdm import tqdm_notebook
from itertools import product
from typing import Union
```

다음으로, ADF 테스트를 사용하여 데이터가 정상적이 되었는지 확인하자.

```
ad_fuller_result = adfuller(df['y'])

print(f'ADF Statistic: {ad_fuller_result[0]}')
print(f'p-value: {ad_fuller_result[1]}')
```

ADF 통계는 -2.03이고 p-값은 0.27이다. p-값이 0.05보다 크므로 귀무가설을 기각하지 못하여 시계열이 비정상적이라는 결론을 내린다.

시계열을 차분한 뒤 정상성을 다시 테스트해보자.

```
y_diff = np.diff(df['y'], n=1)

ad_fuller_result = adfuller(y_diff)

print(f'ADF Statistic: {ad_fuller_result[0]}')
print(f'p-value: {ad_fuller_result[1]}')
```

이제 -7.03의 ADF 통계와 0.05보다 훨씬 작은 p-값을 얻었으므로 귀무가설을 기각하고, 시계열이 정상적이 되었다고 결론을 내릴 수 있다. 차분을 한 번만 적용했고 계절적 차분은 고려하지 않았으므로 $d = 1$, $D = 0$으로 설정한다. 또한 월별 데이터가 있으므로 빈도는 $m = 12$다. 보는 바와 같이 계절별 데이터가 있다고 해서 계절적 차분을 적용하여 정상적으로 만들어야 한다는 뜻은 아니다.

이제 리스팅 19.2에 표시된 것처럼 optimize_SARIMAX 함수를 사용하여 AIC를 최소화하는 p, q, P, Q의 값을 찾아보자. 이 함수의 이름에 SARIMAX가 포함되어 있지만, 이 함수를 사용하여 SARIMAX 모드의 축소형 모델들을 최적화할 수 있다. 이번의 경우, 외생 변수를 None으로 설정하여 SARIMA 모델을 최적화할 것이다.

리스팅 19.2 SARIMAX 모델의 AIC를 최소화하는 함수

```
def optimize_SARIMAX(endog: Union[pd.Series, list],
➥ exog: Union[pd.Series, list],
➥ order_list: list, d: int, D: int, s: int) -> pd.DataFrame:

    results = []
    for order in tqdm_notebook(order_list):
        try:
            model = SARIMAX(
                endog,
                exog,
                order=(order[0], d, order[1]),
                seasonal_order=(order[2], D, order[3], s),
                simple_differencing=False).fit(disp=False)
        except:
            continue

        aic = model.aic
        results.append([order, model.aic])

    result_df = pd.DataFrame(results)
    result_df.columns = ['(p,q,P,Q)', 'AIC']

    result_df = result_df.sort_values(by='AIC', ascending=True).reset_index(drop=True)

    return result_df
```

최적의 매개변수를 찾기 위해 먼저 각각의 매개변수에 대한 값 범위를 정의하고 고유한 조합 목록을 생성한다. 그런 다음, 이 목록을 optimize_SARIMAX 함수에 전달한다.

```
ps = range(0, 4, 1)
qs = range(0, 4, 1)
Ps = range(0, 4, 1)
Qs = range(0, 4, 1)

order_list = list(product(ps, qs, Ps, Qs))

d = 1
D = 0
s = 12

SARIMA_result_df = optimize_SARIMAX(train['y'], None, order_list, d, D, s)
SARIMA_result_df
```

그림 19.19에 표시된 결과 DataFrame이 흥미롭다. 가장 낮은 AIC는 143.51이고, 두 번째로 낮은 AIC는 1,127.75다. 그 차이가 매우 커서 첫 번째 p, d, P, Q 값에 문제가 있을 수 있음을 암시한다.

	(p,q,P,Q)	AIC
0	(1,0,1,3)	143.508936
1	(1,1,1,1)	1127.746591
2	(1,1,2,1)	1129.725199
3	(1,1,1,2)	1129.725695
4	(0,2,1,1)	1130.167369

그림 19.19 매개변수 (p,d,P,Q)를 AIC 기준 오름차순으로 정렬하기. DataFrame의 처음 두 항목 사이에 큰 차이가 있음을 알 수 있다. 이는 첫 번째 매개변수 집합에 문제가 있음을 나타내므로, 두 번째 집합을 선택해야 한다.

따라서 두 번째 값 집합을 사용하여 p, q, P, Q 값을 1로 설정하고 SARIMA$(1,1,1)(1,0,1)_{12}$ 모델을 생성한다. 이러한 값을 사용하여 훈련 집합에 모델을 피팅하고 그림 19.20에 표시된 잔차를 검토해볼 수 있다.

```
SARIMA_model = SARIMAX(train['y'], order=(1,1,1),
↪ seasonal_order=(1,0,1,12), simple_differencing=False)
SARIMA_model_fit = SARIMA_model.fit(disp=False)

SARIMA_model_fit.plot_diagnostics(figsize=(10,8));
```

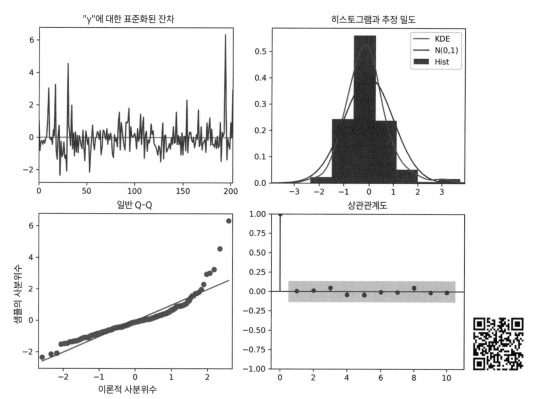

그림 19.20 SARIMA(1,1,1)(1,0,1)$_{12}$ 모델의 잔차. 왼쪽 상단에서 잔차가 추세 없이 무작위임을 알 수 있다. 오른쪽 상단에서는 분포가 정규분포에 가깝지만 오른쪽에 약간의 편차가 있음을 알 수 있다. 이는 왼쪽 하단의 Q-Q 도식에서 더 뒷받침되는데, 여기서 우리는 y = x 직선에 상당히 겹쳐진 직선을 볼 수 있지만 마지막에 분명한 이탈이 있다. 마지막으로 오른쪽 하단의 상관관계도에서는 백색소음과 마찬가지로 지연 0 이후에는 유의한 계수가 나타나지 않았다.

이 시점에서는 잔차가 백색소음에 충분히 가까운지 판단하기 어렵기 때문에 융-박스 테스트를 사용하여 잔차가 독립적이고 상관관계가 없는지 확인한다.

```
residuals = SARIMA_model_fit.resid

lbvalue, pvalue = acorr_ljungbox(residuals, np.arange(1, 11, 1))
```

반환된 p-값은 0.044인 첫 번째 값을 제외하고 모두 0.05보다 크다. 다른 9개의 p-값이 모두 0.05보다 크므로 귀무가설을 기각할 수 있다고 가정하고, 잔차가 백색소음에 최대한 가깝다고 결론을 내릴 수 있다.

다음으로, 테스트 집합의 기간 동안 SARIMA 모델에서 예측을 생성해보자.

```
SARIMA_pred = SARIMA_model_fit.get_prediction(204, 215).predicted_mean

test['SARIMA_pred'] = SARIMA_pred
```

마지막으로 SARIMA 모델의 MAE를 측정해보자. Prophet 모델의 MAE는 7.42였고 베이스라인은 10.92였다는 것을 기억하자.

```
SARIMA_mae = mean_absolute_error(test['y'], test['SARIMA_pred'])
```

여기서 SARIMA는 10.09의 MAE를 달성한다. 베이스라인보다는 낮지만 이 경우 Prophet보다 더 나은 성능을 보이지는 않는다.

19.6 다음 단계

이번 장에서는 자동 시계열 예측을 위해 Prophet 라이브러리를 사용하는 방법을 살펴보았다. Prophet은 추세 구성요소, 계절 구성요소, 공휴일 효과를 결합한 일반적인 가산 모델을 사용한다.

이 라이브러리의 가장 큰 장점은 빠르게 실험하고 예측을 생성할 수 있다는 것이다. 모델을 시각화하고 이해하기 위한 다양한 함수를 사용할 수 있으며, 교차 검증과 하이퍼파라미터 튜닝을 수행할 수 있는 고급 기능도 사용할 수 있다.

Prophet은 업계에서 널리 사용되고 있지만, 만능 솔루션으로 간주해서는 안 된다. Prophet은 특히 과거 계절 데이터가 많고 계절성이 강한 데이터에서 잘 작동한다. 따라서 다른 통계적 모델 또는 딥러닝 모델과 함께 테스트할 수 있는 예측 도구들 중 또 하나의 도구로 취급해야 한다.

이 책을 통해 시계열 예측의 기본사항을 살펴봤으며, 통계적 모델과 딥러닝 모델을 사용하여 수행한 대부분의 수작업을 자동화하는 한 가지 방법을 살펴보았다. 더 자세한 정보는 Prophet의 문서를 찾아보고, 자동 예측을 위한 다른 라이브러리도 살펴보는 것이 좋다. 이제 한 가지 라이브러리로 작업하는 방법을 알았으므로 다른 라이브러리로 전환하는 것은 매우 쉽다.

다음 장에서는 마지막 캡스톤 프로젝트를 통해 캐나다의 소고기 가격을 예측해본다. 이 프로젝트는 Prophet을 사용하여 개발한 예측 절차를 적용하고, 지금까지 배운 다른 모델을 실험하여 가능한 최상의 솔루션을 개발해볼 수 있는 좋은 기회다.

19.7 연습

여기서는 이전 장에서 다루었던 문제를 다시 살펴보되, Prophet을 사용하여 예측을 해보겠다. 그런 다음 Prophet의 성능을 이전에 구축한 모델과 비교해보자. 항상 그렇듯이 해답은 깃허브에서 얻을 수 있다. https://github.com/jpub-dongdong9/TimeSeriesForecastingInPython/tree/master/CH19

19.7.1 항공 승객 수 예측하기

8장에서 1949년부터 1960년까지 월별 항공 승객 수를 추적하는 데이터 집합을 사용하여, 2.85%의 MAPE를 달성한 SARIMA 모델을 개발했다.

Prophet을 사용하여 데이터 집합의 지난 12개월을 예측한다.

1. 공휴일 효과를 추가하는 것이 합리적일까?
2. 데이터를 보면 계절적 요인이 덧셈additive인가, 곱셈multiplicative인가?
3. 하이퍼파라미터 튜닝과 교차 검증을 사용하여 최적의 매개변수를 찾는다.
4. 최적의 매개변수로 모델을 피팅하고 지난 12개월 동안에 대한 예측을 평가한다. 더 낮은 MAPE를 달성하는가?

19.7.2 항당뇨제 처방 건수 예측하기

11장에서 우리는 캡스톤 프로젝트를 통해 호주의 월별 항당뇨제 처방 건수를 예측해보았다. 우리는 7.9%의 MAPE를 달성한 SARIMA 모델을 개발했다.

Prophet을 사용하여 데이터 집합의 지난 36개월을 예측한다.

1. 공휴일 효과를 추가하는 것이 합리적일까?
2. 데이터를 볼 때, 계절성이 덧셈인가? 곱셈인가?
3. 하이퍼파라미터 튜닝과 교차 검증을 사용하여 최적의 매개변수를 찾는다.
4. 최적의 매개변수로 모델을 피팅하고 지난 36개월 동안에 대한 예측을 평가한다. 더 낮은 MAPE를 달성하는가?

19.7.3 구글 트렌드에서 키워드의 인기도 예측하기

구글 트렌드(https://trends.google.com/trends/)는 시계열 데이터 집합을 생성하기에 좋은 곳이다. 전 세계에서 구글로 검색해본 인기 있는 검색어를 확인할 수 있다.

원하는 키워드와 국가를 선택하고 시계열 데이터 집합을 생성하자. 그런 다음 Prophet을 사용하여 향후 인기도를 예측하자. 이 프로젝트는 정해진 해결책이 없는 매우 개방적인 프로젝트다. 이번 기회에 구글 트렌드를 살펴보고, Prophet으로 어떤 것이 효과가 있고 어떤 것이 효과가 없는지 실험해보자.

요약

- 예측 절차를 자동화하는 라이브러리에는 pmdarima, Prophet, NeuralProphet, PyTorch Forecasting 등 많은 라이브러리가 있다.
- Prophet은 자동 시계열 예측을 위해 업계에서 가장 널리 알려져 있고 사용되는 라이브러리 중 하나다. 시계열 예측을 하는 모든 데이터 과학자에게는 이렇게 널리 사용되는 도구의 사용법을 아는 것도 중요하다.
- Prophet은 추세 구성요소, 계절적 구성요소, 공휴일 효과를 결합한 일반적인 가산 모델을 사용한다.
- Prophet이 모든 문제에 대한 최적의 솔루션은 아니다. 여러 과거 계절 데이터를 포함하고 계절성이 강한 데이터에서 가장 잘 작동한다. 따라서 예측을 위한 여러 도구 중 하나로 간주해야 한다.

캡스톤 프로젝트: 캐나다의 스테이크 월평균 소매 가격 예측하기

이 장의 주요 내용

- 캐나다의 스테이크 월평균 소매 가격을 예측하는 예측 모델 개발하기
- Prophet의 교차 검증 기능 사용하기
- SARIMA 모델을 개발하고 그 성능을 Prophet과 비교하여 챔피언 모델 결정하기

다시 한번 여기까지 온 것을 축하한다. 이 책을 처음 시작한 이래로 우리는 먼 길을 걸어왔다. 먼저 시계열을 정의하고 SARIMAX 모델로 일반화되는 통계적 모델을 사용하여 시계열을 예측하는 방법을 배웠다. 그런 다음 대규모의 고차원 데이터 집합으로 눈을 돌려 시계열 예측에 딥러닝을 사용했다. 이전 장에서는 전체 예측 절차를 자동화하는 데 가장 많이 사용되는 라이브러리 중 하나인 Prophet을 다루어보았다. Prophet을 사용하여 두 가지 예측 모델을 개발했으며, 몇 가지 수작업 단계만 거치면 얼마나 빠르고 쉽게 정확한 예측을 생성할 수 있는지 확인했다.

마지막으로 이번 캡스톤 프로젝트에서는 이 책에서 배운 모든 내용을 사용하여 캐나다의 월평균 스테이크 소매 가격을 예측해본다. 이제 우리는 강력한 방법론과 다양한 도구를 사용하여 성능이 우수한 예측 모델을 개발할 수 있다.

20.1 캡스톤 프로젝트의 이해

이 프로젝트에서는 1995년부터 현재까지 캐나다의 월평균 식품 소매 가격을 사용한다. 이 글을 쓰는 시점에서는 2021년 12월 이후의 데이터를 사용할 수 없었다. '식품 및 기타 일부 제품의 월평균 소매 가격(Monthly average retail prices for food and other selected products)'이라는 제목의 데이터 집합을 캐나다 통계청에서 다운로드할 수 있다(www150.statcan.gc.ca/t1/tbl1/en/tv.action?pid=1810000201).

시장 바구니 가격은 중요한 거시 경제 지표다. 이는 인플레이션이나 디플레이션 시기를 판단하는 데 사용되는 소비자물가지수consumer price index , CPI를 구성하는 요소다. 이를 통해 분석가들은 경제 정책의 효과를 평가할 수 있으며, 사회 보장 등의 정부 지원 프로그램에도 영향을 미칠 수 있다. 물가가 상승할 것으로 예상되는 경우, 사회보장을 위해 준비된 금액을 기술적으로 증가시켜야 한다.

원본 데이터 집합에는 1kg의 원형 스테이크부터 달걀 12개, 데오도란트 60g, 휘발유 등 52개 상품의 월평균 소매 가격이 포함되어 있다. 1995년부터 2021년 11월까지 매월 캐나다 달러로 표시된 가격이다. 이번 프로젝트에서는 특히 원형 스테이크 1kg의 가격을 예측하는 데 초점을 맞출 것이다.

20.1.1 캡스톤 프로젝트의 목표

이번 캡스톤 프로젝트의 목표는 향후 36개월 동안 원형 스테이크 1kg의 월평균 소매 가격을 예측할 수 있는 모델을 만드는 것이다. 자신감을 가지고 데이터 집합을 다운로드하고 예측 모델을 개발해보자. Prophet을 자유롭게 사용해보자.

조금 더 안내가 필요하다면, 다음 단계를 진행해보자.

1. 원형 스테이크 1kg에 대한 정보만 남도록 데이터를 정리한다.
2. Prophet의 명명 규칙에 따라 열의 이름을 바꾼다.
3. 날짜 형식을 올바르게 수정한다. 날짜스탬프에는 연도와 월만 있으므로 일자를 추가해야 한다. 월 평균으로 작업하고 있으므로 매월의 첫날을 추가하는 것이 합리적일까, 아니면 매월의 마지막 날을 추가하는 것이 합리적일까?
4. Prophet으로 하이퍼파라미터 튜닝을 하기 위해 교차 검증을 사용한다.
5. 최적의 매개변수로 Prophet 모델을 피팅한다.
6. 테스트 집합에 대해 예측한다.

7. 평균절대오차를 사용하여 모델을 평가한다.

8. 모델을 베이스라인과 비교한다.

선택사항이지만, 적극 권장하는 단계가 하나 더 있다.

9. SARIMA 모델을 개발하여 그 성능을 Prophet과 비교한다. 더 나은 성능을 보였는가?

이제 이 프로젝트를 성공적으로 완료하는 데 필요한 모든 단계를 마쳤다. 먼저 직접 시도해보길 적극 권장한다. 언제든지 다음 절을 참조하여 자세한 안내를 받을 수 있다. 또한 모든 답은 깃허브에서 확인할 수 있다. https://github.com/jpub-dongdong9/TimeSeriesForecastingInPython/tree/master/CH20

행운을 빈다.

20.2 데이터 전처리와 시각화

먼저 Prophet 모델을 훈련하기 위해 데이터를 전처리하는 것부터 시작하자. 동시에 시계열을 시각화하여 몇 가지 속성을 추론해보자.

먼저 필요한 라이브러리를 임포트한다.

```python
import numpy as np
import pandas as pd
import matplotlib.pyplot as plt

from prophet import Prophet
from prophet.plot import plot_cross_validation_metric
from prophet.diagnostics import cross_validation, performance_metrics

from sklearn.metrics import mean_absolute_error

from itertools import product

import warnings
warnings.filterwarnings('ignore')
```

또한 도식에 대해 몇 가지를 설정하겠다. 여기서는 도식의 크기를 지정하고 그리드를 제거하자.

```python
plt.rcParams['figure.figsize'] = (10, 7.5)
plt.rcParams['axes.grid'] = False
```

다음으로 데이터를 로딩한다. 캐나다 통계청에서 다운로드할 수 있는데(www150.statcan.gc.ca/t1/tbl1/en/tv.action?pid=1810000201), 이 책을 쓸 당시에는 2021년 11월까지의 데이터만 있었기 때문에 더 최신 버전의 데이터 집합을 얻을 수 있을 것이다. 여기에 표시된 결과를 다시 생성하려면 깃허브 리포지터리에 있는 CSV 파일을 사용하는 것이 좋다(https://github.com/jpub-dongdong9/TimeSeriesForecastingInPython/tree/master/data).

```
df = pd.read_csv('../data/monthly_avg_retail_price_food_canada.csv')
```

원래 형식의 데이터 집합에는 1995년 1월부터 2021년 11월까지 52개 제품의 월평균 소매 가격이 포함되어 있다. 원형 스테이크 1kg의 소매 가격을 구체적으로 예측하고 싶으므로 그에 맞춰 데이터를 필터링할 수 있다.

```
df = df[df['Products'] == 'Round steak, 1 kilogram']
```

다음 단계는 불필요한 열을 제거하고, 데이터 요소의 월과 연도를 포함하는 REF_DATE 열과 해당 월의 평균 소매 가격을 포함하는 VALUE 열만 유지하는 것이다.

```
cols_to_drop = ['GEO', 'DGUID', 'Products', 'UOM', 'UOM_ID',
        'SCALAR_FACTOR', 'SCALAR_ID', 'VECTOR', 'COORDINATE', 'STATUS',
        'SYMBOL', 'TERMINATED', 'DECIMALS']

df = df.drop(cols_to_drop, axis=1)
```

이제 2개의 열과 323개의 행으로 구성된 데이터 집합을 얻었다. 지금이 시계열을 시각화하기에 좋은 시점이다. 결과는 그림 20.1에 나와 있다.

```
fig, ax = plt.subplots()

ax.plot(df['VALUE'])
ax.set_xlabel('Date')
ax.set_ylabel('Average retail price of 1kg of round steak (CAD')

plt.xticks(np.arange(0, 322, 12), np.arange(1995, 2022, 1))

fig.autofmt_xdate()
```

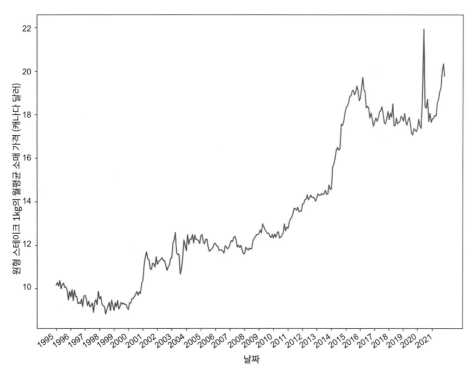

그림 20.1 1995년 1월부터 2021년 11월까지 캐나다에서 원형 스테이크 1kg의 월평균 소매 가격. 데이터에는 시간이 지남에 따라 증가하는 분명한 추세가 있다. 그러나 여기에 계절성은 없는 것 같다. 이는 Prophet이 이 문제에 가장 적합한 도구가 아니라는 신호일 수 있다.

그림 20.1은 데이터의 명확한 추세를 보여주지만, 이 시계열에는 계절성이 보이지 않는다. 따라서 이러한 유형의 문제에서는 Prophet이 최적의 도구가 아닐 수도 있다. 하지만 이것은 순수한 직관에 의한 판단이므로, 베이스라인과 비교하는 테스트로 대상을 성공적으로 예측할 수 있는지 확인하겠다.

20.3 Prophet을 사용한 모델링

지금까지 데이터를 전처리하고 시각화했다. 다음 단계는 Prophet의 명명 규칙에 따라 열의 이름을 바꾸는 것이다. 시간 열의 이름은 ds, 값 열의 이름은 y로 지정해야 한다.

```
df.columns = ['ds', 'y']
```

다음으로 날짜 형식을 올바르게 지정해야 한다. 현재 데이터의 날짜스탬프에는 연도와 월만 있지만, Prophet은 YYYY-MM-DD 형식의 날짜를 필요로 한다. 월별 평균으로 작업하고 있으므로 1월 마지막 날 전까지는 1월의 평균 소매 가격을 확인할 수 없으므로 날짜스탬프에 해당 월의 마지막 날을 추가하자.

```
from pandas.tseries.offsets import MonthEnd

df['ds'] = pd.to_datetime(df['ds']) + MonthEnd(1)
```

이제 데이터의 형식이 올바르게 지정되었으므로 데이터 집합을 훈련 집합과 테스트 집합으로 분할 해보자. 우리의 목표는 향후 36개월을 예측하는 것이므로 마지막 36개의 데이터 요소를 테스트 집합에 할당한다. 나머지는 훈련용이다.

```
train = df[:-36]
test = df[-36:]
```

이제 하이퍼파라미터 튜닝을 다룰 수 있다. changepoint_prior_scale과 seasonality_prior_scale에 대해 가능한 값의 목록을 정의하는 것으로 시작하겠다. 공휴일 효과는 상품 가격에 영향을 미치지 않을 가능성이 높으므로 포함하지 않겠다. 그런 다음 모든 고유한 조합의 목록을 생성한다. 여기에서는 평균제곱오차를 선택 기준으로 사용할 것인데, 이는 가장 잘 맞는 모델을 찾기 위해 큰 오차에는 불이익을 주기 위함이다.

```
param_grid = {
    'changepoint_prior_scale': [0.01, 0.1, 1.0],
    'seasonality_prior_scale': [0.1, 1.0, 10.0]
}

params = [dict(zip(param_grid.keys(), v)) for v in product(*param_grid.values())]

mses = []
```

이제 컷오프 날짜 목록을 정의해야 한다. 이번의 예시가 Prophet에서 월별 데이터를 사용하는 방법을 대체하는 방법을 확인하기 위한 것임을 기억하자. 컷오프 날짜로 초기 훈련 집합과 교차 검증을 위한 테스트 기간의 길이를 지정한다.

이 경우 처음 5년간의 데이터를 초기 훈련 집합으로 사용하도록 한다. 그리고 각 테스트 기간의 길이는 36개월이어야 하는데, 이는 프로젝트 목표에 대한 서술에서 지정한 기간이기 때문이다. 따라서 컷오프 날짜는 1999-12-31에서 시작하여 훈련 집합의 끝인 2017-11-30에서 끝나며, 각 컷오프 날짜는 36개월 간격으로 구분된다.[2]

```python
cutoffs = pd.date_range(start='1999-12-31', end='2017-11-30', freq='36M')
```

이제 각 매개변수 조합을 테스트하고, 모델을 피팅하고, 교차 검증을 사용하여 성능을 측정할 수 있다. MSE가 가장 낮은 매개변수 조합을 선택하고 테스트 집합에 대한 예측을 생성한다.

```python
for param in params:
    m = Prophet(**param)
    m.fit(train)

    df_cv = cross_validation(model=m, horizon='365 days', cutoffs=cutoffs)
    df_p = performance_metrics(df_cv, rolling_window=1)
    mses.append(df_p['mse'].values[0])

tuning_results = pd.DataFrame(params)
tuning_results['mse'] = mses

best_params = params[np.argmin(mses)]
print(best_params)
```

이는 changepoint_prior_scale과 seasonality_prior_scale을 모두 1.0으로 설정해야 한다는 것을 나타낸다. 따라서 best_params를 사용하여 Prophet 모델을 정의하고 이를 훈련 집합에 대해 피팅한다.

```python
m = Prophet(**best_params)
m.fit(train);
```

다음으로 make_future_dataframe을 사용하여 예측 기간을 정의한다. 이 경우 36개월이다.

```python
future = m.make_future_dataframe(periods=36, freq='M')
```

2　[옮긴이] Prophet 최신 버전에서는 컷오프 날짜 목록의 마지막 날짜가 훈련 집합의 마지막 날짜에서 예측 기간(horizon)을 뺀 날짜보다 커서는 안 된다.

이제 예측을 생성할 수 있다.

```
forecast = m.predict(future)
```

성능을 평가하고 관측된 값과 비교하며 예측을 도식화하기 쉽도록 테스트 집합에 추가해보겠다.

```
test[['yhat', 'yhat_lower', 'yhat_upper']] = forecast[['yhat',
↪ 'yhat_lower', 'yhat_upper']]
```

물론 모델을 벤치마크와 비교하여 평가해야 한다. 이 예제에서는 훈련 집합의 마지막으로 측정된 값을 향후 36개월 동안에 대한 예측값으로 사용하겠다. 대신에 평균값 방법을 사용할 수도 있는데, 데이터에 명확한 추세가 있어 시간이 지남에 따라 평균이 변하므로, 최근 몇 년간의 평균만 사용해야 한다. 데이터에 명확한 계절성은 없기 때문에 여기서 단순한 계절적 방법을 사용하는 것은 유효하지 않다.

```
test['Baseline'] = train['y'].iloc[-1]
```

평가를 위해 필요한 모든 것을 설정했다. MAE를 사용하여 최상의 모델을 선택하자. 이 지표가 해석이 쉽기 때문에 선택했다.

```
baseline_mae = mean_absolute_error(test['y'], test['Baseline'])
prophet_mae = mean_absolute_error(test['y'], test['yhat'])

print(prophet_mae)
print(baseline_mae)
```

이를 실행한 결과에서 베이스라인은 0.681의 MAE를 얻은 반면, Prophet은 1.163의 MAE를 달성했다. 따라서 Prophet은 단순히 마지막으로 측정된 값을 예측으로 사용하는 베이스라인보다 성능이 더 나쁘다.

그림 20.2와 같이 예측을 시각화할 수 있다.

```
fig, ax = plt.subplots()
```

```
ax.plot(train['y'])
ax.plot(test['y'], 'b-', label='Actual')
ax.plot(test['Baseline'], 'k:', label='Baseline')
ax.plot(test['yhat'], color='darkorange', ls='--', lw=3, label='Predictions')

ax.set_xlabel('Date')
ax.set_ylabel('Average retail price of 1kg of round steak (CAD')

ax.axvspan(287, 322, color='#808080', alpha=0.1)

ax.legend(loc='best')

plt.xticks(np.arange(0, 322, 12), np.arange(1995, 2022, 1))
plt.fill_between(x=test.index, y1=test['yhat_lower'],
➥ y2=test['yhat_upper'], color='lightblue')
plt.xlim(250, 322)

fig.autofmt_xdate()
plt.tight_layout()
```

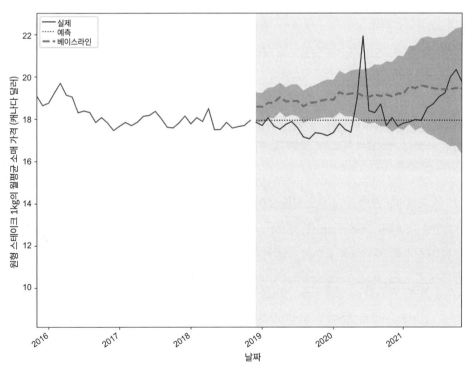

그림 20.2 캐나다에서 원형 스테이크 1kg의 월평균 소매 가격 예측하기. Prophet(파선으로 표시)이 관측값을 초과하는 경향이 있음을 알 수 있다.

그림 20.3에서 모델의 구성요소를 시각화할 수도 있다.

```
prophet_components_fig = m.plot_components(forecast)
```

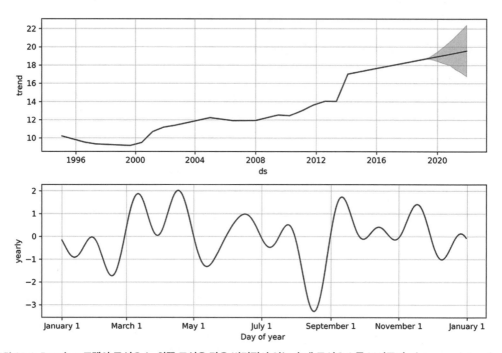

그림 20.3 **Prophet 모델의 구성요소.** 위쪽 도식은 많은 변경점이 있는 추세 구성요소를 보여주며, changepoint_prior_scale을 높은 값으로 설정하여 추세를 더 유연하게 만들 수 있다. 아래쪽 도식은 연간 계절별 구성요소를 보여준다. 다시 말하지만, 이 구성요소가 모델의 적합도를 향상시킬 수는 있어도, 예를 들어 9월에 가까운 시점에 상품 가격을 인하할 뚜렷한 이유가 있는지는 의문이다.

그림 20.3은 Prophet 모델의 구성요소를 보여준다. 위쪽 도식은 많은 변경 지점이 있는 추세 구성요소를 보여준다. 이는 changepoint_prior_scale을 교차 검증 중에 가장 적합한 결과를 얻었던 1.0으로 설정하여 추세가 매우 유연하도록 허용했기 때문이다.

하단 도식은 연간 계절별 구성요소를 보여준다. 이 구성요소는 Prophet이 더 잘 피팅하는 데 도움이 될 수 있지만, 9월로 갈수록 상품 가격이 하락할 뚜렷한 이유가 있는지는 의문이다. 이는 Prophet의 곡선 맞춤curve-fitting 절차로 인해 정확한 이유를 알 수 없더라도 예측에 도움되는 구성요소를 반영할 수 있다는 강점을 잘 보여준다. 또한 도메인 지식이 매개변수를 더 잘 조정하는 데 도움이 될 수 있다는 좋은 예이기도 하다.

이제 Prophet이 이상적인 솔루션이 아닌 상황을 발견했다. 사실, 단순한 예측 방법보다 더 나쁜 성능을 보였다. Prophet이 계절성이 강한 데이터에서 가장 잘 동작한다는 것을 알고 있었기 때문에 예상할 수 있었지만, 실제로 테스트하기 전까지는 확신할 수 없었다.

선택사항이지만, 프로젝트의 다음 부분은 시계열 예측 문제에 대한 완전한 솔루션을 보여주기 때문에 완료하는 것이 좋다. Prophet을 테스트했지만 만족스러운 결과를 얻지 못했다. 그렇다고 포기해야 한다는 뜻은 아니다. 대신 다른 솔루션을 찾아서 테스트해야 한다. 대규모 데이터 집합이 없기 때문에 딥러닝은 이 문제에 적합한 도구가 아니다. 따라서 SARIMA 모델을 사용해보겠다.

20.4 선택사항: SARIMA 모델 개발하기

이전 절에서는 Prophet을 사용하여 캐나다에서 1kg의 원형 스테이크의 월평균 소매 가격을 예측했지만 Prophet의 성능이 베이스라인 모델보다 떨어졌다. 이제 SARIMA 모델을 개발하여 베이스라인 모델보다 더 나은 성능을 달성할 수 있는지 알아보자.

첫 번째 단계는 필요한 라이브러리를 임포트하는 것이다.

```
from statsmodels.stats.diagnostic import acorr_ljungbox
from statsmodels.tsa.statespace.sarimax import SARIMAX
from statsmodels.tsa.stattools import adfuller
from tqdm import tqdm_notebook
from typing import Union
```

다음으로 정상성을 테스트해보자. 이 테스트로 적분 차수 d와 계절적 적분 차수 D의 값을 결정할 것이다. 정상성을 테스트하기 위해서는 ADF 테스트를 사용한다는 점을 기억하자.

```
ad_fuller_result = adfuller(df['y'])

print(f'ADF Statistic: {ad_fuller_result[0]}')
print(f'p-value: {ad_fuller_result[1]}')
```

여기서 우리는 0.31의 ADF 통계와 0.98의 p-값을 얻었다. p-값이 0.05보다 크므로 시계열이 비정상이라는 결론을 내릴 수 있다. 데이터에서 추세를 명확하게 확인할 수 있고, 이는 예상된 결과다.

수열을 한 번 차분하고 정상성을 다시 테스트해보자.

```
y_diff = np.diff(df['y'], n=1)

ad_fuller_result = adfuller(y_diff)

print(f'ADF Statistic: {ad_fuller_result[0]}')
print(f'p-value: {ad_fuller_result[1]}')
```

이제 ADF 통계가 -16.78이고 p-값이 0.05보다 훨씬 작다. 그러므로 시계열이 정상적이라는 결론을 내릴 수 있다. 따라서 d = 1이고 D = 0이다. SARIMA를 사용하려면 빈도 m도 설정해야 한다는 점을 기억하자. 월별 데이터가 있으므로 빈도는 m = 12다.

다음으로, 리스팅 20.1에 표시된 optimize_SARIMAX 함수를 사용하여 AIC를 최소화하는 매개변수 (p,q,P,Q)를 찾아보자.

리스팅 20.1 AIC를 최소화하는 매개변수를 선택하는 함수

```
def optimize_SARIMAX(endog: Union[pd.Series, list], exog: Union[pd.Series,
↪ list], order_list: list, d: int, D: int, s: int) -> pd.DataFrame:

    results = []

    for order in tqdm_notebook(order_list):
        try:
            model = SARIMAX(
                endog,
                exog,
                order=(order[0], d, order[1]),
                seasonal_order=(order[2], D, order[3], s),
                simple_differencing=False).fit(disp=False)
        except:
            continue

        aic = model.aic
        results.append([order, model.aic])

    result_df = pd.DataFrame(results)
    result_df.columns = ['(p,q,P,Q)', 'AIC']

    #오름차순으로 정렬, AIC가 낮을수록 좋음
    result_df = result_df.sort_values(by='AIC', ascending=True).reset_index(drop=True)

    return result_df
```

p, q, P, Q에 대해 가능한 값의 범위를 정의하고, 모든 고유한 조합의 목록을 생성한 다음, opti-
mize_SARIMAX 함수를 실행한다. 외생 변수가 없다는 점에 유의하자.

```
ps = range(1, 4, 1)
qs = range(1, 4, 1)
Ps = range(1, 4, 1)
Qs = range(1, 4, 1)

order_list = list(product(ps, qs, Ps, Qs))

d = 1
D = 0
s = 12

SARIMA_result_df = optimize_SARIMAX(train['y'], None, order_list, d, D, s)
SARIMA_result_df
```

탐색이 완료되면 $p = 2$, $q = 3$, $P = 1$, $Q = 1$이 가장 낮은 AIC인 조합임을 알 수 있다. 이제 이 매개변
수 조합을 사용하여 모델을 피팅하고 그림 20.4에서 잔차를 분석할 수 있는데, 완전히 무작위인 것
을 알 수 있다.

```
SARIMA_model = SARIMAX(train['y'], order=(2,1,3),
↪ seasonal_order=(1,0,1,12), simple_differencing=False)
SARIMA_model_fit = SARIMA_model.fit(disp=False)

SARIMA_model_fit.plot_diagnostics(figsize=(10,8));
```

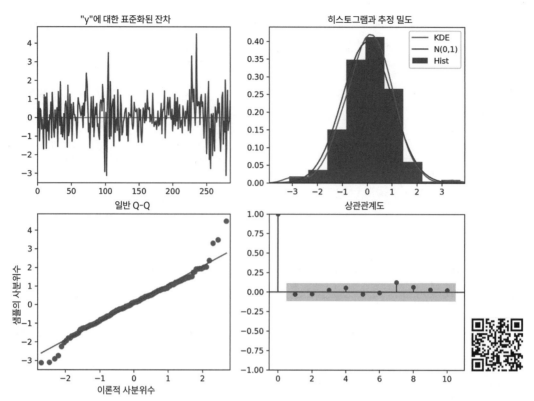

그림 20.4 SARIMA$(2,1,3)(1,0,1)_{12}$ 모델의 잔차. 왼쪽 상단 도식은 시간 경과에 따른 잔차를 보여주며, 이는 백색소음과 마찬가지로 추세 없이 완전히 무작위적이고 분산이 상당히 일정하다. 오른쪽 상단 도식은 잔차의 분포를 보여주며, 이는 정규분포에 매우 가깝다. 왼쪽 하단의 Q-Q 도식이 이를 더욱 뒷받침한다. y = x 직선에 겹쳐진 직선을 볼 수 있으므로, 잔차가 백색소음과 같은 정규분포라는 결론을 내릴 수 있다. 마지막으로 오른쪽 하단의 상관관계도에서는 지연 0 이후에 유의한 계수가 나타나지 않는데, 이는 백색소음과 동일한 동작이다. 따라서 잔차가 완전히 무작위라는 결론을 내릴 수 있다.

융-박스 테스트를 사용하여 결론을 더욱 뒷받침할 수 있다. 융-박스 테스트의 귀무가설은 데이터에 상관관계가 없고 독립적이라는 가설이라는 점을 기억하자.

```
residuals = SARIMA_model_fit.resid

lbvalue, pvalue = acorr_ljungbox(residuals, np.arange(1, 11, 1))

print(pvalue)
```

반환된 p-값은 모두 0.05보다 크므로 귀무가설을 기각할 수 없고(즉 귀무가설을 채택해야 하므로), 따라서 잔차가 실제로 무작위이며 독립적이라는 결론을 내릴 수 있다. 그러므로 SARIMA 모델을 예측에 사용할 수 있다.

테스트 집합의 기간에 대해 예측을 생성해보자.

```
SARIMA_pred = SARIMA_model_fit.get_prediction(287, 322).predicted_mean

test['SARIMA_pred'] = SARIMA_pred
```

그런 다음 MAE를 사용하여 SARIMA 모델을 평가한다.

```
SARIMA_mae = mean_absolute_error(test['y'], test['SARIMA_pred'])

print(SARIMA_mae)
```

여기서 0.678의 MAE를 얻었으며, 이는 0.681의 MAE를 달성한 베이스라인보다 약간 더 나은 결과다. 그림 20.5에서 SARIMA 모델의 예측을 시각화할 수 있다.

```
fig, ax = plt.subplots()

ax.plot(train['y'])
ax.plot(test['y'], 'b-', label='Actual')
ax.plot(test['Baseline'], 'k:', label='Baseline')
ax.plot(test['SARIMA_pred'], 'r-.', label='SARIMA')
ax.plot(test['yhat'], color='darkorange', ls='--', lw=3, label='Prophet')

ax.set_xlabel('Date')
ax.set_ylabel('Average retail price of 1kg of round steak (CAD)')
ax.axvspan(287, 322, color='#808080', alpha=0.1)

ax.legend(loc='best')

plt.xticks(np.arange(0, 322, 12), np.arange(1995, 2022, 1))
plt.fill_between(x=test.index, y1=test['yhat_lower'],
↪ y2=test['yhat_upper'], color='lightblue')
plt.xlim(250, 322)

fig.autofmt_xdate()
plt.tight_layout()
```

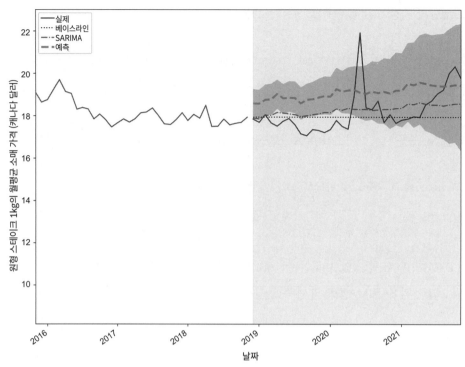

그림 20.5 캐나다에서 1kg의 원형 스테이크 월평균 소매 가격을 예측한다. 쇄선으로 표시된 SARIMA 모델이 가장 낮은 **MAE(0.678)를 달성했지만, 점선으로 표시된 베이스라인(0.681)보다 약간 나은 수준이다.**

SARIMA가 Prophet보다 더 나은 성능을 보였지만 벤치마크 대비 성능 차이는 미미한 수준이다. 이렇게 작은 차이 때문에 더 복잡한 SARIMA 모델을 사용할 가치가 있는지를 스스로에게 물어봐야 하는 상황이다. 그리고 과것값만 사용해서는 정확한 예측을 생성하는 데 충분하지 않은 것으로 보이므로, 목표를 예측하는 데 도움이 될 수 있는 외생 변수가 있는지 추가로 조사해봐야 할 수도 있다.

20.5 다음 단계

이번 캡스톤 프로젝트를 완료한 것을 축하한다. 이번 프로젝트에서는 상당히 복잡한 문제를 다루었기 때문에 지금까지와는 다른 특별하고 색다른 경험이었지만, 그다지 성능이 뛰어난 솔루션을 내놓을 수 없었다. 이러한 상황은 다양한 시계열 예측 문제를 해결할 때 발생할 수 있으므로 도메인 지식, 더 많은 데이터 수집, 목표에 영향을 미칠 수 있는 외부 요인을 찾기 위한 창의력을 발휘해야 한다.

이번 기회에 이 캡스톤 프로젝트를 자신만의 것으로 만들어보자. 우리는 하나의 대상만 연구했지만 선택할 수 있는 상품은 52개나 된다. 다른 대상을 선택하여 베이스라인 모델보다 훨씬 더 나은 예측을 생성할 수 있는지 확인해보자. 예측 기간도 자유롭게 변경해볼 수 있다.

그 이상을 원한다면 많은 정부 웹사이트에 공개 데이터가 있으니, 시계열 데이터 집합을 얻기 위한 금광이 될 수 있다. 다음은 뉴욕시 오픈 데이터와 캐나다 통계청에 대한 링크다.

- 뉴욕시 오픈 데이터NYC Open Data: https://opendata.cityofnewyork.us/data/
- 캐나다 통계청Statistics Canada: https://www150.statcan.gc.ca/n1/en/type/data

이러한 웹사이트를 탐색하여 예측 기술을 연습하기 위해 사용할 수 있는 시계열 데이터 집합을 찾아보자. 어려운 문제에 직면하면 해결책을 찾아보고, 이를 통해 궁극적으로 시계열 예측을 더 잘할 수 있게 될 것이다.

21

한 단계 더 나아가기

이 장의 주요 내용

- 학습한 내용 종합하기
- 어려운 예측 문제 다루기
- 시계열 예측의 다음 영역 탐색하기
- 시계열 데이터 집합의 출처

먼저, 이 책의 마지막 장까지 다 읽은 것을 축하한다. 여기까지 오는 것은 꽤나 긴 여정이었고, 여러분의 많은 시간과 노력, 관심이 필요했을 것이다.

시계열 예측과 관련한 많은 기술을 습득했지만, 여전히 배워야 할 것이 많다. 이번 장의 목적은 여러분이 배운 내용을 요약하고 시계열 데이터로 무엇을 더 얻을 수 있는지 개략적으로 설명하는 것이다. 또한 다양한 시계열 데이터 원본을 소개하여 예측 기술을 계속 연습할 방법을 권유하고자 한다.

직장에서 또는 부업으로라도, 해결책을 알 수 없는 문제에 지식을 적용해볼 때 비로소 여러분은 진정한 도전에 직면하게 될 것이다. 자신의 기술에 대해 자신감을 얻는 것이 중요하며, 이는 많은 경험과 잦은 연습을 통해서만 얻을 수 있다. 이번 장이 여러분에게 영감을 줄 수 있기를 바란다.

21.1 배운 내용 요약하기

시계열 예측의 첫 번째 단계는 시계열을 시간에 따라 정렬된 데이터 요소의 집합으로 정의하는 것이다. 예측 모델이 유효하려면 데이터 순서가 그대로 유지되어야 한다는 사실도 금세 알 수 있었다. 즉 월요일에 측정된 데이터는 항상 일요일 이후와 화요일 이전에 위치해야 한다. 따라서 데이터를 훈련 집합과 테스트 집합으로 분할할 때 데이터를 섞어서는 안 된다.

2장에서는 과거 평균, 마지막으로 측정된 값, 지난 계절의 반복과 같은 매우 간단한 통계와 휴리스틱을 사용하여 단순한 예측 방법을 구축해보았다. 이러한 모델들을 더 복잡한 모델에 대한 벤치마크로 설정하여 실제로 성능이 좋은 모델인지를 알아낼 수 있기 때문에, 이는 모든 예측 프로젝트에서 중요한 단계다. 이 책에서 살펴본 것처럼 고급 예측 모델이 베이스라인보다 훨씬 더 나은 성능을 보이지 않는 상황이 있을 수 있으므로, 이러한 벤치마크를 통해 일부 고급 모델의 사용에 대한 의문을 제기할 수도 있다.

3장에서는 예측 모델을 적용할 수 없는 상황인 확률보행 모델에 대해 살펴보았다. 매 단계마다 무작위로 값이 변하는데, 어떤 예측 기법으로도 난수를 합리적으로 예측할 수 없다. 이러한 경우, 우리는 단순한 예측 방법에 의존할 수밖에 없다.

21.1.1 예측을 위한 통계적 방법

4장과 5장에서는 이동평균과정과 자기회귀과정에 대해 자세히 살펴보았다. 실제 세계에서는 시계열을 순수한 MA(q) 또는 AR(p) 모델로 근사할 수 있는 경우가 거의 없지만, 이 두 모델은 나중에 개발한 ARMA(p,q) 모델처럼 더 복잡한 모델의 기본 구성요소가 되었다. 이 모든 모델의 공통점은 시계열이 정상적이라 평균, 분산, 자기상관관계와 같은 통계적 특성이 시간에 따라 변하지 않는다고 가정한다는 점이다. 이러한 정상성을 테스트하기 위해 ADF 테스트를 사용했다. 이 테스트의 귀무가설은 시계열이 비정상적이라는 것이다. 따라서 0.05보다 작은 p-값을 얻으면 귀무가설을 기각하고 시계열이 정상적 프로세스 기반이라고 결론 내릴 수 있다.

6장에서는 순수 이동평균과정의 차수 q 또는 순수 자기회귀과정의 차수 p를 각각 찾기 위해 ACF 및 PACF 도식을 사용할 수 있었지만, ARMA(p,q) 프로세스는 AIC가 가장 낮은 모델을 선택하는 일반적 모델링 절차를 설계하고 사용해야 했다. 모델 선택 기준으로 AIC를 사용하면 너무 복잡하지 않으면서도 데이터에 잘 맞는 모델을 선택할 수 있어, 과대적합과 과소적합 사이에서 균형을 잡을 수 있다.

그런 다음 예측값과 실젯값의 차이인 모델의 잔차를 연구해보았다. 이상적으로는 잔차가 백색소음처럼 동작하여, 완전히 무작위적이고 상관관계가 없으면서 어떤 통계적 분산 내에서 동작함을 뜻한다. 잔차 분석에 사용할 수 있는 시각적 도구 중 하나는 표본의 분포를 다른 이론적 분포(이 경우 정규분포)와 비교하는 사분위수-사분위수 도식으로, 두 분포가 동일하면 $y = x$ 직선에 겹쳐진 직선을 확인할 수 있다. 또한 잔차가 독립적이고 상관관계가 없는지 확인하기 위해 융-박스 테스트를 사용했다. 이 테스트의 귀무가설은 표본에 상관관계가 없고 독립적으로 분포되어 있다는 가설이다. 따라서 0.05보다 큰 p-값을 얻으면 귀무가설을 기각하지 못하여, 잔차가 무작위라는 결론을 내릴 수 있다. 이는 모델이 데이터에서 모든 정보를 포착하여 잔차로서 무작위 변동만 남아 있다는 것을 뜻하므로 중요하다.

이 일반적 모델링 절차에서부터 확장하여 7장의 비정상적 시계열에 대한 ARIMA(p,d,q) 모델과 같이 훨씬 더 복잡한 모델도 다루었다. 이 모델을 사용하여 존슨앤드존슨의 분기별 주당순이익을 예측한 것을 기억할 것이다.

그런 다음 8장에서는 시계열의 계절성을 설명하기 위해 SARIMA(p,d,q)(P,D,Q)$_m$으로 넘어갔다. 계절성은 데이터에서 볼 수 있는 주기적인 변동이라는 것을 기억하자. 예를 들어 날씨가 여름에 더 덥고 겨울에 더 춥거나, 밤보다 낮에 도로를 운전하는 사람이 더 많을 수 있다. SARIMA 모델을 사용하여 한 항공사의 월별 승객 수를 정확하게 예측할 수 있었다.

9장에서는 SARIMA 모델에 외생 변수를 추가한 SARIMAX(p,d,q)(P,D,Q)$_m$ 모델을 확인했다. 이 모델을 사용하여 미국의 실질 GDP를 예측할 수 있었다.

11장은 마지막으로 확인할 통계적 예측 방법으로서 벡터자기회귀, VAR(p)를 확인했는데 이 방법을 사용하면 여러 시계열을 한 번에 예측할 수 있지만, 서로 그레인저 인과관계Granger causality에 있을 때만 가능했다. 그렇지 않으면 모델이 유효하지 않음을 확인했다.

21.1.2 예측을 위한 딥러닝 방법

복잡한 통계적 모델을 예측에 사용할 때 데이터 집합이 너무 커지면, 일반적으로 약 10,000개의 데이터 포인트를 넘어서면 한계에 도달한다. 그러면 피팅이 매우 느려지고 성능도 저하되기 시작한다. 이러한 성능 한계에 더해 데이터의 비선형 관계를 모델링하지도 못한다.

그래서 우리는 많은 특징이 있는 대규모 데이터 집합에서 잘 작동하는 딥러닝에 주목해보았다. 미네소타주 미니애폴리스와 세인트 폴 사이의 I-94 도로의 시간별 교통량을 예측하기 위해 다양한 딥러닝 모델을 개발했다. 데이터 집합에는 17,000개 이상의 행과 6개의 특징이 포함되어 있어 딥러닝을 적용하기에 적당한 조건이었다.

14장에서는 숨겨진 계층 없이 입력 계층과 출력 계층만 있는 간단한 선형 모델로 시작했다. 그런 다음 숨겨진 계층을 추가하고 비선형 관계를 모델링할 수 있는 심층 신경망도 확인했다.

15장에서는 장단기 메모리 네트워크를 사용하는 더 복잡한 아키텍처로 넘어갔다. 이 아키텍처는 과거의 정보를 메모리에 보관하여 미래 예측에 활용한다.

16장에서는 합성곱 신경망을 사용했는데, 이는 합성곱 연산을 사용하여 특징 선택을 효과적으로 수행한다. CNN을 LSTM과 함께 사용하여, 시계열을 필터링한 후 LSTM 네트워크에 전달했다.

17장에서는 마지막으로 모델을 한 가지 더 살펴보았는데, 예측을 기반으로 더 많은 예측을 하는 자기회귀 심층 신경망이었다. 이 아키텍처는 매우 강력하며, DeepAR과 같은 시계열 예측 분야의 최신 모델 중 일부의 기반이 된다.

딥러닝과 관련해서는 데이터 윈도잉을 먼저 수행하여 모델을 쉽게 구축할 수 있었다. 이 단계는 매우 중요한데, 데이터 형식을 변경하는 작업, 훈련 집합과 테스트 집합을 나누는 윈도우를 설정하는 작업을 포함한다. 이를 통해 단일 단계 예측, 다중 단계 예측, 다변량 예측과 같은 다양한 사례를 위한 모델을 신속하게 개발할 수 있는 유연성을 확보할 수 있었다.

21.1.3 예측 절차 자동화

우리는 모델을 개발할 때 많은 수작업을 수행하면서, 이 과정을 자동화하기 위해 함수를 직접 개발했다. 하지만 시계열 예측을 쉽고 빠르게 수행할 수 있는 라이브러리는 시중에 이미 많다.

이러한 라이브러리는 예측 절차의 속도를 높여주지만, 직접 개발할 때 얻을 수 있었던 유연성과 미세 조정 기능을 일부 포기하고 추상화 수준을 높였다는 점에 유의해야 한다. 그럼에도 불구하고 모델을 만드는 데 걸리는 시간이 매우 짧기 때문에 신속한 프로토타이핑에 적합한 훌륭한 도구다.

그러한 라이브러리 중 하나로 메타의 오픈소스 프로젝트이자 업계에서 가장 널리 사용되는 예측 라이브러리 중 하나인 Prophet이 있다. 그러나 이 라이브러리가 모든 경우에 적합한 솔루션은 아니다. 과거 계절 데이터가 많고 계절성이 강한 데이터에서 가장 잘 작동한다. 이러한 경우 정확한 예측을 빠르게 생성할 수 있다. 일반적인 덧셈 모델을 구현하고 있기 때문에 여러 계절 기간은 물론 공휴일 효과와 변화하는 추세도 고려할 수 있다. 또한 Prophet에는 예측과 데이터의 구성요소를 시각화할 수 있는 유틸리티도 함께 제공되며, 교차 검증이나 하이퍼파라미터 튜닝 기능도 모두 단일 라이브러리 내에 포함되어 있다.

지금까지 확인하고 적용해본 모든 내용을 요약해보았다. 시계열 예측을 성공적으로 수행하는 데 필요한 모든 도구를 갖추었으므로, 이제 미래를 예측하는 시도가 제대로 작동하지 않는 상황을 관리하는 방법도 알아야 한다.

21.2 예측이 실패하면 무엇을 해야 할까?

이 책에서 시계열 예측을 성공적으로 수행하는 방법을 배워보았다. 분기별 주당순이익 예측부터 캐나다의 스테이크 소매 가격 예측에 이르기까지 다양한 상황을 다루었다. 모든 시나리오에서 베이스라인보다 더 나은 성능의 예측 모델을 만들고 정확한 예측을 생성할 수 있었다. 하지만 어떤 것도 통하지 않는 상황에 직면할 수도 있다. 따라서 실패를 관리하는 방법을 배우는 것이 중요하다.

시계열 예측이 실패할 수 있는 이유로는 여러 가지가 있다. 첫째, 데이터를 시계열로 분석해서는 안되는 경우가 있다. 예를 들어 다음 분기의 판매량을 예측하는 작업을 수행해야 할 수 있다. 시간 경과에 따른 판매 수에 대한 과거 데이터에 접근할 수 있지만, 판매량은 단순히 시간의 함수가 아닐 수도 있다. 대신 판매량이 광고 지출의 함수일 수도 있다. 이러한 경우 이 문제를 시계열로 고려하는 대신 회귀 문제로 간주하고, 판매량을 예측하기 위한 특징으로 광고 지출을 선택해야 한다. 이 예시는 단순하지만 문제를 다르게 재구성하면 해결책을 찾는 데 어떤 도움이 될 수 있는지 보여준다.

시계열 예측이 실패하는 또 다른 경우는 데이터가 확률보행인 경우다. 3장에서 살펴본 확률보행은 각 시간 단계에서 무작위로 오름과 내림이 발생할 수 있는 시계열이라는 것을 기억하자. 따라서 우리는 시간이 지남에 따라 무작위로 변화하는 값을 예측하려는 것이다. 어떤 모델도 난수를 예측할 수 없기 때문에 이것은 합리적인 방법이 아니다. 이 경우, 2장에서 살펴봤던 단순한 예측 방법을 사용해야 한다.

어려운 예측 문제를 해결하기 위한 또 다른 방법은 데이터를 다시 샘플링하는 것이다. 예를 들어 외부 온도를 예측한다고 가정해보자. 데이터를 수집하기 위해 온도계를 외부에 두고 매분마다 온도를 기록한다. 매분마다 기록되는 온도 데이터로 작업하는 것이 합당한지 생각해볼 수 있다. 온도가 분 단위로 크게 변하지 않을 가능성이 높다. 또한 0.1도 이하의 변화를 기록하는 매우 민감한 온도계를 사용하는 경우 불필요한 노이즈가 발생할 수 있다. 이 경우 데이터를 리샘플링하는 것이 합리적이며 성능 좋은 예측 모델을 구축할 수 있는 방법이다. 여기서 데이터를 리샘플링하여 매시간마다 온도 판독값을 얻을 수 있다. 이렇게 하면 시계열을 평활화하고 일별 계절성을 발견할 수도 있다. 또는 데이터를 매일 리샘플링하여 연간 계절성을 발견할 수도 있다.

따라서 시계열 데이터에 대한 다양한 리샘플링 가능성을 탐색해야 한다. 이 아이디어는 목적에 따라 달라질 수 있다. 온도 예측 예제에서 다음 1분의 온도를 예측하는 것은 의미가 없을 수도 있다. 아무도 그런 것에 관심을 갖지 않을 수 있기 때문이다. 그러나 다음 1시간 또는 다음 날의 온도를 예측하는 것은 가치가 있을 수 있다. 따라서 데이터를 다시 샘플링하는 것이 낫다.

마지막으로, 예측을 위한 노력이 실패하면 도메인 지식을 가진 사람에게 문의하거나 대체 데이터를 찾는 것이 좋다. 도메인 지식은 보통 경험과 함께 하며, 특정 분야에 대한 전문 지식을 가진 사람은 데이터 과학자가 새로운 솔루션을 발견할 수 있도록 더 잘 안내할 수 있다. 예를 들어 경제학자는 국내 총생산과 실업률이 연관되어 있다는 것을 알고 있지만, 데이터 과학자는 이러한 연관성을 알지 못할 수도 있다. 따라서 도메인 전문가는 데이터 과학자가 국내총생산을 예측하기 위해 새로운 상관관계를 찾고 실업률 데이터를 확인하는 데 도움을 줄 수 있다.

보다시피 어려운 예측 문제를 관리하는 방법에는 여러 가지가 있다. 어떤 경우에는 완전히 막막할 수도 있는데, 이는 이전에 해결하지 못한 매우 고난이도 문제를 해결해야 한다는 뜻일 수도 있다. 이런 경우, 연구 팀을 이끌며 문제 해결을 시도할 수 있는 학술 파트너를 찾는 것이 최선의 선택일 수도 있다.

실패는 언제나 의미가 있기 때문에 예측에 실패하더라도 패배감을 느낄 필요는 없다. 예측에 실패하면 어떤 문제가 해결될 가능성이 높고, 어떤 문제가 해결되지 않는지 인식하는 법을 실제로 배우게 되므로 더 나은 데이터 과학자가 되는 데 도움이 될 수 있다.

21.3 시계열 데이터의 다른 응용 분야

이 책에서는 연속적인 값을 예측하는 것이 목적인 예측 기법에 전적으로 초점을 맞췄다. 하지만 시계열 데이터로 예측만이 아닌 그 이상도 할 수 있다. 즉 분류도 수행할 수 있다.

시계열 분류 작업의 목적은 시계열이 특정 범주에 해당하는지를 식별하는 것이다. 시계열 분류의 한 예로 심장의 상태를 평가하는 심전도electrocardiogram, ECG의 데이터를 분석하는 것을 들 수 있다. 건강한 심장은 문제가 있는 심장과는 다른 심전도를 생성한다. 시간이 지남에 따라 데이터가 수집되므로 실제 상황에서 시계열 분류를 적용하기에 완벽한 상황이다.

> **시계열 분류**
>
> 시계열 분류는 시계열이 특정 범주에 속하는지를 식별하는 것이 목표인 작업이다.
> 예를 들어 시계열 분류를 사용하여 심장 모니터링 데이터를 분석하고 건강한 심장에서 나온 것인지 아닌지를 판별해볼 수 있다.

또한 시계열 데이터를 사용하여 이상 징후 탐지를 수행할 수도 있다. 정상이 아닌 값은 기본적으로 이상값outlier, 즉 나머지 데이터와 크게 다른 데이터 요소를 뜻한다. 실제로 데이터 모니터링에 이상 징후 탐지anomaly detection를 적용하여 애플리케이션 유지 관리, 침입 탐지, 신용 카드 사기 등에서 활용하고 있다. 애플리케이션 유지 관리의 예로서, 글로벌 이커머스 기업이 시간 경과에 따른 페이지 방문을 추적한다고 가정해보자. 페이지 방문 횟수가 갑자기 0으로 떨어지면 웹사이트에 문제가 있을 가능성이 높다. 이상 징후 탐지 알고리즘은 이러한 일이 발생하면 감지하여 유지 관리 팀에 문제를 알릴 수 있다.

> **이상 징후 탐지**
>
> 이상 징후 탐지는 이상값 또는 정상이 아닌 데이터abnormal data의 존재를 식별하는 것이 목표인 작업이다.
> 예를 들어 누군가의 신용카드 지출 내역을 추적할 수 있다. 갑자기 매우 큰 지출이 발생하면 이는 이상값일 수 있으며, 그 사람이 사기의 피해자일 수도 있다.

이상값은 드물게 발생하고 오탐이 많이 발생할 위험이 있기 때문에 이상값 탐지는 매우 흥미로운 과제다. 또한 이상값이 발생하는 이벤트의 희소성으로 인해 훈련 데이터가 거의 없어 오히려 복잡도가 높고 또 다른 계층을 추가해야 한다.

`CAUTION` 이러한 유형의 문제가 궁금하다면 마이크로소프트Microsoft와 야후Yahoo에서 시계열 이상 징후 탐지를 위한 자체 프레임워크를 구축한 방법을 소개하는 논문 두 개를 읽어보길 바란다. 한성 렌Hansheng Ren, 빅숑 쉬Bixiong Xu, 유징 왕Yujing Wang 외., <Microsoft의 시계열 이상 징후 탐지 서비스(Time-Series Anomaly Detection Service at Microsoft)>, arXiv:1906.03821v1 (2019), https://arxiv.org/pdf/1906.03821.pdf; 니콜라이 라프테프Nikolay Laptev, 사에드 아미자데Saeed Amizadeh, 이안 플린트Ian Flint, <자동화된 시계열 이상 징후 탐지를 위한 일반적이고 확장 가능한 프레임워크(Generic and Scalable Framework for Automated Time-series Anomaly Detection)> KDD '15: 제21회 ACM SIGKDD 국제 지식 발견 및 데이터 마이닝 컨퍼런스(ACM, 2015), http://mng.bz/p0wE

물론 클러스터링, 변경점 탐지, 시뮬레이션, 신호 처리 등 시계열 데이터로 수행할 수 있는 작업은 매우 많다. 이러한 지식을 통해 가능한 작업과 수행 중인 작업을 더 많이 탐색해보길 바란다.

21.4 계속 연습하기

이 책은 연습 문제, 각 장의 실제 시나리오, 캡스톤 프로젝트 등의 형태로 지식을 적용할 수 있는 많은 기회를 제공했지만, 시계열 예측을 진정으로 마스터하려면 연습을 계속하는 것이 중요하다. 자신의 기술에 대한 자신감을 얻고 시계열 데이터를 더 잘 다룰 수 있도록 새로운 문제에 직면해보자.

그러기 위해서는 시계열 데이터에 접근해봐야 한다. 다음 목록은 이러한 데이터에 자유롭게 액세스할 수 있는 몇 가지 웹사이트다.

- Papers with Code 사이트의 'Datasets': https://paperswithcode.com/datasets?mod=time-series

시계열 분석을 위한 100개에 가까운 데이터 집합들의 목록이 있다(집필 시점 기준). 이상 징후 감지, 예측, 분류 등 작업별로 필터링할 수 있다. 새로운 기술을 테스트하고 최신 접근법을 확립하는 연구 논문에서 사용되는 데이터 집합들을 접하게 될 것이다.

- UCI 기계 학습 리포지터리UCI machine learning repository: https://archive.ics.uci.edu/datasets

많은 기계 학습 실무자에게 매우 인기 있는 데이터 소스다. 시계열 데이터 유형에 대한 링크를 클릭하면 126개의 시계열 데이터 집합을 찾을 수 있다. 분류, 회귀(예측), 클러스터링 등 작업별로 필터링해볼 수도 있다.

- 뉴욕시 오픈 데이터NYC Open Data: https://opendata.cityofnewyork.us/data/

이 웹사이트는 뉴욕시의 수많은 데이터 집합을 카탈로그화 한다. 교육, 환경, 건강, 교통 등 도메인 별로 필터링할 수 있다. 모든 데이터 집합이 시계열 데이터는 아니지만, 그래도 많은 데이터 집합을 찾을 수 있다. 본인의 지역 도시에서 공개적으로 액세스할 수 있는 데이터를 제공하는지 확인하고 해당 데이터로 작업해볼 수도 있다.

- 캐나다 통계청Statistics Canada: https://www150.statcan.gc.ca/n1/en/type/data

시계열 데이터를 포함한 방대한 양의 데이터에 무료로 액세스할 수 있는 캐나다 정부 기관이다. 도메인뿐만 아니라 샘플링 빈도(일별, 주간, 월간 등)로도 필터링할 수 있다. 각국 정부의 웹사이트를 검색하여 유사한 리소스를 찾을 수 있는지 확인해보자.

- 구글 트렌드Google Trends: https://trends.google.com/trends/

구글 트렌드는 전 세계의 검색 데이터를 수집한다. 국가별 특정 테마와 분야로 검색할 수 있다. 또한 시계열의 길이를 설정하여 샘플링 빈도를 변경할 수도 있다. 예를 들어 8분마다 샘플링된 지난 24시간 데이터를 다운로드할 수 있다. 지난 5년간의 데이터를 다운로드하면, 매주 샘플링되어 있을 것이다.

- 캐글Kaggle: https://www.kaggle.com/datasets?tags=13209-Time+Series+Analysis

캐글은 데이터 과학자들 사이에서 인기 있는 웹사이트로, 기업에서 대회를 주최하고 우수한 성과를 거둔 팀에게 보상을 제공한다. 또한 시계열 데이터를 다운로드할 수 있으며, 이 글을 쓰는 시점에 이미 천 개가 넘는 데이터 집합을 보유하고 있다. 이러한 데이터 집합을 사용하는 노트북 중에서 영감을 얻을 수 있거나 연구의 시작점을 찾을 수 있는 노트북도 찾을 수 있다. 하지만 누구나 캐글에 노트북을 게시할 수 있어, 모든 노트북이 정확한 것은 아니라는 점에 주의해야 한다. 로컬 컴퓨터에 데이터 집합을 다운로드하려면 무료 계정을 만들어야 한다는 점에 유의하자.

이제 기술을 연습하고 연마할 수 있는 다양한 도구와 리소스를 갖추게 되었다. 앞으로의 노력에 행운이 깃들기를 바라며, 이 책을 쓰면서 즐거웠던 만큼 여러분도 이 책을 즐겁게 읽었기를 바란다.

A

설치 지침

아나콘다 설치하기

이 책의 코드는 윈도우 10 컴퓨터에서 주피터 노트북과 아나콘다를 사용하여 실행했다. 특히 윈도우 컴퓨터를 사용하는 경우 파이썬과 이 책 전체에서 사용할 많은 라이브러리(pandas, numpy, matplotlib, statsmodels 등)를 자동으로 설치해주기 때문에 아나콘다를 사용하는 것을 적극 권장한다. 아나콘다의 개별 버전은 웹사이트에서 무료로 설치할 수 있다(www.anaconda.com/products/individual). 그래픽 인스톨러로 제공되어 쉽게 설치할 수 있다. 이 글을 쓰는 시점에 아나콘다는 파이썬 3.9를 설치한다.

파이썬

아나콘다 사용 권장사항을 따르는 경우 파이썬을 별도로 설치할 필요가 없다. 파이썬을 별도로 설치해야 하는 경우에는 공식 웹사이트에서 다운로드할 수 있다(www.python.org/downloads/). 이 책의 코드에서는 파이썬 3.7을 사용했지만 이후 버전의 파이썬도 사용할 수 있다.

주피터 노트북

이 책의 코드는 주피터 노트북에서 실행되었다. 코드의 출력을 즉시 확인할 수 있어 학습과 탐색을 위한 훌륭한 도구다. 또한 텍스트를 작성하거나 수식을 표시할 수도 있다.

아나콘다를 설치했다고 가정하면 주피터 노트북도 컴퓨터에 설치할 수 있다. 윈도우에서는 윈도우 키를 누르고 Jupyter Notebook을 입력하면 된다. 그런 다음 애플리케이션을 실행하면 브라우저가 열린다. 폴더 구조가 표시되면, 노트북을 저장할 위치 또는 소스 코드가 포함된 깃허브 리포지터리를 복제한 위치로 이동할 수 있다.

깃허브 리포지터리

이 책의 전체 소스 코드는 깃허브에서 확인할 수 있다(https://github.com/jpub-dongdong9/TimeSeriesForecastingInPython). 저장소의 루트에는 이 책 전체에서 사용된 모든 데이터 파일이 들어 있는 데이터 폴더가 있다.

리포지터리는 장별로 구성되어 있다. 각 폴더에는 특정 장의 모든 코드를 실행하고 모든 그림을 생성하는 노트북이 포함되어 있다. 연습 문제에 대한 해결책도 찾을 수 있다. Git이 설치되어 있으면 리포지터리를 복제하여 로컬 컴퓨터에서 액세스할 수 있다.

```
git clone https://github.com/jpub-dongdong9/TimeSeriesForecastingInPython.git
```

Git이 설치되어 있지 않은 경우 Git 웹사이트(https://git-scm.com/downloads)에서 다운로드하여 설치할 수 있다. 윈도우를 사용하는 경우 Git Bash를 사용하여 앞의 명령을 실행하는 편이 좋다.

Prophet 설치하기

이 책에서는 대부분의 절차를 자동화하는 인기 있는 예측 라이브러리인 Prophet 라이브러리를 사용한다. 윈도우 사용자인 경우, 아나콘다를 사용하더라도 라이브러리를 설치하는 데 약간의 어려움이 있을 수 있다.

라이브러리를 설치하려면 아나콘다 프롬프트에서 다음 명령을 실행하면 된다.[1]

1　[옮긴이] 책 후반에서 사용하는 Prophet의 경우, 원서에서는 1.0 이전 버전인 fbprophet 패키지를 사용했다. 그런데 2021년의 1.0 버전부터는 이름을 prophet으로 변경하여 prophet 패키지를 사용해야 한다. 번역한 내용 및 샘플 코드에서 이에 맞춰 fbprophet 패키지가 아닌 prophet 패키지를 사용하도록 변경한 점에 유의하자.

```
conda install libpython m2w64-toolchain -c msys2
conda install numpy cython matplotlib scipy pandas -c conda-forge
conda install -c conda-forge pystan
conda install -c conda-forge prophet
```

아나콘다에서 라이브러리 설치하기

아나콘다를 사용하는 동안 특정 라이브러리를 설치해야 하는 경우, 언제든지 conda <패키지 이름>이라고 구글 검색을 하면 된다. 첫 번째 검색 결과가 https://anaconda.org/conda-forge/<패키지 이름> 웹사이트로 연결되어, 여기에서 패키지를 설치하는 명령어 목록을 볼 수 있다. 일반적으로 첫 번째 명령이 작동하며, 그 형식은 conda install -c conda-forge <패키지 이름>이다.

예를 들어 아나콘다와 함께 텐서플로 2.6을 설치하려면 아나콘다 프롬프트에서 conda install -c conda-forge tensorflow를 실행하면 된다.